모두를 위한 교육

유아통합교육의 이해와 실제

–개별화교육계획안 수립을 중심으로–

장 수 연

창지사

머리말

1994년 세계특수교육 회의(the World Conference on Special Needs Education: Access and Quality)에서 채택된 특수교육의 원칙, 정책 및 실행 체계에 관한 살라망카 선언문(Salamanca Statement on Principles, Policy and Practice in Special Needs Education)은 전 세계적으로 특수교육의 방향을 완전통합교육(inclusive education)으로 발전하게 하는 계기를 마련하였다. 이를 계기로 '모두를 위한 교육(Education for All: EFA)'을 실행하고, 모든 학습자를 위한 교육시스템의 역량을 강화하는 핵심전략으로 완전통합교육을 채택하였다(UNESCO, 1994). '모두를 위한 교육(EFA)'은 기본적인 인간의 권리라는 것에서 출발한 교육의 전반적인 원리로서 이러한 원리를 따른 완전통합교육은 모든 교육정책과 실행방안에 지침서가 되고 있다. 최근 우리나라도 이런 교육적 흐름에 발맞춰 「장애인 등에 대한 특수교육법」에 의거한 최소제한적 유아교육 및 보육환경에서 장애영아를 위한 무상교육과 장애유아를 위한 의무교육을 시행하고 있다.

영유아기 완전통합교육의 궁극적인 목적은 특수교육대상 유아에게 조기에 적절한 지원을 제공해 줌으로써 더불어 살아갈 수 있는 기틀을 마련해 주기 위함이다. 이를 위한 일환으로 현재 진행 중인 「제5차 특수교육 발전 5개년 계획」에서는 통합교육환경에서의 교육과정 운영의 내실화를 꾀하고, 이를 효율적으로 운영하기 위하여 「2019 개정 누리과정」을 기반으로 개정된 「특수교육 유치원과정(교육부 고시 제2015-61호, 2015.2.24)」에 따라 개별 장애유아의 특성에 적합한 개별화교육을 제공할 수 있도록 하고 있다. 다시 말해, 「2019 개정 누리과정」에 따라 성별, 신체적 특성, 장애, 종교, 가족 및 문화적 배경 등으로 인한 차별 없이 모든 유아가 놀이를 통하여 배울 수 있도록 함으로써 통합교육의 내실화를 꾀하고자 노력하고 있다. 무엇보다 중요한 것은 일반 유아교육 및 보육현장에서 유아의 발달 및 장애 정도에 따라 같은 연령의 유아일지라도 흥미, 관심, 경험, 발달, 가정의 문화 등 많은 부분에서 차이가 있으므로 유아가 자신에게 적합한 방식으로 놀이할 수 있도록 누리과정을 조정하여 운영하도록 하고 있기 때문에 발달지체 또는 장애 및 장애 위험 유아가 차별을 받지 않고 보편적인 환경에서 또래의 유아들과 함께 생활하며 놀이할 수 있도록 전일제 완전통합교육을 시행하고 있다. 「특수교육 유치원과정」은 개정 누리과정을 기반으로 운영하도록 하고 있기 때문에 일반 유아교육 및 보육현장이 간과되어서는 안 되며, 일반교육 및 보육교사의 역할이 더 이상 보조적인 위치에 머물러 있어서도 안 된다. 아직까지 우리나라는 완전통합교육을 지향하기 위한 준비단계에 있으며, 유아교육 및 보육현장은 아직 유아특수교사 및 장애영유아를 위한 보육교사의 수요와 공급이 완전하게 균형을 이룬 상태가 아니기 때문에 이에 대한 피해는 오롯이 특수교육대상 영유아에게 돌아가기 때문이다. 따라서 모든 영유아가 자신의 개별적인 요구에 적합한 교육적 지원과 관련 서비스를 제공받기 위해서는 유아특수교육 분야이든, 유아교육 분야이든, 보육 분야이든 관계없이 개별 유아 당사자의 이익을 최우선으로 고려하여 적절한 교육 및 관련 서비스를 제공해야 할 의무를 가져야 할 것이다. 이러한 의무를 적절하게 실행할 수 있도록 하기 위해서는 모든 영유아를 위한 교직원이 그에 합당한 역량을 갖추어야 하고, 개별 유아에게 보다 효율적인 교육과정을 제공하기 위하여 유아교육 및 보육현장에서 활용할 수 있는 실증연구기반의 효과를 검증한 교육지원방안이 제시되어야 할 것이다. 이러한 목적을 조금이나마 충족하고자 하는 바람에서 『모두를 위한 교육 유아통합교육의 이해와 실제-개별화교육계획안 수립을 중심으로-』를 저술하게 되었기 때문에 현장에 있는 모든 교직원 뿐 아니라 예비교사들에게도 효용이 있는 교재가 되길 바란다.

이 책은 전체 3부 13장으로 구성되었다. 제1부에서는 유아통합교육의 전반적인 이해를 돕고자 제1장 유아특수교육의 이해, 제2장 장애 패러다임에 따른 제·개정 법률과 제도, 제3장 통합교육의 이해를 기본적인 내용으로 다루었다. 제2부에서는 유아통합교육의 전반적인 이해를 토대로 유아교육 및 보육현장에서 어떻게 개별화교육계획을 수립하여 실행할 수 있을지에 대한 실제적인 방안을 모색하는 부분으로 제4장 유아통합교육과정의 이해, 제5장 유아통합교육대상 배치 및 교육사정, 제7장 개별화교육계획안 작성방법을 다루었다. 제3부에서는 각 장애유형 및 정도에 따라 어떠한 교육적 지원을 해줄 것인지에 대한 방안을 모색하기 위하여 유아교육 및 보육현장에서 실제 개별화교육계획안 수립 및 실행했던 자료를 토대로 효용성 있는 실천방안을 모색하는 부분으로 제8장 시각장애, 제9장 청각장애, 제10장 지체장애, 제11장 지적장애, 제12장 자폐성장애, 제13장 장애유아의 놀이지원 및 가족지원을 다루었다.

이 책은 보육현장에서 다양한 특성을 지닌 영유아를 만나면서 그들의 개별적 요구를 충족시켜 줄 수 있는 방법이 있으면 좋겠다는 바람에서 시작되었으며, 이를 함께 지원해 줄 수 있는 역량을 갖춘 보육교직원의 배출이 시급하다는 소망에서 집필된 것이다. 교육부 정책기조인 "모든 아이는 우리 모두의 아이"라는 말을 되새기며, 유아교육 및 보육현장에서 만나는 모든 아이가 행복하게 자신의 교육적 권리를 추구할 수 있도록 다 함께 노력하는 첫걸음이 되길 바란다.

끝으로 이 책의 출판을 위하여 도움을 주신 많은 분께 감사드리며, 제자의 생각과 마음을 응원해 주신 고려대학교 정옥분 교수님, 아프거나 힘들 때 항상 곁에서 챙겨 주신 사랑하는 엄마, 그리고 부족한 저를 응원해주시고, 사랑으로 이끌어 주신 모든 분께 감사드린다.

2022년 7월

녹음이 짙은 남산에서

지은이 씀

차례

■ 머리말 2

PART 1. 유아통합교육의 개괄적 이해

Chapter 1 유아특수교육의 이해 11

1. 유아특수교육의 정의 12
2. 유아특수교육의 정립 23
   1) 특수교육과 유아교육의 이론적 배경 / 23
   2) 유아기 통합교육서비스의 수립 배경 / 29
   3) 보상교육 프로그램 헤드스타트 / 33

Chapter 2 장애 패러다임에 따른 제 · 개정 법률과 제도 40

1. 장애 패러다임의 변화 42
2. 유아특수교육 관련 제 · 개정 법률과 제도 47
   1) 미국의 유아특수교육 관련 제 · 개정 법률 및 제도 / 43
   2) 한국의 유아특수교육 관련 제 · 개정 법률과 제도 / 62

Chapter 3 통합교육의 이해 72

1. 통합교육의 개념 및 발전과정 73
   1) 장애인식 및 수용을 기반으로 한 통합교육의 개념 / 74
   2) 통합교육의 발전과정 / 85
2. 유아통합교육운영모델 91

PART 2. 국가수준의 유아통합교육과정

Chapter 4 유아통합교육과정의 이해 101

1. 2019 개정 누리과정 102
   1) 개정 누리과정의 주요 개정내용 / 104
   2) 개정 누리과정의 이해 / 112
   3) 개정 누리과정의 실제 / 122
2. 2015 개정 특수교육 유치원 교육과정 134
   1) 2015 개정 특수교육 교육과정의 주요 개정내용 / 135
   2) 2015 개정 특수교육 교육과정의 이해 / 137

Chapter 5 유아통합교육대상 선정 절차 142

1. 특수교육대상 유아의 선정 및 배치 143
   1) 잠재적 특수교육대상 유아 / 144
   2) 특수교육대상 유아 선정 절차 / 153
   3) 특수교육대상 유아의 배치 및 교육 / 158
2. 선별 및 진단 · 사정 161
   1) 선별 / 162
   2) 진단 · 사정 / 170

Chapter 6 유아통합교육 실행방안의 이해 180

1. 교육사정 181
   1) 일과기반 행동수행목록 / 185
   2) 긍정적 행동지원을 위한 ABC분석 / 191
   3) 현재수행수준요약서 / 203

Chapter 7 개별화교육계획안 작성방법 212

1. 개별화교육계획 214
   1) 개별화교육계획(IEP)의 개념적 정의 / 215
   2) 개별화교육계획의 연간목적 및 장 · 단기목표 / 217
   3) 장 · 단기목표의 효율적인 실행을 위한 과제분석 / 221
2. 개별화교육에 대한 지속적인 진전도 모니터링 평가 223

PART 3. 유아통합교육의 실제

Chapter 8 시각장애 235

1. 시각장애의 정의 237
2. 시각장애의 특성 239
   1) 신체발달 / 242
   2) 인지발달 / 243
   3) 사회 · 정서발달 / 243
   4) 언어발달 / 244
3. 시각장애의 개별화교육지원 245
   1) 시각장애의 개별화교육계획안 작성 / 246
   2) 시각장애의 개별화교육 실행 / 256

Chapter 9 청각장애 265

1. 청각장애의 정의 267
2. 청각장애의 특성 269
   1) 신체발달 / 270
   2) 인지발달 / 271
   3) 사회 · 정서발달 / 272
   4) 언어발달 / 273
3. 청각장애의 개별화교육지원 274
   1) 청각장애의 개별화교육계획안 작성 / 274
   2) 청각장애의 개별화교육 실행 / 281

Chapter 10 지체장애 289

1. 지체장애의 정의 290
2. 지체장애의 특성 292
   1) 신체발달 / 292
   2) 인지발달 / 294
   3) 사회 · 정서발달 / 295
   4) 언어발달 / 296
3. 지체장애의 개별화교육지원 297
   1) 지체장애의 개별화교육계획안 작성 / 298
   2) 지체장애의 개별화교육 실행 / 303

Chapter 11 지적장애 308
1. 지적장애의 정의 310
2. 지적장애의 특성 311
1) 신체발달 / 313
2) 인지발달 / 315
3) 사회 · 정서발달 / 315
4) 언어발달 / 316
3. 지적장애의 개별화교육지원 317
1) 지적장애의 개별화교육계획안 작성 / 317
2) 지적장애유아의 개별화교육 실행 / 325

Chapter 12 자폐성장애 328
1. 자폐성장애의 정의 329
2. 자폐성장애의 특성 331
1) 신체발달 / 332
2) 인지발달 / 333
3) 사회 · 정서발달 / 333
4) 언어발달 / 334
3. 자폐성장애의 개별화교육지원 335
1) 자폐성장애의 개별화교육계획안 작성 / 336
2) 자폐성장애의 개별화교육 실행 / 344

Chapter 13 개정 누리과정에서의 장애유아의 놀이지원 및 가족지원 346
1. 개정 누리과정 기반 장애유아 놀이지원의 이해 및 실제 347
2. 장애유아 중재를 위한 가족중심의 실제 349
1) 지식과 정보 제공 / 352
2) 장애유아 가족의 스트레스의 원인 / 354

■ 참고문헌 357
■ 저자소개 376

P·A·R·T

1 유아통합교육의 개괄적 이해

특수교육의 최근 패러다임은 전 세계적으로 완전통합교육(full inclusive education paradigm)을 지향하고 있다. 이러한 변화의 물결은 1994년 UNESCO가 스페인의 Salamanca에서 특수교육의 원리 · 정책 · 실제에 관한 성명(Salamanca Statement on Principles, Policy and Practice in Special Needs Education and a Framework for Action)을 발표하고, 실행계획을 채택하면서부터라고 볼 수 있다(Hornby, 2015). 우리나라는 1994년 「특수교육진흥법」을 전면 개정하면서 초 · 중등교육을 중심으로 통합교육에 더한 규정이 제시되었으며, 2007년 「장애인 등에 대한 특수교육법」이 제정되면서 장애영유아와 성인을 포함한 교육 및 사회적 통합이 규정되었다. 이로 인해 특수교육의 영향을 받은 유아특수교육의 패러다임 역시 현장을 중심으로 한 완전통합교육으로의 전환을 맞이하게 되었다.

유아특수교육(Early Childhood Special Education: ECSE) 분야는 다른 교육 분야에 비해 상대적으로 짧은 역사를 가지고 있으며, 유아교육(Early Childhood Education: ECE)과 특수교육(Special Education) 뿐 아니라 심리학, 아동학, 사회학, 보건학 그리고 다른 여러 분야에 의해 영향을 받아 왔다. 한국의 유아특수교육도 특수교육의 발전에 의해 교육적 지원대상의 범위가 확대되면서 최근에 발전하기 시작하였다. 그렇기 때문에 한국의 유아특수교육은 특수교육의 역사를 토대로 살펴보아야 할 것이다. 제1부에서는 먼저, 유아특수교육에 대한 개괄적인 이해를 돕기 위하여 유아특수교육의 정의와 유아특수교육의 정립 배경을 살펴보고, 유아특수교육이 정립되기까지 교육적 · 사회적으로 장애 및 장애인이 어떻게 인식되고 처우되었는지를 예측해 볼 수 있는 장애 패러다임의 전환과 이에 따라 제정 및 개정된 법률과 교육제도를 살펴보고자 한다. 마지막으로 패러다임 변화에 따른 통합교육의 발전과정과 유아교육현장에 적용 가능한 기존의 통합교육운영모델을 살펴봄으로써 모두를 위한 교육목표에 적합한 실용적인 통합교육 방안을 모색해 보고자 한다.

유아특수교육의 이해

Chapter 1

유아특수교육은 '만 3~5세의 유치원 연령에 해당하는 장애를 가진 유아들의 개별적 요구를 충족시키기 위해서 특별히 설계된 무상의 적절한 교육서비스'를 의미한다. 이것은 가정, 병원, 기관, 특수학교 및 학급, 그리고 유치원이나 어린이집의 통합학급 및 특수학급에서 제공될 수 있다. 일반적으로 조기특수교육, 유아특수교육, 특수교육은 장애 및 장애위험 그리고 발달지체를 나타내는 특수교육대상자를 위해 적절한 교육 및 관련 서비스를 제공하는 것으로, 이들 간의 차이는 지원대상의 연령에 따른 차이이다. 조기특수교육은 '출생부터 만 2세(36개월)까지 발달지연을 나타내는 영아에게 제공되는 특수교육 및 관련 서비스'이며, 유아특수교육은 '출생에서 36개월까지와 취학 전 연령인 만 3~5세까지의 유아에게 제공되는 특수교육 및 관련 서비스'를 말한다. 법적으로 유아특수교육은 만 8세까지 저학년도 포함하는 개념이지만, 보육 및 교육현장에서 효용성 있는 특수교육 및 관련 서비스를 제공하기 위하여 통상적으로 구분하는 취학 전 연령까지를 유아특수교육으로 정의한다. 따라서 유아특수교육은 조기특수교육보다는 조기중재까지 포함하는 조금 더 포괄적인 특수교육 및 관련 서비스라 할 수 있다. 유

[그림 1-1] 유아특수교육의 위치 모형도

아특수교육이 영유아기를 포괄한다면 특수교육은 법적으로 만 3세에서 22세까지 제공되는 특수교육 및 관련 서비스를 말하는 것이었다. 그러나 최근에는 전 생애에 걸쳐 전반적이고 포괄적인 특수교육서비스를 제공하는 개념으로 바뀌게 되었다. 이를 모형도로 간략히 정리해 보면 [그림 1-1]과 같다. 제1장에서는 개괄적인 이해를 돕고자 먼저, 시대의 변천에 따라 유아특수교육이 어떻게 개념적으로 정의되었는지를 살펴본 후 최근 완전통합교육을 지향하고 있는 보육 및 교육현장에서 특수교육서비스를 효율적으로 제공하기 위해서 어떠한 개념적 정의를 가지고 모든 구성원이 협력적으로 업무를 수행해야 하는지를 모색해 보고자 한다. 또한 유아특수교육이 정립되기까지 어떠한 과정을 거쳤는지를 살펴봄으로써 유아특수교육에 대한 이해를 돕고자 한다.

1 유아특수교육의 정의

유아특수교육(early childhood special education)은 미국 연방정부가 1986년 10월 「장애인교육법(EHA)」의 개정안인 「개정 장애인교육법(P.L. 99-457, the Education of Handicapped Act Amendment: EHA)」을 승인하면서 Part B Section 619가 만 3~5세 취학 전 장애유아를 위하여 만들어졌다. 이를 통해 취학 전 만 3~5세 발달지체 및 장애를 가진 아동의 교육적 요구를 충족시키기 위하여 연방 및 주정부가 지정한 특수교육서비스를 최소제한적 환경(Least Restrictive Environment: LRE)에서 모든 장애유아에게 무상의 적절한 공교육(Free Appropriate Public Education: FAPE)으로 제공할 수 있도록 하였다(Reichow, Boyd, Barton, & Odom, 2016). 이로써 미국 전역의 장애를 가지고 있는 취학 전 아동 중 50% 이상이 통합교육(inclusive education) 환경에서 유아특수교육서비스를 받을 수 있게 되었다

Samuel L. Odom

Virginia Buysse

(US Department of Education, 2012). 유아특수교육은 '통합교육환경에서 학습에 어려움이 있거나 장애로 진단되었거나, 다양한 언어적 혹은 문화적 배경을 가진 아이들이 자신의 잠재된 능력을 최대한 발휘할 수 있도록 교육 프로그램을 수정·보완하여 개별유아에게 적합한 방식으로 제공하는 교육서비스'이다. 이렇게 특별히 고안된 교육서비스는 특수교육 적격성 판정을 받은 아동의 개별적 요구에 적합한 내용과 교수·학습방법으로 일반교육과정 내에서 특수교육을 실행할 수 있도록 수정·보완하여 적용한 것이다(Odom, Buysse, & Soukakou, 2011).

우리나라에서는 이소현(2020)이 유아특수교육에 대해 "취학 전 특수아동에게 제공되는 특수교육(special education)을 의미한다"고 정의하였으며, 특수교육은 "특수아동(exceptional children)의 개별적인 요구를 충족시키기 위해서 특별하게 계획하고 체계적으로 실행하는 교수를 의미한다"고 정의하였다(이소현, 박은혜, 2019). 노진아 외(2011)는 유아특수교육에 대해 "출생 후부터 취학 전까지의 장애영유아의 개별적 요구를 충족시키기 위하여 특별히 고안된 교육으로써 발달적, 경제적 측면에서의 당위성을 가진다"고 정의하였다.

김성애(2016)는 유아기를 인간이 최상의 발달을 위한 최적의 기회를 가질 수 있는 매우 중요한 시기로 보았으며, 취학 전까지의 발달 상태가 그 사람의 전 생애를 결정한다고 주장하면서 유아특수교육의 중요성을 강조하였다. 특히, 유아기가 중요한 이유에 대하여 유아기에 달성해야 할 중요한 발달과업이 있기 때문이며, 이를 최대한 발달할 수 있도록 충분한 자극을 제공하면 장애가 경감되거나 제2, 제3의 장애를 예방할 수 있다고 하였다. 또한 발달지체의 폭을 줄어들게 하거나 없어지게 함으로써 발달지체 혹은 장애의 위험에서 벗어나 정상적으로 발달할 수 있다고 하였다(김성애, 2006; 여광응, 2003). 이와 같은 이유로 유아기라는 중요한 시기에 개별 유아에게 적합한 교육적 지원을 적절히 제공해 주는 것이 무엇보다 시급하고 중요하며 필요하게 되었다. 특히, 보육 및 교육현장에서 모든 구성원이 공통되고 합의된 적절한 용어의 정의에 따라 협력적으로 형평성이 보장된 교육을

Frank G. Bowe

William L. Heward

제공해 줌으로써 개별 영유아의 잠재력을 최대한 계발하고, 장애의 부정적 영향을 최소로 감소시켜 줌으로써 부차적 장애를 예방하여 정상적으로 발달할 수 있도록 기회를 제공하게 된다.

일반적으로 유아특수교육은 출생에서 36개월까지와 취학 전 특수교육(preschool special education) 연령인 만 3~5세 장애 및 장애위험 유아와 그 가족에게 포괄적인 특수교육 및 관련 서비스를 제공한다(이소현, 2020; Bowe, 1995; Dunlap, 2009; Heward, 2006; Odom, 2016). 유아특수교육이 정립되기 시작하던 초기에는 출생 후부터 36개월까지의 장애영아 및 장애위험 영아를 위한 서비스는 제공되지 않았었다. 그러나 1968년 미국에서 「장애아조기교육지원법(P.L. 90-538, Handicapped Children's Early Education Assistance Act)」이 제정되면서 조기중재 서비스(early intervention)가 제공되기 시작하였다. 이후 적용범위가 확대되면서 현재에는 출생에서 만 8세 연령범위까지의 장애 및 장애위험(발달지체 포함) 영유아와 초등학교 저학년까지도 그 대상으로 포함하는 포괄적인 특수교육 및 관련 서비스가 제공되고 있다(Reichow, Boyd, Barton, & Odom, 2016).

한국의 경우는 아직까지 유아특수교육이라는 학문이 독립적으로 정립되지는 않았지만, 1994년 「특수교육진흥법(법률 제4716호)」이 전면 개정되고 유치부의 무상교육이 시작되면서 그 시작을 알렸다고 볼 수 있다. 이후 2007년 「장애인 등에 대한 특수교육법」이 제정되어 영아가 무상교육에 포함되면서 장애영유아를 위한 조기중재 서비스인 교육 및 관련 서비스가 제공되기 시작하였다. 이러한 과정을 통하여 발달 시기에 따른 적절하고 체계적인 교육적 지원 및 관련 서비스를 제공할 수 있게 되었고, 이로써 영유아기를 위한 유아특수교육의 기틀이 마련되었다고 볼 수 있다. 한국 특수교육의 실제는 자생적으로 발전하였다기보다는 19세기 말 개화기인 1894년 Rosetta Sherwood Hall이 선교사로 평양에 들어와 맹인여아인 오봉래에게 맹교육을 시작하면서 공식적으로 특수교육이 시작되었다. 한국의 특수

로제타 홀 여사와
평양 맹학교를 졸업한 소녀들

교육은 미국인 선교사인 Hall 여사에 의해 피동적(被動的)으로 시작되었으며, 근대 특수교육의 선구자 역할을 한 미국의 특수교육을 수용 · 적용하면서 빠르게 변화되어 왔다(김미숙, 2010; 김병하, 1986).

한국은 1977년 12월 31일 「특수교육진흥법(법률 제3053호)」을 제정하면서 제도적으로 특수교육대상자를 지원하기 시작하였으며, 1988년 일부개정에 의해 국공립과 사립에 관계없이 특수교육기관에 입학한 장애학생에게 무상교육을 실시하였다. 그러나 실질적으로 유치부와 고등부까지 무상교육이 정착된 것은 1994년 「특수교육진흥법(법률 제4716호)」을 전면 개정하면서부터이다. 개정된 「특수교육진흥법」은 특수교육을 필요로 하는 사람에게 국가 및 지방자치단체가 각자의 능력과 장애 정도에 따라 적절하고 균등한 특수교육의 기회를 확대 및 제공하면서 새로운 선진특수교육방법을 도입하여 특수교육의 질적 향상을 도모하고, 특수교육지원체제를 확대하는 등 급격한 사회의 변화에 따라 급격히 증가하고 있는 특수교육에 대한 수요를 능동적으로 대처하기 위한 것이었다. 이후 2007년 5월에 「특수교육진흥법」이 폐지되고, 제정된 「장애인 등에 대한 특수교육법(법률 제8483호, 약칭 특수교육법)」에서는 영아(0~2세)도 무상교육의 대상이 되었다. 이후 「특수교육법」은 2013년 12월 30일 개정(법률 제12127호)을 통해 교원의 자질 향상과 관련된 법규에 특수교육대상자의 인권존중을 명시했고, 2016년 개정에서는 '정신지체'를 '지적장애'로 장애 명칭을 변경하였다(법률 제13941호). 또한 제38조(벌칙)를 신설하여 장애를 이유로 특수교육대상자의 입학을 거부하거나 입학전형 합격자의 입학을 거부, 대학의 입학전형 절차에서 수험편의의 내용상 확인과 관계없는 별도의 면접이나 신체검사를 하는 등의 불이익을 제공하는 경우, 1년 이하의 징역 또는 일천만 원 이하의 벌금을 부과하는 등의 법률(법률 제14156호)을 강화하면서 전 생애에 걸친 장애인의 인권 및 교육권을 보장하려는 노력을 지속하고 있다(법제처 국가법령정보센터, 2020).

한국의 특수교육은 개화기 미국에 의해 피동적으로 시작되었기 때문에 미국의 특수교육 관련 법률 및 제도에 많은 영향을 받았고, 시대가 변화함에 다라 필요에 의해 법률 및 제도가 제 · 개정되면서 발달 시기에 따른 특수교육의 정립이 필요하게 되었다고 볼 수 있다. 특히, 보육 및 교육현장에서는 아직까지 영유아기의 특성을 고려한 특수교육의 이론이나 실증기반 연구체계가 미흡한 실정이기에 실효성 있는 보육 및 교육서비스를 각 원의 실정에 맞게 제공하지 못하고 있는 것이 사실이다. 그럼에도 불구하고 다양한 분야에서 지속적으로 더 나은 교육 및 관련 서비스를 제공하기 위해 노력하고 있다는 것 또한 사실이다.

더 나은 교육 및 관련 서비스 제공을 위해 개정되어야 할 것 중 우선적인 것을 살펴본다면, 「특수교육법」에 따라 특수교육대상자를 선정하고 그에 적합한 교육 및 관련 서비스를 제공할 때, 영유아교육기관에 재원 중인 장애위험 영유아의 발달적 특성은 고려하지 않은 채 장애진단 및 판정을 받은 영유아만 특수교육대상자로 지정한다는 것이다. 이는 다른 측면에서 보면 부차적 장애예방의 측면을 간과한 것이라 볼 수 있으며, 영유아기의 잠재적인 발달 가능성을 고려하여 장애진단 및 판정을 유보해야 한다는 내용과도 상충되는 것이다. 현행 법률에 따르면, 특수교육이 필요한 사람으로 진단 · 평가를 받아야 특수교육대상자로 선정되며, 특수교육대상자로 선정되어야 체계적인 교육서비스를 받을 수 있다. 이는 영유아기에 교육 및 관련 서비스를 받기 위해서는 특수교육지원센터에 등록을 하거나 유치원에 입학을 해야 한다는 것으로, 어린이집에 재원 중이거나 장애위험인 영유아는 지원대상의 사각지대에 놓일 수 밖에 없다는 말이다. 이를 해결하기 위해서는 소속에 상관없이 모든 장애, 발달지체 및 장애위험 영유아가 형평성 있는 교육의 기회를 가지도록 하여 개별적 요구에 적합한 특수교육 및 관련 서비스를 제공받을 수 있어야 한다. 또한 영유아기 특성상 발달영역별로 개인마다 발달의 차이가 상당히 크게 나타난다는 점과 잠재능력을 계발시켜 줄 수 있는 환경적 지원을 통하여 일반교육환경에서 충분히 교육받을 수 있다는 점을 고려한다면, 특수교육대상자를 선정하는 절차에 있어서 장애라는 꼬리표를 달지 않고도 특수교육 및 관련 서비스 지원을 받을 수 있도록 현행 제도의 개선이 반드시 필요하다. 이러한 법률 및 제도의 개선은 최근 전 세계 교육이 지향하는 포용적이고 양질의 교육이라고 할 수 있는 '모두를 위한 교육'의 목적에 부응하는 것이라 볼 수 있다.

일반적으로 특수교육대상자는 신체적 · 인지적 · 사회 및 정서적 특징이나 능력이 발달규준의 양극단에 위치해 있으면서 개별화된 특별한 교육이 필요한 사람을 말한다. 이들이 아동기에 있을 땐 특수교육대상아 또는 특수아(exceptional children)라고 한다. 미국은 특수교육대상아를 영재아와 장애아를 모두 포괄하는 용어로 장애아보다 더 확장된 의미로 사용하고 있다. 반면, 우리나라의 경우는 「특수교육법」에 따라 특수교육대상아를 특별한 교육이 필요한 사람으로 진단 · 평가(diagnosis · assessment)된 사람이라고 하여 주로 장애아를 대상으로 하고 있다. 즉, 우리나라 「특수교육법」에서 정의하고 있는 특수교육대상자는 '시각장애, 청각장애, 지적장애, 지체장애, 정서 · 행동장애, 자폐성장애, 의사소통장애, 학습장애, 건강장애, 발달지체 중 어느 하나에 해당하는 사람으로 특수교육을 필요로 하는 사람이라 진단 · 평가된 사람'이다.

보편적으로 발달규준은 각 연령대별로 전체 아동의 발달 상태를 평균으로 산정하여 개별 아동의 상대적 위치를 파악할 수 있도록 하는 기준을 말한다. 이를 근거로 발달영역별 특성에 따라 전체 대상 아동의 발달 상태를 그래프로 그려 본다면, 평균을 중심으로 종 모양의 정규분포가 그려지는데, 이러한 그래프의 양극단에 위치한 아동을 영재아(+2SD) 또는 장애아(−2SD)라고 지칭한다. 영재아와 장애아의 영역별 발달의 정규분포는 [그림 1-2]에 제시한 바와 같다.

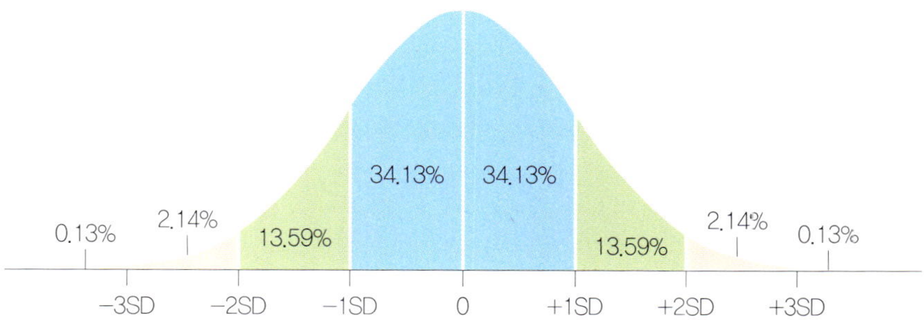

[그림 1-2] 발달규준에 따른 특수교육대상아의 범위

일반적으로 영유아기는 발달특성상 주요 영역별 발달이 급증하는 시기에 있으며, 각 영역별 발달의 속도가 개인별로 매우 차이가 크기 때문에 영유아기에 각

Mary A. McEvoy

Robin A. McWilliam

영역별 발달이 느린 아이가 있다고 해서 장애라고 섣부른 판단을 해서는 안 된다. 이와 같은 이유로 영유아기는 장애라는 명칭(label)을 사용하지 않고, 특정영역에서의 발달지체 혹은 지연이라는 용어를 사용하는 것이 바람직하다. 따라서 장애 명칭의 부정적인 영향으로 개인의 특성이 과소평가되거나 장애유형별 특성을 이유로 유아교육과정에서 분리될 가능성을 높인다는 문제를 안고 있기 때문에 주의를 기울여야 한다(이소현, 2020; Bailey, McWilliam, Buysse, & Wesley, 1998; Odom & McEvoy, 1998).

국립특수교육원(2016a)에서는 장애(Disability, 障礙)를 '신체, 인지, 지적능력, 정신, 감각, 발달의 영역 또는 두 가지 이상의 영역에서 하나 또는 그 이상의 손상이 생겨 평범한 일상생활에 참여하는 데 있어 개인의 능력에 심각한 제한이 생기는 것'으로 정의하고 있다. 우리나라 「장애인복지법」에서는 장애인을 '신체적 · 정신적 장애로 오랫동안 일상생활이나 사회생활에서 상당한 제약을 받는 자'로 정의하고 있으며, 구체적인 장애의 종류와 기준은 대통령령으로 정한다고 되어 있다(김형식 외, 2019).

세계보건기구(WHO)

국제사회에서의 장애의 개념은 세계보건기구(WHO)에서 주도적으로 제시해 왔고, 선진국에서는 이에 따라 장애 또는 장애인에 대하여 법률적으로 정의를 내리는 추세를 보이고 있다. 1980년대 세계보건기구(WHO)는 「손상 · 장애 · 사회적으로 불리한 조건에 대한 국제 분류(International Classification of Impairments, Disabilities, and Handicaps: ICIDH)」 기준을 발표한 이후 1997년 ICIDH-2를 제시하면서 손상(impairment), 활동 제약(activity limitation), 참여 제약(participation restrict)의 의료적 진단기준을 사용하여 분류하도록 하면서 장애인의 사회적 통합과 지역사회의 재활을 강조하였고, 2001년에 「기능 · 장애 · 건강에 관한 국제 분류(International Classification of Functioning, Disability, and Health: ICF)」 기준을 발표하면서 장애 분류를 보다 긍정적이며, 환경지향적인 측면으로 개정하였다(World Health Organization Geneva, 2001). 세계장애보고서(2011)에서 개념의 틀로 채택하고 있는 「기능 · 장애 · 건강에 관한 국제 분류(ICF)」 기준에서는 기능

ICF

과 장애를 건강 상태와 개인적 · 환경적 상황요인들과의 역동적 상호작용으로 이해하고 있다. 이처럼 「기능 · 장애 · 건강에 관한 국제 분류(ICF)」 기준은 장애를 만들어 내는 환경적 요인을 강조한다는 점에서 이전의 분류체계인 「손상 · 장애 · 사회적으로 불리한 조건에 대한 국제 분류(ICIDH)」와 가장 큰 차이를 보이고 있다. 즉, 장애를 개인적 · 의료적 관점(의료적 모델)에서 구조적 · 사회적 관점(사회적 모델)으로 장애에 대한 패러다임이 전환되면서, 누구든 신체의 문제로 장애인이 되는 것이 아니라 사회구조적인 문제로 인해 장애인이 될 수 있다는 인식의 전환으로 장애를 분류하는 기준 또한 바뀌게 되었다는 것이다. 여기서 중요한 것은 장애라는 것이 순수하게 의료적인 문제만도 아니고, 그렇다고 사회적인 문제만도 아니기 때문에 장애에 대한 이런 상반된 입장에 대하여 균형잡힌 적절한 접근을 하는 것이 무엇보다 중요하고 필요하다는 것이다. 이러한 관점에서 「기능 · 장애 · 건강에 관한 국제 분류(ICF)」 기준은 의료적 모델과 사회적 모델 간의 타협 가능성을 보여 주고 있기 때문에 선진국에서는 특수교육대상자의 적격성을 판단함에 있어 「기능 · 장애 · 건강에 관한 국제 분류(ICF)」 기준을 사용하고 있다(World Health Organization Geneva, 2001).

특히 미국에서는 특수교육대상자의 재활서비스를 제공하기 위하여 「기능 · 장애 · 건강에 관한 국제 분류(ICF)」 기준을 사용하는데, 이 기준은 2001년 5월 22일 제54차 세계보건총회(결의안 WHA 54.21)에서 191개국 WHO 회원국 모두에 의해 건강과 장애를 측정하고 설명하기 위한 국제표준으로 승인되었다. 기존의 「손상 · 장애 · 사회적 불리에 대한 국제 분류(International Classification of Impairments, Disabilities, and Handicaps: ICIDH)」 기준은 질병 및 장애 분류 기준이 단순히 의료적 진단 · 상황에만 주로 의존하고 있어서 개인의 기능적인 상황을 고려하지 못한다는 단점을 가지고 있었기 때문에 이를 보완하기 위해서 「기능 · 장애 · 건강에 관한 국제 분류(ICF)」 기준을 승인하게 되었다. 이 분류 기준은 크게 신체기능과 구조, 개개인이 수행하는 작업이나 업무와 관련된 활동 및 일상생활과 관련된 활동 참여, 장애의 경중 및 환경적 요소와 관련된 상황적 요소 등의 세

가지 광범위한 요소들로 구성되어 있다. 즉, 신체 구조 및 기능은 실제 장애인의 신체적 혹은 생물학적인 특성을 의미하며, 활동과 참여는 의사소통, 이동, 타인과의 상호작용, 학습 등과 같은 장애인의 개인적인 기능 상태에 대해서 강조하고 있다. 또한 상황적 요소에는 장애인이 자신의 능력으로 통제할 수 없는 환경적 요소(예를 들어, 가족, 국가 및 정부, 법률, 문화 등)와 개인적 요소(예를 들어, 성별, 인종, 나이, 학력 등)로 구성되어 있다. 그렇기 때문에 장애인의 장애와 기능은 장애인의 건강 상태, 환경과 관련된 요소, 개인적 요소 등과 서로 연관되어 있는 복잡하고 다양한 상호작용의 구조라고 간주하고 있다.

「기능 · 장애 · 건강에 관한 국제 분류(ICF)」 방법의 가장 큰 장점은 장애를 이해하는 데 있어 장애의 의료적 · 사회적 · 환경적인 요소들을 종합적으로 고려한다는 것이다. 또한 「기능 · 장애 · 건강에 관한 국제 분류(ICF)」 방법에서는 수식을 이용해 장애의 상태를 표준화하여 표기하고 있으며, 종합적인 다분야 평가를 통해 장애인의 기능적인 장 · 단점을 파악하고 있다는 것이다. 장애 혹은 장애로 인한 한계나 제약은 0(어려움 전혀 없음; 0~4%), 1(약간 어려움: 5~24%), 2(보통 정도로 어려움: 25~49%), 3(상당히 어려움: 50~95%), 4(완전히 어려움: 96~100%)로 수식화하고 있으며, 환경적인 요소는 장애인이 속한 환경이 장애가 되는지 혹은 기능적 특성의 촉진이 가능한지에 따라서 + 혹은 − 수치로 수식화한다. 「기능 · 장애 · 건강에 관한 국제 분류(ICF)」 수치의 감소는 결국 한 장애인의 기능적 능력이 증대됨을 의미하며, 이를 통해 장애인의 잠재적인 능력을 해석하기도 한다. 현재의 「기능 · 장애 · 건강에 관한 국제 분류(ICF)」 기준과 개념을 토대로 미국에서는 장애인에게 필요한 재활서비스를 제공하고 있으며, 장애 서비스 적격성 기준을 적용하고 있다(에이블뉴스, 세계보건기구(who) 국제장애분류기준, 2020.11.5).

세계보건기구 국제장애 분류기준(ICF)

미국의 주정부 재활기관에서 장애인들에게 재활서비스 적격성 여부를 결정하는 데 적용하는 가장 중요한 기준으로, 서비스를 신청하는 자가 신체적 혹은 정신적인 장애를 가지고 있는지와 그러한 장애가 재활목표를 달성하는 데 어떻게 영향을 미치는지를 확인한다. 서비스 신청자가 신체적 혹은 정신적인 장애가 있는지는 의사나 전문 평가사가 작성한 의료진단 및 평가 보고서를 통해 확인할 수 있다. 즉, 「기능 · 장애 · 건강에 관한 국제 분류(ICF)」에서 언급하고 있는 장애나 질병의 의료적 진단 및 장애 정도를 확인하는 과정으로써 장애나 질병의 원인, 향후 상태 등을 확인하는 단계이다. 그리고 장애나 질병에 의한 기능적 한계는 장애가 재활 목표를 달성하는 데 미치는 정도를 확인함으로써 구체적으로 파악할 수 있다. 이 단계에서 보다 명확한 기능적 한계와 장애의 의료적 · 환경적 · 개인적인 요소들 간의 상호작용을 확인하기 위해 추가적인 평가를 실시하기도 한다. 추가적인 평가의 예로는 지적능력을 파악하기 위한 웩슬러 지적능력검사, 작업능력이나 운동성 검사 등을 사용하는 상황평가 등을 들 수 있다. 이러한 종합적인 평가 결과를 기초로 장애인의 기능적 한계가 직업 활동 혹은 업무 유지에 어떠한 영향을 미치는지 확인한 후 재활서비스 제공이 적합한지를 최종적으로 결정한다.

미국은 「기능 · 장애 · 건강에 관한 국제 분류(ICF)」에서 언급하고 있는 장애나 질병의 의료적 진단, 장애인이 수행하려고 하거나 수행해야 하는 작업 및 일상생활, 장애인 주위의 여러 환경적인 요소 등을 전체적으로 고려하여 서비스를 제공한다고 할 수 있다. 이는 장애를 단순히 의료 정보에만 기초하여 장애 여부와 등급을 결정하는 우리나라의 경우와는 전혀 다른 방식이며, 장애인의 환경적 · 사회적인 요소들을 고려하는 「기능 · 장애 · 건강에 관한 국제 분류(ICF)」 기준의 개념과 부합하는 방식이라고 볼 수 있다.

그러나 「기능 · 장애 · 건강에 관한 국제 분류(ICF)」 기준은 성인을 기준으로 제시하였기 때문에 아동 및 청소년에게 그대로 적용하는 데는 한계가 있었다. 이를 보완하기 위해 2007년 세계보건기구(WHO)는 홈페이지를 통하여 「아동 · 청소년을 위한 기능 · 장애 · 건강에 관한 국제 분류(The International Classification of Functioning, Disability and Health for Children and Youth: ICF–CY)」 기준을 제시하였다. 이는 아동 · 청소년기에 나타내는 생애 첫 20년 동안의 급격한 성장과 변화를 반영하여 이들의 성장, 건강, 발달특성을 보다 세밀하게 측정하고자 한 것으로, 아동 · 청소년기의 신체적 · 사회적 영향을 고려한 사회정책, 의료 및 교육

시스템을 정비하여 아동의 건강, 교육, 권리 등 아동복지 향상에 기여하고자 하였다(World Health Organization Geneva, 2007). 이후 2012년 세계보건기구는 ICF-CY(International Classification of Functioning, Disability and Health for Children and Youth)가 ICF(International Classification of Functioning, Disability and Health)를 기반으로 WHO에서 승인한 파생 국제 분류라는 점을 감안하여 두 분류 기준을 하나로 병합하는 데 승인하였다. 이 승인된 버전은 세계보건기구 홈페이지의 2013년 ICF 업데이트 버전에서 확인할 수 있다(World Health Organization Geneva, 2021).

ICF와 ICF-CY의 병합이행

우리나라 「특수교육법」에서는 특수교육을 '특수교육대상자의 교육적 요구를 충족시키기 위하여 개별 특성에 적합한 교육과정 및 특수교육 관련 서비스 제공을 통하여 이루어지는 교육'이라고 정의하고 있다. 특수교육 관련 서비스는 '특수교육대상자의 교육을 효율적으로 실시하기 위하여 필요한 인적 · 물적 자원을 제공하는 서비스로서, 상담지원 · 가족지원 · 치료지원 · 보조인력지원 · 보조공학기기지원 · 학습보조기기지원 · 통학지원 및 정보접근지원 등'을 말한다. 이러한 부분들을 고려하여 유아특수교육을 교육 및 보육현장의 요구에 적합하게 정의해 본다면, 교육부와 보건복지부의 유아교육기관에 입 · 퇴소할 수 있는 누리과정 연령을 기준으로 '만 3~5세까지의 장애, 발달지체, 장애위험 유아와 그 가족을 대상으로 그들의 특별하고 개별적인 요구를 반영하여 각 개인의 특성에 적합한 교육과정 및 특수교육 관련 서비스를 제공하여 장애의 발현 여부와 상관없이 장애의 잠재적이고 부정적인 영향을 감소시키고, 이를 통하여 이후 발달에서 나타날 수 있는 학습 및 발달상의 문제를 갖지 않도록 예방해 줌으로써 개별 유아의 잠재력을 최대한 계발시킬 수 있도록 충분한 자극을 제공해 주는 교육'이라 정의할 수 있을 것이다.

2 유아특수교육의 정립

유아특수교육은 유아교육과 특수교육 분야에 비해 상당히 짧은 역사를 가지고 있지만 상대적으로 빠르게 발전한 학문 분야이다. 유아특수교육이 상대적으로 빠르게 발전할 수 있었던 것은 기존의 교육철학과 이론적 체계가 갖추어진 유아교육과 특수교육의 영향을 받았기 때문이며, 사회의 변화에 따라 영유아기 조기교육서비스와 보상교육의 영향인 헤드스타트 프로그램의 영향을 받았기 때문이다. 그러므로 유아특수교육의 정립을 위하여 특수교육과 유아교육의 이론적 배경, 영유아 조기교육서비스의 수립 배경, 그리고 헤드스타트 프로그램의 보상교육이 어떠한 영향을 미쳤는지 살펴보고자 한다.

1) 특수교육과 유아교육의 이론적 배경

Jean-Marc Gaspard Itard

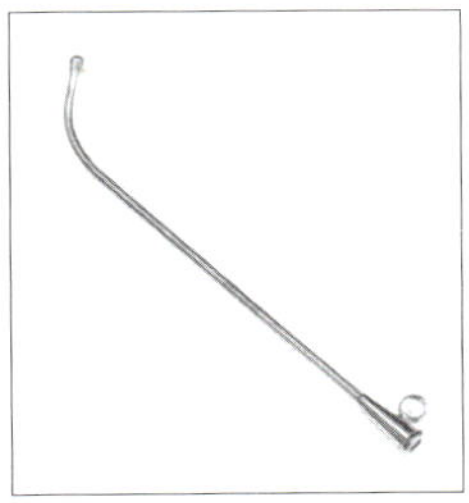
유스타키오 카테터

특수교육의 기원은 프랑스의 프로방스에서 태어난 내과의사 Jean-Marc Gaspard Itard(1775~1838)에게로 거슬러 올라간다. Itard는 학습이 주로 유전자에 의해 결정된다기보다는 생리학적 자극과 환경에 의해 영향을 받는다고 믿었다. Itard는 청각장애인의 교육자로 알려져 있으며, 유스타키오 카테터를 발명하면서 명성을 얻었다. 그는 1750~1760년 사이에 지어진 청각장애아동을 위한 국립연구소인 국립청각장애인연구소(Institution Nationale des Sourds-Muets à Paris)에서 청각장애 학생을 대상으로 전기충격 전달, 거머리 치료, 귀 수술, 다양한 유형의 내·외부 약용 등 청력 회복에 도움이 될 것으로 판단되는 다양한 실험을 수행하였다. 특히, 1970년대 영화로까지 만들어진 Aveyron의 Victor 이야기는 특수교육과 유아교육 분야 모두에서 유명한 사례이다. Victor는 1797년 Tarn의 Caune 숲에서 처음 목격되었다가 2년 후 붙잡혔으나 도망쳤다가 다시 붙잡혀 1799년 Aveyron으로 옮겨

Aveyron의 Victor

Pierre Joseph Bonnaterre

Roch-Ambroise Cucurron Sicard

지게 된다. 철학자 François Dagognet에 따르면, 당시 나이 12세로 추정된 Victor는 네 다리로 걷고, 식물을 먹으며, 털이 많고, 귀머거리이며, 벙어리라고 하였다. Pierre Joseph Bonnaterre(1752~1804)[1]는 Victor가 초기에 알코올 중독자 부모에게 양육되면서 학대를 받다가 4~5세경 숲에 버려진 후 야생동물처럼 살았을 것이라고 추정하였다. Victor는 들을 수 있었지만 청각장애인을 위한 학교의 교장인 Roch-Ambroise Cucurron Sicard(1742~1822)의 연구를 목적으로 파리의 국립청각장애인 연구소로 옮겨졌다. Sicard와 인간관찰자협회(Société des observateurs de l'homme)의 다른 회원들은 Victor를 연구하고 교육함으로써 대중화된 경험주의 지식이론에 필요한 증거를 얻을 수 있다고 믿었다. 계몽주의의 맥락에서 그들은 인간의 본성을 논의하기 위해 인간과 동물의 차이는 언어를 배울 수 있는 능력이라고 규정하며 Victor를 연구함으로써 인간과 사회의 관계를 설명하려고 하였다.

Itard는 인간과 동물을 구분하는 두 가지를 공감능력과 언어로 보았으며, 인간의 감정을 말하고 전달하도록 Victor를 가르침으로써 백치의 상태였던 Victor를 문명화시킬 수 있다고 생각했다. Itard는 Victor가 무엇을 배울 수 있을지 결정하는 데 많은 관심을 기울였다. Victor에게 단어를 가르치는 절차를 고안하고, 그 진행 상황을 기록하였다. Victor는 초기에 언어를 이해하고 간단한 단어를 읽는 데 있어서 상당한 진전을 보였지만 초보적인 수준을 넘어서지는 못했다. 언어적 측면에서 보면, Victor가 실제로 유일하게 배우고 익힌 철자는 lait(milk)와 Oh, Dieu(Oh, God)뿐이었지만, 사회 · 정서적인 측면에서 보면, 상당히 발전한 모습을 보였다. 이것은 다음의 사례에서 증명되었는데, Itard 집의 가정부 Madame

1) Pierre Joseph Bonnaterre(1752~1804)는 고래류, 포유류, 조류, 파충류, 양서류, 물고기 및 곤충 등에 대한 부분을 Tableau 백과사전에 기고한 프랑스의 자연주의 학자였다. 그는 또한 Aveyron의 야성적인 아이 Victor를 연구한 최초의 과학자로도 유명하다.

Guérin이 어느 날 남편을 잃고 울면서 저녁 식탁을 차리는 모습을 보고 Victor가 하던 일을 멈추고 그녀를 위로하는 행동을 보일 만큼 발전한 모습을 보였다. Itard는 Victor에게 언어발달과 관련하여 개별화된 중재유형으로 집중적인 훈련을 시켰음에도 불구하고 Victor의 언어발달 결과는 그다지 만족스럽지 못하였다. 그럼에도 불구하고 Itard는 Victor와의 작업을 기반으로 발달지연 교육의 새로운 지평을 열었으며, 개별화된 중재유형(individualized nature of the intervention)이라는 방법을 사용하여 현재까지도 특수교육에 지대한 영향을 미치고 있다. Itard는 Victor를 교육할 때 루소철학을 기반으로 상호존중하며 교육을 재구성하고 특성화하려고 노력하였다. 이러한 이유로 Itard는 청각장애인을 위한 구두교육, 이비인후과, 중증장애아동을 위한 행동수정, 정신 및 신체 장애인을 위한 특수교육의 창시자로 인정받고 있다.

Edouard Seguin

Itard의 제자 Edouard Seguin(1812~1880)은 클라메시에서 태어난 프랑스의 의사이자 교육자로서 인지장애인을 위해 일하였다. 1840년경, 그는 지적장애를 가진 사람들의 교육을 위해서 파리에 최초의 사립학교를 설립했고, 1846년에 『도덕적 처우, 위생, 그리고 백치와 그 후손들의 교육(*The Moral Treatment, Hygiene, and Education of Idiots and Other Backward Children*)』을 출판했다. 이것은 지적장애아의 특별한 요구를 다룬 초기의 체계적인 교과서로 간주된다. Seguin은 중재계획을 가지고 개별적 강점과 약점을 평가하는 방법을 개발하였고, 1848년 유럽 혁명 이후 미국으로 이주한 후에도 이 일을 지속하였다(Shonkoff & Meisels, 2000). Seguin의 생리학 학교(Physiological School)에서 사용된 프로그램은 신체적 과제와 지적 과제를 조합하여 제공하는 방법이었는데, 이 프로그램을 통해 지적장애인의 자립심과 독립심을 발달시켜 주는 것이 중요하다고 강조했다. Seguin의 작업은 미국에서 장애인을 가르치는 것에 초점을 맞춘 기숙제 시설을 설립하도록 유도했다. 그러나 불행하게도 1890년대 초 우생학운동의 성장으로 중재의 효과에 대한 유익성은 시들해지고, 기숙제 시설은 사회로부터 장애인을 분리하는 데 사용되는 장소가 되었다.

동일한 시기 동안에 유전과 환경의 논쟁은 아동발달 분야에서 점점 더 중

Arnold Lucius Gesell

John B. Watson

Edward Thorndike

Burrhus Frederic Skinner

가하고 있었다. 유전옹호 측의 대표주자인 Arnold Lucius Gesell(1880~1961)은 영유아의 정상발달규준에 대한 대량의 데이터 수집과 아동발달의 관찰연구로 잘 알려져 있다(Gesell, 1925; Gesell & Armatruda, 1947). Gesell은 아동의 발달과 성숙은 생물학적으로 이미 결정되어 있고, 경험이 발달에 미치는 영향은 미미하다고 믿었다.

그러나 이 시기에 행동주의운동이 시작되었고, 성숙주의 관점에 반해서 행동주의자들은 일반적으로 아동의 발달은 주로 아동의 경험과 환경의 산물이라고 믿었다(Watson, 1928). Watson, Thorndike, Skinner, Hull, Spence 등 장애아를 위한 중재전략의 영향을 연구한 초기 행동주의자들은 중재(intervention)가 장애아의 발달에 상당히 지속적인 영향을 미친다는 행동과학의 토대를 마련하였다.

유전과 환경의 논쟁이 지속될 때, 연구자들은 아동발달에서 환경적 요인의 영향을 연구하기 시작했다. Skeels와 Dye(1939)의 고전적 연구는 환경변화의 결과로 아동의 인지발달에 변화가 나타났다는 것을 보여준 초기 연구 중 하나였다. 심리학자인 Skeels는 성인과의 상호작용이 거의 없는 고아원에서 여성의 관심을 좀 더 많이 받을 수 있는 정신질환자를 위한 보호시설의 병동으로 두 소녀를 옮긴 뒤 두 소녀의 IQ점수가 주목할 만큼 증가한 것을 관찰할 수 있었다. 이 연구결과 후 Skeels와 Dye는 환경적 자극이 적은 고아원에서 보호시설의 병동으로 13명의 아이들을 옮길 수 있도록 자리를 마련하였다. 보호시설에는 인적 환경인 대리모와 물적 환경인 가지고 놀 수 있는 장난감들을 배치하였다. Skeels와 Dye는 고아원에 남겨진 아이들의 IQ점수와 보호시설로 옮겨진 아이들의 IQ점수를 수집하여 비교분석하였다. 보호시설로 옮겨진 후 18개월과 36개월 뒤 검사를 하였을 때, 실험집단의 모든 아이의 IQ점수는 증가한 데 반해, 고아원의 남겨진 아이들 중 한 명을 제외한 나머지는 IQ점수가 오히려 감소하였다(Skeels & Dye, 1939). 이 연구는 향후 수십 년간에 걸쳐 아이들의 발달을 위해 자극적인 환경의 중요성을 입증하는 더 많은 다른 후속연구의 도화선이 되었다. 결과적으로 유전과 환경의 논쟁에 의해 영유아기는 생물학적 영향과 경험적 영향 모두를 고려해야만 발달을 더 잘 설명할 수 있는 것이지 단지 유전이든 환경이든 어느 한쪽만으로는 발달을 잘 설명할 수 없다는 것이 증명되었다.

Clark L. Hull

Jean Piaget(1896~1980)의 인지발달이론(Piaget, 1950, 1960)은 생물학적 영향과 환경적 영향을 모두 고려한 이론으로 20세기 중반 아동발달 분야의 가장 중요한 이론이 되었다. Piaget의 인지발달단계에 대한 서술은 영유아의 인지능력을 관찰할 수 있는 틀을 제공했고, 아동의 인지발달 수준에 근거한 경험 제공과 적절한 상호작용의 중요성을 강조하였다.

Kenneth W. Spence

장애영유아를 포함한 모든 영유아 발달을 위한 환경의 중요성은 1960~1970년대 아동발달연구에 의해서 더욱 분명해지고 중요해졌다. 아동행동, 성인행동, 그리고 환경적 영향 간의 상호작용의 결과로서 발달을 본 아동발달의 교류적 관점은 1970년대에 유명해졌다. Sameroff와 Chandler(1975)에 의해 제안된 '돌봄 인과관계 분석(Continuum of caretaking causality)'은 아동발달에서 아동과 성인 그리고 환경 간의 상호작용의 중요성을 나타낸다. Sameroff와 Chandler(1975)는 생물학이 아동발달에 영향을 미치지만, 발달적 결과에 더 많은 영향을 미치는 것은 돌봄 환경에서 발견된다고 하였다. 아동발달의 교류적 모델(transactional model)은 장애아의 발달을 인정하지 않고 장애인을 사회에서 분리하여 시설로 보내야 한다는 장애인식이 팽배한 시기에 나타났다.

Harold M. Skeels

1970년대 탈시설화운동의 영향으로 장애인을 위한 서비스는 보호시설보다는 지역사회에서 적절하게 제공되어져야 한다고 여겨졌다. 여기에 더하여 정상화원리(Nirje, 1976)는 "장애인의 일상생활환경과 생활양식은 가능한 공동체 사회의 생활방식과 보통의 일상환경에 근접하게 가져야 한다"라고 제안했다. 그 당시 장애영유아를 위한 가정 안과 밖에서의 돌봄 환경은 중재를 위한 중요한 기회가 되었다.

Jean Piaget

Arnold J. Sameroff

Michael J. Chandler

Urie Bronfenbrenner

Urie Bronfenbrenner(1917~2005)는 성인과 아동의 즉각적인 상호작용 환경 그 이상의 부분을 심사숙고하며 교류의 관점을 넓혔다. Bronfenbrenner는 아동의 발달을 설명하면서 아이가 위치한 생태학적 체계의 기능과 이들 생태학적 체계들 간에 서로 어떠한 영향을 미치는지를 보여주는 아동발달의 생태학적 체계 모델을 제시했다(Bronfenbrenner, 1977, 1979). Bronfenbrenner는 생태학적 체계를 설명하면서 아동을 중심으로 다양한 환경체계가 존재하며, 아동을 둘러싼 환경체계와의 상호작용과 환경체계들 간의 상호작용을 통해 발달이 이루어진다고 보았다. 아동과 가족은 공식적이고 일상적인 사회의 하위체계들 속에 포함되어 있으며, 이들 환경체계들은 미시체계(가정, 어린이집, 그 외에 아동이 시간을 보내는 환경), 중간체계(부모와 전문직 종사자 간 관계, 전문직 종사자와 전문직 종사자 간 관계), 외체계(지역사회, 주정부와 연방정부기관, 사회적 집단, 의료 서비스 등), 거시체계(기관규정, 주정부의 제정법, 연방정부의 제정법, 사회의 사고방식, 가치관 등)를 포함하는 것으로 설명하였다. 생태학적 체계 모델은 중재(intervention)가 아이와 주 양육자만 고려해서는 안 되고 아동과 주 양육자에게 영향을 미치는 모든 체계들이 서로 밀접한 관계에 있다는 것을 모두 고려해야 한다고 제시했다.

이와 같이 특수교육과 유아교육은 각각의 교육철학적 관점을 토대로 이론을 체계화하였으며, 특히 유아교육은 연령에 적합한 전형적인 발달에 대한 규준을 마련하면서 장애유아, 발달지체, 장애위험 유아에 대한 조기개입의 가능성을 높였다. 유아기의 특성상 가족이라는 중요한 환경의 긍정적인 영향을 높이기 위하여 바람직한 양육태도 및 행동에 대한 정보를 제공하였으며, 아동, 부모, 환경 간의 상호 교류적 영향 및 생태학적 모델을 제시하면서 장애유아를 위한 관련 전문가의 협력적 지원을 체계적으로 이룰 수 있도록 영향을 미쳤다. 또한 특수교육은 행동주의의 방법론을 사용하여 비장애유아가 발달을 통해 자연적으로 습득할 수 있는 발달적 기술들을 자연적으로 습득할 수 없는 장애영유아에게 체계적인 조기중재방법을 통하여 필요한 기술을 습득할 수 있게 함으로써 연령에 적합한 발달을 이룰 수 있도록 영향을 미쳤다. 이처럼 유아교육과 특수교육은 유아특수교육의 교육과정과 교수방법에 긍정적인 영향을 미쳤다고 평가할 수 있다(김경숙, 김미숙, 김성애, 김수진, 박숙영, 백유순, 이성봉, 조광순, 조윤경, 최민숙, 허계형, 2002). 더불어 최근 유아특수교육의 전 세계적인 동향인 완전통합교육을 시행하기 위하여 이원화된 두 학문 분야를 효과적으로 병합할 수 있는 방법을 제공할 것이라 기대한다. 즉, 보육 및 교육현장에서의 완전통합교육을 이루기 위해서 일반의 유아 주도 놀이중심 교육과정 안에 개별적인 요구를 충족시켜 줄 수 있는 개별화교육계획안을 적절하게 병합시킴으로써 모두를 위한 교육이 될 수 있는 효과적인 교육방법을 제공할 수 있을 것이다.

2) 유아기 통합교육서비스의 수립 배경

오늘날 유아특수교육 분야는 유아교육 분야와 밀접하게 연결되어 있음에도 불구하고 비장애유아와 장애유아 모두를 위한 통합교육서비스는 상대적으로 최근에 확립되기 시작했다. 미국 유아교육 초창기에 설립된 유치원(kindergarten)은 공식적인 학교교육을 위한 사회·정서적 준비를 목표로 하였다. 그러나 유아들에게 교육 및 보육 프로그램을 제공해야 한다는 생각은 미국보다 유럽에서 먼저 시작되었는데, 이를 반영한 유치원은 독일의 교육학자인 Friedrich Wilhelm August Fröbel(1782~1852)에 의해서였다. 유치원의 어원을 살펴보면, 독일어 kinder(아이들)+garten(정원)의 조합에서 알 수 있듯이 어린아이들이 또래들과 함께 자연에서 놀며 배울 수 있길 바라는 Fröbel의 마음이 반영된 교육 시스템으로 '어린이를 위한 정원(a garden for children)'이라는 뜻을 담고 있다. 유치원 교육 시스템이 세계 각국으로 퍼져나가기 시작하면서 미국에서도 이 교육 시스템을 도입하여 1856년 Margarethe Meyer Schurz에 의해 첫 번째 유치원이 위스콘신의 워터

Friedrich Wilhelm August Fröbel

첫 번째 유치원

출처: http://www.watertownhistory.org

타운에 설립되었다(Watertown Historical Society, 2020). 이후 1873년에 첫 번째 공립 유치원이 세인트루이스(St. Louis)에 설립되었고, 1883년까지 세인트루이스의 모든 공립학교 내에 유치원학급이 설치되었다.

1900년대 초 여성참정권운동으로 인해 또 다른 형태의 유아교육 프로그램이 만들어지게 되었다. 이 시기에 제공된 보육학교(nursery schools)는 주로 중산층 가정을 위해서 중산층 가족들에 의해 설립되었다. 보육학교는 영유아의 사회 · 정서 발달과 교육에 초점을 맞췄고, 부모에게는 영유아 및 보육과 관련된 정보를 제공하였다(Peterson, 1987). 이와 관련하여 아동의 발달이 연령 증가에 따라 어떠한 변화과정을 거치는지에 대한 심리적 법칙이나 이론적 체계를 갖추게 되면서 효과적으로 영유아를 교육할 수 있는 방법을 검증하려는 실제에 근거한 연구가 증가하기 시작하였다. 이후 1920년대에 전국보육교직원연합회(National Association of Nursery School Educators)가 결성되었고, 1927년 전국보육학교위원회(National Committee on Nursery School)가 보육교사에게 4년제 대학 학위를 취득하도록 권고하였다(Darragh, 2010).

1930~1940년대에는 대공황의 여파로 높은 실업률이 발생하였고, 제2차 세계대전의 영향으로 남성들은 군대로, 여성들은 남성의 빈자리를 채우기 위해 산업체로 향하게 되었다. 1933년 공공사업진흥국(The Works Progress Administration: WPA)에서 뉴딜 정책의 하나로 광범위한 실업률 구제 사업이 실시되면서 실직한 보육교사와 보육학교를 지원하여 보육교사들이 일자리를 구할 수 있게 되었다. 이와 같이 연방정부가 보육을 위한 기금을 제공함으로써 여성들은 전쟁 관련 산업체에서 일할 수 있게 되었다(Bauer, Johnson, Ulrich, Denno, & Carr, 1998). 여성평등운동과 더불어 유아교육에 대한 관심과 유아교육기관의 이용 기회는 꾸준히 증가하였다. 여성평등운동은 이후 1963년 「평등임금법(The Equal Pay Act)」과 1964년 「시민권법 제7조항과 제9조항(Titles Ⅶ and Ⅸ of the Civil Rights Act)」으로 이어지면서 여성을 위한 평등권이 도입되었고, 이로써 여성을 위한 교육과 고용뿐 아니라 보육기관 이용 기회(childcare opportunities)까지도 증가하게 되었다(Darragh, 2010).

Nancy L. Peterson

이러한 일련의 과정을 통하여 유아교육이 번창하기 시작한 반면, 장애를 가진 영유아들은 거의 관심을 받지 못하였다(Peterson, 1987).

20세기 중반 이후 우리 모두는 유전적인 요인 뿐 아니라 환경적인 요인 혹은 사고로 인해 장애가 발생할 수 있다는 것을 알게 되었음에도 불구하고, 여전히 장애를 가진 아이의 부모들은 아이들을 떳떳하게 밖으로 내놓지 못하고 장애를 개인의 비극적인 문제로 여기곤 하였다. 이 시기에 대부분의 장애를 가진 영유아의 부모와 가족들은 자신의 자녀를 보호시설로 보내는 것보다 가정에서 보살피는 것이 더 낫다고 생각하였고, 이런 문제로 의사 및 다른 전문가들과 논쟁을 벌이곤 하였다. 그리고 거의 모든 공립학교에서는 장애아가 학교에 입학하는 것을 거부했고, 아이가 학교에 입학할 연령이 되었음에도 불구하고 학교들로부터 외면당하였다. 그 당시 대다수의 장애아 가족들은 그들의 아이들이 교육적 서비스를 받지 못한다는 것을 알고 있었기 때문에 학교에 입학시키려는 노력조차도 하지 않았다. 그런 중에도 한편에서는 장애를 가진 영유아의 부모들이 개별 가정, 교회 지하실, 빈 공적 공간, 그리고 때론 전문클리닉 등에서 모임을 갖기 시작하였다. 그들이 하는 일이 무엇인지 그때까진 이름조차 알 수 없었지만, 장애영유아를 가진 부모와 몇몇 전문가 그리고 그들을 옹호하는 지지자들은 기관에 장애영유아를 보내는 것보다는 가정에서 돌볼 수 있도록 지원해 주어야 한다고 주장하기 시작했으며, 그와 더불어 장애 관련 서비스를 제공받을 수 있도록 요구해야 한다고 생각하기 시작하였다. 이들 부모들은 뇌성마비연합회(United Cerebral Palsy Association), 장애인 및 가족지원조직연합회(Easter Seals)[2],

뇌성마비연합회

장애인 및 가족지원조직연합회

2) 미국에서 장애인 프로그램을 위한 기금을 모으는 것으로 유명한 이스터 실즈는 90년의 역사를 가지고 미 전역에서 활동하고 있는 비영리단체로 연간 100만 명 이상의 신체 및 지적장애를 가진 사람들을 돕는 비영리단체이며, 장애인과 특수교육이 필요한 이들에게 다양한 서비스를 제공하고 있다.

지적장애인연합회

Council for Exceptional Children
The voice and vision of special education

특수아동교육협회(CEC)

지적장애인연합회(The Arc)[3] 같은 옹호단체를 창설하는 데 중요한 역할을 하였다. 특수아동교육협회(The Council for Exceptional Children: CEC)[4]는 특수아동에 대한 관심이 있고, 특수아동의 전문적인 교육 기준을 확립해야 할 필요성이 있다고 생각한 사람들에 의해 1922년에 창설되었다(Kode, 2002). 이 기관들은 장애아와 그의 가족을 지원하고 관련 서비스를 제공하는 한편 공립학교에 입학할 수 있는 방안을 모색하고, 공공정책과 연구의 발전을 위하여 일하였다. 또한 장애영아의 조기지원과 관련 서비스를 제공하기 위하여 교사와 치료전문가들은 이와 관련된 업무를 배웠고, 효율적으로 일을 수행할 수 있도록 노력하였다. 시간이 지나면서 아동발달연구와 재활연구는 장애영유아의 실제(practice)를 임상적으로 검증하여 보여주기 시작하였다. 이와 같은 초기 노력의 결과로 20세기 후반은 장애영유아와 그의 가족을 위해 발전하는 흥미진진한 시기가 되었다.

이를 정리해 보면, 전형적으로 발달하는 비장애영유아의 발달 개념과 이론체계가 정립되면서 유아교육이 발전하였고, 여성의 평등권운동과 함께 보육에 대한 관심, 영유아보육기관의 필요성이 대두되면서 효율적인 교수방법에 대한 연구기반검

3) 미국에서 발달장애인들을 위한 기관인 디 아크(The Arc)는 영어로 둥근 원의 호, 둥근 모양, 원을 그리다 등의 의미가 있는데, 이름의 유래는 'Association of Retarded Citizens', 즉 '정신지체 시민들의 연합회'라는 데서 왔다. 디 아크는 1960년대 미네소타에 있는 발달장애 아이를 가진 부모들에 의해 설립되었다. 자립을 위한 도움도, 펀딩도, 그룹홈이라는 개념도 없던 시절 차마 시설로 아이들을 보낼 수 없었던 부모들이 작은 모임을 설립하였고, 이 모임이 전국적으로 각 주마다 챕터가 생기면서 힘을 가지게 되었다. 현재 미국의 모든 발달장애인법에 영향을 미쳤다고 보아도 될 정도로 적극적으로 법 제정에 관여하기 시작하였다.

4) CEC는 특수교육 정책을 지지하는 공인된 기관이다. CEC는 오랜 역사를 가진 기관으로 특수교육, 영재교육, 일반교육 분야의 정책과 입법에 영향을 미쳤다. CEC는 1975년 전장애아교육법(PL94-142)으로 알려진 오늘날의 IDEA의 전신을 발전시키는 데 큰 역할을 했다. 이 법은 장애 아동을 위한 무상의 적절한 공교육의 권리를 확립했다. https://www.cec.sped.org/

증도 이루어지게 되었다. 이후 유아교육의 이론체계는 장애영유아의 잠재적 발달 개념을 형성하는 데 영향을 미쳤을 뿐 아니라 적절한 교수방법 및 풍부한 초기경험 등에 관한 연구기반 실제를 정립하면서 유아특수교육 프로그램을 형성하는 데 중추적인 역할을 하게 되었다고 볼 수 있다.

3) 보상교육 프로그램 헤드스타트

1964년 Lyndon B. Johnson 대통령이 빈곤과의 전쟁을 선포한 후 1965년 5월 18일 백악관 로즈가든 연설에서 헤드스타트 프로젝트를 발표하였다. 헤드스타트는 가난과의 전쟁을 위해 설계한 연방정부지원의 아동중심 프로그램으로 1964년 10월 Johnson 대통령과 의회가 「경제기회법(the Economic Opportunity Act)」을 승인하면서 이 법률에 따라 빈곤의 가장 큰 원인 중 하나인 무지(ignorance) · 문맹(illiteracy)을 퇴치하고자 하는 수단으로 시행되었다. 헤드스타트 프로젝트를 위해 Johnson 대통령은 R. Sargent Shriver를 임명하였고, 그는 가난 속에 사는 영유아와 그 가족에 초점을 맞춰 학계 지도자들과 인권운동가 집단을 회의에 소집하여 빈곤의 굴레를 벗어날 수 있는 방법을 찾아보도록 지시하였다. 이 전문가들 중에는 John Hopkins University의 소아과 의사 Robert E. Cooke와 Yale University의 아동연구센터의 심리학과 교수인 Edward F. Zigler가 있었다. 그들은 Shriver에게 저소득층 가정의 영유아들에게 정서적, 사회적, 보건적, 영양학적 그리고 심리적 요구를 충족시켜 줄 수 있는 포괄적인 조기교육프로그램의 필요성에 대해 개략적으로 설명하였다. 이를 반영하여 만든 헤드스타트는 1965년 여름 8주간의 프로그램으로 시작되었으며, 그 당시 56만 명 이상의 아이들이 이 서비스를 제공받았다. 그러나 유치원을 다니기 전에 단 8주간의 헤드스타트 프로그램

President Lyndon Johnson at the White House rose garden

헤드스타트 프로젝트

2012년 NICHD의장 Dr. Alan E. Guttmacher 와 함께 Dr. Robert Cooke(왼쪽)

만으로는 유치원 입학 준비를 모두 달성했다고 보기 어렵다는 결과가 나온 이후 몇 년 동안 진보하고 확대되어 만 3~4세를 위한 교육 프로그램이 되었다. 1972년에는 헤드스타트 프로그램 등록자 중 최소 10% 이상이 장애아동으로 구성되도록 법률이 제정되었고, 포괄적인 서비스를 제공하는 중요한 공공의 유아교육 프로그램으로 자리를 잡았다.

연방정부와 주정부의 정책은 특별한 요구를 가진 영유아와 그의 가족들을 위해 그들의 요구에 적합한 관련 서비스를 제공하게 하였고, 더불어 유아특수교육도 발전하게 되었다. 초기 연방정부의 정책은 장애아와 빈곤가정아동을 대상으로 하였으며, 이들의 발달을 긍정적으로 증진시킨 모범사례를 찾아 지역 서비스로 활성화시키는 방안을 목적으로 하였다(Hebbeler, Smith, & Black, 1991). Hebbeler와 그의 동료들은 1974년 이전을 연방정부가 정책을 통해 의도적으로 지역 서비스를 개선시키고자 했던 시기라고 묘사하였으며, 이 시기의 대표적인 모범사례가 헤드스타트 프로그램이라고 하였다.

이후 1990년 「헤드스타트 확대 및 질적 향상법(Head Start Expansion and Quality Improvement Act)」이 제정되고, 1994년 재인준되면서 만 3세 미만 아동 및 임산부를 대상으로 하는 조기헤드스타트(Early Head Start)를 시행하는 법적 근거가 마련되었다. 2007년 부시 행정부 당시 「학교 준비를 위한 헤드스타트 향상법(Improving Head Start of School Readiness Act, P.L. 110-134)」이 재인준되면서 조기헤드스타트 프로그램은 프로그램 평가방법, 기관 선정, 교사의 질 관리를 통해 더욱 진보하고 발전하였다. 2012년 9월 30일 개정 「헤드스타트법(Head Start Act)」을 마련하면서 미국은 저소득층 가정의 아동을 위해 연방정부 차원에서 더욱 다양한 종류의 지원정책과 프로그램을 마련하였다.

Kathleen M. Hebbeler

Barbara J. Smith

다수의 연구에서 가난으로 인해 위험에 처한 아동과 그 가족들을 위한 헤드스타트 프로그램의 교육적, 경제적, 건강상의 이점을 제기하고 있음에도 불구하고 헤드스타트가 아동의 발달에 미치는 장기적인 영향에 대해서는 오랜 기간 논쟁이 있어 왔다. 이 논쟁은 헤드스타트의 첫

Edward F. Zigler

번째 평가에서 프로그램의 효과를 측정하기 위해 아동의 지능을 측정하는 것이 적절하고 효과적인지에 대한 의문이 제기되면서 시작되었다(Westinghouse Learning Corporation & Ohio University, 1969). 이에 대한 평가결과로 단기적인 긍정적 효과들이 제시됐으며, 실제로 아이들은 프로그램에 참석하는 동안 긍정적인 효과를 나타냈다. 그러나 지능검사만 측정했을 때, 헤드스타트에 참석한 아이들과 그렇지 않은 아이들 간의 차이는 일반적으로 최소한 3학년까지는 관찰되지 않았다. 불행히도 지능측정에만 의존하는 것은 포괄적인 서비스 프로그램으로부터 얻을 수 있는 모든 가능한 발달영역별 성과들의 전체 범위를 모두 찾아내지는 못하였다(Zigler & Styfco, 2004).

Lazar와 Darlington(1982)은 헤드스타트와 같은 프로그램이 효과적이지 않다는 주장을 반박하기 위해 저소득 가정 아이들을 위한 조기교육프로그램을 시행하였는데, 이때 연구자들은 IQ점수만을 사용했던 기존의 방법론을 탈피하여 여러 다양한 방식으로 프로그램의 효과를 검증한 결과, 조기교육프로그램이 학교생활을 위한 개개인의 역량, 능력, 아동의 사고방식과 가치관 그리고 가족들에게 장기적인 효과가 있었다는 것을 밝혀냈다.

Nicholas Zill

보다 최근의 연구결과들은 헤드스타트 아이들이 프로그램에 참여하는 동안, 그리고 그들이 프로그램의 참여를 마친 직후에 어떤 진전을 이루었는지 계속해서 자료를 수집하고 있다. 수집된 자료에 따르면, 유치원이 끝날 무렵 헤드스타트 졸업생들이 조기교육의 효과, 즉 읽기와 쓰기 교육의 효과를 나타냈으며, 이는 국가 발달규준에 부합할 정도였고, 수학이나 어휘에 있어서도 발달규준에 가까운 성과를 내고 있다는 것을 보여 주었다(Zill, Sorongon, Kim, Clark, & Woolverton, 2006). 또한 최근의 연구들은 말, 행동의 반복 정도(상동행동) 감소, 분리된 특수교육에 위탁되는 일의 감소, 그리고 고등학교 교육과정 이수와 같은 중요한 지표로서 긍정적인 성과를 나타내는 것으로 기록되고 있다. 그리고 헤드스타트 참여가 아이와 가족의 건강 향상과도 관련이 있다는 것을 보여 주었다.

1998년 의회는 헤드스타트 프로그램이 아동들에게 미치는 영향을 국가적인 차원에서 조사하여 밝히도록 미국 보건복지부에 요청함으로써 의무화하게 되었다. 이를 통해 시행된 독특하고 야심 찬 연구는 전국적으로 대표가 될 만한 표본을 선정하고, 이들을 통제집단과 실험집단으로 무선 배정하여 참여시켰다. 이 연구는 2002년에 시작되었으며, 전반적으로 이 효과검증연구는 아이들이 헤드스타트 프로그램에 참여하고 있는 동안 학교준비도의 다양한 측면에서 긍정적인 효과를 얻은 것으로 입증되었다(Puma, Bell, Cook, Heid, Shapiro, Broene, Jenkins, Fletcher, Quinn, Fredman, Ciarico, Rohacek, Adams, & Spier, 2010). 통제집단에 비해 헤드스타트에 참여한 실험집단은 조기의 읽고 쓰는 능력과 언어발달을 포함하는 인지능력에서 더 뛰어난 결과를 보여주었다. 헤드스타트의 아이들은 사회 · 정서발달 평가에서도 긍정적인 효과를 증명하였다. 또한 건강 분야에서 치과 진료를 받는 것에 대한 긍정적인 효과와 양육 실제에 대한 긍정적인 효과도 입증되었다.

Stephen Bell

Gray Shapiro

Gina Adams

그러나 이 연구에서 실험집단의 아이들은 통제집단에 비해 1학년이 끝날 무렵, 헤드스타트에 참석했던 아이들이 유치원을 시작할 때 가졌던 많은 장점들을 잃어버렸다고 보고하였다. 즉, 헤드스타트의 긍정적인 효과의 지속성에 문제가 있었다는 것이다(Puma et al., 2010). 이와 같은 연구결과에 대하여 연구자들의 심도 깊은 논의가 있었는데, 헤드스타트 프로그램 종료 후 더 이상 혜택을 받지 못하고, 개별적 지원이 충분하게 지원되지 않는 초등학교에 입학한 것과 개연성이 있다는 것을 알게 되었다. 따라서 양질의 초등학교, 교사, 커리큘럼에 대한 접근과 지속적인 가족 참여 지원은 학업성취의 기본이므로 양질의 교육을 학령기에도 지속적으로 제공하는 것이 유아기에 얻은 발달적 장점들을 지속적으로 유지하는 데 필수적이라는 것이다(Gibbs, Ludwig, & Miller, 2011). 이와 같은 데이터 분석은 헤드스타트 프로그램 영향의 특성을 이해하고, 국가에서 빈곤가정 아이들에게 관련 서비스를 가장 잘 제공할 수 있는 방법을 모색하기 위한 실질적인 권고사항들을 만들기 위해 지속되고 있다.

1995년 저소득층 임산부와 영아가 있는 가정을 대상으로 관련 서비스를 제공하기 시작한 조기헤드스타트 프로그램을 평가하기 위하여 17개 프로그램과 3,001가구를 대상으로 무작위 실험을 통하여 효과를 검증하였다. 아이가 만 3세였을 때, 양육자 면담, 아동평가, 부모–자녀 상호작용 관찰을 통하여 인과관계를 파악하기 위하여 회귀분석(Regression–adjusted impact analyses)을 실시한 결과, 조기헤드스타트 프로그램을 받은 실험집단 아이들이 통제집단 아이들보다 언어와 인지발달에 있어서 더 높게 나타났으며, 부모와의 정서적 연대감도 더 높게 나타났을 뿐만 아니라 놀잇감을 가지고 노는 시간도 더 지속적이었고, 공격적인 행동도 더 적게 나타났다. 또한 조기헤드스타트에 참여한 부모들은 정서적 지원을 더 많이 제공했고, 언어적 · 학습적 자극을 더 많이 제공했으며, 책을 더 많이 읽어 주고, 때리는 행동은 적게 하는 것으로 나타났다. 가장 효과가 높게 나타난 프로그램은 가정–방문과 센터기반 프로그램이 혼합된 형태로 성과기준(the performance standards)을 완전히 충족한 프로그램이라는 것을 보여 주었다(Love et al., 2005).

2020년 현재 로즈가든 발표 후 55년이 지나는 동안 헤드스타트는 8주간의 여름세션 프로그램(56만 명 이상 참여)에서 50개 주와 1,700개 지역사회 기관을 통해 포괄적인 헤드스타트와 조기헤드스타트 프로그램으로 성장했다. 헤드스타트 프로그램은 이제 매년 백만 명 이상의 아이와 임산부가 등록한다. 이 중 80%는 만 3~4세 유아이고, 20%는 임산부와 영아가 등록되어 있다. 헤드스타트는 이 기간 동안 확대와 축소를 경험했지만, 경제적으로 불리한 상황에 있는 아동과 그 가족들을 위해 다양한 서비스를 제공하겠다는 목표는 놓치지 않았다. 헤드스타트는 사회적 역량, 학교준비도, 성공적인 삶을 살 수 있도록 가족을 지원하고, 아이들에겐 양질의 포괄적인 조기교육프로그램을 지원하기 위해 지속적으로 다양한 방법을 모색하고 있다.

헤드스타트의 장애 관련 부분만 시간 연대별로 정리해 보면, 1972년 의회는 장애아를 위한 헤드스타트 프로그램의 기회 확대를 위해 「경제기회법(the Economic

Opportunity Act)」을 개정하여 헤드스타트 전국 등록의 10% 이상을 장애아동이 등록할 수 있도록 규정하였다. 또한 장애아를 가르치는 교사들에게 교육 및 기술 지원을 제공하기 위한 14개의 자원접근 프로젝트(Resource Approach Project: RAP)에 자금을 지원하는 장애인교육국(Office of Education Bureau of Education)과 협력하였으며, 의학적으로 조기 및 정기 선별검사, 진단 및 치료 프로그램(EPSDT)을 통해 다른 연방 프로그램과 협력하여 아동을 위한 종합적인 예방 및 치료 서비스를 제공하였다. 1980년 헤드스타트 관리국(Head Start Bureau)은 장애아 통합교육을 위해 설계된 일련의 매뉴얼을 마련하여 발행하였다. 여기에는 건강장애, 언어지체 및 언어장애, 청각장애, 정형외과적 장애, 정신지체, 정서장애를 가진 아동이 포함되었다. 1991년 헤드스타트 관리국은 헤드스타트 프로그램을 위한 다문화 원칙을 발표하였다. 이 프로그램의 목적은 서로 다르다는 것을 인정하고 수용하여 모든 아동과 가족이 존중받고 가치로운 사람으로 느낄 수 있게 함으로써 성장 · 발달할 수 있도록 도와주는 개별화 서비스에 노력을 집중시키는 것이었다. 1994년 의회는 획기적인 헤드스타트를 재인준하며, 가장 기발한 조항으로 임산부, 영유아를 위한 조기헤드스타트(Early Head Start) 서비스를 구축하였다. 또한 이 법률은 헤드스타트의 확대, 프로그램 품질 개선, 직원 자격 및 개발에 중점을 두었다. 2002년 부시 행정부는 'Good Start, Grow Smart'라는 슬로건 아래 주정부와 지역사회에서 유아들이 학습을 위해 필요로 하는 기술들을 습득하여 학교 준비를 잘 갖출 수 있도록 조기교육을 강화하였다. 이 계획은 헤드스타트 강화, 유아교육을 위한 주정부와의 협력, 교사와 부모에게 정보 제공이라는 세 영역으로 다루어졌다. 미국 보건복지부(Department of Health and Human Services)는 약 5만 명의 헤드스타트 교사들에게 문해력 조기교육 기술을 훈련시키기 위해 국가훈련 프로그램을 시행하였다. 2006년 헤드스타트 사무국(Head Start Office)은 조기학습센터(Early Childhood Learning and Knowledge Center: ECLKC) 웹사이트를 시작한다고 발표했다. 이 웹 사이트는 대화식 웹 기반 자원을 제공하여 헤드스타트 프로그램 및 유아 커뮤니티에 사용하기 쉬운 형식으로 관련성 높은 정보, 지식 및 학습을 제공하고 있다. 이 웹 사이트는 유아교육에 참여하는 개인에게 사용자의 요구에 맞게 의도된 형식과 내용을 포괄적으로 제공하고 있다. 이 사이트는 부모에게 제공하는 직접서비스로써 부모가 자녀의 생활참여를 지원할 수 있도록 정보를 제공하고, 헤드스타트 및 조기헤드스타트에 대해 가족에게 알리고 프로그램에서 자녀의 경험을 지원할 수 있는 방법을 부모와 공유하고 있다.

대표적인 보상교육 프로그램인 헤드스타트 프로그램은 빈곤으로 인해 받을 수 있는 초기발달의 부정적인 영향을 감소시키기 위해 연방정부의 정책에 의해 시행된 프로그램이었으나, 그 적용범위가 빈곤층 영유아뿐 아니라 발달지체, 장애 및 장애위험을 가진 영유아에게까지 확장되면서 빈곤층 영유아의 발달뿐 아니라 발달지체, 장애 및 장애위험 영유아의 발달과 그의 가족에게 필요한 요구를 충족시켜 줌으로써 부정적인 영향을 감소시키고, 제2, 제3의 장애 발생 가능성을 줄이고 예방할 수 있게 하였다는 점에서 중요한 의미를 가진다(김경숙 외, 2002).

Chapter 2

장애 패러다임에 따른 제·개정 법률과 제도

Thomas Samuel Kuhn

표준국어대사전과 위키백과에 따르면, 패러다임(paradigm)은 패턴, 예시, 표본 등을 의미하는 그리스어 파라데이그마(paϱάdeιγμa)를 영어로 표기한 것으로 '어떤 한 시대 사람들의 견해나 사고를 근본적으로 규정하고 있는 테두리로서의 인식체계 또는 사물에 대한 이론적인 틀이나 체계'를 말하는 것이다. 1996년 Thomas S. Kuhn이 그의 저서 『과학혁명의 구조(The Structure of Scientific Revolutions)』에서 처음으로 제안한 패러다임은 어떤 한 시대의 사회 전체가 공유하는 이론이나 문제의식 등의 체계를 뜻한다고 하였다. Kuhn은 과학이론의 변화를 설명하면서 당대 전체사회가 갖는 신념과 가치체계가 변화하여 문제해결방법이 달라지는 것을 패러다임의 전환이라고 하면서 이를 과학혁명이라고 하였다. Kuhn에 따르면, 하나의 패러다임이 지배적인 패러다임으로 정착되면, 그때의 과학은 정상과학이 되고, 과학자들은 정상과학 하에서 개별적인 문제풀이에 몰두하다가 종래의 지배적인 패러다임으로 설명되지 않는 이례(anomaly)들이 관측되어 누적되면, 결국 기존 패러다임의 위기가 도래하고, 이러한 이례를 잘 설명할 수 있는 다른 경쟁 패러다임이 등장하여 기존의 패러다임과 경쟁하다가 점차로 새로운 패러다임이 지배적인 패러다임의 지위를 차지하여 결국 새로운 지배적 패러다임이 된다고 하였다. 이에 입각하여 다시 정상과학이 정립된다는 지배적 패러다임의 전환(paradigm shift)을 정치혁명에 비유하여 '과학혁명(scientific revolution)'이라고 하였다. 이 견해에 따르면, 어떠한 이론체계도 불변의 진리일 수 없으며, 단지 그 시대에 공유되는 인식체계일 뿐이다(이유훈, 2014; 한상훈, 2017). 이유훈(2014)은 장애 및 장애인의 영역에 이 이론을 적용하여 장애 패러다임의 변화과정을 설명하였는데, 장애 패러다임은 어떤 한 시대에 사회 전체가 공유하는 장애에 대한 인식의 틀(the frame of recognition)이 되며, 이를 통해 장애인을 바라보는 시각이나 인식은 그 시대의 가치체계에 따라 변화하게 된다는 것이다. 그렇기 때문에 장애 및 장애인을 바라보는 시각이나 인식이 바뀜으로써 장애인이 처한 문제를 처리해 주는 복지제도 또한 변화하게 된다. 이를 좀 더 세부적으로 교육에 적용하여 살펴보면, 장애에 대한 시각 및 인식은 장애인을 대하는 태도에 영향을 미치게 되므로 장애인의 차별과도 밀접하게 관련되게 된다. 그러므로 장애인을 어떻게 바라보고 인식하는지에 따라 장애인을 분리할 것인지 혹은 통합할 것인지, 통합을 한다면 어느 정도로 통합할 것인지에 대한 교육정책이 나오게 되고, 의무교육으르 전환하게 되면서 사회 전반에 걸쳐 확산되어 장애인의 사회적 통합이 이루어지게 되는 것이다. 다시 말하면, 어떤 한 시대 사람들의 견해나 사고를 지배하고 있는 이론적인 틀이나 개념의 집합체가 전환된다는 것은 이를 통해 교육적 패러다임 또한 바뀐다는 것을 의미한다는 것이다.

그러나 Thomas S. Kuhn의 자연과학적 패러다임을 특수교육에 반영하는 데는 한계가 있었다. 왜냐하면 특수교육은 인간을 대상으로 인간의 사고방식과 사회체제의 변화를 설명하는 사회과학이기 때문에 자연과학에서의 패러다임 변화처럼 위기와 혁명으로 또 다른 패러다임에 의해 대체될 때까지 하나의 패러다임이 지배하는 물리과학과는 차이가 있다는 것이다(이유훈, 2014). Burrell과 Morgan(1979)을 인용한 이유훈(2014)에 따르면, 자연과학과는 달리 사회과학에는 여러 가지 패러다임이

Gibbson Burrell

동시에 존재하므로 자연과학에서와 같은 과학혁명이 불가능하며, 따라서 자연과학에서의 패러다임 이동은 하나의 패러다임이 또 다른 단일 패러다임으로 바뀌는 것을 의미하지만, 사회과학에서는 하나의 패러다임이 기본적인 다양한 의미를 지닌 다중 패러다임으로 전환하게 된다고 하였다. 제2장에서는 이러한 내용을 근거로 장애 패러다임의 역사적 변화과정을 살펴본 후 이를 반영한 제 · 개정된 법률 및 제도를 살펴보고자 한다.

1 장애 패러다임의 변화

지난 30년간 사회과학적 관점에서 초기에는 단순히 손상과 장애 그리고 사회적으로 불리한 조건이라는 연속선상의 측면을 고려하여 세계보건기구(WHO)에서도 1980년대 「손상 · 장애 · 사회적 불리에 대한 국제 분류(International Classification of Impairments, Disabilities, and Handicaps: ICIDH)」 기준을 발표하였지만, 이후 패러다임의 전환에 따라 2001년에 「기능 · 장애 · 건강에 관한 국제 분류(International Classification of functioning, disability, and health: ICF)」 기준을 발표하면서 의료적 모델→재활 및 교육 모델→사회적 모델의 단일 패러다임으로의 전환이 아닌 장애의 의료적 · 사회적 · 환경적인 요소들을 종합적으로 고려한 다중 패러다임으로 전환하였다(World Health Organization Geneva, 2001). 여기에 더하여 2007년 세계보건기구(WHO)에서는 홈페이지를 통하여 아동과 청소년의 발달단계와 그들이 성장하는 환경적 맥락을 고려하여 처음으로 「아동 · 청소년을 위한 기능 · 장애 · 건강에 관한 국제 분류(The International Classification of Functioning, Disability and Health for Children and Youth: ICF-CY)」 기준을 발행한다고 밝혔다. 기존 「기능 · 장애 · 건강에 관한 국제 분류(International Classification of functioning, disability, and health: ICF)」 기준은 아동 · 청소년기에 나타내는 생애 첫 20년 동안의 급격한 성장과 변화를 충분히 포착하지 못했기 때문에 이들

Rune J. Simeonsson

의 성장, 건강, 발달특성을 보다 세밀하게 측정하고 다룰 수 있는 「아동 · 청소년을 위한 기능 · 장애 · 건강에 관한 국제 분류(The International Classification of Functioning, Disability and Health for Children and Youth: ICF-CY)」 기준을 발행함으로써 신체적 · 사회적 영향을 고려한 사회정책, 의료 및 교육 시스템을 정비하여 아동의 건강, 교육, 권리 등 아동복지 향상에 기여하고자 하였다(World Health Organization Geneva, 2007). ICF-CY를 개발하는 데 아동 분야의 의장을 역임한 Rune J. Simeonsson은 ICF-CY는 학교, 지역사회 및 정부기관, 임상서비스에서 사용할 수 있으며, 이를 통하여 아동의 보편적인 요구와 권리를 확인할 수 있을 뿐 아니라 발달지체에도 적용할 수 있기 때문에 보건 및 교육계획을 수립하는 데 활용할 수 있다고 하였다. Simeonsson과 그의 동료들(2017)은 지적장애가 있는 아동 · 청소년의 기능분류 연구에서 ICF-CY의 유용성을 검증하였는데, 연구결과에 따르면 8개의 ICF-CY 코드 프로필은 지적장애 아동의 기능을 효과적으로 설명하여 의학 기반 분류에 대한 대안이 될 수 있을 것이라 하였고, 기능적으로 분류된 아동의 특성을 근거로 개인차를 안정적으로 기록하는 포괄적인 분류 기준이 될 것이라고 하였다(Liao, Hwang, Kang, Liao, Granlund, & Simenonson, 2017). 현재 기준이 되는 국제 분류코드인 ICF와 ICF-CY에서 보여 주듯이 다중 패러다임이 반영된 장애를 진단하고 분류하는 기준은 의료 · 사회 · 환경적 요인이 모두 고려되어짐을 알 수 있다.

그러나 초기 특수교육의 전통적 지식인 의학 및 심리학 모델에서 출발한 기능주의 패러다임은 특수교육의 시작과 분리교육의 당위성을 제공하였고, 자본주의 태동과 함께 나타난 구조주의 패러다임은 지능검사라는 과학적 진단을 통해 사회의 한 구성원인 장애아동을 권리의 주체가 아닌 보호의 객체로 다루면서 최소의 경비로 보호 또는 시설에 수용하여야 하는 존재로 보는 의료적 관점으로 합법화된 차별을 인식하게 만드는 계기를 마련하였다. 즉, 표준화되어 있는 지식이나 기능을 받아들이지 못하는 아동들은 그 책임을 개인에게 돌림으로써 장애인이라는 명칭을 붙이게 되었으며, 이에 따라 장애를 질병 혹은 병리적 현상으로 인식하여 치료를 특수교육의 주요 기능의 하나로 간주하였다. 따라서 장애인을 보호의 대상으로 바라보는 패러다임으로 장애인은 무능력한 사람들이기 때문에 특별한 조치에 의해 보호되어야 하고, 이들은 권리를 가진 주체라기보다 보호의 객체로서 다루어졌다. 장애인은 성치 못한 존재이며 보호를 받아야 하는 사람, 경제성장에 최소경비로 보호 또는 시설에 분리 수용되어야 하는 존재였다. 이 단계는 서구에서 약 1970년대 중반까지라고 볼 수 있으며, 우리나라의 경우도 마찬가지라고 볼 수 있다. 1961년에 제정된 「생활보호법(시행 1962.1.1., 법률 제913호, 1961.12.30., 제정)」에 의해 장애인은 재활시설에서 생활하도록 하는 방침이 우리나라 장애인 정책의 전부였다고 해도 과언이 아닐 것이다(이유훈, 2014; 유동철, 장중탁, 2004; Oliver, 2006).

이후 1970~1980년대 재활 및 교육 모델은 기능주의가 해석주의로, 구조주의는 인간주의 패러다임으로 넘어가는 과도기적 과정을 거치게 되었다. 이 시기에 장애인은 사회에서 활동하기엔 부적절한 존재였으므로 이들을 훈련과 교육이라는 재활과정을 거쳐 사회의 일원으로 만들어야 한다는 생각이 근거가 되었다. 재활치료(rehabilitation)를 제공하는 주체는 의사, 물리치료사, 사회복지사나 특수교사와 같은 전문가들이었고, 장애인은 이러한 재활을 받아들여야 하는 객체였다. 해석주의 패러다임은 이전 시기처럼 장애를 개인의 병리적 현상으로 보는 것이 아니라 한 사회를 통솔하는 지배집단에 의해 마련된 '정상임(normalcy)'이라는 기준에 속하지 못하는 소수집단을 의미함으로써 장애를 사회적 관점에서 인식하였으며, 장애의 원인에 대한 관점을 개인에서 사회로 이동시킴으로써 분리된 특수교육의 윤리적 책임에 대한 인식과 소수자들의 권리를 주장할 수 있는 근거가 되었다. 한편, 인간주의 패러다임에서는 장애를 개별아동에게 존재하는 비극적 문제로 보는 것이 아니라 교육과 사회에 존재하는 조직의 문제로 보기 때문에 교육과 사회가 바뀌고 준비되어 있어야 한다고 본다. 또한, 장애인을 차별의 대상과 무능력한 존재로 보기보다는 민주주의 환경에서 똑같은 시민으로 인정하는 민주주의 이념인 인간의 평등을 바탕으로 하고 있기 때문에 완전통합교육을 실현할 수 있는 기반이 된다. 일반적으로 이 단계는 서구의 경우, 1970년대 중반부터 1980년대 중반에 해당하며, 우리나라의 경우는 1970년대 중반부터 1990년대 중반에 해당하는 시기이다. 우리나라는 이 시기에 「특수교육진흥법」 제정(1977), 「심신장애자복지법」 제정(1981), 「장애인고용촉진 등에 관한 법률」 제정(1990) 등 재활과 보호, 교육중심의 굵직한 법들이 제정되었다(김형식, 우주형, 권오용, 유경민, 권순지, 박규영, 2019; 법제처 국가법령정보센터, 2020; 이유훈, 2014; 유동철, 장중탁, 2004; Oliver, 1990).

최근의 사회적 모델은 1990년대 이후 해석 및 인간주의 등 다중 패러다임으로, 장애를 가지고 있는 사람들도 지역사회 구성원이라는 관점을 강조하는 시기로서 지역사회에서의 통합, 자립, 삶의 질, 개별화 등을 위한 기능적 지원을 강조한다. 장애인의 완전한 참여와 사회통합이라는 명제하에 지역사회 생활을 영위하기 의해서는 자유권과 사회권의 보장, 모든 차별 철폐, 그리고 더 이상 장애인은 객체가 아니라 주체임을 선포하면서 장애인의 지역사회 생활권이라는 명제가 분명해졌다. 이러한 흐름에 따라 1997년에는 「장애인 · 노인 · 임산부 등의 편의증진 브장에 관한 법률」이 제정되었다(김형식 외, 2019; 이유훈, 2014; 유동철, 장중탁, 2004; 조원일, 2011; Oliver, 1990).

지금까지 살펴본 사회과학 패러다임의 이동과 특수교육과의 관계를 요약해 브면, 의학 및 심리학 모델에서 출발한 기능주의 패러다임은 특수교육의 시작과 븐리교육의 당위성을 제공하였고, 구조주의 패러다임은 지능검사라는 과학적 진단을 통해 사회의 한 구성원인 장애아동이 권리의 객체로서 교육적 · 경제적으로 불리한 위치에 놓이게 되면서 합법화된 차별을 인식하게 만드는 계기를 마련하였다. 그러나 해석주의 패러다임은 장애의 원인에 대한 관점을 개인에서 사회로 이동시킴으로써 분리된 특수교육의 윤리적 책임에 대한 인식과 소수자들의 권리를 주장할 수 있는 근간이 되었으며, 인간주의 패러다임은 민주주의 이념인 인간의 평등을 바탕으로 완전통합교육을 실현하는 기반이 되었다(김형식 외, 2019; 이유훈, 2014). 이를 표로 정리해 보면 〈표 2-1〉과 같다.

〈표 2-1〉 특수교육의 장애 모델과 패러다임의 변화

구분	초기 전통시기	자본주의 태동기	1970~80년대	1990년 이후
장애 모델	의학 및 심리학 모델	의료적 모델	재활 및 교육모델	사회적 모델
패러다임	기능주의	구조주의	과도기 (기능주의→해석주의 구조주의→인간주의)	다중 패러다임
교육적 당위성	분리교육	분리교육	통합교육 (mainstream, integration)	완전통합교육 (full inclusion)
장애인식 관점	분리의 객체	보호의 객체	재활 및 교육의 객체	당사자주의에 입각한 주체

국제평화기구인 유엔은 다중 패러다임과 당사자주의에 입각한 장애인권리협약(Convention on the Rights of Persons with Disabilities)을 2008년 5월 3일 발표하였다. 장애인권리협약은 신체, 정신, 지적장애를 포함하는 모든 장애가 있는 이들의 존엄성과 권리를 보장하기 위한 유엔 인권협약으로 21세기 최초의 국제 인권법에 따른 인권조약이며, 2006년 12월 13일 제61차 유엔 총회에서 채택되었다. 우리나라는 2007년 3월에 서명하고, 2008년 12월에 비준하여 국가보고서를 제출하기 시작하였다. 유엔 장애인권리협약 제2 · 3차 병합국가보고서(2019) 서문에 따르면, 2019년은 모든 생활영역에서 장애인의 권리를 보장하기 위해 「유엔 장애인권리협약」을 발표한 지 10년이 되는 해였고, 「장애인차별금지 및 권리구제 등에 관한 법률」을 시행한 지 11주년이 되는 의미 있는 해였다. 국제 장애인권리협약의 국내 비준이 의미하는 것은 국제사회에서 약속을 이행해야 하는 의무(국제법의 구속력)를 가진다는 것이고, 국내에서는 국내법의 지위를 가진다는 것을 의미한다. 「유엔 장애인권리협약」의 국내 비준은 협약 내용의 가치와 내용에 대한 정책적 패러다임으로의 투영과 자극이라는 측면에서 변화의 촉진제가 된다는 데 실질적 의의가 있을 뿐 아니라 궁극적으로 영유아의 정책적 패러다임의 변화 자체의 당위성과 정당성의 논리적 근거가 된다는 점에서 매우 중요하다.

대한민국은 2019년 3월 유엔에 제2 · 3차 병합 국가보고서를 제출하였다. 제1차 국가보고서는 2011년에 제출하였으며, 이에 대하여 2014년 10월 4일자로 유엔 장애인권리위원회의 국가보고서 최종견해에서 대한민국이 협약을 잘 이행하지 못한 부분에 대해 우려를 나타내며, 개선이 필요한 구체적인 사항을 권고한 바 있다. 특히, 「장애인복지법」의 의료적 장애 모델(medical model of disability)에 대하여 대한민국 정부는 의학적 장애등급에 따라 획일적으로 장애인 서비스를 제공하고 있는데, 이를 개선하도록 권고하였다. 대한민국은 이를 개선하고자 「장애인복지법」을 개정하여 '장애등급'을 '장애정도'로 개편하고, '서비스 지원 종합조사'를 실시하여 맞춤형 서비스 제공, 장애인에 대한 방문상담 및 사례관리 수행 근거 마련 등을 통해 복지 사각지대를 해소한다는 국가적 차원의 대안을 모색하였다(김형식 외, 2019; 보건복지부, 2019). 이러한 움직임은 단지 장애등급제 폐지(2019년 7월)가 끝이 아니라 장애인 정책이 장애인 당사자를 중심으로 전환되는 패러다임으로의 전환점이자 출발점이 된 것이라 볼 수 있으며, 이를 토대로 장애인의 완전한 사회통합과 참여가 이루어질 수 있는 첫발이 되었다고 볼 수 있다.

2 유아특수교육 관련 제 · 개정 법률과 제도

장애영유아의 교육에 대한 법적인 의무가 없었던 시기에 대부분의 장애영유아는 유기되거나 방임되는 경우가 많았으나, 그들 중 드물게는 몇몇 헌신적인 부모와 교사들에 의해서 보호 · 교육되기도 하였다. 이런 헌신적인 부모와 교사들은 장애영유아의 인권과 교육권 쟁취를 위하여 법정투쟁도 주저하지 않았으며, 이를 통하여 지지단체가 만들어지고 법률 제 · 개정까지 촉구하는 성과를 거두기도 하였다. 비록 장애영유아에 대한 인식과 처우는 동서양이 다르게 발달한 것이 사실이나, 법률이 제정되고 발달하는 과정을 살펴보면 특수교육의 선진국이라 할 수 있는 미국의 법률 제정 및 시행령은 한국의 법률 제정과 시행령에 영향을 미쳤다고 볼 수 있다(김미숙, 2010; 김동일 외, 2019; 김병하, 2005). 본래 법률이라는 것이 각국의 발전 상황과 필요에 따라 각기 다른 시기에 제정되는 것이기 때문에 국가마다 다를 수밖에 없었지만, 최근 급속한 초고속 정보통신망의 발달로 소셜 네트워크(SNS)의 형성이 활발해지면서 마치 '세계는 하나'라는 말처럼 세계 각국의 모든 정보가 단시간 내에 공유되는 사회환경이 조성됨으로써 이전보다는 유사한 시기에 유사한 법률이 제정되고 그에 따른 제도가 만들어지는 경향을 보이고 있다. 특히, 유아특수교육은 학령기 아동을 대상으로 했던 특수교육의 영향을 받아 초기의 법률 제정은 초 · 중등교육과 관련된 법률이 먼저 제정되고, 이후 점차 조기교육의 중요성이 부각되면서 영유아기를 대상으로 한 조항들이 추가되었다. 교육과 관련하여 한국의 법률 제정은 교육적 행위 일체에 막대한 영향력을 행사하는데, 그 이유는 한국의 교육제도에 대하여 법정주의(法定主義)를 채택한「헌법」제31조제6항의 규정에 기인하기 때문이다(김원경, 한현미, 2007). 따라서 유아특수교육과 관련된 법률이 제정된다는 것은 법적인 의무가 생긴다는 것을 의미하며, 이는 정책으로 이어져 교육적 시행을 할 수 있는 여건을 만든다는 것이다. 이를 토대로 유아특수교육의 실제적인 부분을 이해하기 위해서 미국과 한국의 법률 제정 및 개정의 역사를 살펴보고, 이와 관련된 교육적 제도를 살펴보고자 한다.

1) 미국의 유아특수교육 관련 제 · 개정 법률 및 제도

미국의 특수교육은 헌신적인 부모와 교사들의 인권 및 교육권의 투쟁을 통해 이루어졌다고 해도 과언이 아니다. 특히, 주류가 아닌 소수에 대한 배타적인 교육의 기회, 공평치 못한 분리 그리고 평등권 보호를 위한 투쟁의 역사가 소송에서 잘 나타난다고 볼 수 있다(Heward, 2006). 이에 따라 제 · 개정된 미국의 입법 역사를 기준으로 어떠한 제도들이 시행되었는지를 먼저 살펴보고자 한다(표 2-2 참조).

〈표 2-2〉 미국의 특수교육의 입법 역사

연도	법률명	주요내용
1965	초 · 중등교육법 (P.L. 89-10, Elementary and Secondary Education Act: ESEA)	조기특수교육 법안의 초안이 되는 법적 근거와 경제적으로 소외된 계층의 아동에게 교육기회 불평등을 해소하기 위한 방안을 마련하기 위해 포괄적인 계획 제공
	개정된 초 · 중등교육법(P.L. 89-313, Elementary and Secondary Education Act Amendments)	장애아의 교육에 노력을 기울인 주정부기관과 주에서 운경하는 학교에 정부보조금 지원- 장애아동 및 청소년을 대상으로 한 최초의 연방보조금 프로그램
	개정된 초 · 중등교육법(P.L. 89-750, Elementary and Secondary Education Act Amendments)	주에서 운영하는 학교나 기관보다는 지역 학교 수준에서 장애아동 및 청소년의 교육을 위하여 최초의 연방정부보조금 프로그램을 수립. 또한 장애인교육관리국과 전국 자문위원회(현재 전국장애위원회)를 설립.
1968	개정된 초 · 중등교육법(P.L. 90-247, Elementary and Secondary Education Act Amendments)	특수교육서비스의 확대 및 개선을 보완하고 지원하는 프로그램 세트를 수립- 이후에 자유재량의 소규모 프로그램 수립
1970	Title VI를 포함한 장애인교육법 (P.L. 91-230, including Title VI, the Education of the Handi-capped Act: EHA)	초 · 중등교육법을 개정하여 다수의 자유재량의 소규모 프로그램을 승인하고 현재 Part B로 알려진 주정부 및 지역교육기관을 위한 핵심 보조금지원 프로그램을 수립
1974	장애인교육법 개정(P.L. 93-380, the Education of the Handi-capped Act Amendments)	모든 장애아동을 위한 적절한 교육에 대하여 최초로 언급 그리고 가족교육권리 및 개인정보보호법(FERPA)을 통해 학부모(및 18세 이상 학생들)에게 학생의 개인파일에 있는 기록을 검토할 권리를 수립
1975	전장애아교육법(P.L. 94-142, Education for All Handicapped Children Act)	장애인교육법(EHA)이 단독 법률이 되고 연방정부의 특수교육보조금의 근거가 됨. 모든 장애아동에게 적절한 무상 공교육의 의무화, 적법한 절차에 따른 권리 보장, 개별화교육계획안(IEP) 및 최소제한적 환경(LRE) 의무화
1983	장애인교육법 개정(P.L. 98-199, the Education of the Handi-capped Act Amendments)	자유재량의 소규모 프로그램들을 재승인, 연구와 시범을 통해 학교생활에서 직장으로의 전환이 가능하도록 관련 서비스를 수립; 부모교육과 정보센터들을 설립; 그리고 조기중재와 유아특수교육에 대한 연구와 시범프로젝트를 위한 보조금을 제공
1986	장애인교육법 개정(P.L. 99-457, the Education of the Handi-capped Act Amendments	(현재는 Part C로 알려진) 영아를 위한 조기중재 서비스를 위하여 포괄적이고 다학제적인 주정부 전체에 걸친 제도 개발을 지원하는 Part H 프로그램 수립과 취학 전 아동을 우해 제공하는 서비스를 의무화함

미국 IDEA의 역사

미국장애인교육법의 역사

연도	법률명	주요내용
1990	장애인교육법의 영문 명칭 변경(P.L. 101-746, the Individual with Disabilities Education Act: IDEA)	장애유형의 목록에 자폐증과 외상성 뇌손상이 추가, 보조공학기기 및 서비스 정의, 전환서비스 의무화, 재량적 소규모 프로그램들이 재승인되고 확대됨
1992	개정 장애인교육법(P.L. 102-119, the Individual with Disabilities Education Act Amendments)	주로 Part H(장애영아)프로그램을 다룸
1997	개정 장애인교육법(P.L. 105-17, the Individual with Disabilities Education Act Amendments)	학교입학허가에서 일반교육과정에 참여하는 것으로의 초점 전환, 주정부와 지역사회 전체의 평가를 통해 모든 장애학생들이 통합(inclusion)되어질 수 있도록 요구, 분쟁 해결을 위하여 선택사항 확대로 만 3~9세 아동을 위하여 주정부 재량권으로 장애유형 안에 발달지체를 추가, 징계조항 포함, Part H가 Part C로 변경
2004	개정 장애인교육법(P.L. 108-446, the Individual with Disabilities Education Improvement Act)	낙오방지법을 장애인교육법에 맞추려 시도

출처: 미국교육부의 IDEA 역사를 참조하여 작성(https://sites.ed.gov/idea/IDEA-History).

(1) 장애아동의 조기교육프로그램(Handicapped Children's Early Education Program)

1968년 의회에 의해 제정된 「장애아조기교육지원법(P.L. 90-538, Handicapped Children's Early Education Assistance Act)」은 유아특수교육에 중대한 사건인 장애아조기교육프로그램(Handicapped Children's Early Education Program: HCEEP)을 수립할 수 있는 근거를 마련하였다. 의회는 장애영유아를 위한 서비스가 부족하다는 것을 인식하였고, 효과적인 프로그램 모델을 제공하기 위해 새롭고 좀 더 나은 접근법을 모색하고자 이 법안을 통과시켰다. 장애아조기교육프로그램(HCEEP)은 전적으로 장애영유아에 초점을 맞춘 최초의 연방정부 주도 교육 프로그램이다. 연방정부는 「장애아조기교육지원법(P.L. 90-538)」에 따라 장애영유아의 특수한 문제를 포괄적이고 강화된 접근법으로 충족시켜 줄 수 있도록 시범 운영되고 있는 유치원과 조기교육프로그램에 재정적인 지원을 할 수 있

Jane DeWeerd

Arthur Cole

는 권한을 교육부 소속 장애인교육관리국(the Bureau for the Education of the Handicapped: BEH)에 부여해 주었으며, 이를 통하여 시범 운영된 유치원과 조기교육프로그램의 효과를 검증하였다. 이러한 실증기반 연구 외에도 장애아조기교육프로그램(HCEEP) 계획은 모델 프로그램을 활성화하기 위한 '마중물'[1] 역할을 하였다. 미국 하원의원 Carl Perkins는 의도적으로 장애아조기교육프로그램(HCEEP)을 서비스 프로그램이 아닌 시범모델 프로그램이라고 언급하면서, 장애아의 특별한 요구를 충족시켜 줄 수 있는 효과적인 프로그램이 되기 위해서는 적절한 시기에 공정하고 정확한 평가가 이루어져 그 효율성이 입증되어야 하며 이를 통해 영구적으로 입법적 승인을 받아야 한다고 하였다(Roy Littlejohn Associates, 1982). 장애인교육관리국(BEH)은 1969~70년 사이에 최초 24개 시범 프로젝트에 기금을 지원하였다. 1975년에는 모든 주정부(state)에 최소 한 개 이상의 장애아조기교육프로그램(HCEEP)이 운영되고 있었으며, 2만여 명의 장애영유아와 그의 가족이 이 서비스를 제공받고 있다고 하였다. 또한 장애아조기교육프로그램(HCEEP)은 헤드스타트 내에 장애아동을 위한 전문화된 도움을 제공하는 아동발달부서와 협력하고 있다(DeWeerd & Cole, 1976).

초기 시범사업으로는 워싱턴대학 다운증후군 프로젝트, 위스콘신주 포테이지시의 시골 지역에 제공된 포테이지 프로젝트, 그리고 정서장애영유아에게 제공된 아테네시의 조지아대학 루트랜드센터 프로그램이 있다. 1969년 장애아조기교육프로그램(HCEEP)에 의해 처음 기금이 지원된 테네시주의 내슈빌 지역중재프로그램(The Regional Intervention Program: RIP)은 심각한 행동문제를 가진 영유아와 그 가족에게 이 서비스를 제공했고, 그 이후 다른 주와 국가들로 이 서비스를 확장해 나갔다. 1974년 이후 공인된 27개 지역중재프로그램이 테네시, 코네티컷, 오하이오, 워싱턴, 켄터키, 아이오와, 캐나다, 브라질, 베네수엘라 등 24개 지역

1) 펌프질을 할 때 물을 끌어올리기 위하여 위에서 붓는 물

공동체에서 수립되었다. 장애아조기교육프로그램(HCEEP)의 연구기관, 실증된 프로그램, 학술문헌, 전국적인 지지자 네트워크는 조기중재 효과에 대한 폭넓은 관심과 가족구성원, 연구자, 서비스 제공자 등을 포함한 지지단체, 그리고 전국대학에서 수립한 유아특수교사 자격증 프로그램으로 이어졌다. 이로 인해 과학자, 가족구성원, 대학교수, 서비스 제공 네트워크 등은 주정부의 정책과 유아특수교육에 급격히 높은 관심을 가지기 시작했다(Reichow, Boyd, Barton, & Odom, 2016).

(2) 평등한 교육권 보장을 위한 법정소송사건(Equal Protection Court Cases)

장애아조기교육프로그램(HCEEP)이 유아특수교육(ECSE)에 대한 지식기반을 확립하는 동안, 다른 한편에서는 중요한 사회정치적 사건들이 벌어졌다. 1970년대 중반까지는 백만이 넘는 학령기 장애아동들이 교육을 받지 못하고 있었다(Weintraub & Abeson, 1976). 1954년 인종에 관계없이 모든 아동은 평등한 교육권을 가져야 한다는 브라운과 교육위원회(Brown vs. Board of education) 간 소송사건과 이를 시초로 장애아의 교육권을 위한 소송사건들이 지속적으로 제기되었다. 1971년엔 모든 학령기 정신지체아동의 교육권을 수립하기 위한 펜실베이니아 지체장애아동연합회와 펜실베이니아 주(Pennsylvania Association for Retarded Children vs. Commonwealth of Pennsylvania) 간에 획기적인 법정소송사건이 있었고, 1972년엔 학령기 모든 장애아의 교육권을 수립하기 위하여 콜롬비아지역 법원에서 밀스와 교육위원회(the Mills vs. Board of Education) 간에 소송사건이 있었다. 이들 소송사건은 14번째 미국 헌법 개정 중 평등보호조항에 따라 모든 학령기 연령의 아동들에게 평등한 교육권이 주어져야 한다고 판결하였다(Smith & Rous, 2011). 판결 이후 즉시 주정부 법률이 제정되었고, 다른 법정소송사건의 판결들이 평등한 교육권 보장에 힘을 보태면서 최소제한적 환경(LRE)에서의 서비스를 제공받을 수 있게 되었다. 즉, 적법한 절차에 따라 사정, 진단, 그리고 특수한 교육적 배치 같은 중요한 결정을 할 수 있도록 교육권을 보장받게 되었다(Reichow et al., 2016).

Barbara J. Smith

Beth Rous

(3) 장애인교육법(Education of the Handicapped Act)

1970년 의회는 하나의 입법권 안에 장애아교육과 관련된 몇 개의 소규모 프로그램들을 통합하는 「장애인교육법(P.L. 91-230, the Education of Handicapped Act: EHA)」을 통과시켰다. 이 법률은 취학 전, 초등학교, 중등학교 수준의 장애아교육과 3세 미만 아이들의 선별(screening)과 사정(assessment)에 사용할 수 있도록 각 주 단위로 보조금을 지원하였다. 즉, 연방정부에서 장애아의 교육을 위해 각 주의 정부기관에 재정적 지원을 제공했던 개정된 「초 · 중등 교육법(P.L. 89-313, the Elementary and Secondary Education Act: ESEA)」의 유산을 이어받아 「장애인교육법(EHA)」에서는 그 대상범위를 확장하여 장애영유아의 교육 및 관련 서비스도 제공할 수 있도록 각 주의 정부기관에 재정적 지원을 하였다(Jones & Davis, 1968). 또한 「장애인교육법(EHA)」은 장애아조기교육프로그램(HCEEP)을 비롯해 광범위한 연구기반 프로그램을 포함한 실제 수행되고 있는 프로그럼들과 효과적인 교육서비스의 개발 및 연구를 위하여 재정지원을 하였다. 1983년 연방정부의 재정지원 프로젝트는 각 주와 지역사회의 자원을 이용해서 효과적인 모델을 시행하는 주와 지자체의 시범 프로젝트의 혁신적인 모델을 전파하기 위해 지원되었다(Reichow et al., 2016).

(4) 전장애아교육법(Education for All Handicapped Children Act)

1975년 의회는 만 3~21세 장애아의 교육을 위한 획기적인 연방정부 정책을 통과시켰다. 1974년 개정된 「초 · 중등교육법(the Elementary and Secondary Education Act: ESEA)」을 기반으로 1975년에 개정된 「전장애아교육법(P.L. 94-142, Education of All Handicapped Children Act: EAHCA or EHA)」은 1966년 「장애인교육법(Education of the Handicapped Act: EHA)」의 Part B를 개정한 것으로, 모든 장애아를 교육시킬 수 있는 계획과 이들을 최소제한적 환경 내에서 교육시킬 수 있는 계획을 주정부에 요청했고, 1980년 9월 1일 만 3~21세의 아동과 학생을 위한 무상의 적절한 공교육(Free Appropriate Public Education: FAPE)을

제공할 수 있도록 하였다. 이 새로운 법은 각 주별로 자유롭게 시행할 수 있었으나, 연방정부의 기금을 받았을 경우에는 서면으로 작성된 개별화교육프로그램(Individualized Education Program: IEP)에 따라 만 6~18세의 모든 장애아에게 무상의 적절한 공교육을 최소제한적 환경에서 시행하도록 요청하는 새로운 법령을 따라야 한다고 하였다. 「전장애아교육법(P.L. 94-142, EHA)」은 만 3~5세 유아와 만 18~21세 학생에 대한 권한이라는 조항을 포함하고 있다. 만 3~5세 유아와 만 18~21세 학생에 대한 공교육 제공을 위한 주정부의 정책이 없는 대부분의 주에서는 이 연령범위에 있는 장애아동에게 교육서비스를 제공하지 않았다. 「전장애아교육법(P.L. 94-142, EHA)」에서조차도 실제로 유아의 교육서비스 제공을 의무화하지는 않았으나, 만 3~5세 유아에게 교육서비스를 제공하는 주정부에는 연방정부가 재정적으로 장려금을 지원함으로써 만 3~5세 유아를 위하여 교육서비스를 활성화시키고자 노력하였다(Reichow et al., 2016).

(5) 주정부 실행보조금과 연구기관들(State Implementation Grants and Research Institutes)

1976년 장애인교육관리국(the Bureau for the Education of the Handicapped: BEH)은 장애영유아를 위한 확장된 서비스를 계획한 주정부에 지원금을 주는 최초의 보조금 프로그램을 만들었는데, 이것이 바로 주정부 실행보조금(State Implementation Grants: SIGs)이다. 주정부 실행보조금(SIGs)은 장애영유아의 교육적 요구에 대한 사정, 교육적 요구에 따른 개별화된 교육계획안 기획을 위한 전문가집단의 회합, 효과적인 서비스와 모델에 대한 정보 및 연구결과를 보급하기 위한 계획수립, 인력개발지원, 인사기준과 지침, 프로그램 개발, 자료수집 같은 주정부 활동을 지원하기 위하여 이런 활동을 하는 주정부에게 경쟁력 있게 지급되었다(Roy LittleJohn Associates, 1982).

1977년 장애인교육관리국(BEH)은 장애아조기교육프로그램(HCEEP) 연구기관들을 만들기 시작했다. 1977~1990년 사이에 장애아와 그 가족을 위한 14개의 조기교육서비스 연구기관이 만들어졌다. 연구기관 주도로 장애영유아 교육 및 관련 서비스, 즉 장애위험 아동의 판별, 중재방법, 사정의 실제, 교육실행 방안, 가정기반 서비스 지원 등에 관한 지식정보와 실행방안이 제공되었다. 또한 대학원생들이 연구기관에 지원함으로써 유아특수교육 연구원 수가 증가하였다.

1984년 43개 주정부와 지역사회가 실행보조금을 지원받았다. 주정부 실행보조금은 주정부 서비스를 효과적으로 개발하고 제공하기 위한 조직 창설 및 계획에 착수하도록 제공함으로써 주정부의 역량 개발에 결정적인 역할을 하게 되었으며, 이를 입증할 수 있는 주정부 역량 개발에 관한 몇몇 연구결과들이 도출되었다. 주정부 실행보조금지원에 따른 주정부 역량 개발, 아동과 가족을 지원하는 사회적 가치, 조기중재 효과 등의 연구결과에 근거하여 1984년에 의회는 출생에서 5세까지의 장애영유아를 위한 서비스를 계획, 개발, 주 전체에 시행할 수 있도록 연방정부기금을 주정부에 제공하는 「개정 장애인교육법(P.L. 98-199, EHA)」에 따라 장애아조기교육프로그램(HCEEP) 내에 새로운 프로그램을 수립하도록 하였다. 다시 말해, 이것은 권한 부여일 뿐 아니라 주정부가 장려하는 프로그램으로 포괄적인 서비스를 제공하기 위하여 주정부의 정책을 확장하고 적용해야 한다는 것이었다. 이것은 또한 「장애인교육법(EHA)」에 따라 장애영유아에게 서비스를 제공하기 위해서는 연방정부의 기금이 계속 지원되어야 하며, 효과적인 지원체계를 마련하기 위해서는 정책의 진보가 필수조건이라는 것을 보여 주었다 (Smith, 1988).

(6) 공법 99-457, 「개정 장애인교육법(P.L. 99-457, the Education of Handicapped Act Amendment: EHA)」

1986년 장애영유아와 그의 가족을 위한 획기적인 조기교육 법안이 통과되었다. 연방정부와 주정부의 정책적 노력에 기반하고, 연방정부의 기금으로 운영되는 장애아조기교육프로그램(HCEEP)의 효과적인 실행방안과 서비스 개발 및 효과연구에 근거하여 미국 의회가 상원의원 Lowell Weicker와 하원의원을 대표하는 Pat Williams의 지도 아래 1986년 10월 「장애인교육법(EHA)」의 개정안인 「개정 장애인교육법(P.L. 99-457, the Education of Handicapped Act Amendment:

EHA)」을 통과시켰다. 개정안은 만 3~5세 취학 전 장애유아를 위한 Part B Section 619와 출생에서 만 2세까지의 영아를 위한 Part H(현재는 Part C로 알려진)를 만들었다. 이 법은 Part B Section 619에서 무상의 적절한 공교육(Free Appropriate Public Education: FAPE)을 위한 나이를 만 6세에서 만 3세로 낮추도록 하였다. 또한 이 법은 Part H에서 출생부터 만 2세까지의 장애 및 장애위험 영아를 위한 임의적인 조기중재프로그램 서비스를 수립하도록 하였다.

「개정 장애인교육법(P.L. 99-457, EHA)」을 작성하는 데 참여했던 Robert Silverstein[2)]은 「개정 장애인교육법(P.L. 99-457, EHA)」 통과를 위한 토대를 마련하기 위해 1988년 기조연설에서 장애아조기교육프로그램(HCEEP)이 어떠한 결과를 가져왔는지에 대해 이야기하였다. Silverstein은 "장애유아의 취학 전 교육효과에 대한 연구에서 장애유아를 위한 프로그램의 경제적 · 교육적 혜택이 의심할 여지 없이 입증되었습니다. 이들 연구결과에 따르면, 조기중재가 일찍 시작될수록 더 많은 비용이 경감되었고, 장애아의 교육적 성취가 더 높게 나타났습니다"라고 하였다. 모든 장애영유아에게 서비스를 제공하기 위해 재정을 지원하는 것처럼 주정부기관들이 요구하는 정책은 먼저 효과적인 서비스에 대하여 연구를 진행할 수 있도록 보조금을 제공하고, 그다음에 서비스를 제공하는 주정부에는 인센티브를 제공하는 정책의 발전이 있었다.

「개정 장애인교육법(P.L. 99-457, EHA)」 통과 이후 주정부는 장애영아와 그

2) Robert Silverstein은 장애, 건강관리, 재활, 고용, 교육, 사회보장 및 시민권 분야에서 연방 규제 및 입법 업무를 수행하였고, 장애정책연구 및 발전센터의 소장(the director of the Center for the Study and Advancement of Disability Policy)을 역임하였다. Silverstein은 장애인의 관점에서 여러 명의 동료-검토 학술지 논문(several peer-reviewed Journal articles)과 75개 이상의 공공정책 문제에 대한 논문과 기사를 작성하였다. 그는 다양한 공공정책 문제와 정책 입안 과정에 대해 40개 이상의 주에서 국가 및 주정부 기관과 훈련된 지도자들과 다른 사람들 앞에서 기조연설을 하였다. 1997년부터 2000년까지 George Washington University 의과대학 의료과학부 부교수로 재직했으며, 1985년과 1997년 사이 미국 하원과 미국 상원에서 다양한 직원 역할을 수행하면서 초당파 합의 입법을 협상하고 초안을 작성하는 데 상당한 경험을 쌓았다.

의 가족들을 위한 서비스체계를 확립했고, 새로운 법에 따라 취학 전 유아들에게까지 서비스를 확장하였다. 1984년에는 전체 주정부의 절반가량만이 만 3~5세 장애유아를 위한 유아특수교육정책이 수립되어 있었다. 출생에서 3세까지 서비스를 제공해 주는 정책을 수립한 주는 그보다 훨씬 적었다(Smith, 1988). 1985년 「개정 장애인교육법(P.L. 99-457, EHA)」이 통과되기 전에는 단지 6개 주정부에서만 출생 시부터 장애 관련 서비스를 제공했고, 한 개의 주에서는 2세부터, 11개 주정부에서는 3세부터 장애아에게 관련 서비스를 제공했으나(U.S. Department of Education, 1987), 「개정 장애인교육법(P.L. 99-457, EHA)」이 통과된 후 1988년부터 모든 주에서 새로운 Part H 프로그램에 참여하였다(Smith, 1988). 「개정 장애인교육법(P.L. 99-457, EHA)」은 공립학교와 장애영유아에게 관련 서비스를 제공하는 전문기관에 더 많은 영향을 줄 수 있었다. 그 당시 대다수의 주정부는 유아특수교육의 새로운 서비스를 제공할 수 있는 교사자격증을 가지고 있는 교사가 없었고, 교사양성 프로그램도 없었다. 더불어 물리치료, 작업치료, 언어치료 같은 관련 서비스 분야는 장애영유아와 그의 가족에게 서비스를 제공하기 위해 추가적인 훈련이 필요하다는 것을 깨달았다. 또한 학교심리학자와 사회복지사들에게는 적절하게 특수교육대상의 적격성을 판별하고, 서비스를 제공할 수 있도록 추가적인 훈련이 필요하였다. 「개정 장애인교육법(P.L. 99-457, EHA)」이 통과된 이후 10년 동안은 취학 전 장애영유아의 요구와 새로운 조기중재를 시행하기 위해 필요한 주정부의 정책에 초점이 맞춰져 있었다.

처음에는 자발적인 정책이었던 「개정 장애인교육법(P.L. 99-457, EHA)」은 주정부가 보조금을 지원받기 위해 출생부터 만 5세까지의 모든 장애영유아의 요구를 충족시켜야 하는 유아특수교육정책으로 적용되었다. 1988년 모든 주에서 특수교육대상 적격 판정을 받은 장애영유아에게 5년 이내에 유용한 서비스가 될 것이라는 확신으로 「개정 장애인교육법(P.L. 99-457, EHA)」을 적용하고 참여하였다. 조기중재 분야에서 연방정부의 입법 발의는 만 3~5세 유아 등록자 중 10%는 장애유아를 등록하게 한 헤드스타트 프로그램과 1995년에 출생부터 36개월까지의 영아를 위해 수립한 조기헤드스타트(Early Head Start)뿐이었다.

1990년에 「장애인교육법(Education of the Handicapped Act: EHA)」은 통합교육(inclusion education)과 특수교육(special education)의 개선을 위하여 개정되었으며, 「장애인교육법(Individual with Disabilities Education Act: IDEA)」으로 영문명이 개칭되었다. 1990년에 획기적인 주요한 사건은 「미국장애인법(the Americans with Disabilities Act: ADA)」이 통과된 것이다. 이 두 입법적 발의는 사회적 가치를 강조했다. 즉, '장애인(people with disabilities)'은 '사람-우선(people-first)'이라는 말을 통해서 알 수 있듯이 사람이 우선되어야 한다는 가치가 반영된 정책이라는 것을 강조하고 있다. 그런 이유에서 「장애인교육법(IDEA)」과 「미국장애인법(ADA)」은 장애인이 된 사람과 장애인이 된 미국인(disabled individuals and disabled American)이 아닌, 사람이 우선시 되는 장애를 가진 사람과 장애를 가진 미국인(individual with disabilities and American with disabilities)으로 통합되었다. 즉, 장애가 그 사람을 대표하는 것이 아니라 사람이 가지고 있는 다른 특성 중 하나가 된 것이다. 「미국장애인법(ADA)」은 그 자체가 영유아기 법률이 아니었기에 어린이집이나 유아교육기관 같은 교육서비스기관에서 장애를 판별하는 것은 금지하였다. 많은 장애아들은 「미국장애인법(ADA)」을 통해서 자연발생적 환경(가정)에서의 장애인권리를 획득하였다.

장애아조기교육프로그램(Handicapped Children's Early Education Program: HCEEP)은 「개정 장애인교육법(P.L. 99-457, EHA)」에 의해 1986년 재인준되었고, 1990년대 중반에 장애아조기교육프로그램(the Early Education Program for Children with Disabilities: EEPCD)으로 영문명이 개칭되었다. 연방정부의 프로그램에 대한 크기와 예산을 줄이기 위해 클린턴행정부의 재창출이라는 정부의 계획은 몇몇 프로그램의 폐지로 이어졌으며, 그중 하나가 장애아조기교육프로그램(EEPCD)이었다. 정부의 계획을 발표하는 연설에서 클린턴 대통령은 '정부의 비용은 최소화하고 효과는 최대화하는 것'이 계획의 목표라고 말했다(Clinton, 1993). 장애아조기교육프로그램(EEPCD)의 폐지는 오직 유아특수교육(ECSE)의 연구와 개발에만 재정적 지원을 하도록 만들었고, 연방정부의 프로그램은 없는 상태가 되게 만들었다. 연구와 개발은 모든 주정부에 이익을 주기 때문에 전통적으로 연방정부의 적절한 역할처럼 여겨져 왔다.

2002년 「교육과학개혁법(P.L. 107−279, the Education Sciences Reform Act: ESRA)」은 미국 교육부의 독립연구기관을 만듦으로써 교육에서 연구를 강화하려는 의도로 통과되었다(Kuenzi & Stoll, 2014). 교육과학연구소(the Institute of Education Sciences: IES)는 교육부에서 연구를 위한 재정적 지원으로 설립되었다. 「교육과학개혁법(ESRA)」은 교육과학연구소(IES)에 효과연구를 위해 무선배정(무작위 임상시험)을 사용한 실험설계 연구를 지원하도록 지시하였다(Snyder, 2011). 특수교육에 대한 연구는 초기에 교육과학연구소(IES)를 통해서 지원되었을 뿐 아니라 「장애인교육법(P.L. 108−446, IDEA)」의 재인준을 통해 수립된 국립특수교육연구센터(National Center for Special Education Research: NCSER)에 의해서도 2004년에 지원되었다. 2006년 국립특수교육연구센터(NCSER)는 장애아를 위한 조기학습과 조기중재에 대한 연구기금지원을 시작했다.

「장애인교육법(IDEA)」은 수차례에 걸쳐 개정되면서 영유아 조항에 약간의 개선이 있었고, 2004년 개정되면서 「장애인교육진흥법(The individuals with Disabilities Education Improvement Act of 2004: IDEIA 2004 or IDEA, 2004)」으로 알려져 있지만 대부분 「장애인교육법(IDEA, 2004)」으로 사용하고 있다. 의회는 2004년 12월에 「장애인교육법(IDEA, 2004)」을 개정하여 2006년 3월 학령기 아동을 위한 Part B와 2011년 11월 영유아를 위한 Part C에 발표된 최종 규정들을 통과시켰다(Smith & Rous, 2011). 「장애인교육법(IDEA, 2004)」의 Part C는 출생 후부터 36개월까지의 조기개입 서비스를 다루었고, Part B는 만 3세부터 만 21세까지를 위한 서비스에 적용되었다. 이에 따라 자녀가 뇌성마비(CP) 진단을 받지 않았더라도 「장애인교육법(IDEA, 2004)」의 서비스를 받을 수 있다. 「장애인교육법(IDEA, 2004)」과 헤드스타트를 위한 연방정부의 재정지원은 모든 특수교육대상자로 적격 판정을 받은 장애아들에게 서비스를 제공하기에 충분하지는 않았지만, 여러 해에 걸쳐 조금씩 증가하고 있다.

(7) 전문기관(A Professional Organization)

유아와 그의 가족들을 위한 서비스를 제공하는 정책은 연방정부와 주정부의 입법안 발의로 시작되었고, 이 분야에 지대한 영향을 미친 또 하나의 움직임은 특수아동교육협회(CEC) 내에 유아특수교육(ECSE)을 위한 전문기관이 생겼다는 것이다.

새로운 분과를 수립하는 일은 결코 쉬운 일이 아니었기에 특수아동교육협회를 관리하는 이사회에 영유아를 위한 하나의 분과를 수립하자는 첫 번째 제안은 이사회의 반대로 성공하지 못했다. 그 당시, 특수아동교육협회의 기존 분과는 시각 손상 및 시청각장애(Division of Visual Impairments and Deaf-Blindness농-맹)분과; 신체, 건강 및 중복장애분과(Division of Physical, Health and Multiple Disability); 의사소통장애 및 난청분과(Division of Communicative Disorders and Deafness)처럼 장애범주별로 분리되어 있었다. 당시 특수아동교육협회(CEC)의 유아교육위원회 의장이었던 Rose Engel은 영유아분과는 장애 범주 선상에서 나누는 것보다는 범주화시키지 않고 별도로 존재해야 한다고 확신하였다. 비록 처음에는 거절당했지만 영유아분과(Division for Early Childhood: DEC)를 설립하는 것을 포기하지 않았다. Eileen Allen이 이끄는 단체는 특수아동교육협회(CEC)의 승인 없이 그다음 특수아동교육협회(CEC) 회의에 친-영유아분과 부스(pro-DEC booth)를 설치했다. 이 부스는 장애조기교육프로그램(HCEEP) 프로젝트로부터 지원자들을 모집하여 인력을 공급했다. 이 지원자들은 회의 참석자들에게 영유아분과의 필요성에 대한 자료를 나눠 주고 로비를 했다. 이후 1973년 특수아동교육협회(CEC) 이사회가 영유아분과(DEC)를 10번째 분과로 승인하였다.

영유아분과(DEC)

신생 분과는 서비스를 확립하기 위해 빠르게 움직였다. 1974년 뉴스레터 창간호 DEC Communicator가 출판되었다. 1974년 최초의 영유아분과 지부가 미네소타주에 설립되었고, 연구학술지 창간호인 *Journal of the Division for Early Childhood*(이후 *Journal for Early Intervention*으로 개칭됨)가 1978년에 편집장 Merle Karnes의

지휘 아래 출간되었다. 1980년 영유아분과(DEC)와 특수교육 프로그램 사무실(Office of Special Education Programs: OSEP)이 첫 연례 장애조기교육프로그램(HCEEP) 회의를 공동으로 주최하였다.

영유아분과(DEC)는 「장애인교육법(EHA)」에 있는 출생에서 5세까지 영유아에게 서비스를 제공할 수 있는 법안에 대한 권고사항을 만들기 위해 특수아동교육협회(CEC)와 연합하였고, 1986년 영유아분과(DEC)는 「개정 장애인교육법(P.L. 99-457, EHA)」에 대한 상원법안의 효시인 S. 2294에 대해 의회에서 진술하였다.

1986년 「개정 장애인교육법(P.L. 99-457, EHA)」이 통과되었고, 필요한 서비스들이 증가하면서 영유아분과(DEC)의 역할 또한 증가하였다. 1986년 영유아분과(DEC)는 4천 명의 구성원을 가지게 되었고, 특수아동교육협회(CEC)의 분과 중 가장 큰 분과가 되었다. 1987년 영유아분과(DEC)는 30개 주정부의 지부 내에 4,578명의 회원을 가졌으며, 10개 이상의 주정부가 참여를 위해 준비 중에 있었고, 1989년 회원은 6천 명 이상으로 증가했다. 1987년 영유아분과(DEC)는 개별화가족서비스계획과 가족 서비스, 프로그램 규정, 인사 기준, 적격성, 주제에 따른 사례관리와 서비스의 연속체에 대하여 「개정 장애인교육법(P.L. 99-457, EHA)」과 관련시켜 일련의 성명서를 발표하였다. 1990년 영유아분과(DEC)는 집행부(executive office)를 설립하고, 최초의 집행부 관리자를 고용하였다.

국가가 장애영유아와 그의 가족들에게 제공할 프로그램을 수립하고 전문적인 준비를 해야 함에 따라 질적인 부분까지 고려한 실제(practice)를 만들기 위해 지침이 필요하게 되었다. 1991년 영유아분과(DEC)는 추천된 실제 형식으로 지침을 확인하고 전파하기 위해 유아특수교육(ECSE) 전문기관으로서의 책무를 처리하였다. 영유아분과가 추천된 실제(Odom & McLean, 1996)를 만들어 내기 위해 제일 먼저 한 일은 주로 이해 당사자 중심 집단들(stakeholder focus groups)을 통해 자료를 수집한 후 유아특수교육 분야의 지식과 지혜에 근거한 415개의 실천방안을 만든 것이었다. 1999년 영유아분과(DEC)는 미국 교육부로부터 재정적 지원을 받아서 이 활동을 재개하였다. 보조금으로 영유아분과(DEC)는 추천된 실제 확인을 위한 근거로서 연구논문 고찰을 수행하였다. 이 고찰을 통하여 이해 당사자

중심 집단으로부터 추천된 것을 수정 · 보완하여 240개의 실천방안을 결정하였다(Sandall, Hemmeter, Smith, & McLean, 2005). 2012년 영유아분과(DEC)는 아동과 가족의 긍정적인 결과와 프로그램의 질과 관련된 실천방안을 확인하기 위해 또 다른 활동에 착수하였다. 이 과정을 통해 2014년 이 분야에서 전파된 66개의 추천된 실제가 결정되었다. 영유아분과의 추천된 실제(recommended practice)는 연구와 실제 간의 간격을 연결하여 장애 및 장애위험 영유아와 그의 부모, 그리고 전문가들에게 실용적인 지침을 제공하려는 것이 영유아분과의 계획이었다. 최근 유아 보조공학 지원센터(Early Childhood Technical Assistance Center: ECTA)와의 협력을 통하여 실제(practice)는 개정되고, 업데이트되어 새로운 DEC의 추천된 실제가 통용되고 있다. DEC의 추천된 실제의 목적은 장애 혹은 발달지체, 장애위험이 있는 출생에서 만 5세까지의 영유아의 발달을 촉진하고, 학습 결과를 증진시킬 수 있는 가장 효과적인 방법에 대한 지침을 가족과 실무자들에게 제공하기 위한 것이다. 이것은 장애영유아와 그의 가족, 그리고 서비스 제공자에게 더 효과적인 방법이라고 입증된 실행방법을 제공해 줌으로써 이론과 실제 간의 간격을 좁히려 한 것이다. 추천된 실제는 영유아의 다양한 보육 및 교육환경에서 일하는 사람들에게 장애 혹은 발달지체, 장애위험에 있는 영유아를 위해 효과적인 방법으로 서비스를 제공할 수 있도록 하기 위한 것이다. 실제의 업데이트 세트는 지도능력, 사정, 환경, 가족, 교수방법, 상호작용, 팀과 협력, 전환 등 8개의 영역으로 구성되어 있다. 이러한 실제의 업데이트 세트는 직전과 현직에 종사하는 사람들의 전문성 신장을 도울 것이다(Reichow et al., 2016).

2) 한국의 유아특수교육 관련 제 · 개정 법률과 제도

한국 특수교육의 '태동기(胎動期)'는 15세기 중엽으로 세종대왕의 구휼정책, 점복교육, 한글점자(點字), 한글 지문자(指文字) 개발 등이 특수교육의 선구자 역할을 하였다. 이후 19세기 말 개신교 의료선교사인 R. S. Hall 여사가 남편과 평양에서 의료사업을 하면서 맹인 오봉래를 위해 뉴욕식 한글 점자교육을 실시함으로써 우리나라 최초의 근대적 맹교육이 시작되었다. 이 시기를 근대 특수교육의 '성립기(成立期)'로 볼 수 있으며, 그 후 일제 식민통치하에서 제생원 맹부(盲部) 교사로 일하던 박두성 선생이 한글점자로 '훈맹정음'을 창제하여 자비(自費)로 전국의 맹인들을 대상으로 점자통신교육을 시킴으로써 '과도기'(過渡期)에 일제 치하 맹교육의 전개과정에서 '애맹(愛盲)' 지도자로 지칭되었다. 광복 후에는 이영식 목사가 대구를 중심으로 맹과 농교육은 물론 지도자 양성에도 개척자로서의 역할을 하였으며, 정신지체와 지체부자유아의 교육에 이르기까지 특수교육 '전개기(展開期)'에 그 발전의 초석을 마련하게 되었다. 15세기 태동부터 광복 후 1960년까지 특수교육은 태동기→성립기→과도기→전개기의 4단계를 거쳐 정립되었다(김병하, 2008).

군사독재(유신체제)였던 1960~1970년대 초반까지 우리나라에서 장애아동을 위한 특수교육은 소위 시기상조론(時機尙早論)과 정책적 우선순위에 밀려 정책적 관심을 받지 못하였다. 그런 중에도 한국 특수교육의 진흥을 위해 각고의 노력을 한 선각자들에 의해 1977년 7월 8일 「특수교육진흥법」 제정을 위한 간담회가 이루어졌고, 이에 앞서 1967년 문교부는 특수교육진흥을 위해 이미 제2차 경제개발 5개년 계획의 일환으로 '특수교육 5개년 계획'을 수립하였다. 그 후 제3차 경제개발 5개년 계획(1972~1976)에서 장기종합교육계획의 일환으로 특수교육 부문을 포함하였으나, 계획이 구체적으로 실천되지는 않았지만 「특수교육진흥법」을 제정하는 데 중요한 자료로 활용된 것은 분명한 일이었다. 「특수교육진흥법」이 제정된 근원을 살펴보기 위하여 1960~1970년대 한국 특수교육의 총체적 상황, 당대에 「특수교육진흥법」의 탄생을 위해 노력해 온 김동극의 회고담, 한국 특수교육학계에서 주도적인 리더십을 발휘해 온 이태영 학장의 활동과 영향력, 「특수교육진흥법」 제정을 위해 실무적 책임을 맡고 있었던 김영환(국립특수교육원 초대 원장)의 회고적 주장을 종합해 볼 때, 「특수교육진흥법」이 제정되기 약 10년 전부터 학계와 민간주도형으로 끈질기게 입안이 제기되어 오던 중 당시 교육부의 보통교육국에서 특수교육학회와 특수교육협회의 입법안과 관계자료들을 넘겨받아 구체적으로 수합 · 분석하여 입안한 것으로 보고 있다(김병하, 2005). 한국 특수교육의 진흥을 위해 많은 선각자들의 노력과 산고를 거쳐 「특수교육진흥법」이 제정된 이후 법률과 특수교육의 제도는 어떠한 발전과정을 거쳤는지 살펴보고자 한다.

(1) 한국의 유아특수교육 관련 법률 제정 및 개정

① 특수교육진흥법

「특수교육진흥법(제정 법률 제3053호)」은 '시청각장애자 등 심신장애에 대한 특수교육을 진흥하여 그들의 생활에 필요한 지식과 기능에 관한 교육을 실시함으로써 사회생활에 기여함'을 목적으로 1977년 12월 31일 제정 · 공포되었다. 이후 1987년 10월 24일 일부개정(법률 제3936호)을 하면서 기존의 무상교육 대상의 폭을 확대하여 국공립 및 사립의 특수교육기관에 취학한 자는 모두 무상으로 교육할 수 있도록 하였고, 교육의 질적 향상 등에 기여하였다. 1990년 12월 27일 타법개정(법률 제4268호)에 따라 문교부, 문교부령, 문교부장관에 의해 정해지던 특수교육대상, 장애유형과 정도에 따른 교육과정, 점자도서관 설치 및 운영과 관련된 시설 · 설비 등록을 교육부, 교육부령, 교육부장관으로 변경하게 된다. 1994년 1월 7일 「특수교육진흥법」 전부개정(법률 제4716호)을 통하여 '특수교육을 필요로 하는 사람에게 국가 및 지방자치단체가 적절하고 고른 교육기회를 제공하고, 교육방법 및 여건을 개선하여 자주적인 생활능력을 기르게 함으로써 그들의 생활안정과 사회참여에 기여함'을 목적으로 제2조에 따라 통합교육, 순회교육, 치료교육, 개별화교육 등 새로운 교육사조를 도입하였다. 그뿐만 아니라, 제4조 장애학생의 적절한 선정배치 등 절차적 권리를 강화하기 위하여 특수교육심사위원회를 도입하였고, 제8조 조기특수교육시책을 위해 장애의 조기발견, 교원양성, 교육시설 및 설비의 확충 등 조기특수교육에 필요한 시책을 강구하였다.

특수교육백서

국립특수교육원
특수교육백서

「특수교육진흥법」 전부개정의 성과를 살펴보면, 첫째, 통합교육, 순회교육 등 다양한 특수교육방법의 도입 그리고 국가 및 지방자치단체의 임무 강화 등으로 특수교육현장을 변화시키는 계기를 마련하였다. 둘째, 특수교육 기회 확대를 위해 특수학교는 104개교(1994년)에서 144개교(2006년)로, 특수학급은 3,440개 학급(1994년)에서 5,281개 학급(2006년)으로 신 · 증설되었다. 셋째, 교육 재정 중 3%를 확보하여 2006년 당시 특수교육경비는 1조 582억 원에 달했다. 넷째, 다른 어떤 교육법보다 민주적이었다. 「특수교육진흥법」은 장려 내지 조장적인 성격을 지닌 법이지만, 장애아동의 학습권을 보장하기 위해 절차적인 권리들도 고려되어 있었다. 즉, 의무교육(초, 중), 무상교육(유, 고)이라는 실제적인 권리를 제대로 구현하기 위해 특수교육대상자 선정 시, IEP 작성 시, 또는 특수교육대상자 지정 배치를 거부할 경우에는 해당 학교장에게 벌금을 부과하고, 배치 등에 대한 재심 청구권을 보장해 주는 등 절차적 권리를 고려하였다. 이 같은 점을 감안할 때 교육관계 법규로서 민주적인 요소를 지녔다고 볼 수 있다(국립특수교육원, 20·0; 김원경, 한현민, 2007).

문민정부가 들어오면서 1994년 「특수교육진흥법」 전부개정 시 장애인 당사자의 참여가 있었고, 이후 6차례의 일부개정이 있었음에도 실천적인 측면에서 여전히 현장의 요구를 반영하지 못하였다는 점과 최근의 특수교육 동향을 반영하지 못하였다는 한계점에 부딪혀(김원경, 한현민, 2007; 류재연, 2012) 폐지되고 「장애인 등에 대한 특수교육법」이 2007년에 제정되었다.

② 장애인 등에 대한 특수교육법

1994년 문민정부에서 「특수교육진흥법」 전부개정이 있었다면, 1998년 국민의 정부와 2002년의 참여정부에서는 특수교육전문가(단체)나 정부(인적자원부)가 아니라 오히려 '장애당사자주의(nothing about us without us)'에 입각한 시민 · 사회단체가 법률개정 또는 신법 제정의 추진동력으로 작용하면서 「장애인 등에 대한 특수교육법」은 「특수교육진흥법」에 비하여 훨씬 더 장애인 당사자의 영향을 많이 받았다고 할 수 있다. 이는 2006년 당사자주의에 입각한 장애운동(disabilities movement)이 바탕이 된 장애인교육권연대 안을 기초로 최순영 외 229명의 의원이 입법안을 제출하고 입법활동을 함께 했다는 것만 보더라도 알 수 있는 사실이다(김원경, 한현민, 2007; 류재연, 2012). 「장애인 등에 대한 특수교육법」 제정에 대하여 김원경과 한현민(2007)은 장애당사자주의가 자신이 처한 문제를 자신이 해결하고자 하며, 자신의 필요 요구를 반영한 규정과 법률의 제정을 추구한다는 점에서는 긍정적으로 평가할 수 있으나 '장애계 대 특수교육계', '종사자 대 당사자' 등으로 편 가름을 하고 '특수교육계의 종사자'를 전적으로 불신(不信)하여 철저히 배제시킨 당사자주의에 입각한 장애운동(disabilities movement)과 입법 활동이 과연 장애인과 특수교육의 선진화 방안을 도출할 수 있는지, 그리고 이러한 장애운동이 진정으로 당사자들을 위한 것인지에 대해서는 부정적으로 평가하였다.

「장애인 등에 대한 특수교육법(제정 법률 제8483호, 2008.5.26. 시행)」은 '「교육기본법」 제18조에 따라 국가 및 지방자치단체가 장애인 및 특수한 교육적 요구가 있는 사람에게 통합된 교육환경을 제공하고, 생애주기에 따라 장애유형 · 장애정도의 특성을 고려한 교육을 실시하여 이들이 자아실현과 사회통합을 하는 데 기여함'을 목적으로 2007년 5월 25일 제정 · 공포되었다. 제정 시 주요내용을 살펴보면, 특수교육대상자 의무교육 실시 시기는 국가 및 지방자치단체의 재정여건을 고려하여 2010학년도부터 만 5세 이상, 2011학년 만 4세 이상, 2012학년 만 3세 이상 유치원과정에까지 차례로 확대실시하도록 하였으며(제2조), 교육장 또는 교육감은 장애를 조기에 발견하기 위하여 관할구역 안의 보육시설, 유치원 및 학교의 영유아 또는 학생을 대상으로 선별검사를 수시로 실시하고, 선별검사를 한 결과 장애가 의심되는 영유아 등이 있는 경우, 그 보호자의 동의를 받아 특수교육대상자인지를 판단하기 위한 진단 · 사정을 할 수 있도록 하였다(제9조).

또한, 2011년 6월 7일 「영유아보육법 개정(법률 제10789호, 2011.12.8., 시행)」에 따라 어린이집 원장과 보육교사의 자격기준이 강화되면서, 2011년 일부개정에서는 만 3세부터 만 5세까지의 특수교육대상자가 「영유아보육법」에 따라 설치된 어린이집 중 대통령령으로 정하는 일정한 교육요건을 갖춘 어린이집을 이용하는 경우에는 제1항에서 정하는 유치원 의무교육을 받고 있는 것으로 본다(제19조)고 개정하였다. 2014년 일부개정을 통하여 교육현장에 장애영아 담당 교원 수급에 어려움을 해소하고자 장애영아 담당 교원의 자격을 완화하였으며, 2015년 일부개정(법률 제13575호, 2016.6.23., 시행)하면서 '정신지체'를 '지적장애'로 용어를 변경하였다. 뿐만 아니라 2016년부터 2019년까지 안전 및 편의를 위한 시설 및 설비, 편의시설 제공에 대한 구체적인 규정 마련, 특수교육연차보고서, 실태조사, 진로 및 직업교육 지원을 위한 전문인력 지원, 인권침해사례 실태조사 등에 관한 내용으로 여러 차례의 개정이 이루어졌다.

(2) 한국의 유아특수교육 관련 제도

한국의 유아특수교육 제도는 특수교육 관련법의 제정 및 개정에 근거하고 있으며, 전 세계적인 유아특수교육의 흐름에 영향을 받아 수립되었다고 볼 수 있다. 현재 유아특수교육의 전 세계적인 흐름은 완전통합교육이며, 2006년 만장일치로 통과된 유엔의 장애인권리협약은 이를 지지하는 하나의 흐름이라 할 것이다.

우리나라의 경우 아직까지 완전통합교육을 위한 준비가 완료되었다고는 볼 수 없으나, 현장에서는 이를 위해 다각적인 노력을 하고 있으며(국립특수교육원, 2019a, 2019b, 2019c), 이를 수행할 수 있는 법적 근거로 「장애인 등에 대한 특수교육법」이 자리를 하고 있다. 특수교육법의 제1조는 특수교육을 제공함에 있어 기본적으로 통합교육을 전제로 하고 있음을 보여 주고 있으며, 전 세계적으로 유아특수교육이 완전통합교육을 지향하고 있는 현시점을 고려한다면, 법률 제정에 따른 효율적 제도를 수립하고, 이를 교육현장에서 최상의 실제가 될 수 있도록 방안을 모색하는 것이 무엇보다 중요한 과제라 할 것이다. 이를 반영하여 교육부에서는 1997년부터 중장기적 특수교육계획을 수립하고 추진하여 왔다. 현재 진행되고 있는 중장기 특수교육계획인 「제5차 특수교육발전 5개년 계획」은 「장애인 등에 대한 특수교육법」 제5조 국가 및 지방자치단체의 임무(제1항 장애인에 대한 특수교육종합계획 수립)에 근거하여 2018년부터 2022년까지 진행 중에 있다(교육부, 2018).

특수교육5개년계획

제5차 특수교육 5개년 계획

현재 진행 중인「제5차 특수교육발전 5개년 계획」은 계획수립 전에 기초연구를 통하여「제4차 특수교육발전 5개년 계획」의 추진성과를 분석 및 평가하여 특수교육의 지속적인 발전을 이어 나갈 합리적이고 구체적인 특수교육 정책수립과 장애학생의 인권보호, 그리고 지역사회에서의 건강한 통합을 이루어 낼 수 있는 균형 잡힌 정책을 확보할 수 있는 과제와 항목을 정하여 수립하였다고 볼 수 있다(국립특수교육원, 2016a).

「제4차 특수교육발전 5개년 계획」 정책과제 분석 결과를 살펴보면, 첫째, 특수교육대상 영아의 무상교육 제공, 특수교육대상 유아의 의무교육 법제화, 교육과정운영 내실화, 특수교육 교원의 전문성 강화 등 장애유형을 고려한 교육성과를 제고하였다.

둘째, 특수교육대상자 진단 · 배치체계 확립, 장애예방교육 강화, 특수교육 관련 서비스 지원 확대, 방과 후 학교 운영, 특수학교 신 · 증설, 특수교육 교원 증원 등 장애학생의 교육여건을 대폭 확충하였다.

셋째, 장애학생 인권존중 문화 정착지원, 문화 · 예술 및 체육활동 지원, 통합교육 담당교원 역량 강화 및 지역사회 중심 네트워크 구축 등 장애학생 인권친화적 분위기 조성에 기여하였다.

넷째, 장애학생 진로 · 직업교육 강화를 통한 졸업 후 취업 및 자립생활 능력 향상, 장애인 고등교육 및 평생교육 기회 확대 등 장애학생의 능동적 사회참여 역량 강화라는 성과를 나타내었다. 그러나 이러한 성과에도 불구하고 특수교육대상 영 · 유아의 비율 저조, 특수교육 교육과정 유연성 부족, 특수교육 교원 충원율 부족, 유 · 초 · 중 · 고 · 전공과 통합형태의 종합특수학교 한계, 특수교육지원센터의 역할 강화 및 전문인력 배치 부족, 특수교육 관련 서비스와 장애아동 복지 서비스 간의 중복지원 문제 대두, 장애학생 인권보호 상설 모니터링 무용론 제기, 특수학교 진로전담교사 배치 문제, 장애학생 진로 · 직업교육의 지속적 지원 불안, 고등교육 및 평생교육기관 부족, 사회적인 장애인식과 장애인의 인권에 대한 보편적 존중감 결여 등의 한계점을 나타내었다.

이러한 한계점을 반영하여「제5차 특수교육발전 5개년 계획」에서는 4대 정책 분야 13개 중점 추진과제를 선정하였다.

제4차 및 제5차 특수교육발전 5개년 계획에 따라 각 정책 분야의 중점 추진과제를 효과적으로 교육현장에서 실행하기 위하여 다양한 분야에서의 노력이 이어지고 있는데, 먼저 국립특수교육원[3](2012, 2019a)에서는 2012년 일반교사를 위한 「장애유아 통합 교수 · 학습자료 활용을 위한 일반교사용 지침서」를 개발하여 교육 및 보육현장에서 어떻게 장애유아의 발달을 효율적으로 지원하고, 교수 · 학습 활동에 참여할 수 있도록 하며, 어떻게 유아와 그 부모를 지원할 수 있는지에 대한 지침서를 제공하였다. 또한 2019년 「학교과정별 통합교육 지원교사 역할모델」을 개발하여 전일제로 통합학급에서 교육을 받는 일반학급 배치 특수교육대상자의 통합교육을 지원하는 특수교사의 역할모델을 제시함으로써 특수교육대상자의 교육권을 강화하고, 의미 있는 성과가 존재하는 통합교육의 질적 성장을 추구하고자 노력하고 있다. 특히, 장애특성을 고려한 통합교육 내실화를 위하여 '연령별 장애영아 교육활동 자료집(2019)'과 '2019 개정 누리과정 운영지원 자료집(2020)'을 출간하여 통합교육환경에서의 장애영유아의 놀이지원 등을 지원해 줌으로써 통합교육의 내실화를 꾀하고자 노력하고 있다. 여기에 더하여 학계에서도 유아특수교육을 위한 연구들(김은정, 하형주, 2007; 이소현, 윤선아, 이수정, 박병숙, 2019; 장수연, 2012)이 지속적으로 수행되고 있다.

이와 같은 노력에도 불구하고 유아교육현장에서는 아직도 각 유아교육기관에 적합한 지원이 이루어지지 않고 있으며, 특히 보육현장에서의 완전통합교육을 위한 준비는 여전히 미비한 상황이라 할 수 있다. 이를 입증하는 예시를 들어 보면, 어린이집에 재원 중인 장애, 발달지체 혹은 장애위험 영유아를 위한 교육적 지원

---

3) 국립특수교육원은 1994년 특수교육의 발전과 장애인 삶의 질 향상을 지원하기 위한 국가기관으로 특수교육연구, 관련 정책개발, 교육과정 및 교과서 개발, 담당교원의 연수, 특수교육 정보화 사업 등을 수행하고 있다. 특히, 특수교육 정책연구 사업을 통해 「장애인 등에 대한 특수교육법」 개정방안을 모색하고 장애자녀 부모지원 종합 시스템을 운영하는 등 국가의 책무성을 강화하여 균등하고 공정한 교육기회를 제공하는 것은 물론 생애단계별 맞춤형 특수교육지원을 통하여 장애학생들의 성공적인 사회통합을 실현하고자 노력하고 있다.

및 관련 서비스의 지원은 지역교육청의 특수교육지원센터에서는 받을 수 없다. 이뿐 아니라 장애통합어린이집이거나 장애전담어린이집이 아닌 일반 및 직장 어린이집에 재원 중인 장애, 발달지체나 장애위험 영유아의 경우는 보건복지부 소속의 육아종합지원센터에서 교육 및 관련 서비스의 지원을 받을 수 있지만 지자체별 센터에 한두 명 배치된 순회교사가 해당 구의 모든 어린이집을 담당해야 하는 상황이라 한 달에 한 번 방문도 쉽지 않은 것이 보육현장의 현실이다. 현재 우리나라의 유아교육현장은 보건복지부 소속의 어린이집과 교육부 소속의 유치원이라는 서로 다른 두 유형의 유아교육기관이 존재하며, 소속기관에 따라 특수교사 및 관련 서비스의 지원 또한 상당히 다르기 때문에 어린이집 재원 중인 발달지체 혹은 장애 및 장애위험 영유아의 경우, 적절한 교육적 지원이나 관련 서비스의 지원을 제공받기는 유치원에 비해 상대적으로 많이 어려운 상황이다. 유치원은 지역교육청의 특수교육지원센터를 통해 특수교사 및 관련 서비스를 제공받을 수 있으며, 어린이집은 지자체의 육아종합지원센터를 통해 순회교사 및 관련 서비스를 지원받을 수 있지만 보육현장에서 느끼는 인적 · 물적 자원의 수요대비 공급지원은 절대부족 상태라 볼 수 있다.

이는 현실적으로 교육부에서 수립한 중장기 특수교육계획이 교육부 소속의 유치원에만 한정되어 있고, 보건복지부 소속 어린이집에서는 관할 소속이라는 행정적인 문제로 인하여 원활히 공급되지 않고 있음을 나타낸 단적인 예라 할 것이다. 따라서 당사자 중심의 패러다임을 반영하여 보더라도 특수교육대상자가 이러한 관할 소속의 문제로 교육적 지원 및 관련 서비스를 원활히 제공받지 못한다는 것은 시정되어야 할 문제이며, 이를 위한 대책 마련이 시급하고 중요하다고 볼 수 있다. 특히 2015년 인천선언문 이후 '모두를 위한 교육'이 채택 및 제시되면서 차별 없이 모두가 전 생애를 통해 양질의 교육을 포용적이고 균등하게 받을 수 있도록 해야 한다는 전 세계적인 교육 동향에도 위배되는 시대착오적인 문제가 아닐 수 없으므로 이에 대한 대책이 조속히 마련되어야 할 것이다.

현재 세계적으로 유아특수교육의 동향은 완전통합교육이며, 이를 위한 연구기반의 실천적 방법을 모색하고자 하는 노력이 지속되고 있음에도 불구하고 모든 나라와 지역에 들어맞는 보편적인 완전통합교육방법은 아직까지 지시되지 않고 있는 것이 사실이다. 이에 발맞추어 우리나라도 교육 및 보육현장에서 효용적으로 적용할 수 있는 현실적인 방안을 모색해야 할 것이다. 이를 위하여 현장의 문제를 들여다봐야 할 뿐 아니라 이를 반영하여 이원체계로 운영되고 있는 유치원과 어린이집에 맞추어 적절한 지원이 제공되어야 할 것이다. 특히, 우리나라의 유아교육 현장에 적절히 적용될 수 있도록 하기 위해서는 각 기관의 상황이나 환경을 고려하여 담당교사와 원장, 부모 및 기타 전문가들이 서로 동등한 위치에서 존중하며 협력할 수 있도록 지원을 해야 하고, 이들을 중심으로 개별 유아의 요구를 우선적으로 고려한 프로그램을 개발하여 적용할 수 있도록 현장 담당자들의 역량을 증진시켜 줄 수 있는 방안을 모색해야 할 것이다. 또한, 한국보육진흥원에서는 「장애아동 복지지원법」 시행규칙 제12호에 따라 장애영유아를 위한 보육교사 자격확인증 발급을 진행하고 있으나, 보육현장에서 효용성이 입증되지 않았고, 보육교사 양성기관이나 관련 학과가 있는 대학에서도 아직 적용되지 않고 있다는 문제도 해결해야 할 과제일 것이다. 따라서 장기적인 안목을 가지고 대학의 관련 학과에서 교과과정 개편 시 예비교사의 역량 강화를 위하여 이를 적극적으로 반영하여야 할 것이다.

Chapter 3

통합교육의 이해[1]

특수교육의 전통적인 패러다임이 분리교육(segregated education paradigm)이었다면, 최근 특수교육의 지배적인 패러다임은 완전통합교육(inclusive education paradigm)이며, 이를 기반으로 현장에서는 완전통합교육을 지향하고 있다. 패러다임의 변화에 따른 통합교육의 발전과정을 살펴보면, 1994년 UNESCO가 스페인의 Salamanca에서 특수교육의 원리 · 정책 · 실제에 관한 성명(Salamanca Statement on Principles, Policy and Practice in Special Needs Education and a Framework for Action)을 발표하고, 실행계획을 채택하면서 전 세계적으로 특수교육의 방향은 통합교육으로 발전하였다(Hornby, 2015). 이러한 전 세계적인 동향에 맞추어 우리나라도 1994년 「특수교육진흥법」을 전면 개정하면서 기존의 일반교육과 특수교육이라는 이중교육 체제에서 최소제한적인 일반교육환경에 장애학생을 포함하는 일원화된 통합교육 체제로 바뀌고 있다. 이를 통해 모든 학생의 교육적 성과를

1) 장수연(2012)의 박사학위 논문을 수정 · 보완하여 정리.

최대화시킬 수 있는 통합교육의 법적인 토대를 마련하였다. 그러나 「특수교육진흥법」은 통합교육에 관한 규정이 초·중등교육을 중심으로 이루어졌기 때문에 장애영유아 및 성인에 대한 규정과 교육적 지원이 미흡한 실정이었을 뿐만 아니라 국가 및 지방자치단체의 특수교육지원에 대한 구체적인 역할 제시도 부족하여 법의 실효성에 한계가 있었다(국립특수교육원, 2010). 이를 보완하기 위하여 2007년 「장애인 등에 대한 특수교육법」이 제정되면서 통합교육에 대한 보다 상세한 정의, 실시기준, 내용 등이 규정되어 법적으로 통합교육을 더욱 강화·지원하는 토대가 마련되었다(교육인적자원부, 2007a). 이로 인해 기존의 통합교육(integration)은 모든 특수교육대상자가 개별 장애인의 생애주기에 맞추어 장애유형 및 정도에 따라 적절한 교육을 받을 수 있도록 가장 자연스러운 환경에서 일반학급의 구성원으로 참여하는 완전통합교육(inclusion)의 형태로 변화하기 시작하였다(이소현, 박은혜, 2019). 전통적인 패러다임에서 특수교육은 장애학생만을 대상으로 하였으나, 통합교육 이후 특수교육은 장애라는 개인적인 특성보다 부가적인 지원이라는 개념에 중점을 두고, 장애범주에 포함되는 학생뿐 아니라 학습과정에서 일반적으로 제공하는 지원 외에 부가적인 지원을 요구하는 학생 모두를 특수교육대상학생이라고 한다. 그러므로 학교에서 제공하는 일반적인 교육과정의 수정과 교수 및 조직의 수정을 요구하고, 효과적인 학습을 위해 부가적인 인적 및 물적 자원을 요구하는 학생은 모두 특수교육대상 학생이 된다(국립특수교육원, 2010).

1 통합교육의 개념 및 발전과정

특별한 교육적 요구를 가지고 있거나 장애를 가지고 있는 아동을 위한 교육과 관련하여 완전통합교육(inclusion)이 최근 가장 논란이 되고 있는 현안이라는 데는 이의가 없을 것이다. 실제로 통합교육에 대한 개념적 정의가 어떻게 이루어져 있는지에 따라 국가교육정책이 달라지고, 이를 실행하는 방식 또한 달라지기

James M. Kauffman

Daniel P Hallahan

때문에 완전통합교육(inclusion)에 대한 개념적 정의는 여러모로 매우 중요한 의미를 가진다고 볼 수 있다(장수연, 2012; Kauffman & Hallahan, 2005; Slee, 2011). 그럼에도 불구하고 유아교육과 특수교육의 입장 차에 따라, 그리고 학자들의 관점에 따라 통합교육에 대한 시각이 서로 다르고, 그에 따른 정의 또한 다른 것이 현실이다. 완전통합교육(inclusion)은 패러다임의 변화에 따라 장애에 대한 사회적 모델과 교육에 대한 사회-정치적 모델뿐 아니라 사회적 정의와 형평성 문제, 인권에 대한 배려, 그리고 다름과 다양성의 가치평가와 실현 등을 포함하는 다차원적인 개념으로 인식이 전환되고 있다(Hornby, 2015). 이에 따라 우리나라도 2007년 「장애인 등에 대한 특수교육법」을 제정하면서 통합교육에 대한 개념적 정의에 근거하여 장애가 있더라도 우선적으로 일반학교에 통합될 수 있도록 배치규정을 제시하였으며, 이들이 적절한 교육을 받을 수 있도록 통합교육에 관한 규정을 구체화하였다. 여기서는 먼저 최근 특수교육의 패러다임을 반영한 완전통합교육(inclusive education)의 개념을 살펴보고, 이에 대한 발전과정을 살펴봄으로써 통합교육에 대한 전반적인 이해를 돕고자 한다.

1) 장애인식 및 수용을 기반으로 한 통합교육의 개념

완전통합교육(inclusive education)은 1991년 미국 연방정부법인 「개정 장애인교육법(P.L. 99-457, the Education of Handicapped Act Amendment: EHA)」에서 3~5세 장애유아에게 무상교육을 제공하고, 동일 연령의 유아들과 가장 근접한 최소제한적 환경에서 교육 프로그램을 제공받을 수 있도록 모든 공립학교에 요구함으로써 시작되었다. 완전통합교육(inclusion)이라는 용어는 여러 해 동안 용어의 변화를 거치면서 이제는 장애유아와 비장애유아들이 함께 참여하는 프로그램에 일반적으로 적용되고 있다(Odom et al., 2004).

초기에 통합교육은 '주류화(mainstreaming)'라는 용어로 사용되다가 이후에는 통합교육(integration)으로 변화되었고, 1990년대 이후부터 완전통합교육(inclusion)으로 사용되고 있다. 먼저, '주류화(mainstreaming)'는 장애아동들을 위해 공립학교에서 처음 사용했던 용어로 일반교육환경에 경도장애아들을 재배치시키는 역할을 했다. 주류화는 시간이 지남에 따라 광범위하게 사용되긴 했지만, 두 가지 이유에서 영유아를 대상으로 했을 때 적합하지 않다는 지적을 받았다(Bricker, 1995). 첫째, 영유아를 대상으로 했을 때, 용어의 적절성에 대한 문제가 제기되었다. 예를 들면, 6~18개월 된 영아의 경우에는 가정기반 프로그램을 사용하기 때문에 통합장소에 따른 배치와 활동이 주류화(mainstreaming)라는 용어에 적절하지 않다는 것이었다. 둘째, 보다 실제적인 문제로 만 3~4세 유아들에게 초등학생을 위하여 만들어진 공립학교 프로그램을 적용한다는 것이 적절하지 않다는 것이었다.

Michael J. Guralnick

하나의 일반교육 프로그램 안에 장애유아와 비장애유아를 함께 배치시키려던 초기의 노력은 1970년대에 시작되었으며(Bricker, 1978), 이를 설명하기 위해 선택된 용어가 통합교육(integration)이었다(Guralnick, 1978). 이 용어는 일반교육과 특수교육으로 분리되어 있는 현행 교육체제에 대항하여 장애유아와 비장애유아의 체계적인 통합을 설명하고자 한 것으로 유아특수교육과 조기중재의 분야에서 지속적으로 사용되었다. 그러나 통합교육(integration)의 한계점으로 인해 1990년 이후부터는 완전통합교육(inclusion)이라는 용어로 대체되면서 대중적으로 사용되기 시작하였다(Bricker, 1995).

Ferguson(1995)과 Loreman(1999)은 통합교육(integration)과 완전통합교육(inclusion) 간의 차이를 구분하여 기술하였는데, 첫째, 통합교육(integration)은 분리로 인한 낙인효과와 차별적인 교육적 배제로 인한 사회적 차별대우를 교정하려는 의도에서 시작되었다는 것이다. 반면, 완전통합교육(inclusion)은 장애로 인해 분리된 모든 학생에게 공교육의 의무, 평등한 교육의 기회, 교육적 권리를 보장해 주고자 한 데서 시작되었다고 볼 수 있다. 이는 법적·윤리적 요구에 대한 최선의 선택으로 장애유아통합교육의 개념을 공교육과 지역사회기반 프로그램에

Tim Loreman

적용시킨 것이라 볼 수 있다. 많은 전문가들(이소현, 박은혜, 2006; Lewis & Lewis, 1987; Loreman & Deppeler, 2002; Winzer, 1996)은 장애유아와 비장애유아를 서로 다른 학급에 있게 하면서 일과 중 일부분만 합쳐서 활동을 하기보다는 장애유아가 비장애유아들과 같은 교실에서 동일한 시간 동안 동일한 교육과정에 참여하도록 하는 것이 완전통합교육(inclusion)이라는 데 동의하였다.

둘째, 통합교육(integration)은 밖에서 들어오는 것을 통합하는 것으로, 기존의 학교조직과 학급에 장애아를 포함시키는 것을 목적으로 하였다. 반면, 완전통합교육(inclusion)은 모든 학교에서 장애아를 수용하기 위하여 먼저 학교구조와 업무방식에서의 재구조화를 단행하고, 특수교사와 일반교사의 태도를 변화시켜 모든 교사가 모든 아이의 욕구를 기꺼이 충족시켜 줄 수 있도록 아동중심접근 교육을 수행하고자 한 것이다. 즉, 통합교육이 기존의 교육과정모형에 장애아를 끼워 맞추는 역할을 했다면, 완전통합교육은 모든 아이가 입학 초기부터 정규학교 시스템의 일부가 되게 함으로써 장애를 사유로 차별을 받지 않고, 동등한 교육적 권리를 가지도록 한 것이다. 그러므로 완전통합교육(inclusion)은 장애유아가 비장애유아들에게 수용되고 함께 놀 수 있도록 교육기관의 재구조화를 통해 생활의 모든 측면에서 장애유아가 완전하게 포함되도록 한 것이다. 이를 통해 장애유아는 교육적 권리를 보장받게 되고, 비장애유아들은 다름에 대한 가치를 수용하고 이해할 수 있게 됨으로써 일반교육기관에 있는 모든 유아의 욕구를 충족시켜 줄 수 있게 된다(Loreman & Deppeler, 2002).

Diane Bricker

이를 정리해 보면, 통합교육(integration)은 장애유아의 이원화된 분리 교육적 실제에 반대하며 나타난 것으로, 장애유아의 통합을 위하여 1970년대부터 유아특수교육 분야에서 지속적으로 사용되었던 용어이다(Bricker, 1978; Guralnick, 1976, 1978). 그러나 이 용어는 밖에서 들어오는 것을 통합한다는 사전적 의미를 가지고 있기 때문에 기존의 교과과정에 단순히 장애유아를 끼워 맞추는 역할을 했으며(Loreman, Deppeler, & Harvey, 2005), 이로 인해 장애유아는 기존의 교과과정 내에 융화되지 못하고, 학급 안에서 적응상의 문제를 나타내며, 학급 내에서 또 다른 분리를 경험하게 되었다(이소현, 박은혜, 2019; Hundert, 1995). 그에 반해 완전통합교육(inclusion)은 모든 유아를 입학 초기부터 정규학급 시스템의 일원으로 간주하였기 때문에 모든 유아교육기관에서는 장애유아를 수용하기 전에 먼저 재구조화를 위한 구조적 개혁을 통하여 장애유아가 처음부터 학급의 일원이 될 수 있도록 지원하는 것이다. 여기서 재구조화를 위한 구조적 개혁이란 장애유아를 배려한 구조의 변화(예, 편의시설과 설비의 확충 및 정비 등), 업무방식에서의 변화(예, 개별화교육계획에서 일반교사와 특수교사의 협력체계, 교재교구 개발 및 보급, 정기적인 교원연수 등) 그리고 특수교사와 일반교사의 태도변화 등이 포함된다(Loreman, Deppeler, & Harvey, 2005). 완전통합교육(inclusion)은 장애로 인해 분리된 모든 학생이 공교육의 의무와 평등한 교육적 기회와 권리를 보장받도록 하기 위하여 교육기관의 재구조화를 통해 모든 측면에서 학급의 일원으로 완전하게 수용되고 인식될 수 있도록 한 것이다. 이를 통해 장애유아들이 비장애유아들과 함께 놀며 배울 수 있도록 하고, 비장애유아들에게 다름의 가치를 알려주고 존중할 수 있도록 지원해 줌으로써 통합된 모든 아이의 욕구를 충족시켜 주고, 진정으로 적응할 수 있도록 하였다(Lewis & Lewis, 1987; Winzer, 1996).

Salend(2011)는 선행연구의 문헌고찰을 통하여 완전통합교육(inclusion)에 대한 철학의 특징을 '공동체 내에서의 수용과 소속, 그리고 학생, 가족, 교육자, 지역사회의 협력, 모든 학습자의 다양성 수용과 그들의 가치의 실현, 양질의 교육 프로그램, 또래와 함께하는 교육, 일반학급에서의 교육, 지역사회 내에서의 교육'이라고 제시하였다. 그리고 완전통합교육(inclusion)의 철학이 효과적으로 실행될 수 있도록 하는 데 필요한 완전통합교육(inclusive education)의 4가지 핵심원칙을 제시하였다. 첫째, 모든 학습자에게 도전할 수 있고, 매력적이며, 유연한 일반교육과정을 제공한다. 둘째, 개별 아동의 장점과 지도해야 할 점 등을 고려한 다양한 교육 프로그램을 개별 아동에게 적합하고 효율적인 방식으로 제공한다. 셋째, 반영적 실제와 수준별 수업을 제공한다. 넷째, 학생, 교사, 가족, 기타 전문직 종사자 및 지역사회 기관 간의 협력을 기반으로 하는 커뮤니티를 형성한다. 따라서 완전통합교육(inclusive education)은 특별한 교육적 요구를 가지고 있거나 장애를 가지고 있는 아동의 교육적 효과를 증진시킬 수 있는 용이하고 건설적인 방법을 모색하여 제공하는 것을 목표로 해야 한다고 하였다. 시대적 흐름에 따른 통합교육의 개념적 정의의 변화과정은 [그림 3-1]에 제시한 바와 같다.

[그림 3-1] 시대 변화에 따른 통합교육의 개념적 정의 흐름도

최근 우리나라도 완전통합교육(inclusion)으로 변화되고 있다(교육부, 2013, 2018; 교육인적자원부, 2007b; 이소현, 박은혜, 2006). 이러한 변화는 장애유아가 일반교육환경에서 비장애유아들과 동등하게 장애를 사유로 차별을 받지 않도록 교육적 통합을 지원하고, 더 나아가 사회적으로 통합될 수 있도록 법적인 지원책을 마련한 것이라 볼 수 있으며, 이는 전 세계적으로 사회적 · 교육적 통합이 추세인 지금의 현실에 부합하는 것이라 볼 수 있다(이신동, 김경희, 2006; Dyson, 2005; Odom, 2000; Vash, 2001). 2007년에 제정된 「장애인 등에 대한 특수교육법」에서 규정한 통합교육은 완전통합교육으로 장애유아를 교육적으로 통합하고 지원함으로써 사회의 구성원으로 성장시키고자 하는 법적인 지원책이라 볼 수 있다. 또한 함께 통합된 유아들에게 장애유아를 받아들이고 수용하여 더불어 사는 삶에 대한 태도를 습득케 함으로써 동동한 사회구성원으로 성장시키고자 하는 지원책이라 볼 수 있다. 「장애인 등에 대한 특수교육법」 제3조에서는 장애영아의 무상교육, 유치원과 초 · 중 · 고등학교 교육과정의 의무교육, 평생교육 등 출생에서부터 평생에 걸친 교육적 지원을 보장하도록 하고 있다. 특히, 2012년부터 만 3세 이상 장애유아의 의무화 교육을 규정함으로써 장애발견 즉시 조기교육을 제공하도록 지원하여 제2차, 제3차의 부차적 장애 발생을 예방하고, 이를 통해 장애 경감 효과를 증진시키고자 하였다. 또한, 「장애인 등에 대한 특수교육법」 제19조 제2항에 근거하여 만 3세부터 만 5세까지의 특수교육대상자가 「영유아보육법」에

따라 설치된 어린이집 중 일정한 교육 요건을 갖춘 어린이집을 이용하는 경우 유치원 의무교육을 받는 것으로 보기 때문에 이로 인해 장애유아통합교육의 양적 증대는 더욱 가속화되었다고 볼 수 있다(교육부, 2019a).

「장애인 등에 대한 특수교육법」 시행 이후 특수교육대상자의 교육환경별 배치 현황을 살펴보면, 일반학교에 배치된 장애학생의 수는 해마다 증가하여 2008년에는 전체 장애학생의 67.3%가 배치되었으며, 2012년 만 3세 이상 장애유아의 의무화 교육이 시행된 때에는 70.7%로 급증하였다. 이후 2014년 70.4%, 2016년 70.5%, 2018년 71.0%, 2020년 72.1%, 2021년 현재 72.1%로 〈표 3-1〉과 같이 여전히 꾸준한 증가추세를 보이고 있다(교육부, 2018, 2021; 국립특수교육원, 2019a).

〈표 3-1〉 연도별 특수교육대상자의 교육환경별 배치 현황 (단위: 명, %)

연도	특수학교 및 특수교육지원센터	일반학교	전체
2016	25,961 (29.5)	61,989 (70.5)	87,950 (100)
2017	26,199 (29.3)	63,154 (70.7)	89,353 (100)
2018	26,337 (29.0)	64,443 (71.0)	90,780 (100)
2019	26,459 (28.4)	66,499 (71.6)	92,958 (100)
2020	26,615 (27.9)	68,805 (72.1)	95,420 (100)
2021	27,288 (27.8)	70,806 (72.2)	98,154 (100)

출처: 교육부 (2021). 2021년 특수교육통계. 국립특수교육원. p.4 인용.

이들 중 일반학교에서 전일제 통합교육을 받고 있는 학생의 수를 연도별로 살펴보면, [그림 3-2]와 같이 꾸준히 증가추세를 보이고 있음을 알 수 있다. 이 중 2020년 유치원 일반학급에서 전일제 통합교육(inclusion)을 받고 있는 유아의 수는 1,752명으로 전체 특수교육대상자 16,061명 중 10.9%에 해당하는 것으로 나타

Susan Sandall

Virginia Buysse

났다(교육부, 2020a). 가장 최근 2021년 현재 유치원 일반학급에서 전일제 통합교육(inclusion)을 받고 있는 유아의 수는 1,826명으로 작년대비 74명(4.22%) 증가하여 전체 특수교육대상자 16,600명 중 11%에 해당하는 것으로 나타났다(교육부, 2021).

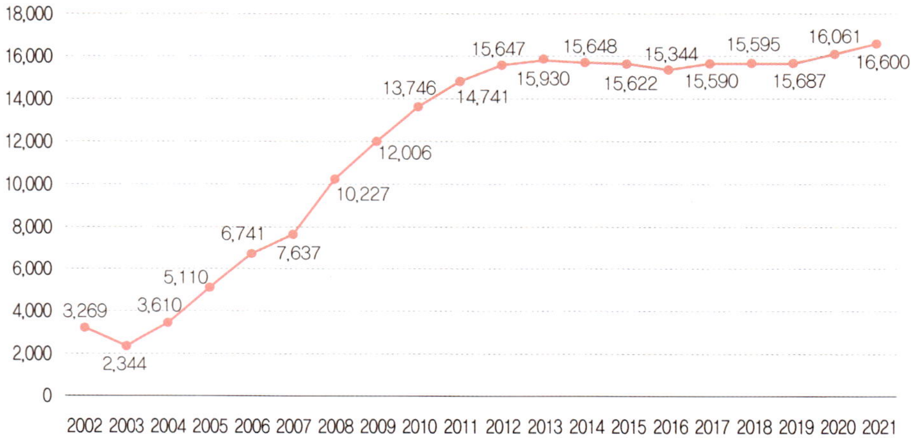

[그림 3-2] 일반학급 기준 전일제 통합교육을 받고 있는 연도별 학생 수

출처: 교육부 (2021). 2021년 특수교육통계. 국립특수교육원. p.11 인용.

이러한 추세는 통합교육의 긍정적인 성과와도 깊은 관련이 있다고 볼 수 있는데, 통합교육현장에서 장애유아와 비장애유아 모두에게서 발달적 · 교육적으로 긍정적인 성과가 지속적으로 나타나고 있기 때문에 통합교육을 시행하는 학생의 수가 지속적으로 증가하는 양상을 보이는 것이다(조윤경, 이소현, 2002; Buysse & Bailey, 1993; Lamorey & Bricker, 1993; Odom & Diamond, 1998; Odom, Brown, Schwartz, Zercher, & Sandall, 2002). 또 다른 관점에서 이러한 증가추세를 해석해 보면, 장애를 개별적인 발달의 여러 다른 특성 중 하나로 받아들여야 한다는 인식의 변화와 전 세계적인 교육 동향이 '모두를 위한 교육'으로의 전환이라는 것과 맞물리면서 기존의 특수교육과 일반교육이라는 이원화된 체제가 아닌 근본적으로 보편적 학습설계를 기반으로 일반교육현장에서 모두를 위한 포용적이고 공평한 교육이 제공될 수 있도록 국가수준의 교육과정이 개정되었기 때문이라고도 볼 수 있다. 여기서 보편적 학습설계(Universal Design for Learning: UDL)란 보편적 설계(Universal Design: UD)에서 유래된 용어로 가능한 모든 사람이 건축물이나 구조물을 사용할 수 있도록 방해물(barriers)을 제거하여 접근성을 보장한다(사진 참조)는 개념을 학습에 적용한 것으로 모든 교육대상자가 공평하고 동등한 교육적 혜택을 보장받을 수 있도록 장애(barriers)가 되는 것을 제거해 주어 참여를 촉진하거나 참여가 어려운 부분에 교육적 지원을 추가해 줌으로써 모두에게 포용적이고 공평한 교육이 될 수 있도록 학습권을 보장해 주는 것이다.

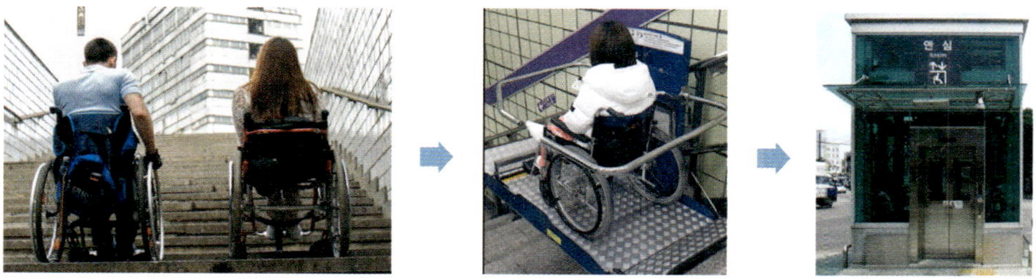

분리 통합 완전통합

사진설명 : 보편적 설계는 모든 사람이 시설물을 이용하고 사용하는 데 어려움이 없도록 설계단계에서부터 시설물 이용에 불편함이 없도록 만드는 것이다. 사진의 예시는 휠체어를 사용하는 장애인이 지하철을 이용하는 데 불편함을 느낄 수 있다는 점을 고려하여 승강기(엘리베이터)를 설치한 것이다. 승강기는 장애 유무 그리고 남녀노소에 관계없이 누구나 편리하게 사용할 수 있도록 만든 것이라는 점에서 보편적 설계의 시설물이다.

통합교육의 시행에 따른 장애유아의 긍정적인 성과로는 분리된 교육환경에 배치됨으로써 얻었던 낙인(stigma of placement)을 피할 수 있고, 자연스러운 교육환경에서 비장애유아들과의 빈번한 교류를 통하여 적절한 사회적 기술의 습득, 언어능력의 발달 그리고 학습활동에서의 모델링 효과를 얻을 수 있어 발달적으로 매우 긍정적인 성과를 얻을 수 있다는 연구결과(Bailey, McWilliam, Buysse, & Wesley, 1998; Odom & McEvoy, 1998)가 보고되었다.

Robin Mcwilliam

뿐만 아니라 비장애유아들도 통합교육의 시행으로 인하여 장애유아에게 상호협력자, 또래교수자, 역할모델, 반영자 등의 역할을 수행하게 됨으로써 타인을 돕고 배려하는 등의 친사회적 행동을 습득하게 되며(Friend & Bursuck, 1996; Peck, Carlson, & Helmstetter, 1992), 다양한 특성을 가진 또래 친구들과의 빈번한 접촉경험을 통하여 모든 인간에게는 개인차가 있음을 수용하게 된다(Loreman & Deppeler, 2002)는 긍정적인 결과들이 보고되었다. 또한 적절하게 도와주고 돌봐 주는 것을 자연스럽게 습득하게 됨으로써 다름에 대한 가치를 습득하게 되어 장애에 대한 인식과 태도에 긍정적인 영향을 받게 된다(Guralnick, 1990)고 하였다.

Karen E. Diamond

Frank M. Gresham

Steven R. Forness

이러한 통합교육의 긍정적인 성과에도 불구하고 통합교육현장에서는 또래 유아들에 비해 장애유아들이 또래 친구들에게 사회적으로 더 거부되고, 놀이친구로 덜 선호되고 있다는 연구결과들(Diamond, Hestenes, Carpenter, & Innes, 1997; Guralnick & Neville, 1997)도 여전히 제시되고 있다는 것 또한 사실이다.

이와 같은 결과에 대하여 MacMillan, Gresham 그리고 Forness(1996)는 장애유아가 또래의 유아들에 비해 사회적 기술이 부족하고, 학업수행능력이 떨어지며, 자아통제력이 부족하기 때문이라고 하였다. 반면 Diamond와 Kensinger(2002)는 비장애유아의 장애에 대한 인식 및 이해 부족과 장애유아에 대한 수용의 부족이 원인이 된다고 하였다. 이러한 결과는 문제의 소지를 어디에 두느냐에 따른 결과일 뿐이므로 Favazza, Phillipsen 그리고 Kumar(2000)는 성공적인 통합교육을 위해서 장애유아와 비장애유아가 사회적으로 통합될 수 있도록 지원해 주어야 한다고 하였다. 이에 따라 특수교육에서는 양질의 통합교육 프로그램 제공에 관심을 갖기 시작하였다. 그 이유는 장애유아통합교육의 진정한 성과는 교육현장에서 통합교육의 양적 확대 뿐 아니라 질적으로도 우수한 통합교육 프로그램의 체계적인 적용을 통하여 사회적 통합이라는 긍정적인 성과를 얻을 수 있을 것이라 기대했기 때문이다(원종례, 김경희, 2010). 즉, 장애유아와 비장애유아가 동일한 교육환경에 배치되는 물리적 통합 뿐 아니라 장애유아가 비장애유아에게 수용되고, 사회적 상호작용이 이루어질 수 있도록 지원해 주는 교육 프로그램의 제공이 성공적인 통합교육의 성패를 좌우하기 때문이다.

Paddy C. Favazza

Goldstein과 Cisar(1992), Hanline(1993)은 통합교육환경에 배치된 장애유아와 비장애유아의 상호작용에 대한 연구에서, 장애이해 관련 프로그램에 참여하지 않았던 유아들이 참여했던 유아들에 비해 장애유아와의 상호작용이 더 적었을 뿐만 아니라 상호작용 자체를 꺼렸다고 하였다. 또한 자유놀이시간에는 또래의 비장애유아들하고만 상호작용하려는 경향을 나타냈다고 하였다. 이러한 결과는 동일한 통합교육환경이라 하더라도 아무런 교육적 지원 없이 단순히 물리적으로만 장애유아와 만날 기회를 제공하거나 노출시키는 것은 장애유아에 대한 수용태도와 수용행동을 촉진시키지 못한다는 사실을 보여 준 단적인 예라 할 것이다(Bricker, Bruder, & Bailey, 1982; Peck & Cooke, 1983). 그러므로 보다 실효성 있는 통합교육을 위해서는 장애유아가 비장애유아들에게 수용되고, 자연스러운 교육환경에서 사회적 상호작용이 이루어질 수 있도록 장애에 대한 지식, 이해 그리고 장애수용 태도 및 행동을 증진시켜 줄 수 있는 다양한 프로그램의 제공이 필요하다(Diamond, 1993; Roberts, Pratt, & Leach, 1991).

Howard Goldstein

이러한 교육 프로그램의 제공과 관련하여 다수의 선행연구들(Cooper & McEvoy, 1996; Diamond et al., 1997; Johnson & Johnson, 1984; Trepanier-Street & Romatowski, 1996)에서는 유아기를 가장 적절하고 효과적인 시기라 보고 있는데, 그 이유는 유아기가 장애에 대한 부정적인 태도가 형성되며, 장애에 대한 민감성이 발달하는 시기이기 때문이라고 하였다.

Zolinda Stoneman

Stoneman(1993)에 따르면, 유아기에 통합교육환경에서 어떠한 경험을 하느냐에 따라 장애인에 대한 긍정적 혹은 부정적인 태도를 형성하게 된다고 하였다. 또한 이 시기에 형성된 장애인에 대한 긍정적 혹은 부정적인 태도는 유아기뿐 아니라 이후 아동기와 청소년기에도 지대한 영향을 미치게 된다고 하였다(Esposito & Reed, 1986; Kishi & Meyer, 1994). 장애에 대한 유아의 태도는 놀이친구 선택과 같은 상호작용행동에도 영향을 미치게 된다(Diamond, 1993). Roberts와 Smith(1999)는 장애유아에 대한 비장애유아의 태도가 장애유아와의 상호작용을 예측해 준다고 하였으며, Okagaki 등(1998)도 장애유아에 대하여 긍정적인 태도를 가진 비장애유아들이 실제로 자유놀이시간에 장애유아와 더 빈번하게 상호작용하려는 경향을 나타내었다고 하였다. 이상의 선행연구들의 결과를 토대로 유아교육현장에 적합한 완전통합교육(inclusive education)을 정리해 보면, '성공적인 통합교육을 실행하기 위해서는 장애인 당사자의 교육적 요구를 반영한 최소제한적 환경(Least Restrictive Environment: LRE)에서 장애유아와 비장애유아가 함께 공유하는 일과경험을 통하여 서로를 이해하고 수용하며 상호작용할 수 있도록 지원해 주고, 일반교육주도(Regular Education Initiative: REI)의 공통된 누리교육과정 내에서 개별적인 교육적 요구에 적합한 교육을 받을 수 있도록 지원해 줌으로써 장애유아와 비장애유아 모두가 한 학급의 구성원임을 이해하고 수용할 수 있게 하여 궁극적으로는 사회적 통합이 이루어질 수 있도록 지원해 주는 것'을 완전통합교육(inclusive education)이라고 정의할 수 있을 것이다. 이러한 정의는 세계교육포럼에서 채택한 '모두를 위한 교육(EFA)'과도 맥을 같이하는 것으로써, 2015년 인천에서 개최된 세계교육포럼에서 인천선언문을 통하여 교육을 위한 새로운 비전으로 '지속가능발전목표(Sustainable Development Goals: SDGs)'를 채택한 것과 맥을 같이 한다고 볼 수 있다. 또한 이를 효과적으로 실행하기 위하여 수립한 '교육 2030 실행계획(Education 2030 Framework for Action)'을 184개 유네스코 회원국이 승인하면서 전 세계적인 교육의 방향은 '모두를 위한 포용적이고 공평한 양질의 교육 보장 및 평생학습 기회 증진(Ensure inclusive and equitable quality education and promote lifelong learning opportunities for all)'(이하 교육2030)이 되었다(유네스코한국위원회, 2016). 우리나라에서도 교육2030 실행계획을 효과적으로 이행하기 위하여 「영유아보육법」, 「유아교육법」, 「장애인 등에 대한 특수교육법」, 「장애아동복지법」 등의 시행령에 따라 「2015 개정 특수교육 교육과정」의 개정을 시작으로 「2019 개정 누리과정」, 「제4차 어린이집 표준보육과정」의 개정이 이루어졌으며, 이를 토대로 보육현장에서도 '모두를 위한 교육(EFA)'의 원리가 반영된 완전통합교육(full inclusion)을 효과적으로 실행할 수 있는 방안에 대한 논의가 시작되었다(교육부, 국제연합교육과학문화기구, 유네스코한국위원회와 한국연구재단, 2021; 보건복지부, 2014, 2020a; 법제처 국가법령정보센터 2021. 11. 5. 인출).

2) 통합교육의 발전과정

유아교육의 역사를 살펴볼 때, Robert Owen의 성격형성학원(New Institution for the Formation of Character), Jean Oberlin의 편물학교(Knitting School) 그리고 Maria Montessori의 어린이집(Casa dei Bambini)은 정상적으로 발달하는 유아 뿐 아니라 장애위험 및 장애유아를 포함한 모든 유아를 대상으로 교육하는 데 관심을 가져왔다.

Robert Owen

Jean Oberline

Maria Montessori

특히, 미국은 여러 선진국 가운데 특수교육에 있어서 선두주자이며(김윤옥, 1997), 분리교육을 받는 장애학생이 전체 장애학생의 18%에 불과하여 여타 유럽국가에 비해 오랫동안 장애아통합교육에 관심을 가져온 소위 교육 선진국이다(채희태, 2006). 미국은 개화기 이후 우리나라의 특수교육과 관련하여 지대한 영향을 미쳤던 국가라 할 수 있다. 그러므로 특수교육 선진국이라 할 수 있는 미국의 통합교육을 먼저 살펴보고, 다음으로 우리나라의 통합교육을 살펴보고자 한다.

(1) 미국의 통합교육

미국에서는 1960년대 말 이전까지만 하여도 장애유아를 위해 특별히 설계된 학교와 교실에서 특별한 교수전략과 관련 서비스를 제공하는 분리교육체제가 가장 합리적이고 타당한 것으로 여겨졌다. 그러나 1970년대 초 정상화 원리(principle of normalization)가 대두되면서 분리교육체제는 장애인들이 사회 주류인 비장애인의 삶의 형태나 경험 등과 가장 흡사한 서비스를 제공받도록 하는 통합교육(integration) 체제로 변화되었다. 그러므로 특수교육이 발달한 미국에서조차도 적극적으로 통합교육을 실시하기 시작한 시기는 1970년대부터라 할 수 있다(Cook, Tessier,

Diane D. Bricker

William A. Bricker

& Klein, 2000; Gargiulo & Kilgo, 2000). 1970년대 특수교육의 역사는 어떻게 점진적으로 일반교육환경에서 장애아동을 함께 교육시키는가의 문제로 집약되는 시기이다(Bricker, 1978).

미국의 최초 장애유아통합교육 프로그램은 1970년대에 Diane Bricker와 William Bricker의 '조기중재 프로젝트(Early Intervention Project)'에서 시작되었다(유수옥, 2008). 또한 1972년 제정된 「경제기회균등법」 공포에 따라 최소 10%의 장애유아를 Head Start 프로그램에 등록시키도록 법적인 강제성을 부여하면서 통합교육이 발전하기 시작하였다(Bailey et al., 1998). 그 후 1975년 제정된 「전장애아교육법(Education for All Handicapped Children Act: EAHCA)」에서는 최소제한적 환경(the Least Restrictive Environment: LRE)의 원리에 입각하여 장애영유아에게 적합한 교육적 배치를 결정하도록 하였으며, 1986년 「장애인교육법(Individuals with Disabilities Education Act: IDEA)」과 2004년 「장애인교육진흥법(Individuals with Disabilities Education Improvement Act: IDEIA)」에서는 통합교육의 당위성을 더욱 강화시키고, 장애아동에게도 평등한 교육적 권리를 가질 수 있도록 법적인 강제성을 부여하였다(임안수, 2003). 즉, 장애아동과 비장애아동을 같은 교실환경에서 질적으로 동등한 교육을 받게 하는 통합교육의 실시를 의무화하고, 이를 국가가 지원하도록 하였다. 이러한 장애학생의 교육적 권리에 대한 법률적 개정은 비단 미국에서 뿐만 아니라 영국과 캐나다에서도 적극적으로 수용하고 있는 추세이다(Lewis & Lewis, 1987). 이러한 추세에 맞추어 우리나라에서도 1994년 「특수교육진흥법」의 법률적 개정을 통하여 통합교육을 권고하였으며, 2007년 「장애인 등에 대한 특수교육법」의 제정을 통하여 통합교육을 의무화함으로써 법적 지원을 더욱 강화하였다.

(2) 한국의 통합교육

우리나라의 통합교육은 1994년 「특수교육진흥법」 개정 당시 통합교육을 할 수 있도록 조항을 신설하면서 장애학생의 교육에 대한 평등권과 교육권을 보장하기 시작하였다. 이후 여러 차례 관련법의 개정이 이루어지면서 장애아동 배치에 대한 서비스 전달체계는 우선적으로 일반학급에 배치하는 것을 원칙으로 하며, 장애유아의 장애유형과 정도에 따라 특수학급 그리고 특수학교 순으로 배치하도록 심의 · 검토하는 통합교육 체제로 변화하였다(교육과학기술부, 2008a). 이후 2007년 「장애인 등에 대한 특수교육법」이 제정되면서, 생애주기에 따라 각기 다른 발달단계에 있는 특수교육대상자들이 통합교육현장에 참여할 수 있도록 교육적 · 물리적 · 정책적 지원을 하도록 하였다. 또한 장애학생들의 통합교육 연한을 확대하여 2012년부터 만 3세 이상 유아의 유치원교육을 의무화하도록 규정하였다(국립특수교육원, 2010).

우리나라의 경우, 분리교육 체제인 특수학교 유치부는 1980년대부터 설립되기 시작하였으며, 통합교육 체제인 일반유치원의 특수학급은 1998년부터 설치되기 시작하여 지속적으로 증설되고 있다. 1994년 전면 개정된 「특수교육진흥법」 제8조에 유아특수교육(조기특수교육 용어 사용)시책을 명시함으로써 장애유아의 교육서비스는 정책적인 지원을 받기 시작하였다. 그러나 「특수교육진흥법」은 현장의 요구나 최근의 특수교육 동향을 반영하지 못한다는 지적을 피할 수 없었고, 특히 초 · 중등교육 중심으로 규정되어 있었기 때문에 장애영유아 및 성인을 위한 교육지원에 대한 규정이 미흡하고, 국가 및 지방자치단체의 특수교육 지원에 대한 구체적인 역할 제시도 부족하여 법의 실효성에 한계가 있었다. 이를 보완하기 위하여 제정된 「장애인 등에 대한 특수교육법」에서는 시행령에 다라 「제3차 특수교육발전 5개년 계획('08~'12)」을 수립함으로써 장애인의 자아실현과 사회통합을 위하여 정부, 학교, 사회 전체가 다 함께하는 특수교육지원계획을 발표하게 되었다(교육과학기술부, 2008a).

이후 「제4차 특수교육발전 5개년 계획('13~'17)」과 「제5차 특수교육발전 5개년 계획('18~'22)」을 지속적으로 수립해 오면서 장애영유아의 교육권과 평등권을 보장하고, 장애인의 사회적 통합을 실현하기 위한 방안을 모색하고 있다. 먼저, 「제3차 특수교육발전 5개년 계획('08~'12)」에서는 의무교육 연한을 확대하여 유치원에 통합된 장애유아에게 적합한 교육과정을 수립하고, 일반교사와 특수교사의 교육적 협력을 요구하였다(교육인적자원부, 2007b). 「제3차 특수교육발전 5개년 계획

('08~'12)」의 목표는 장애인의 생애주기별 교육지원체계 구축, 학령기 아동의 통합교육 내실화, 특수교육지원 강화에 따른 특수교육대상자의 장애유형 및 장애정도를 고려한 교육지원으로 모든 장애인의 자아실현과 사회통합에 기여하는 것이었다. 특히, 장애유아의 선택권을 존중하고, 지역별 여건을 고려하여 사립유치원과 보육시설에서도 의무교육을 받을 수 있도록 교육기관과 보육시설 간 연계체계를 마련하고, 이를 위한 의무교육 실시 절차, 교원 배치, 관련 서비스 제공방법 등을 포함한 의무교육 실시 방안을 마련하였다.

또한 성공적인 통합교육을 위해 장애학생이나 특수교사의 노력뿐 아니라 비장애학생, 교사, 학부모 등 범국민적 노력이 수반되어야 함을 강조하면서 범국민 장애인식 개선 프로그램을 개발하고 보급하여 장애인에 대한 편견을 해소하고, 교육현장에서의 통합교육 분위기를 확산시켜 나가도록 하였다. 이를 통하여 통합교육의 지원을 확대하고, 범국민적인 장애인식 개선을 위한 장애이해교육을 강화하였다. 이처럼 「제3차 특수교육발전 5개년 계획('08~'12)」은 어떻게 효과적으로 통합교육을 실시할 것인지에 초점을 맞추고 있었다. 이러한 추세는 전 세계의 통합교육에서도 찾아볼 수 있는데, 통합교육의 당위성에서 벗어나 통합교육의 실제 부분에서 어떻게 통합교육을 효과적으로 실시할지에 초점을 맞춘 경험적 연구(Cook, Tessier, & Klein, 2000; Gargiulo & Kilgo, 2000)들이 지속적으로 실시되고 있기 때문에 「제3차 특수교육발전 5개년 계획('08~'12)」의 추진방향과도 맥을 같이하는 것이라 볼 수 있었다.

이후 「제4차 특수교육발전 5개년 계획('13~'17)」에서는 제3차 발전계획의 한계점들을 고려하여 '꿈과 끼를 키우는 맞춤형 특수교육으로 장애학생의 능동적 사회 참여 실현'을 비전으로 특수교육의 균형발전 도모를 통한 교육격차 해소, 특수교육전문성 강화로 교육의 질 향상, 국가책무성 강화로 장애학생의 행복한 학교생활 추구를 목표로 4대 분야 11개 중점과제를 실행하도록 하였다(교육부, 2013).

제4차에서는 특수교육 교육력 및 성과, 특수교육 지원 고도화, 장애학생 인권친화적 분위기 조성, 장애학생 능동적 사회참여 역량 강화를 4대 분야로 선정하였는데, 영유아기 통합교육과 직접적인 관련이 있는 분야는 특수교육 교육력 및 성과 제고 분야로 장애의 조기발견 및 제2차 장애 발생 예방을 위한 장애영유아 교육지원 강화, 장애유형 및 정도를 고려한 특수교육 교육과정 운영 내실화 및 평가체계 수립, 특수교육 교육력 강화를 위한 특수교육교원 전문성 강화 등을 추진 방향으로 설정하였다(교육부, 2013). 「제4차 특수교육발전 5개년 계획('13~'17)」은 성공적인 통합교육의 실행을 위하여 다양한 실행방안을 모색한 경험적 연구들(김성애, 2006; Bricker, Pretti-Frontczak, & McComas, 2004; Bowe, 1995; Buysse, & Wesley, 2006; Loreman, Deppeler, & Harvey, 2005)과 맥을 같이한다고 볼 수 있다.

가장 최근에 수립된 「제5차 특수교육발전 5개년 계획('18~'22)」은 기초연구(정민호 외, 2016)를 토대로 수립되었는데, 기초연구에서는 장애인 당사자 및 보호자, 특수교육교원, 특수교육 관련 학회 및 유관기관 등 현장의 의견을 반영하여 장애학생의 성공적 미래생활 실현을 위한 정책과제를 제안하면서 장애영유아교육과 통합교육 강화, 특수교육교원 전문성 제고, 특수교육 관련 서비스 지원 등을 발전계획에 반영하도록 하였다(국립특수교육원, 2016a).

제4차 발전계획에서는 '특수교육대상 영유아 교육력 향상을 위한 교육 여건 조성을 비롯하여 교육과정 운영 내실화'를 중점과제로 선정하여 추진하였으나, 여전히 특수교육대상 유아의 통합교육 여건이 미흡한 수준이었다. 이에 대하여 국가인권위원회의 '장애영유아 교육권 증진'을 위한 정책권고('17.6.21.) 사항에서 '영유아 시기부터 자연스러운 통합을 활성화하기 위한 특수교육대상 영유아 조기발견 및 교육지원 강화'의 필요성을 부각시키고자 하였으나 특수교육대상 영유아 조기발견 및 중재, 효율적인 특수교육 관련 서비스 제공을 위한 관계부처(기관) 간 연계부족이라는 한계점을 드러냈다(교육부, 2018; 정민호 외, 2016). 이러한 한계점들을 고려하여 수립한 「제5차 특수교육발전 5개년 계획('18~'22)」에서는 4대 중점과제로 '균등하고 공정한 교육기회 보장, 통합교육 및 특수교육지원 내실화, 진로 및 고등 · 평생교육지원 강화, 장애공감문화 확산 및 지원체제 강화'를 선정하였으며, 특히 제4차의 한계점을 고려하여 '장애특성을 고려한 통합교육 및 특수교육지원 내실화'에서 추진과제로 '통합교육지원팀 구성 · 운영 등 통합교육환경에서 지원체제 강화'를 위해 통합교육 담당교원의 특수교육 연수 이수율을

81%→90%로 확대하였다. 또한 '범국민 장애인식 개선 및 지원체계 구축을 위한 국가의 책임 확대'에서 범국민 장애인식 개선을 위한 찾아가는 장애이해교실을 신설하였고, 조기발견 및 방과 후 교육 · 돌봄 체계 구축 등 특수교육대상자 지원 강화를 위한 국가의 책임을 확대하였다(교육부, 2018).

제4차 발전계획과 마찬가지로 「제5차 특수교육발전 5개년 계획('18~'22)」도 좀 더 강화되고 확대된 형태이긴 하지만 성공적인 통합교육의 실행을 위한 다양한 실행방안을 모색한 경험적 연구들(김성애, 2006; 원종례, 김경희, 2010; Bricker, Pretti-Frontczak, & McComas, 2004; Buysse, & Wesley, 2006; Favazza, Phillipsen, & Kumar, 2000; Loreman, Deppeler, & Harvey, 2005)과 맥을 같이한다고 볼 수 있다.

「제3, 4, 5차 특수교육발전 5개년 계획('08~'22)」은 범국민적 장애이해교육을 통한 장애인식 개선을 토대로 국가의 책무를 강화하고, 연령범위를 확대하여 통합교육을 실시하면서 교육과정 내실화와 교원 역량 강화 등을 통해 성공적인 완전통합교육을 수행하기 위한 방안 모색을 강구하는 데 주력하였다고 볼 수 있다. 또한 장애영유아의 조기발견 및 조기중재에 초점을 맞추면서 인적 · 물적 지원을 강화하기 위하여 장애영유아의 교육적 지원에 중점을 두었던 것을 확대하여 복지적 지원을 위해 2016년 「장애아동 복지지원법」 시행령에 근거하여 장애아동의 특별한 복지욕구에 따라 의료비지원, 보육지원, 가족지원 및 장애아동 발달에 필요한 지원 등 다양한 인적 · 물적 자원을 제공하도록 하고 있으며, 제5조에 따라 장애아동의 복지지원에 관하여는 다른 법률에 우선하여 이 법을 적용하도록 하고 있다(법제처 국가법령정보센터, 2020). 그러나 무엇보다 중요하게 고려되어야 할 점은 당면과제의 정책목표를 달성하기 위해 양적인 측면만을 고려하여 시행해서는 안 되며, 교육 · 보육현장에서 효용성 있는 교육 및 보육이 되기 위해서는 질적으로도 우수한 통합교육을 실시할 수 있도록 운영체계에 대한 안내가 동시에 제공되어야 한다(이소현, 윤선아, 박병숙, 이수정, 2019). 이러한 목적에서 국립특수교육원에서 주관하여 개발된 '통합유치원 운영모델' 연구보고서를 살펴볼 필요가 있는데 이는 현재 개정된 국가수준의 공통교육과정을 효과적으로 운영하기 위한 참고자료로서의 역할을 할 수 있기 때문이다.

2 유아통합교육운영모델

통합유치원 운영모델

통합유치원 운영모델

유아통합교육을 위한 대표적인 운영모델은 교육부 국립특수교육원이 주관하여 이소현 외(2018)가 개발한 「통합유치원 운영모델」이다. 「통합유치원 운영모델」은 특수교육대상 유아가 소속되어 교육받는 유치원에서 활용할 수 있는 유치원 통합교육 운영의 전반적인 과정을 안내하는 지침서이다. 이는 교육부 국립특수교육원에서 발행하여 보급한 자료로서 특수교육대상 유아가 재원 중인 유치원에서 인적 · 물적 지원 뿐 아니라 교육과정의 편성 · 운영 그리고 평가를 통한 환류과정 등 전반적인 통합교육 실행을 위한 구체적인 지침과 실행방안을 개발하여 제공한 것이다. 그러나 국가수준의 공통교육과정을 받고 있는 어린이집의 유아들에게 적용하기에는 이원화된 소속의 문제로 행정적인 부분에서 여러 가지 제한점이 있다. 특히, 전 세계적으로 교육의 방향이 '모두를 위한 포용적이고 공평한 양질의 교육 보장 및 평생학습 기회 증진(Ensure inclusive and equitable quality education and promote lifelong learning opportunities for all)'(유네스코한국위원회, 2016)임에도 불구하고 교육부 소속이 아니라는 이유로 동일한 연령의 유아들이 특수교육지원센터를 통한 공통된 교육을 지원받을 수 없을 뿐 아니라 참고할 만한 자료도 지원받을 수 없는 것이 현실이다. 아무리 잘 만들어진 자료라도 접근에 제한이 있다면 활용할 수 없을 뿐 아니라 소외되는 것은 자명한 일이다. 따라서 국가적 차원에서 '교육2030 실행계획'의 효과적인 실행을 위하여 이원화된 행정체계 및 공공누리제도에 대한 실효성 있는 수정 · 보완이 이루어져야 할 것이다. 또한 보육 관련 전문가들은 유아특수교육 분야에서 선행적으로 진행했던 연구기반의 실제들을 고찰하여 보육현장에 적합한 '통합보육 운영모델'을 개발할 수 있도록 해야 할 것이다. 통합보육 운영모델 개발 시 유의할 점으로 '교육2030'에서 지향하는 '모두를 위한 포용적이고 공평한 양질의 교육'이 될 수 있도록 해야 한다는 것이고, 취약보육으로 따로 분리하여 우선적으로 지원을 하는 것이 아니라 어떤 수준의 유아가 입학하더라도 그들이 보육을 받는 데 걸림돌(barriers)이 되지 않도록 인적 · 물적으로 학습을 위한 보편적 설계를 기반으로 수행해야 한다는 것이다. 먼저, 통합교육의 성공적인 실행방안을 개괄적으로 이해하기 위하여 선행연구 모델로서 「통합유치원 운영모델」을 간략하게나마 살펴보고자 한다.

통합유치원 운영 모델의 철학적 관점은 통합교육이 모두를 위한 교육이므로 일반교육과 특수교육의 연계와 협력이 중요하다는 것이다. 또한 통합교육에서는 장애유아의 특성을 장애가 아닌 개인적 특성과 가능성에 초점을 맞추기 때문에 장애 및 비장애유아 모두의 교육적 성과를 보장한다는 것이다. 이를 위하여 장애유아가 유치원의 일과와 활동에 온전히 참여하도록 완전통합을 지향해야 한다고 제시하고 있다(이소현, 이수정, 박병숙, 윤선아, 2018). 이를 정리해 보면, 통합교육은 어느 한쪽에 치우친 교육이 아니라 장애유아와 비장애유아 모두를 위한 교육이기 때문에 일반교육학계와 특수교육학계가 서로를 존중하고 협력하며, 교육수혜 당사자인 모든 유아를 위한 양질의 교육을 제공할 수 있어야 한다. 또한 장애를 한 개인의 온전한 특성으로 간주하기보다는 한 개인의 다양한 특성 중 하나로 보는 편견 없는 시각으로 모든 유아에게 공통으로 제공되는 일과, 놀이 및 활동을 함께 공유할 수 있도록 보편적 학습설계를 기반으로 놀이지원을 제공해야 한다. 모든 유아는 다양한 긍정적인 경험을 통해 그 연령에 적합한 지식, 태도, 행동 등을 습득할 수 있어야 한다. 물론 이런 해석이 통합교육 전략을 교육실행 방안으로 채택하여 모두를 위한 교육을 실행하겠다는 '교육2030' 실행계획과 맥을 같이한다는 것으로 과대해석할 수 있으나 이를 보육현장에 적합하도록 벤치마킹하기 위하여 「2019 개정 누리과정」과 '교육2030' 그리고 완전통합교육을 연계하여 본다면, 결코 과대해석이라 볼 수 없다. 즉, 모든 유아가 개별적 요구에 적합한 교육적 지원을 받아 그들의 잠재된 역량을 계발시키고, 성장 · 발달할 수 있는 기회를 제공해 줄 수 있다면, 궁극적으로 사회 안에서 통합되고 더불어 살 수 있는 기초를 마련해 주는 역할을 하는 것이기 때문에 교육수혜 당사자인 모든 유아를 위하여

「2019 개정 누리과정」과 '교육2030' 그리고 완전통합교육을 연계하여 이해할 필요가 있다. 이러한 관점에서 본다면, '통합교육운영모델'을 참고하여 유아교육 및 보육현장에 적합한 방안을 좀 더 심도 있게 모색할 기회가 주어진다면, 교육수혜 당사자들에겐 더없이 좋은 기회가 될 것이다.

유치원통합교육가이드북

유치원 통합교육을 위한 가이드북

일반적으로 통합교육을 실행하는 유치원을 통합유치원이라고 한다. 통합유치원에서는 모두가 참여할 수 있는 질적으로 우수한 교육과정이 운영되어야 하며, 이러한 우수한 교육과정에 모두가 참여할 수 있도록 특수교육 대상유아를 위한 개별화교육계획의 수립 및 실행이 지원되어야 한다. 이는 자칫 질적으로 우수한 교육과정과 개별화 교육과정이 별도로 존재한다고 느껴질 수 있지만 하나의 교육과정 안에서 이루어져야 하는 것으로 보는 것이 합당할 것이다. 왜냐하면 모두를 위한 교육과정으로 운영하기 위해서는 근간이 되는 개정 누리과정에 모두의 참여가 가능해야 하는데 개별유아의 특성으로 인하여 현실적으로 교육과정에 동등하게 참여하기 어려운 유아들이 생길 수 있으며, 이런 특수교육대상 유아를 위해서 그들의 특성에 적합하게 교수학습방법 및 교수전략을 수정 및 보완하여 참여토록 한 교육과정을 일과 및 활동 중에 유아교사와 특수교사가 협력하여 실행하는 것이라고 보아야 하기 때문이다. 즉, 통합유치원에서 개정 누리과정에 따라 교육과정을 운영해 가면서 특수교육대상 유아를 위한 추가 및 수정된 일과, 놀이 및 활동을 더불어 실행하는 것이라 보면 될 것이다.

현재 유아교육 및 보육현장에서는 2016년「장애인복지법」일부개정에 따라 제25조(사회적 인식개선 등)에 근거하여 국가기관 및 지자체(지방자치단체)의 장,「영유아교육법」에 따른 어린이집,「유아교육법」에 따른 유치원은 매년 소속 직원 및 영유아를 대상으로 장애인에 대한 인식개선을 위한 교육을 실시하고, 그 결과를 보건복지부장관에게 제출하도록 하고 있다(보건복지부, 한국장애인개발원, 2020). 이는 특수교육대상 유아가 완전통합교육의 목적에 부합하도록 학급구성원으로 인정받고 또래들에게 수용됨으로써 궁극적으로 사회통합을 이룰 수 있도록 하는 근원이 되는 교육이기 때문이다. 그렇기 때문에 단발식 행사로 끝내기보다는 연간

교육과정과 학급교육과정 계획 내에 교육요소(예: 다름에 대한 이해, 다양성 존중, 공감, 장애특성 등)로 포함시켜 자연스럽게 실행될 수 있도록 해야 한다(장수연, 2012). 국가수준의 교육과정 개편 이전까지는 보육현장에서 반편견 교육이라는 측면에서 장애와 다문화를 다루었고, 현재는 장애와 다문화를 우선적으로 지원해야 하는 취약보육으로 지정하고 있다. 여기서 중요하게 고려되어야 할 점은 어떤 부류 안에 장애와 다문화를 묶는 순간 차별의 시각이 반영될 수 있다는 점이다. 물론 장애와 다문화의 특성을 정확히 파악해야 그에 적합한 지원을 해줄 수 있는 것이 사실이나 이것이 지나치면 아직 차별이나 편견에 대한 시각이 형성되지 않은 유아들에게 부정적인 인식을 갖게 하는 계기가 될 수 있음을 명확히 해야 할 것이다. 따라서 장애나 다문화교육계획을 수립할 때, 분리된 형태가 아닌 통합된 형태에서 모두가 참여하는 활동을 통하여 모두가 동등한 위치이며 누구나 다르다는 것을 인식하도록 해주어야 할 것이다. 이를 위하여 장애이해교육 시 또래의 수용을 이끌어 내기 위한 활동형식으로 직 · 간접적 장애경험을 통해 긍정적인 인식을 형성하도록 계획해 볼 수도 있으며, 환경 구성 시 역할놀이영역에 장애 관련 인형이나 보장구 장난감을 배치하여 장애인 및 장애 관련 보장구가 낯설지 않도록 접촉의 기회를 늘려 줄 수도 있다. 또한 장애 관련 도서를 읽기영역에 배치함으로써 일과 중에 자연스럽게 습득될 수 있도록 교육의 기회를 만들어 줄 수도 있을 것이다(장수연, 2012). 개정 누리과정을 토대로 유아가 주도한 놀이를 통하여 경험해 보고 학습으로 이어져 배움이 충족되어야 한다는 것을 고려해 본다면, 환경구성을 통하여 자연스럽게 유아들이 접근할 수 있는 기회를 제공하여 놀이 중 부지불식간에 접촉의 기회가 늘어나면서 선입견이나 편견을 줄어들게 할 수도 있고, 경험만큼 좋은 학습은 없으므로 장애유아 친구들의 불편함을 활동경험을 통하여 알게 됨으로써 강요되거나 학습된 배려가 아닌 습관화되어 자발적 배려를 할 수 있도록 기회를 만들어 줄 수도 있을 것이다. 이와 관련하여 〈표 3-2〉는 안전교육시간을 이용하여 장애이해교육을 실시한 사례로 장애유아와 비장애유아의 상호작용을 촉진하는 직접경험활동을 계획하여 법정의무교육인 교통안전교육을 시행할 수 있도록 한 예시이다.

〈표 3-2〉 교통안전교육을 활용한 장애이해교육안

해당활동시간– 장애유형/활동	교통안전교육—지체장애/ 협동적 조형활동	경험활동	직접경험활동— 인도와 차도 만들기
학급명	하늘반	일시	20○○. ○○. ○○
주제	상호작용 촉진하기		
학습목표	협력적 조형활동과 협동놀이를 통한 상호작용 촉진하기		
준비물	색도화지, 도화지, 크레파스, 가위, 풀, 테이프, 큰 전지, 휠체어 탄 인형	시행시간	10:00~11:00

<table>
<tr><th colspan="2">학습단계</th><th>활동내용</th><th>자료(·) 및
유의사항(*)</th></tr>
<tr><td rowspan="2">도입
(5분)</td><td>활동
준비
(2')</td><td>◎ 정리정돈하고 모여 앉을 수 있도록 한다.
– “모두 제자리 모두 제자리~ 장난감을 갖고 놀다가~” 우리 친구들 지금 부르는 노래처럼 장난감 친구들 모두 집으로 보내 주었나요?
– 왜 장난감 친구들을 집으로 보내야 할까요? 아는 친구 있나요? 그렇죠! 우리 ○○ 친구가 잘 이야기해 주었네요. 장난감 친구가 집에 안 가고 교실 여기저기 있으면 우리 친구들이 지나가다 밟을 수도 있고 걸려서 넘어질 수도 있어요.
– 그럼 앞으로 우리 친구들 장난감을 가지고 놀다가 놀이를 그만둔 후에는 어떻게 해야 할까요? 맞아요. 장난감 친구들 모두 자리에 정리를 잘해 주어야겠죠? 역시 우리 하늘반 친구들은 정리도 잘하는 아주 멋진 친구들이에요.</td><td>“모두 제자리” 노래를 들어 주며 스스로 정리할 수 있도록 유도</td></tr>
<tr><td>동기
유발
(3')</td><td>◎ 협력적 조형활동에 대해 소개한다.
– 오늘은 교통안전에 대해 배워 보는 시간을 가져야 하는 날이에요. 근데 오늘은 다른 때랑 다르게 영상을 보는 교육을 하지 않고 재미있는 미술활동도 해 보고 우리가 만든 것을 가지고 놀이도 해 보면서 어떻게 안전하게 길을 다닐 수 있는지를 알아볼 거예요.
– 우리 친구들 오늘 아침에 유치원 올 때 누구랑 뭐 타고 왔는지 친구들이랑 선생님 앞에서 얘기해 줄 수 있을까요? 선생님은 오늘 유치원에 올 때 버스를 타고 왔어요. 버스를 타고 오는데 버스가 다니는 길이랑 사람이 다니는 길이랑 다르더라고요. 우리 친구들 알고 있었나요? 그렇군요. 우리 친구들은 벌써 다 알고 있었군요. 그럼 버스가 다니는 길은 뭐라고 부르는지 아는 친구 있나요? 그래요. 맞아요. 버스랑 택시랑 자가용이랑 차들이 다니는 길을 차도라고 해요. 그럼 사람들이 다니는 길은 무엇이라고 할까요? 사람 길! 내가 가는 길! 그렇게 불러도 좋을 것 같긴 한데 그 길을 우리는 인도라고 불러요. ㅁㅁ친구도 이름이 ㅁㅁ인데 ○○으로 부르면 ㅁㅁ친구 부르는지 모르니까 우리는 ㅁㅁ이 부를 때 ㅁㅁ이라고 불러야겠죠? 그럼 차들이 다니는 길도 차도라고 부르고 사람이 다니는 길도 인도라고 불러 줘야 다른 사람들도 알고 인도, 차도도 좋아할 것 같죠? 앞으로 잊지 않고 인도, 차도 불러 주기로 해요.
– 유치원 버스 타고 온 친구도 있고, 걸어온 친구도 있고, 부모님이 자가용으로 데려다준 친구도 있군요.</td><td></td></tr>
</table>

<table>
<tr><th colspan="2">학습단계</th><th>활동내용</th><th>자료(·) 및
유의사항(*)</th></tr>
<tr><td>도입
(5분)</td><td>동기
유발
(3')</td><td>– 그럼 지금부터 유치원에 오면서 인도와 차도에서 무엇을 봤는지 잘 생각해 본 다음에 아침에 봤던 것들을 우리 친구들과 함께 만들어 볼까요?
– 오늘 우리 친구들이 본 것을 만들어 보고, 모두 함께 합쳐서 하나의 큰 작품을 만들어 볼 거예요. 우리 얼마나 크게 만들 수 있는지 한번 해 볼까요? 이렇게 우리가 모두 함께하는 무언가를 해 보는 것을 '협력'이라고 해요. 협력해서 멋진 작품을 만들어 보아요. 그리고 난 후에 우리 뭐 하면 좋을까요?
◎ 협동놀이에 대해 소개한다.
– 우리 친구들이 함께 만든 것을 가지고 함께 놀이해 볼까요? (아이들이 "네"라고 반응하면 다음 설명을 해 준다) 하늘반 친구들 모두가 함께 놀이를 하는 것을 무엇이라고 부르면 좋을까요? 이렇게 함께 놀이를 하는 것도 이름이 있어요. 이 놀이의 이름은 협동놀이예요. 자~이제 우리 협력해서 미술활동도 하고 우리가 모두 재미있게 협동놀이 해 볼까요? 지금부터 무엇 먼저 해야 할까요? 맞아요. 우리 친구들 각자 사물함에 가서 미술도구를 가져오면 좋을 것 같아요.
– 함께 가지고 놀 수 있도록 공간을 꾸며 보도록 해요. 지금부터 우리 친구들이 아침에 유치원에 올 때 무엇을 봤는지부터 생각해 볼까요?</td><td></td></tr>
<tr><td>전개
(50분)</td><td>협력적
조형
활동
하기
(30')</td><td>◎ 어떻게 유치원에 왔는지 생각해 본다.
– 유치원에 올 때 차를 타고 왔는지, 걸어왔는지 생각해 보세요.
– 차를 타고 차도로 온 친구들은 타고 온 차와 차도에서 봤던 것들을 그리고 색칠해 주세요.
– 걸어서 온 친구들은 누구와 왔는지, 걸어온 인도에서 무엇을 봤는지 잘 생각해 보세요.
– 생각한 것을 이제 선생님이 준비한 큰 전지 위에 그려 보는 거예요. 친구들이 어디에 그림을 그릴지 의논해서 정해 보세요.
◎ 차도와 인도 만들기
– 차도는 큰 전지 위에 자동차들이 왔다 갔다 할 수 있도록 〈사진 1–1〉과 같이 가운데에 자동차 길을 만들어 준다. 그런 다음 전지 위에 아이들과 함께 다양한 그림을 그리고 색칠한다. 차도가 완성되면 색종이로 자동차를 만들고, T자 모양으로 손잡이를 만들어 자동차에 붙여 준다. 손잡이를 만든 자동차는 자동차가 지나갈 수 있도록 만든 자동차길 사이에 집어넣는다.
– 색지를 이용하여 교실 안에 인도를 만든다.
</td><td>색도화지, 도화지, 큰 전지, 크레파스, 가위, 풀, 테이프</td></tr>
</table>

학습단계		활동내용	자료(·) 및 유의사항(*)
전개 (50분)	협동 놀이 하기 (20')	◎ 만든 차도와 인도를 이용하여 협동놀이하기 – 우리 친구들과 함께 차도와 인도를 만들어 보았어요. 차들은 어디로 다녀야 할까요? – 우리가 만든 자동차로 차도를 달려 볼까요?(자동차를 차도 사이에 끼우고 움직일 수 있도록 가르쳐 준다. 자동차가 움직일 수 있도록 교사가 차도를 들어 준다) – ㅇㅇ(비장애유아)친구가 ㅇㅇ(장애유아)친구에게 자동차를 가지고 자동차 길을 따라 끝까지 갈 수 있도록 도와주세요. – 그리고 다른 친구들은 우리가 만든 인도가 잘 만들어졌는지 올라가서 걸어 보도록 하세요. 평평하고 안전하게 잘 만들어졌나요? – 그럼 몸이 불편한 우리의 친구도(휠체어 탄 인형을 보여 주며) 그 길을 따라 잘 갈 수 있는지 휠체어를 밀며 다시 한번 가 보세요. 그러면 이 친구도(휠체어 탄 인형을 보여 주며) 우리처럼 우리가 만든 인도를 잘 지나갈 수 있겠죠? 우리 친구들이 휠체어를 탄 친구를 도와서 인도 위를 지나가 보세요(서로 돌아가며 차도에서 자동차로 움직여 보고 인도에서는 휠체어 탄 인형과 함께 걸어가 본다).  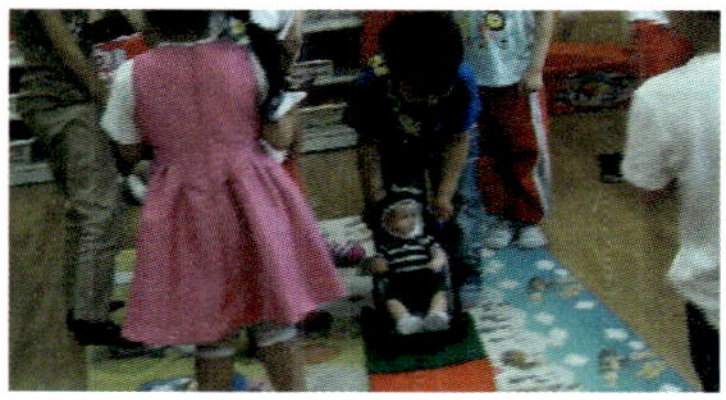	만든 조형물, 휠체어 탄 인형
마무리 (5분)	평가 (5')	◎ 활동 후 교통안전에 대한 내용을 다시 한번 확인해 본다. – 오늘은 인도랑 차도에 대해서 배워 보고 놀이하는 시간을 가져 보았어요. 우리 친구들은 어디로 다녀야 할까요? 맞아요. 인도로 다녀야 해요. 차도는 차들이 다니는 길이니까 우리는 들어가면 안 돼요. 우리가 차들이 다니는 길로 들어가면 다칠 수 있어요. 그러니까 사람은 인도로 다니고 차들은 차도로 다녀야 하는 거예요. 이건 우리가 안전하게 생활할 수 있도록 하기 위해서 모두가 정한 약속이에요. 오늘 우리는 이렇게 정한 약속을 지키기 위해서 함께 협력해서 우리가 다녀야 할 길을 꾸며도 보고 차들이 다녀야 할 길을 만들어 보기도 했어요. 그리고 친구들이 어떻게 인도로 다니며 다른 친구들과 걸어야 하는지도 알아봤어요. 함께 놀이를 하니까 혼자 하는 것보다 어땠어요? 함께 놀이를 하니까 훨씬 더 재미있었죠? ◎ 장애를 가진 친구를 어떻게 도와주었는지 생각해 본다. – 우리 오늘 함께 협동놀이를 하면서 어떤 인형친구를 도와주었나요? – 맞아요. 휠체어 탄 인형친구를 도와주었어요. 우리 친구들이 휠체어 탄 인형친구를 어떻게 도와주었는지 얘기해 줄 친구 있나요? **친구가 얘기 너무 잘해 주었죠. – 휠체어를 탄 인형친구처럼 걷는 것이 불편한 친구가 우리 하늘반에 오면 우리 하늘반 친구들은 오늘 인형친구 도와주었던 것처럼 잘 도와줄 수 있나요? (유아들이 대답하면 칭찬해 준다) 와~우리 하늘반 친구들 정말 멋지네요.	

출처: 장수연 (2012). 유아의 장애수용증진 프로그램 개발 및 효과검증. 고려대학교 박사학위논문 중 직접경험 활동 일부수정 및 인용.

[그림 3-3]은 장애이해 및 수용을 위해 환경적 지원으로 제공해 줄 수 있도록 역할놀이영역에 배치할 수 있는 다문화 및 장애 관련 인형을 제시하였다.

[그림 3-3] 역할놀이영역에 배치할 수 있는 다문화 및 장애 관련 바비인형

사진설명 : 마텔사가 올해 새롭게 선보인 바비인형. 머리카락이 없는 바비, 백반증을 앓고 있는 바비 등이 포함됐다.

따라서 유아통합교육과정에 대한 이해를 돕기 위하여 다음 장에서 유아 모두의 참여를 위한 「2019 개정 누리과정」과 특수교육대상 유아를 위한 「특수교육 유치원 교육과정」을 살펴보고, 유아통합교육과정으로써 어떻게 실행되어야 하는지를 살펴보도록 하겠다.

P·A·R·T

2 국가수준의 유아통합교육과정

모든 학생에게 공정하고 평등한 교육기회를 제공하고, 그들의 잠재적 능력을 최대한 계발시키는 것은 교육의 중요한 목적이다. 따라서 보통의 학생들과는 상이한 능력을 가진 학생들에 대해 충분히 이해하고, 그들의 능력을 최대한 계발시키기 위한 노력을 기울여야 한다(임규혁, 임웅, 2009). 이를 위하여 교육이 연령, 장애 유무, 인종, 성별, 국적, 문화 등에 관계없이 공정하고 평등하게 제공되어야 함을 전제로 한다면, 영유아기 장애, 발달지체, 장애위험 영유아를 위해서도 그들의 잠재된 능력을 최대한으로 계발시킬 수 있도록 개별적인 요구에 맞는 적절한 교육의 기회가 제공되어야 함은 두말할 나위 없는 유아특수교육의 목적일 것이다. 최근 유아특수교육의 전 세계적인 동향이 완전통합교육의 효용성 있는 실행이라는 점을 감안한다면, 통합교육의 정확한 개념적 정의를 넘어 어떻게 효과적으로 실행할 것인지에 대한 적극적인 대안 모색이 이루어져야 할 것이다. 이를 반영하여 제2부에서는 통합교육의 전반적인 이해를 기반으로 유아교육 및 보육현장에서 어떻게 통합교육을 성공적으로 적용시킬 수 있을지를 실제적인 방법을 토대로 모색해 보고자 한다. 먼저, 제4장에서는 유아교육 및 유아특수교육과정을 살펴본 후 제5장에서 이를 유아교육현장에 효과적으로 적용하기 위하여 특수교육대상 유아의 선정 및 배치에 대하여 살펴보고, 제6장에서는 선정된 특수교육대상 유아의 개별화교육계획 수립을 위하여 유아교육 및 보육현장에서 실행할 수 있는 교육사정 방안을 모색해 보고자 한다. 마지막 제7장에서는 개별 특수교육대상 유아의 교육적 요구를 반영하여 개별화교육계획을 수립하고 실행 및 평가하는 방안을 모색해 보고자 한다.

유아통합교육과정의 이해

Chapter
4

장애유아의 특수교육과정은 「특수교육 유치원 교육과정 개정(교육부 고시 제2015-61호, '15.2.24)」에 따라 유치원 공통교육과정인 「2019 개정 누리과정(교육부 고시 제2019-189호, 보건복지부 고시 제2019-152호)」을 중심으로 장애유아의 특성에 맞게 수정하여 개별화한 중재접근을 제공할 수 있도록 하고 있다. 따라서 학령기 이전의 장애유아에게 중요한 과제인 일상생활의 자립을 위하여 개정 누리과정을 중심으로 만 3~5세 특수교육대상 유아의 심신의 건강과 조화로운 발달을 도와 개인의 일상생활 자립과 행복을 추구하는 것을 목적으로 하고 있다.

2015년에 개정된 특수교육 교육과정 중 유치원 교육과정에서는 누리과정의 편성시간을 고려하여 1일 편성시간을 3~4시간에서 4~5시간으로 조정하면서 세부 운영에 있어서는 장애유아의 발달 및 학습수준 특성을 고려하여 교육 및 보육의 내용과 시간을 적절히 조정하여 운영하도록 하고 있다. 또한 평가를 신설하여 유아의 평가와 별도로 누리과정 운영의 평가를 통하여 평가가 체계적으로 이루어질 수 있도록 하고 있다(교육부, 2016). 즉, 통합교육환경에서 장애를 사유로 차별을 받지 않고, 비장애유아와 동등한 교육적 기회를 제공받을 수 있도록 비장애유아들과 동일한 교육과정인 「2019 개정 누리과정」을 받으면서 장애유아의 장애 유형 및 정도에 따라 내용과 시간을 조정하여 개별화교육을 제공받을 수 있도록 하고, 이에 대한 평가를 유아의 성취도와 교육과정 운영으로 나누어 체계적으로 진행할 수 있도록 하고 있다. 따라서 제4장에서는 유치원 및 어린이집에서 적용하고 있는 국가수준의 공통교육과정인 개정 누리과정을 기반으로 개정된 특수교육의 유치원 교육과정을 반영하여 제공한다는 점을 고려하여 편의상 유아통합교육과정이라 칭하고, 이를 좀 더 명확히 알아보기 위하여 먼저, 「2019 개정 누리과정」에 대하여 i-누리포털에서 제공하는 고시문 리플릿을 참고하여 살펴보고자 한다. 이후 개정 누리과정 안에서 장애, 발달지체, 장애위험 유아들의 개별적 요구에 적합한 개별화교육을 실행할 수 있도록 토대를 제공하는 「2015 개정 특수교육 유치원과정」을 국가교육과정정보센터에 고시된 교육과정에서 순차적으로 살펴본 후 유아통합교육과정으로서 어떻게 실행되어야 하는지를 살펴보고자 한다.

누리과정고시문리플릿

2019 개정 누리과정에 대한 안내

1 2019 개정 누리과정

「2019년 개정 누리과정」은 교육부가 2017년 문재인정부 국정과제를 구현하기 위해 12월에 '유아교육 혁신방안'을 발표하면서 누리과정의 혁신방안으로 개별 유아의 다양한 특성 고려, 유아의 자유놀이 권장, 현장의 자율성 확대, 누리과정의 성격과 인간상 보완을 통하여 국가수준의 교육과정으로서 보다 완성도 있는 체계를 갖추도록 하였다. 2011년 유보통합의 논의가 진행되기 이전까지 유치원과 어린이집의 교육과정은 소속에 따라 유치원은 교육부 고시 교육과정을 시행하였고, 어린이집은 「2007년 표준보육과정」이 고시 · 시행되면서 보건복지부 고시 표준보육과정을 시행하는 이원화된 운영체제를 가지고 있었다. 2011년 유아교육 ·

보육에 대한 국가책임을 강화하기 위하여 만 5세의 유아교육과 보육과정을 통합하여 일원화한 공통과정인 「5세 누리과정」을 고시하고, 이후 2012년 7월 연령 범위를 확대하여 「3~5세 연령별 누리과정」을 고시한 후 2013년 3월부터 시행하면서 누리과정은 유치원과 어린이집의 이원화된 유아교육과정을 통합하였다. 이를 통해 생애초기 균등한 교육 및 보육의 기회를 제공하고, 학부모의 경제적인 부담을 줄이며, 믿고 맡길 수 있는 보육 · 교육서비스 기반을 조성하고자 만 3~5세 유아를 위한 국가수준의 일원화된 공통교육과정을 시행하게 되었다(교육부, 보건복지부, 2019b; 송치숙, 박종배, 2019). 이후 2017년 12월 '유아교육 혁신방안'이 발표되고, 유아가 중심이 되는 놀이 위주의 교육과정 개편이 명시되면서 2019년 7월 「2019 개정 누리과정」이 고시되었다. 이에 따라 2020년 3월부터 어린이집과 유치원 공통으로 「2019 개정 누리과정」이 시행되었다(교육부, 2020. 1. 11. 작성, i-누리포털 2019 개정 누리과정 고시문 리플릿 참조. 2022. 3. 12. 인출).

「2019 개정 누리과정」은 유치원과 어린이집에서 국가수준 교육과정의 공통기준을 최소화하여 '유아가 중심이 되고 놀이가 살아나는 교육과정'을 추구하면서 이를 효과적으로 실천해 나갈 수 있도록 실행주체인 교사들에게 자율성과 다양성을 최대한 보장하고, 유아가 경험하는 총체에 중점을 두면서 교사가 유아와 함께 만들어 가는 교육과정을 실천하도록 하고 있다(교육부, 2020. 1. 11. 작성). 이는 학습자의 경험을 강조하고, 학습경험의 질 개선을 위하여 배움을 즐기는 행복교육을 추구하는 「2015 개정 초 · 중등학교 교육과정」과 연계한 것으로, 미래 사회가 요구하는 인재 양성을 위하여 유아가 주도하는 놀이를 통해 배움을 구현할 수 있도록 한 것이다.

1) 개정 누리과정의 주요 개정내용

[그림 4-1] 2019 개정 누리과정의 성격, 구성방향, 운영

출처: 2019 개정 누리과정 고시문 리플릿. https://i-nuri.go.kr/main/board/index.do?menu_idx=104&manage_idx=25&how_show=each. 2022. 3. 12. 인출

「2019 개정 누리과정」은 첫째, 국가수준의 교육과정으로서의 구성체계를 확립하기 위하여 '성격'을 신설 · 명시, 추구하는 인간상 제시, 초등학교 교육과정과의 구성체계 및 교육내용 연계를 통하여 유아의 균등한 교육적 권리 확보, 기관과 국가의 책무성 강화, 교육적 비전 명료화, 적정화된 교육내용의 계속성, 계열성, 통합성, 접합성을 확보하였다. 즉, 성격을 신설하여 명시함으로써 만 3~5세의 모든 유아는 차별과 편견 없이 양질의 교육경험을 할 수 있고, 교사와 기관은 국가수준의 교육과정을 우선적으로 수행해야 하는 책임감이 강화되었으며, 이를 행정적 · 재정적으로 지원하도록 국가의 책무성이 부과되었다. 또한 추구하는 인간상으로 건강한 사람, 자주적인 사람, 창의적인 사람, 감성이 풍부한 사람, 더불어 사는 사람을 제시하면서 5개 영역 경험을 통해 어떤 인간으로 성장시켜야 할지에 대한 교육적 비전을 명확히 제시하였다. 마지막으로 「2015 개정 초 · 중등교육과정」의 취지와 내용을 누리과정에 반영하여 계속성, 계열성, 통합성, 접합성이 있는 만 3~5세 유아에게 적정한 교육내용이 될 수 있도록 초등학교 교육과정과의 구성체계 및 교육내용을 연계하였다(교육부, 보건복지부, 2019a).

둘째, 유아 · 놀이중심의 교육과정을 재정립하기 위하여 교사가 계획하고, 교사 주도로 진행하던 교사중심의 대 · 소집단 활동을 지양하고, 유아가 주도적으로 놀이를 탐색하고, 자율적으로 진행하는 유아 · 놀이중심의 교육과정을 지향하는 방향으로 전환하였다. 이를 위해 유아가 충분한 놀이시간을 가질 수 있도록 연이은 놀이시간을 확대 및 확보하고, 교사는 유아의 놀이가 어떻게 연령에 적합한 학습으로 연결되는지를 제대로 이해하고 지원할 수 있도록 함으로써 교사의 계획중심 운영방식을 개선하여 유아중심의 교육과정이 되도록 하였다. 다시 말하서, 기존의 교육과정에는 유아의 흥미와 관심을 반영하지 못하고, 국가가 제시한 연령 및 수준별 369개의 내용을 경험하도록 하기 위하여 교사가 계획을 수립하고, 실행했던 대 · 소집단 활동을 개선하여 유아가 주도하는 놀이의 흐름을 따라가기 위해서 교사가 유아의 흥미와 관심을 파악한 후 안전한 환경에서 충분한 놀이를 할 수 있도록 시간적 · 환경적 지원을 해 줌으로써 유아가 놀이를 통해 경험하며 스스로 배울 수 있는 유아중심의 교육과정으로 재정립하였다. 그렇다고 모든 일과가 유아중심으로만 이루어진다는 것은 아니며, 유아와 교사가 함께 주체가 되어 만들어 가는 교육과정이라는 의미이다. 예를 들면, 유아 주도의 놀이를 최대한 확보하면서 새로운 놀잇감이나 활동 같은 경우는 교사가 제시나 안내를 해 주면, 유아가 자율적으로 선택하여 흥미나 관심을 가질 수 있도록 유도한 후 놀이를 진행하기도 하고, 반드시 알아야 할 안전교육 같은 경우에는 교사가 계획하고 수립하지만 활동은 즐겁게 놀이형식으로 진행하여 유아가 즐겁게 참여할 수 있도록 하고 있다.

셋째, 「2015 개정 초 · 중등교육과정」에서 교육내용을 줄이고, 역량중심 교육과정으로 대강화한 것을 반영하여 기존 「3~5세 연령별 누리과정」의 369개 세부내용을 59개 내용으로 간략화하여 학습자의 학습부담을 줄이고, 학습경험의 질을 개선하고자 하였다. 이를 위해 유아가 경험해야 할 내용을 연령구분 없이 제시하고, 간략화된 내용으로 교사의 누리과정 실천을 지원하였다(교육부, 보건복지부, 2019a). 이는 연령구분 없이 개별 유아의 배움의 특성을 고려하여 경험해야 할 교육내용을 유아가 실제 놀이하는 내용으로 누리과정의 5개 영역을 통합적으로 이해하여 운영할 수 있게 함으로써 유아의 놀이를 통한 배움과 연결하여 유아 · 놀이중심 교육과정을 용이하게 실천할 수 있도록 하였다. 예를 들면, 역할놀이영역에서 유아들이 병원놀이를 한다면, 그 놀이과정 내에서 5개 영역을 골고루 경험한다는 것을 이해함으로써 배움과 연계할 수 있도록 한다. 즉, 병원놀이과정에서 유아들은 자신의 신체를 자유롭게 움직이며 역할을 수행하고(신체운동 · 건강), 각자 어떤 역할을 수행할지를 정하며(예술경험), 병원놀이교구(자연탐구)를 가지고 정해진 역할에 맞게 상호작용을 하며(의사소통, 사회관계) 놀이를 할 것이다. 이를 통하여 교사는 유아들이 하나의 놀이에서 이미 5개 영역의 경험을 하고 있다는 것을 파악해야 하고, 이를 어떻게 확장시키고 배움으로 연결해 줄 수 있는지를 고민한 후 놀이 · 교육 · 환경적 지원을 해 주도록 해야 한다는 것이다. 만약 한 개의 영역이라도 누락되거나 부족한 영역이 있으면, 그 영역을 보완해 줄 방법을 제시해 주어야 한다. 위의 예시에서처럼 예술경험이 부족하다고 생각되면, 병원놀이 캐릭터를 미술영역에서 다양한 표현 방법을 활용하여 활동해 볼 수 있다.

넷째, 국가수준의 공통기준을 최소화하면서 교사의 자율성을 최대한 강화한 것인데, 이를 위해 교육과정 대강화 경향을 반영하여 교사의 자율성 강조, 계획안 형식과 방법의 자율화, 흥미영역의 운영방식 자율화, 5개 영역 통합방식의 다양화를 제시하였다. 먼저, 교육과정 대강화 경향을 반영하여 교사의 자율성 강조라는 부분을 살펴보면, 유아의 놀이가 예측하기 어렵고, 상황에 따라 다양하게 일어나기 때문에 유아의 놀이를 통한 배움을 최대한 지원할 수 있도록 해 주기 위해서 고시문의 세부지침을 간략히 하여 상황에 적합한 교사의 교육적 판단을 최대한 보장해 주는 자율성을 기반으로 유아 · 놀이중심 교육과정을 실천할 수 있도록 하였다. 이러한 실천을 위하여 각 기관의 실정에 따라 계획안을 자율적으로 작성할 수 있게 하였다. 즉, 기존의 연안, 월안, 주안, 일일계획안 등의 사전계획안을 최소화하고, 유아의 실제 놀이내용에 적합한 교사의 지원 계획을 자유롭게 기술하는 방식으로 개선하였다. 또한, 유아 주도 놀이를 활성화하기 위하여 기존 유아의 놀이를 제한했던 고정된 흥미영역의 개수, 유형, 운영방식을 자율화함으로써 교사가 유아의 관심과 생각을 우선적으로 존중하고, 지원할 수 있도록 하였다. 유아는 놀이를 하면서 자연스럽게 5개 영역을 통합하여 경험하므로 미리 정해진 생활주제가 아니더라도 유아의 놀이에서 나타나는 주제, 그림책, 사물을 활용하여 유아의 관심과 흥미를 중심으로 누리과정을 통합하여 실천할 수 있기 때문에 교사가 자율성을 가지고 다양한 통합방식으로 운영할 수 있도록 하였다.

마지막으로 기관과 학급수준에서 평가의 자율적 시행을 강조하였는데, 무엇보다 누리과정을 운영하는 일상 속에서 유아가 실제 놀이하는 내용과 교사의 지원 내용을 기록한 계획안 등을 유아평가 및 누리과정 운영평가와 연계하여 활용할 수 있도록 하였다. 현재 보육현장에서 「2019 개정 누리과정」을 반영한 주간보육일지의 예시를 [그림 4-2]와 같이 제시하였다. 제시된 주간보육일지를 살펴보면, 알 수 있듯이 교사가 준비한 활동이 유아의 흥미와 관심을 끌어서 진행된 경우도 있고, 지난 활동이 유아의 흥미와 관심을 끌어서 해당 주까지 이어진 경우도 있다. 이는 보육현장에서 생활주제를 완전히 무시하고, 유아들의 놀이만 따라가라는 것이 아니라 교사는 가르쳐야 할 내용을 유아의 흥미와 관심을 유도할 수 있도록 제시하라는 것이다. 또한 유아에게 선택할 수 있는 자율성을 주며, 제시된 방식대로만 놀이를 진행하는 것이 아니라 유아들의 의견을 존중하여 유아가 제시하는 창의적인 방법으로 놀이를 진행할 수 있도록 함으로써 유아 주도가 될 수 있게 지원하라는 것이다. 이로써 교사와 유아가 함께 만들어 가는 교육과정이 실행되는 것이다. 물론 여기서 중요한 것은 개별 유아의 특성 및 요구에 적합한 형태로 교수 · 학습방법을 선택하고 편성 · 운영하는 것이다.

나무반 보육일지(만4,5세)

담임	원장
○○○(인) ○○○(인)	

주제	한글 ⇒ 우리나라	기간	2021년 11월 1일 ~ 11월 6일

일과 및 시간			
일과 및 시간	07:30–09:00 등원 및 통합보육 09:00–09:30 등원 및 오전간식 09:30–10:30 오전 실내놀이 10:30–10:50 정리 및 실외놀이 준비 10:50–11:50 실외놀이 및 대체활동 11:50–12:00 정리 및 점심식사 준비 12:00–12:50 점심시간 12:50–15:00 오후 실내놀이 15:00–15:30 오후간식 15:30–16:30 실내놀이 및 귀가 16:30–19:30 연장반 (코로나 감염 우려로 특별활동 미실시)	등원	계절에 따라 달라진 날씨와 옷차림에 대해 이야기 나누어요(11/3)
		간식 및 점심	다양한 채소의 맛을 느껴 보아요(11/5)
		건강 영양 교육	우리 몸이 건강해지려면 적당한 바깥놀이가 필요해요(11/1)
		안전교육	위험한 구멍 맨홀, 환풍구(11/2) 민방위교육훈련(11/3)
		바른인성	감사 – 원장님, 조리사님께 감사한 마음을 표현해요(11/5)
교사준비활동	다양한 우리나라 음식 우리나라 음식으로 놀이해요 전래동화책 보기 우리나라 블록으로 놀이해요 우리나라의 다양한 지역		

	월	화	수	목	금	토
실내놀이	세종대왕을 그려요	우리나라 영역판을 만들어요	⇒우리반 현판을 만들어요		우리나라의 다양한 지역 무를 수확해요	
	우리나라 음식으로 놀이해요 ⟶	⇒다양한 우리나라 음식 ⟶		원장님, 조리사님께 부탁해요	⇒비빔밥을 먹어요	
	우리 반 규칙을 적어요	↓ 우리나라 음식 메뉴판을 만들어요	전래동화책 보기 ⟶	다양한 민속놀이 ⟶	달팽이를 놓아 주어요	
실외놀이 및 대체활동	무궁화 꽃이 피었습니다 ⟶	술래잡기	꼬마야 꼬마야 노래를 부르며 줄넘기해요 ⟶			

일일평가 11/1 (월) 놀이 실행 기록

[세종대왕을 그려요] 교실 한쪽 벽면에 게시한 직접 꾸민 훈민정음을 읽던 유아가 세종대왕을 그리고 싶다고 하였고 어떻게 그리면 좋을지 이야기 나눈 후 유아들의 의견에 따라 만원 지폐를 제공해 주었다. 지난 한 달 간 협력의 의미를 알아보고 실천한 유아들은 자연스럽게 협력하여 그림을 그리며 색칠하고 오렸다. 유아들의 그림은 훈민정음 옆에 붙여 주었다.

[우리나라 음식으로 놀이해요] 지난 주 유아들과 '우리나라'에 대한 표상활동 후 유아들이 가장 관심을 보이는 우리나라의 다양한 음식 놀잇감을 제시해 주었다. 유아들은, 김치, 김밥 등을 이용해 놀이하며 김장을 하는 놀이, 소풍가는 놀이, 엄마아빠 놀이를 자유롭게 즐겼다.

[우리 반 규칙을 적어요] 우리 반 규칙에 대해 잊고 있는 친구들을 위해 규칙을 적어 교실에 붙여 두기로 하였다. 유아들과 우리 반의 여러 가지 규칙에 대해 떠올리며 이야기 나누었고 직접 적어 보았다.

[무궁화 꽃이 피었습니다] 지난 주에 이어 달리기 시합에 많은 흥미를 보인 유아들이었지만 오늘은 비가 와 농구장이 미끄러워 위험하니 다른 놀이도 생각해 보자고 이야기

일일평가	11/1 (월)	놀이 실행 기록	나눈 후 유아들의 흥미에 따라 무궁화 꽃이 피었습니다를 해보았다. 유아들과 다양한 과제를 넣어 '앉은 꽃이 피었습니다' 혹은 '나뭇잎을 주운 꽃이 피었습니다' 등을 이야기하며 즐겁게 신체활동 해 보았다. 유아들 스스로 새로운 과제를 만들어 친구들에게 제시하며 이용할 수 있는 주변의 자연환경을 살피는 모습을 보였고 더불어 계절에 따라 달라지는 다양한 모습들에 대해 이야기 나눌 수 있었다. 
		지원 계획	– 우리나라 음식에 대해 관심이 많은 유아들이 다양한 역할놀이를 즐길 수 있도록 여러 가지 음식 놀잇감을 저시해 주어야겠다. 그중 떡국에도 큰 관심을 보여 백업을 이용해 떡국을 만들어 보는 놀이도 해 보면 좋을 것 같다.
		유아 관찰	ㅇㅇ가 물을 마시고 있는 세 명의 친구들에게 "우리 두 명씩 물 마시기로 했잖아"라고 이야기한다. 물을 마시고 있던 유아들이 알겠다고 대답을 하자 ㅇㅇ는 교사에게 와서 "선생님, 친구들이 우리 반 규칙을 까먹은 거 같아요. 어떻게 하면 좋을까요?"라고 묻는다. 교사는 유아들과 어떻게 하면 좋을지 이야기 나눈다.
		교육적 의미	신체운동건강〉 신체활동에 즐겁게 참여한다. / 건강한 생활습관을 기른다. 의사소통〉 읽기와 쓰기에 관심을 가진다. 사회관계〉 우리나라에 대해 자부심을 가진다. / 약속과 규칙의 필요성을 알고 지킨다. / 친구와 서로 도우며 사이좋게 지낸다. 예술경험〉 자연과 생활에서 아름다움을 느끼고 즐긴다. 자연탐구〉 날씨와 계절의 변화를 생활과 관련짓는다.
		비고	– **[건강영양]** 오전 중 유아들에게 바깥놀이를 제안했으나 많은 유아가 나가고 싶지 않다고 이야기하였다. 유아들과 우리 몸이 건강해지기 위해서는 적당한 바깥놀이가 필요함을 이야기 나누었고 햇빛이 우리 몸에 미치는 영향에 대해 알아보았다. 오전에는 유아들의 흥미와 요구를 반영하여 실내놀이를 하였고 오후에 바깥에 나가 실외놀이를 즐겼다. – 어린이집 휴원 해제. 정상운영
	11/2 (화)	놀이 실행 기록	**[우리나라 영역판을 만들어요]** 유아들이 새로운 주제로 영역판을 만들고 싶다고 하여 어떻게 바꾸면 좋을지 이야기 나누고 유아들이 〈우리나라〉하면 떠오르는 단어를 적어 새로운 영역판을 만들어 보았다. **[무궁화 꽃이 피었습니다] [술래잡기]**   유아들과 바깥으로 나가 어제에 이어 〈무궁화 꽃이 피었습니다〉 놀이를 해 보았다. 다양한 과제를 넣어 즐겁게 놀이했고 놀이 중 술래가 뒤돌아보았을 때 움직이거나 과제를 성공하지 못한 유아는 앞으로 나가 술래 옆에 서 있는 규칙을 지키며 놀이했다. 또한 유아들이 달리기 시합을 하고 싶다고 이야기하여 넓은 단지 내 농구장으로 이동했고 친구들과 뛰놀며 자연스럽게 술래잡기 놀이가 이어졌다. 어제 이야기 나눈 바깥놀이의 중요성에 대해 떠올리며 바람과 햇살을 느껴 보고 주변 자연환경을 둘러보며 가을이 되어 달라진 나무의 모습, 바닥에 떨어진 낙엽 등을 살펴보기도 하였다.  **[다양한 우리나라 음식]** 백업을 이용해 전날 유아들이 이야기한 떡국을 만들어 보았다. 또한 우리나라 음식 놀잇감으로 김장하는 놀이, 요리, 소풍놀이 등 다양한 역할놀이가 이르어졌다. 또한 다른 우리나라 음식은 무엇이 있는지 이야기 나누며 다양한 음식을 알아보았다. **[우리나라 음식 메뉴판을 만들어요]** 다양한 우리나라 음식놀이를 하던 유아들이 메뉴판을 만들고 싶다고 하여 여러 가지 종이와 펜을 제시해 주어 메뉴판을 만들 수 있도록 도와주었다.
		유아 관찰	식당놀이를 즐기던 ㅇㅇ가 손님 역할의 △△에게 "무슨 메뉴로 드릴까요?"라고 묻는다. △△가 "모르겠는데요. 그냥 다 주세요"라고 대답하니 ㅇㅇ는 "네~"라고 하며 요리하는 시늉을 한다. 이후 △△가 음식을 먹고 돌아가니 ㅇㅇ는 교사에게 다가와 "선생님, 놀이하는데 친구들이 음식 이름을 모르니까 주문을 못 해요. 메뉴판을 만들어야겠어요"라고 이야기한다.
		지원 계획	– 〈우리나라〉에 대해 관심을 가지고 놀이하는 유아들의 흥미를 반영하여 유아들이 만든 영역판과 메뉴판을 벽면, 천장에 게시해 주어야겠다.
		교육적 의미	신체운동건강〉 실내외 신체활동에 자발적으로 참여한다. / 안전사고에 대처하는 방법을 안다. 의사소통〉 자신의 생각을 글자로 표현한다. 사회관계〉 약속과 규칙의 필요성을 알고 지킨다. 예술경험〉 다양한 미술재료와 도구로 자신의 생각과 느낌을 표현한다. 자연탐구〉 주변의 식물에 관심을 가진다.
		비고	**[안전교육]** 바깥을 산책하며 찾은 멘홀구멍의 위험성에 대해 이야기 나누고 되도록 멘홀구멍을 피해 밟지 않고 이동하기로 약속해 보았음.

	날짜	구분	내용
일일평가	11/3 (수)	놀이 실행 기록	**[우리반 현판을 만들어요]** 유아들이 교실 문 앞에 우리반 새 주제인 〈우리나라〉를 적어 붙여 놓자고 제안하여 글자를 적어 현판을 만들어 보았다.  **[전래동화책을 봐요]** 제시된 동화책이나 아이윙TV를 활용해 다양한 전래동화 이야기를 듣고 읽는 유아들을 볼 수 있었다. 동화를 보며 우리나라 옛사람들의 옷차림과 생활방식에 대해 알아보았다.  **[민방위교육훈련]** 파주소방서와 연계하여 화재상황에 대한 다양한 안전교육이 이루어졌다. 이야기 나누고 미디어자료 시청, 여러 가지 상황극을 통해 위험한 상황에 대처하는 방법을 알아보았다.   **[꼬마야꼬마야 노래를 부르며 줄넘기를 해요]** 놀잇감으로 제시된 줄을 이용해 개별적으로 줄넘기를 하는 유아들을 볼 수 있었다. 많은 유아가 줄넘기놀이를 하고 싶어 하자 한 유아가 다같이 해보자고 제안하여 놀이가 확장되었다. 유아들이 줄을 돌리고 넘는 놀이를 하여 〈꼬마야 꼬마야〉 노래를 들려주어 지원하였고 유아들은 즐겁게 노래를 부르며 놀이하였다.
		유아 관찰	ㅁㅁㅁ – 지난주 수요일부터 가정보육으로 오랜만에 등원한 ㅁㅁ가 교실을 둘러본다. 새로운 놀잇감이나 달라진 일부 환경에 관심을 가지며 교사에게 "선생님, 저 안 오는 동안 친구들이 무슨 놀이했어요?"라고 묻는다. 교사와 이야기 나눈 ㅁㅁ는 "그럼 우리 반 문에 새로운 놀이도 시작했다고 써 놓으면 어때요? 그래야지 ☆☆☆이 왔을 때 바로 알 수 있잖아요"라고 말한다. 이야기를 들은 ▽▽이는 "아, 그럼 '우리나라'라고 쓰면 되겠다"라고 말한다.
		지원 계획	– 전래동화에 관심이 많은 유아들을 위하여 관련 동화책을 좀 더 제시해 주고 나아가 손가락인형을 제시해 주어 이야기를 떠올려 극놀이 하거나 새로이 덧붙여 이야기를 꾸며 볼 수 있도록 지원해 주어야겠다. – 꼬마야 꼬마야 노래를 부르고 '무궁화 꽃이 피었습니다'를 하는 등 유아들이 우리나라 옛 놀이를 좋아하여 다양한 민속놀이를 제시해 주어야겠다.
		교육적 의미	신체운동건강〉 기초적인 이동운동, 제자리운동, 도구를 이용한 운동을 한다. 의사소통〉 자신의 생각을 글자로 표현한다. 사회관계〉 친구와 서로 도우며 사이좋게 지낸다. 예술경험〉 노래를 즐겨 부른다. 자연탐구〉 날씨와 계절의 변화를 생활과 관련짓는다.
		비고	[등원] 등원한 유아들과 반갑게 인사하고 날씨에 따라 두꺼워진 옷차림에 대해 이야기 나누며 등원 맞이하였음.
	11/4 (목)	놀이 실행 기록	**[원장님, 조리사님께 부탁해요]** 다양한 우리나라 음식놀이를 하던 유아들이 비빔밥을 실제로 먹고 싶다고 하여 우리가 어떻게 하면 비빔밥을 먹을 수 있을지 이야기 나누어 보았다. 비빔밥의 재료에 대해 각자의 생각을 이야기하고 우리가 필요한 재료를 정하여 내일 점심에 비빔밥을 먹을 수 있도록 조리사님, 원장님께 도움을 요청하기로 하였다. 유아들은 먹고 싶은 재료로 고기를 이야기했고 우리 어린이집 텃밭에서 자라는 무를 이용해 무생채를 만들어 비빔밥에 넣고 싶다고 이야기했다. 유아들이 직접 편지를 써 조리사님께 비빔밥에 들어갈 고기와 고추장을 부탁하였고 원장님께는 무생채를 부탁하였다. 유아들과 직접 텃밭에 나가 무를 뽑으려 했지만 미세먼지가 나빠 실행하지 못했고 내일 일찍 무를 뽑아 원장님께 전달하기로 하였다.   **[다양한 민속놀이]** 유아들과 윷놀이, 줄넘기, 딱지치기, 구슬치기 등 다양한 민속놀이를 즐겨 보았다. 교실 기둥 벽면에 간단히 놀이의 방법을 붙여 제시해 주었고 유아들은 관심을 보이며 놀이에 참여했다. 윷놀이에 필요한 말은 유아들이 직접 색을 칠해 구분했고 놀이 규칙에 대해 이야기 나누고 서로 알려 주며 즐겁게 놀이하는 모습을 보였다. 구슬을 치며 어떻게 하면 구슬을 잘 맞출 수 있는지 고민하고 여러 번 시도하며 방법을 연구하고 딱지를 잘 넘길 수 있는 방법에 대해 서로의 의견을 나누며 탐구하는 모습도 볼 수 있었다. **[전래동화책 보기]** 미디어매체를 활용하여 유아들과 전래동화 〈견우와 직녀〉를 보았다. 유아들은 동화를 듣고 나오는 사투리 억양에 즐거워하며 '말투가 이상해~'라고 말하는 등 큰 관심을 보였다.    
		지원 계획	– 내일은 유아들의 흥미와 요구에 따라 점심에 비빔밥을 먹어 보아야겠다. 내일 반찬으로 나오는 청경채나물 외에 조리사님께서 다진 고기볶음과 애호박나물, 원장님께서 무생채를 해 주시기로 하였다. – 유아들이 지역별 차이에 대해 흥미를 보이니 한반도 지도를 벽면에 붙여 주어 흥미를 지원해 주어야겠다.

일일평가	11/4 (목)	교육적 의미	신체운동건강〉 기초적인 이동운동, 제자리운동, 도구를 이용한 운동을 한다. 의사소통〉 자신의 생각을 글자로 표현한다/ 책에 관심을 가지고 상상하기를 즐긴다. 사회관계〉 서로 다른 감정, 생각, 행동을 존중한다/ 어른께 예의 바르게 행동한다. 예술경험〉 우리나라 전통예술에 관심을 갖고 친숙해진다. 자연탐구〉 궁금한 것을 탐구하는 과정에 즐겁게 참여한다/ 탐구과정에서 서로 다른 생각에 관심을 가진다.
		비고	– 미세먼지 나쁨으로 실내에서 대체활동 실시.
	11/5 (금)	놀이 실행 기록	  **[무를 수확해요]** 텃밭정원에서 무를 수확해 보았다. 유아들과 주변 작물들도 함께 살폈는데 잡초를 뽑고 싶다고 하여 잡초 제거도 함께 했다. 무의 모양과 색, 향을 탐색하고 잘 뽑히지 않는 무는 친구와 함께 협력하여 뽑기도 하였다. 유아들은 즐겁게 텃밭활동을 하며 '빨리 먹어 보고 싶다'고 이야기하며 우리나라 음식에 대해 더욱 관심을 표현했고 텃밭 작물을 먹어 보는 것에 대해 기대감을 가졌다. **[비빔밥을 먹어요] [건강영양]** 점심시간 유아들과 비빔밥을 만들어 먹어 보았다. 평소 채소에 대한 거부감이 있던 유아도 반 친구들 모두와 이야기 나누고 함께 비빔밥이라는 것에 즐거워하며 먹어 보기를 시도하였고 다양한 채소의 맛을 느꼈다. 고추장을 넣어 비빈 밥과 간장을 넣은 밥을 구분하여 유아들의 요구에 따라 배식하였고 모든 유아가 남김없이 맛있게 먹었다.   **[원장님, 조리사님께 감사함을 표현해요]** 점심식사 후 조리사님과 원장님께 비빔밥을 먹을 수 있도록 도와주심에 감사 인사를 드리고 포옹 및 하트 등으로 감사함을 표현해 보았다.  **[우리나라의 다양한 지역]** 벽면에 게시된 한반도를 보고 유아들이 각 지역에 대해 관심을 보였다. 경기도, 강원도 등의 지역명칭을 교사에게 묻고 직접 적어 붙이기도 하였고 우리가 살고 있는 곳은 어디에 위치해 있는지 서로 이야기 나누기도 하였다.  **[달팽이를 놓아 주어요]** 유아들이 교실에서 기르던 달팽이를 풀어 주자고 제안하여 달팽이를 텃밭 정원에 놓아 주었다. 유아들은 달팽이에게 넓은 공간에서 재미있게 놀고 있으라며 보고 싶을 때는 텃밭 정원으로 갈 테니 만나자고 인사하였다.
		유아 관찰	– 한반도를 관심 있게 보던 ㅇㅇ가 △△에게 "우리 아빠 전라남도에 살아"라고 이야기한다. △△는 "전라남도? 그게 어디야?"라고 묻는다. ㅇㅇ는 글자를 손으로 가리키며 "여기야"라고 말한다. △△는 "우리가 살고 있는 데랑 좀 다르네"라고 이야기한다. – 오후 놀이시간에 ㅁㅁ가 달팽이 통 앞을 지나가며 "아, 달팽이 힘들겠다~"라고 말한다. 교사가 "달팽이가 왜 힘들 것 같아요?"라고 물으니 ㅁㅁ가 "다른 애들은 다 풀어 줬는데 얘네들은 계속 여기 있으니까 힘들 것 같아요"라고 대답한다. 옆에 있던 ☆☆가 "어~ 엄마 보고 싶을 수도 있겠네"라고 말한다. 쌓기영역에 있던 ▽▽가 다가오며 "그럼 풀어 주면 어때요?"라고 묻는다. 그 말을 들은 ◇◇이가 "야, 안돼. 그럼 이제 우리 반에 달팽이 없잖아"라고 말한다. ㅁㅁ는 "오빠, 그럼 우리가 바깥놀이 갈 때 보러 가면 되잖아"라고 이야기한다.
		지원 계획	– 많은 유아가 한반도 모양에 관심을 가지고 서로 이야기를 나누며 놀이하는데, 각 지역명과 위치에 관심을 가지는 유아들이 있는 반면 지도임은 인식하나 미국, 중국 등 다른 나라의 이름을 이야기하며 우리나라의 땅 모양인지 잘 모르는 유아도 있어 우리나라에 다양한 지역이 있고 각각의 차이점이 있음을 이야기 나누어 유아들의 흥미를 확장시켜 주어야겠다.
		교육적 의미	신체운동건강 〉 몸에 좋은 음식에 관심을 가지고 바른 태도로 즐겁게 먹는다. 의사소통 〉 자신의 경험, 느낌, 생각을 말한다. 〉 사회관계 〉 어른께 예의 바르게 행동한다./ 내가 살고 있는 곳에 대해 궁금한 것을 알아본다. 자연탐구 〉 생명과 자연환경을 소중히 여긴다.
		비고	– 점심에 어린이집 식단과 별개로 애호박나물, 다진 소고기볶음, 무생채, 고추장을 추가로 배식함.
	11/6 (토)		등원 유아 없음.

주간 평가	유아들이 〈우리나라〉의 음식과 놀이에 많은 관심을 보여 관련 놀잇감을 충분히 제시해 주었고 다양한 상호작용으로 유아들의 흥미를 지지해 주며 놀이가 활발히 이루어질 수 있도록 도왔다. 최근 유행하는 드라마에 나오는 여러 놀이와 폭력적인 모습에 관심을 갖는 유아들이 있어 유아들의 흥미를 외부요소가 아닌 놀이의 재미로 이끌기 위해 교사가 놀이에 함께 참여하여 재미있게 놀이를 즐기며 기존의 놀이방식에서 우리만의 방식을 추가하여 〈무궁화 꽃이 피었습니다〉, 〈구슬치기〉 등의 놀이를 즐겨 보았다.
다음 주 예상놀이 및 지원계획	다음 주는 이번 주에 이어 다양한 민속놀이를 즐길 예정이며, 우리나라 음식과 지역별 위치, 명칭에 관심을 보이는 유아들과 지역별 특산물에 대해 알아보면 좋을 것 같다. 〈꼬마야 꼬마야〉노래를 들으며 함께 따라 부르고 신체활동하는 것을 즐거워하는 유아들을 위해 탈과 한삼, 부채를 제시해 주어 음악에 맞춰 신체 표현할 수 있도록 도울 예정이다. 피아노 연주를 즐기며 음악적 요소를 탐색하는 것에 관심이 많은 유아들과 장구나 북 등 전통악기를 연주해 보면 좋을 것 같고, 우리나라 옛 건축물을 블록으로 구성하는 것에도 흥미를 가질 수 있도록 벽면에 관련 사진을 제시해 주어야겠다. 우리나라 전통춤 전통악기를 연주해요 지역별 특산물 우리나라 블록으로 놀이해요
특이사항 및 수시상담	11/1 ○○○ 상담 놀이 중 한 친구와의 갈등으로 화가 난 ○○가 종이를 구기고 던지는 모습을 보였음. 이후 이야기를 나누어 보니 평소 그 친구와의 갈등이 잦아 그로 인해 속상했던 마음이 쌓여 있었음. 이 부분에 대해 어머님과 전화통화로 상담함. 어머님도 ○○가 이야기를 해 주어 갈등이 있다는 것을 알고 있었다 하셨고 계속해서 갈등이 지속되면 그 친구와 놀지 말고 피하라고 이야기했다고 함. 교사는 같은 공간에 있으며 어쩔 수 없이 함께 놀이하는 경우가 발생하는데 그럴 때마다 밀어낼 수는 없으니 ○○와 오전에 그런 일이 있을 때에는 교사에게 도움을 요청해 보자고 이야기 나눈 것에 대해 이야기함. 또한 계속해서 관찰해 긍정적인 관계를 형성할 수 있도록 지원해 주기로 함. 11/1 ◇◇◇ 상담 ◇◇이가 요즘 부쩍 짜증도 많이 내고 화도 많이 내 또래관계에 있어 어려워하는 부분에 대해 이야기함. 어머님은 요즘 가족들이 동생만 보니 ◇◇이가 관심을 받고 싶어 집에서도 자주 그런 모습을 보이고 그로 인해 많이 혼난다고 함. 어린이집에서는 ◇◇이의 마음을 충분이 읽어 주고 조금 더 긍정적인 방법으로 해결해 볼 수 있도록 지원해 준다고 말씀드렸고 가정에서도 혼내기보다는 ◇◇이의 마음을 많이 공감해 주고 ◇◇이와의 시간을 보내는 것을 권해 드림. 11/3 ☆☆☆ 상담 최근 책상 밑에 들어가거나 위험한 행동을 반복해서 하는 모습을 보인다는 것을 말씀드리며 상담함. 또한 ☆☆이가 하원할 때쯤 아빠에게 이야기하면 혼날까 봐 무섭다는 이야기하며 눈물을 흘리기도 해 감정적으로 혼내기보다는 위험한 행동들로 인해 ☆☆이와 주변 친구들이 다칠 수 있음을 충분히 이야기해 주고 직접 약속을 정해 지킬 수 있도록 지원해 달라고 말씀드림.

[그림 4-2] 나무반 보육일지(만 4, 5세)

출처: 경기지역 9사단 에버나인 어린이집 유아반 주간보육일지 예시.

2) 개정 누리과정의 이해

개정 누리과정은 모든 교육과정에서 제시하고 있는 '추구하는 인간상'을 유아기의 특성을 반영하여 연계성 있게 교육적 비전으로 제시하였으며, 유아가 추구하는 인간상으로 성장하기 위해 필요한 사항을 구체적으로 제시하였다. 실제 유치원과 어린이집에서 개정 누리과정을 어떻게 운영해야 하는지를 알아보기 위하여 목적, 목표, 구성, 편성 및 운영을 살펴보아야 할 것이다.

(1) 개정 누리과정의 목적과 목표 및 구성

2019 개정 누리과정은 추구하는 인간상, 목적과 목표가 체계적으로 연계되어 있다. 먼저, 개정 누리과정의 목적을 살펴보면, "유아가 놀이를 통해 심신의 건강

과 조화로운 발달을 이루고, 바른 인성과 민주시민의 기초를 형성하는 데 있다"라고 기술하면서 유아의 고유한 특성인 놀이를 통하여 목적을 달성하도록 하였으며, 사회 전반에서 강조하고 있는 바른 인성을 추가하였다. 또한 이러한 목적을 달성하기 위해 필요한 목표를 구체적인 내용으로 제시하였다. 즉, 모든 교육과정에서 공통된 추구하는 인간상을 연령에 적합하게 교육적 비전으로 제시하면서, 이러한 인간상으로 성장할 수 있도록 각 학교급별 특성을 반영하여 목적을 제시하고, 이를 실현할 수 있도록 구체적인 내용으로 목표를 설정하여 아래와 같이 제시하였다.

㉮ 건강한 사람: 자신의 소중함을 알고, 건강하고 안전한 생활습관을 기른다.
㉯ 자주적인 사람: 자신의 일을 스스로 해결하는 기초능력을 기른다.
㉰ 창의적인 사람: 호기심과 탐구심을 가지고 상상력과 창의력을 기른다.
㉱ 감성이 풍부한 사람: 일상에서 아름다움을 느끼고 문화적 감수성을 기른다.
㉲ 더불어 사는 사람: 사람과 자연을 존중하고 배려하며 소통하는 태도를 기른다.

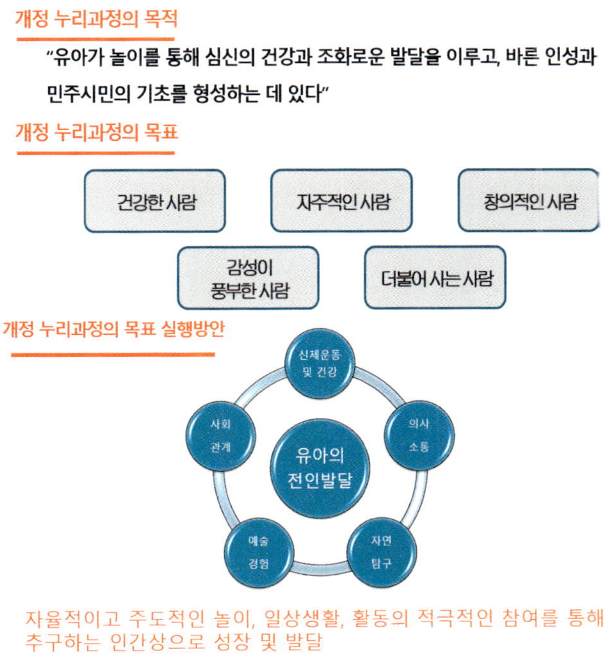

[그림 4-3] 개정 누리과정의 구성

또한, 유치원과 어린이집에서 이러한 목적과 목표를 달성하기 위해 중점을 두어야 할 것과 무엇을 지원해야 하는지에 대한 내용을 구체적으로 기술하고 있다. 구체적인 내용은 5개 영역에 골고루 분포되어 유아들이 양질의 교육경험을 통하여 배울 수 있도록 구성하였다. 누리과정 구성의 중점은 만 3~5세 모든 유아가 경험해야 할 내용을 지식, 기능, 태도 및 가치를 반영하여 0~2세 보육과정과 초등교육과정과의 연계성을 고려하였다는 것이다. 여기서 모든 유아란 연령, 발달, 장애, 종교나 가족구성, 지역 등의 사회 · 경제적 배경과 문화적 배경에 의해 배제되거나 차별받지 않는다는 것을 의미하며, 학습자 역량중심 교육과정을 통해 지식, 기능, 태도 및 가치를 경험하며, 주도적으로 배움을 찾아가도록 하는 「2015 개정 초 · 중등교육과정」과의 연계성을 고려하여 즐겁게 놀이하며 배우는 과정을 통해 지식, 기능, 태도 및 가치를 자연스럽게 경험하며 형성하도록 하였다. 또한 기존의 신체운동 · 건강, 의사소통, 사회관계, 예술경험, 자연탐구영역을 그대로 유지하면서 5개 영역의 내용을 통합한 형태인 놀이를 통하여 교육적 경험이 이루어질 수 있도록 하였다. 개정 누리과정의 구성은 [그림 4-3]에 제시한 바와 같다.

(2) 편성 및 운영

유치원과 어린이집에서 개정 누리과정을 편성하고 운영할 때 공통기준을 먼저 고려하고, 각 지자체 및 운영기관의 여건과 특성을 반영하여 자율적으로 편성 및 운영할 수 있다. 우선 공통된 기준으로 고려해야 할 사항이 무엇인지 살펴보면, 첫째, 편성 및 운영시간과 관련하여 1일 4~5시간을 기준으로 편성하도록 하고 지자체 및 기관의 실정에 따라 확장하여 편성 · 운영할 수 있다. 이것이 의미하는 바는 유아의 놀이중심 교육과정을 운영해야 하는 시간으로써 국가에 의해 누리과정 운영에 필요한 행정적 · 재정적 지원을 받을 수 있는 시간을 의미한다. 따라서 이 시간을 준수하지 않고는 국가로부터의 지원을 받을 수 없다는 말이기도 하다. 그러나 각 유아교육기관의 운영시간은 다를 수 있으므로 각 원의 실정과 지역특성을 반영하여 융통성 있게 확장하여 편성 · 운영할 수 있게 하면서 확장시간에도 개정 누리과정이 지향하는 유아 · 놀이중심 교육과정을 편성 · 운영하도록 하였다.

둘째, 교사와 기관의 자율성을 강조하며 개정 누리과정을 바탕으로 각 기관의 실정에 맞게 계획안을 수립하되, 교육과 보육을 모두 포괄하여 유아의 경험이 교육적 가치를 가지도록 실제 실행했던 놀이를 중심으로 기록하고 교사의 지원방안을 기술하도록 하였다(교육부, 보건복지부, 2019a). 교사는 유아의 놀이를 지원하는데 필요한 사항을 모두 계획안 내에 기술해야 한다. 하지만 계획안 작성 시 예전처럼 연안, 월안, 주안, 일일계획안 등 형식에 맞춰 미리 계획하기보다는 연안 이외에 월안과 주안을 합치거나, 주안과 일안을 합쳐 통합하거나, 간편일지 등을 활용할 수 있게끔 종류, 형식, 분량에 대한 자율권을 보장하였다. 또한, 교사가 미리 활동에 대한 부분을 계획해서 제시하는 교사중심이 아니라 관찰을 통하여 원아들이 나타내는 놀이에 대한 흥미와 관심을 반영하여 환경적인 지원을 해주고, 유아들이 실제 놀이한 내용을 근거로 어떠한 배움이 나타났는지를 기록하는 유아중심의 놀이실행기록 방식으로 변화하였다. 따라서 교사는 생활주제와 관련하여 사전에 하는 계획을 최소화하고, 안전과 관련된 사항이나 유아의 개별 특성을 고려하여 지원하는 방식으로 계획안을 수립할 수 있다. 중요한 것은 교사가 준비하던 사전계획이 줄었다는 것을 단순히 교사의 업무와 지원이 줄어든 것으로 생각해서는 안 되며, 오히려 교사는 유아가 관심을 가지고 실제 하는 놀이에 대하여 어떻게 확장해 주고, 교육적 가치를 가질 수 있게 할 것인지를 생각하고 고려해야 한다는 것을 잊지 말아야 한다. 간혹 유아가 주도하는 놀이 흐름을 따르라는 말을 잘못 해석하여 그저 유아들이 노는 모습을 멍하니 보고만 있다거나, 교사들끼리 잡담을 하며 방관하는 태도를 보이는 경우가 있는데, 이는 교육 및 보육 전문가로서 반드시 시정해야 할 자세이다. 유아가 주도하는 놀이의 흐름을 따라간다는 것은 유아가 놀이를 할 때, 어떤 놀이에 관심을 가지고 흥미로워하는지를 잘 파악하여 이를 교육적 배움과 연계시켜 확장시킬 수 있는 방법은 무엇인지를 분석하고 지원하라는 것이다. 예를 들어, 유아가 쌓기영역에서 블록으로 무언가를 만들고 있다면(신체운동 · 건강), 교사는 몇 개의 블록을 사용할 것인지를 물어보고 함께 세어 본다거나, 만약 집을 만든다면 어떤 집을 만들 것인지, 그 집에 누가 사는지에 대한 질문과 교감을 통하여(의사소통, 자연탐구) 주도적으로 가족에 대해 학습할 기회를 제공해 준다거나(사회관계, 자연탐구), 집의 모양에는 어떤 것들이 있는지 가옥에 대한 탐구를 통해 세계의 가옥 형태를 탐색해 보고(자연탐구), 가옥의 형태에 영향을 미치는 날씨에 대한 이야기를 나누면서 읽기영역으로 연결하거나(의사소통), 스스로 창의적인 자신만의 집(예술경험)을 만들 수 있도록 지원해 줌으로써 5개 영역의 경험을 골고루 할 수 있도록 실제 놀이를 통한 배움을 이룰 수 있게 지원해 줄 수 있어야 한다. 또한 다음날 계획안에 집을 지을 수 있는 더욱 다양한 놀잇감을 학급 내에 배치해 둠으로써 또래 친구들과 연합하여 커다란 성이나 집짓기 놀이를 할 수 있는 환경적 지원을 해 줄 수 있어야 한다. 이를 통해 교사들은 실제 유아들이 어떤 놀이에 관심을 가지고 있는지를 파악할 수 있게 되고, 이를 어떻게 확장시켜 줄 수 있는지, 어떤 다양한 방법으로 지원해 줄 수 있는지 등 놀이경험을 통한 배움으로 연결시킬 수 있는 방법을 고민하고 분석하여 제공해 줄 수 있어야 한다. 이것이 바로 유아중심 놀이중심 교육과정의 계획안이 되는 것이고, 일지가 되는 것이다. 그러나 경력이 부족한 신입교사의 경우, 이러한 실행방법이 아직 익숙하지 않고 교사로서의 경험이 부족하여 적절한 지원이 어려울 수 있으므로 원내 혹은 지자체 내에서 동일연령의 교사들과 함께 고민하고 방안을 모색해 보는 배움-학습공동체를 운영해 보는 것도 한 가지 좋은 방법이다. 특히 장애 및 장애위험 영유아가 있는 학급에서는 일반교사와 특수교사 그리고 경력교사와 신입교사가 함께 배움-학습공동체를 운영함으로써 서로 간의 긍정적인 상호교류가 이루어지고, 양질의 교육적 지원을 위한 다양한 방법들이 모색될 수 있기 때문이다.

배움 · 학습공동체 운영

2021 놀이터 touch
공모 및 컨설팅 유아반
우수운영 사례

셋째, 하루 일과에서 바깥놀이를 포함하여 유아의 놀이가 충분히 이루어지도록 편성 · 운영해야 한다는 것이다. 개정 누리과정에서는 유아의 흥미와 관심에 따라 충분히 놀이할 수 있도록 하루 일과를 탄력적으로 운영하게 하고 있다. 즉, 유아가 주도하는 놀이시간을 가장 길게 편성하고, 유아의 신체리듬에 적합한 일상생활과 교사가 지원하는 활동은 유아 주도적 놀이를 통한 배움을 확장시켜 줄 수 있도록 융통성 있게 적절히 편성 · 운영할 수 있게 하고 있다. 교사는 유아가 주도하는 놀이를 따라가면서 이를 통해 배움을 얻을 수 있도록 지원하는 활동을 할 수 있으며, 유아가 놀이에 몰입하여 충분히 놀 수 있도록 놀이의 시간을 충분히 길게 편성할 수 있다. 바깥놀이를 포함한 놀이시간은 2시간 이상으로 하되, 날씨와 계절, 기관의 상황, 유아의 관심사와 놀이 특성 등을 고려하여 융통성 있게 편성 · 운영할 수 있다. 간혹 교사들 중에 바깥놀이시간을 준수해야 한다는 생각에 유아들의 안전을 고려하지 않고 미세먼지가 많은 날 혹은 코로나 19로 인한 사회적 거리 두기 단계가 격상된 상황에서 바깥놀이를 나가거나, 유아가 하고 싶어 하는 놀이에 상관없이 교사가 계획한 활동을 진행하려고 하는 경우가 있는데, 이는 유아 · 놀이중심 교육과정에서는 지양해야 할 사항이다.

넷째, 성, 신체적 특성, 장애, 종교, 가족 및 문화적 배경 등으로 인한 차별이 없도록 편성 · 운영해야 한다는 것이다. 교사는 자신과 다른 것이 잘못된 것이 아니며, 다른 특성을 가지고 있다고 하여 차별 받거나 불이익을 받아서는 안 된다는 것을 놀이를 통하여 배울 수 있도록 하여야 한다. 예를 들어, 다문화교육이나 장애이해교육을 위한 도서를 구비한다거나 다문화 혹은 장애인형, 그리고 보장구를 착용한 인형 등을 교구로 구비하여 환경적 지원을 해 주고, 이런 교구를 가지고 놀다가 다르다는 것을 인지한 유아가 왜 다른 인형들과 다른지를 물으면 그에 대한 올바른 설명을 통하여 다문화교육 혹은 장애이해교육으로 연계될 수 있도록 지원계획을 세워 준비해야 한다. 유아가 이러한 경험을 통하여 성별, 장애 유무, 신체적 특성, 다양한 가족 형태 및 문화적 배경의 다양성을 이해하고, 존중 및 배려할 수 있도록 지원해야 한다.

다섯째, 유아의 발달 및 장애 정도에 따라 운영해야 한다는 것이다. 같은 연령의 유아들일지라도 흥미, 관심, 경험, 발달, 가정의 문화 등 많은 부분에서 차이가 있으므로, 교사는 유아가 자신에게 적합한 방식으로 놀이할 수 있도록 누리과정을 조정하여 운영해야 한다. 교사는 발달지체 또는 장애유아가 차별을 받지 않고 보편적인 환경에서 또래의 유아들과 함께 생활하며, 놀이할 수 있도록 교육

내용과 교육방법 등을 조정하여 운영하거나 특수학급 혹은 통합학급을 편성하여 운영할 수 있다. 교사는 장애유아의 특성과 요구를 파악하여 개별화교육계획을 수립하고, 개별 장애유아의 교육적 요구에 적합한 교육이 이루어지도록 한다. 이때 교육과정의 효과적인 운영을 위하여 부모, 특수교사, 사회복지사, 의료진 등 가족과 관련 기관의 전문가와 서로 소통하고 협력하는 것이 중요하며, 필요에 따라서 특별히 고안된 장치나 보조기구, 자료 등을 활용하여 유아가 장애로 인한 불편함을 덜 느끼도록 지원해 주어야 한다. 현장에서 유치원 및 보육교사들이 많이 착각하는 것이 바로 이 부분이라 할 수 있는데, 개별화교육계획을 수립하는 것이 반드시 특수교사여야 한다고 생각하는 것이다. 이러한 생각의 시작부터가 장애를 가졌거나 발달지연이 있는 유아에 대한 차별이며, 편견인 것이다. 본인이 담당하는 아이들은 모두 다 각기 다른 특성과 발달수준을 가지고 있기 때문에 모두 다르다는 것을 생각한다면, 장애나 발달지체 또한 다른 특성이나 수준의 차이일 뿐이다. 따라서 이들에게 적절한 교육적 지원을 위하여 개별화교육계획안을 수립해야 하는 것이고, 이를 위해 특수교사와 협력을 해야 하는 것이다. 특수교사의 업무이니 유아교사는 모르는 척 방관하고 있어도 된다고 생각하는 것 자체가 담임교사로서의 직무유기이다. 따라서 모든 유아에게 관심을 가지고, 주의 깊게 관찰을 한 후 그들의 특성에 적합한 교육을 제공하는 것이 교사로서 당연한 본분이다. 현장에서 담임교사로서 경계해야 할 일 중 하나는 한 교실 안에 두 명의 담임교사가 배치되었을 때, 간혹 교사들이 내가 담당하는 아이와 다른 교사가 담당하는 아이로 나누는 경우가 있는데, 이는 반드시 경계해야 할 교사의 태도이다. 즉, 네 아이, 내 아이가 아니라 우리 모두의 아이여야 하고, 모두가 존중받고 배려의 대상이 되어야 한다는 것이다.

여섯째, 가정과 지역사회와의 협력과 참여에 기반하여 운영한다는 것인데, 유아를 중심으로 생각해 보면, 그들이 속해 있는 가정, 기관, 지역사회가 일관된 교육을 위하여 서로 연계하고 협력해야 한다는 것이다. 가장 중심에 있는 가정에서의 부모의 역할은 유아가 놀이를 통해 배움을 실천할 수 있도록 하는 중심이 되므로 놀 권리와 놀이의 가치를 이해하여 가정에서도 유아의 놀이를 지원할 수 있도록 유치원과 어린이집에서 부모참여, 간담회, 워크숍, 상담 등 다양한 기회를 마련하여 부모의 역할을 지원하도록 해야 한다. 또한, 유치원과 어린이집에서는 지역사회의 여러 기관이나 장소를 직접 경험하면서 지역사회에 대한 관심을 가질 수 있도록 지원해 주고, 유치원과 어린이집을 지원하는 공공기관과의 상호 협의를 통해 누리과정 운영이 원활히 이루어질 수 있도록 해야 한다.

일곱째, 교사연수를 통해 누리과정의 운영이 개선되도록 한다는 것인데, 이는 누리과정의 실행자로서 유아의 놀이를 지원하는 교사의 역할을 강조하기 때문에 누리과정의 실천과 지속적인 개선을 위해서 교사는 국가가 마련하고 지원하는 연수 뿐 아니라 자발적으로 다양한 유형의 교육, 배움-학습공동체, 소모임 등에 참석하여 누리과정 운영을 개선하도록 해야 한다는 것이다. 개정 누리과정에서는 교사의 역할을 놀이지원자로 강조하면서 교사가 먼저 놀이의 특성, 의미, 가치를 정확하고 올바르게 이해하여 유아가 즐겁게 놀이하면서 배우는 경험을 할 수 있도록 지원하게 하고 있다. 또한, 유아가 주도적이고 자발적으로 놀이에 참여하고 몰입할 수 있도록 교사가 실내외 환경을 구성하고, 놀이 중 유아와 유아, 유아와 교사, 유아와 환경 간의 능동적인 상호작용을 통하여 놀이의 확장 및 배움으로 연계할 수 있도록 하고 있다.

(3) 평가

평가는 유치원과 어린이집에서 개정 누리과정을 편성하고 운영해 본 후 개선해야 할 부분을 보완하고 수정하는 과정이라고 볼 수 있다. 개정 누리과정의 평가는 평가를 간략화 하고, 각 기관의 자율적 평가를 강조하여 평가의 목적, 대상, 방법, 결과의 활용을 바탕으로 유아평가와 누리과정 운영평가를 자율적으로 실시하도록 하였다. 이는 교육품질관리(Continuous Quality Improvement: CQI)의 측면에서 지속적으로 평가, 개선, 환류해 나가는 과정이라고 볼 수 있는데, 유아평가를 통하여 유아의 발달특성과 변화 정도를 정확하게 이해하고, 전인적 발달 및 추구하는 인간상으로 성장할 수 있도록 지원하는 데 활용할 수 있다. 또한 유아의 생활

지도나 부모와의 면담자료로도 활용할 수 있다. 누리과정 운영의 평가는 교육과정 운영에 있어서 좀 더 나은 방향으로 개선시키는 데 활용할 수 있다. 평가의 방법은 관찰, 기록, 포트폴리오, 사진 등 다양한 방법을 사용하여 객관적인 평가가 될 수 있도록 해야 하며, 각 기관과 교사의 여건에 따라 자유로운 방법으로 실시할 수 있다.

(4) 영역별 목표 및 내용범주

개정 누리과정은 신체운동 · 건강, 의사소통, 사회관계, 예술경험, 자연탐구 5개 영역으로 이루어져 있으며, 각 영역별 3개의 내용범주로 나누어 15개의 내용범주가 있다. 이 범주들 내에 내용이 전체 59개가 있으며, 연령의 구분 없이 일상에서 경험해야 하는 내용으로 구성되어 있다. 먼저, 이들 5개 영역별 목표와 내용범주를 살펴보면, ① 신체운동 · 건강 영역: 유아가 다양한 신체활동에 즐겁게 참여하고, 청결과 위생, 즐거운 식사, 적당한 휴식을 통해 건강한 생활습관을 기르며, 일상에서 안전하게 생활하는 방법을 배우고 실천하는 내용, ② 의사소통 영역: 유아가 일상생활에서 말이나 이야기를 듣고, 말하기를 즐기며, 주변의 상징을 읽고, 글자와 비슷한 형태로 써 보기에 관심을 가지며, 다양한 책과 이야기를 통해 상상하기를 즐기는 내용, ③ 사회관계 영역: 유아가 자신을 이해하고 존중하며, 친구와 가족 또는 다른 사람들과 사이좋게 지내며, 유아가 속한 지역사회와 우리나라, 다양한 문화에 관심을 갖는 내용, ④ 예술경험 영역: 유아가 자연, 생활, 예술에서 아름다움을 느끼고, 음악, 움직임과 춤, 미술, 극놀이 등의 예술에서 자신의 느낌과 생각을 창의적으로 표현하는 과정을 즐기며, 다양한 예술작품을 감상하며 다른 사람의 예술표현을 존중하는 내용, ⑤ 자연탐구 영역: 유아가 호기심을 가지고 궁금한 것을 적극적으로 탐구하는 과정을 즐기며, 생활 속의 문제를 수학적, 과학적으로 탐구해 보면서 생명과 자연환경을 존중하는 내용으로 구성되어 있다. 이를 근거로 내용범주와 범주 내 내용을 살펴보면, 〈표 4-1〉에 제시한 바와 같다.

2019 개정 누리과

2019 개정 누리과정 고시문

누리과정 5개 영역 15개 내용범주와 59개 세부내용은 i-누리포털 2019 개정 누리과정 고시문을 참고하시기 바란다. 교사는 59개의 내용을 유아의 놀이특성과 연계하여 융통성 있게 이해하고, 유아의 놀이를 중심으로 교육과정을 실천할 수 있도록 해야 한다. 즉, 주의 깊은 관찰을 통하여 유아의 놀이 특성을 이해해야 하는데, 교사들마다 이해와 해석이 다를 수 있다는 것을 고려하여 유아가 주도적으로 참여하는 놀이를 중심으로 교육과정을 실천해 가야 한다는 것이다. 이를 보다 효율적으로 실천해 갈 수 있도록 59개 내용에 대한 설명을 '내용 이해'와 '유아경험의 실제'로 나누어 제시하고, 이를 연계하여 실행할 수 있도록 개정 누리과정 해설서에 제시하고 있다.

누리과정 해설서

2019 개정 누리과정 해설서, 놀이이해, 놀이실행 자료

〈표 4-1〉 개정 누리과정 5개 영역 15개 범주 59개 내용

신체운동 · 건강	의사소통	사회관계	예술경험	자연탐구
신체활동 즐기기	듣기와 말하기	나를 알고 존중하기	아름다움 찾아보기	탐구과정 즐기기
건강하게 생활하기	읽기와 쓰기에 관심 가지기	더불어 생활하기	창의적으로 표현하기	생활 속에서 탐구하기
안전하게 생활하기	책과 이야기 즐기기	사회에 관심 가지기	예술감상하기	자연과 더불어 살기

교사는 유아의 놀이를 주의 깊게 관찰한 후 교육적 지원들을 제공해 주어야 하는데, 이를 위하여 유아들이 놀이를 통해 어떠한 배움을 얻게 되는지에 대해 5개 영역을 통합적으로 이해할 수 있어야 한다. 교사는 유아들이 하는 놀이를 관찰하며 적절하게 놀이를 지원해 주기 위해서 그 놀이경험을 영역별로 통합하여 이해할 수 있어야 한다. 예를 들면, 물놀이를 원한다면, 물놀이 상황에서 유아들이 물놀이를 통해 배울 수 있는 경험이 무엇인지를 신체운동 · 건강, 의사소통, 사회관계, 예술경험, 자연탐구영역을 통합하여 이해할 수 있어야 한다는 것이다. 즉, 유아는 자신의 신체를 적절히 조절하여 안전하게 물놀이를 할 수 있으며(신체운동 · 건강), 유아들끼리 즐겁게 물놀이를 하며, 물놀이에 어울리는 대화를 할 수 있고,

(의사소통), 함께 물놀이를 즐기며 우정을 형성할 수 있고(사회관계), 물에서 하는 놀이를 통해 물의 속성에 대해 배울 수 있게 된다(자연탐구)는 것을 이해할 수 있어야 한다. 이것은 하나의 놀이를 통하여 다양한 영역의 배움이 존재한다는 것을 이해하면서 이러한 경험들을 배움과 연계하여 해석할 수 있어야 한다는 것이다. 특히, 통합적 이해를 할 때 주의해야 할 사항은, 영역별로 나누어 유아의 발달이나 성취의 기준으로 삼아서 평가를 해서는 안 된다는 것이다. 교육부와 보건복지부는 개정 누리과정을 질적으로 우수한 교육과정으로 운영할 수 있도록 [그림 4-4]와 같이 해설서를 배포하고, 놀이에 대한 이해 및 실제 활용사례를 제작하여 배포함으로써 학급교육과정 운영에 활용할 수 있도록 하고 있다.

[그림 4-4] 개정 누리과정 해설서 및 놀이이해 및 실행자료

출처: 교육부, 보건복지부 (2019a,2019b,2019c). 「2019 개정 누리과정」해설서, 놀이이해, 놀이실행.

3) 개정 누리과정의 실제

2020년 3월부터 시행되고 있는 개정 누리과정을 어떻게 적용 · 실행해야 할지 모르는 교사들을 위해 교육부와 보건복지부가 3종의 자료집을 배포하였다. 해설서의 경우, 누리과정을 개정하게 된 이유, 목적, 인간상, 영역별 내용범주의 이해와 유아경험의 실제 등 개정 누리과정에 대한 전반적인 이해를 돕고자 하였으며, 놀이이해자료집은 교사가 놀이의 가치, 특성, 의미를 바르게 이해하여 지원할 수 있도록 하기 위해 3~5세 놀이사례를 통한 유아의 놀이경험과 특성을 개정 누리과정의 5개 영역과 연계하여 통합적으로 이해할 수 있도록 하였다. 또한 놀이실행 자료집은 개정 누리과정의 이해를 기반으로 현장에서 실행할 수 있도록 기관과 교사에게 운영의 방향성을 확인시켜 주고, 변화가 필요한 교사들에게 변화의 방향성을 제시해 주는 역할을 하도록 하였다. 이를 위해서 개정 누리과정을 실행하기 전 준비사항과 교사의 역할을 안내하고, 편성과 교수학습 실천 및 평가 관련 내용의 예시와 지역사회와의 연계방안을 제시함으로써 각 기관과 학급 상황에 맞춰 활용할 수 있도록 하였다.

(1) 실행 전 준비사항

개정 누리과정을 실행하기 전 준비사항으로 관계의 변화를 체크하도록 하고 있다. 특히, 교사는 유아 · 놀이중심 교육과정 운영을 위하여 유아들을 주의 깊게 관찰 · 기록하고, 유아의 의견(소리)을 반영하여 적절한 지원을 제공할 수 있도록 해야 한다. 또한, 교사와 교사, 교사와 원장(원감), 학부모, 지역사회 공동체 간에는 수평적이고 서로 존중하며, 협력하고 지지하는 관계를 유지하도록 해야 한다.

(2) 교사의 역할

교사의 역할에 대하여 유아중심, 놀이중심 교육과정에서는 학급수준 교육과정의 개발자로서 교사에게 더 높은 전문성을 요구한다. 교육 · 보육현장에서의 하루 일과는 놀이, 일상생활, 활동으로 나뉘며, 이와 연계하여 교육과정을 운영하는 교사는 ① 유아 · 놀이중심 교육과정을 이해하고 실천하는 역할, ② 놀이를 통한 유아의 배움을 지원하는 역할, ③ 놀이와 배움을 기록하고 평가하는 역할, ④ 함께 배우며 성장하는 역할을 수행하게 된다.

① 유아 · 놀이중심 교육과정을 이해하고, 실천하는 역할을 수행하기 위해서 교사는 유아가 놀면서 배우는 유능한 존재이기 때문에 충분히 놀이할 시간을 제공해 주어야 한다는 것을 먼저 이해해야 하고, 일과를 놀이중심으로 편성하도록 해야

할 뿐 아니라 교사가 계획한 활동이나 안전교육같이 법적으로 요구하는 활동도 실시해야 한다. 이때 유아가 주도적으로 즐겁게 참여할 수 있도록 활동을 진행하는 것이 중요하기 때문에 교사는 유아의 놀이나 일상생활을 잘 관찰해서 이와 연계할 수 있는 활동을 실시할 필요가 있다.

② 놀이를 통한 유아의 배움을 지원하는 역할을 수행하기 위해서 교사는 놀이를 하고 있는 유아에게 격려, 미소, 공감의 표정을 보이거나 칭찬과 격려의 말을 건네는 정서적 지원, 놀이를 관찰하다가 배움으로 연계될 수 있도록 질문이나 제안을 하는 등의 상호작용을 토대로 한 언어적 지원, 공간의 구성을 바꿔 주거나 새로운 자료를 제공하는 등의 환경적 지원을 제공할 수 있다.

③ 놀이와 배움을 기록하고 평가하는 역할을 수행하기 위해서 교사는 유아의 놀이, 일상생활, 활동을 잘 관찰하고 기록한 후 이를 토대로 유아의 배움을 지원하는 계획을 수립해야 한다. 개정 누리과정에서는 유아가 5개의 추구하는 인간상으로 성장할 수 있도록 목적과 목표, 5개 영역별 목표와 내용을 제시하고 있기 때문에 이를 유아의 성장 · 발달의 변화와 교육과정 운영의 판단 근거로 삼을 수 있도록 하였다. 또한, 결과보다는 과정을 중시하고, 틀에 맞춘 형식적인 문서화를 지양(止揚)하고, 기관별 · 학급별 특성에 따라 자유롭게 기록 및 평가를 할 수 있도록 틀과 분량에서 자율성을 보장하고 있다.

④ 함께 배우며 성장하는 역할을 수행하기 위해서 교사는 개정 누리과정에 대한 이해를 통하여 유아가 주도적으로 놀이를 하며 이를 배움과 연계할 수 있는 존재라는 믿음을 가지고, 유아를 지원하는 교사의 역할로서 자신의 교육철학을 성찰하는 과정을 가지도록 하고 있다. 교사는 유아의 특성과 놀이의 특성을 정확히 파악하고, 적절히 지원하도록 한 자율적인 교육과정을 운영하면서 어떻게 지원을 해 주어야 할지에 대한 고민과 지금 교사로서 제대로 하고 있는지에 대한 확신이 없을 것이다. 이를 해결하기 위해 담당교사들 간에 효율적인 소통이 이루어져야 하며, 이를 통하여 정서적이고 실천적인 지원이 이루어질 수 있도록 기관 및 지자체, 국가 차원의 지원이 이루어져야 한다. 즉, 기관 및 지자체, 국가 차원의 지원을 통하여 교사들은 자율적인 학습공동체를 운영할 수 있고, 교육 및 보육현장에

서의 고민과 의견을 서로 나눌 수 있는 기회를 가지게 되며 이를 통하여 서로 배움과 성장의 시간을 가지게 되므로 적절한 지원을 할 수 있는 교사로서의 전문성을 신장할 수 있게 된다. 다시 말해, 유아 · 놀이중심을 강조하는 개정 누리과정에서는 유아의 놀이를 읽어 내고, 적절히 지원해 줄 수 있는 교사의 역할이 무엇보다 중요하기 때문에 교사 자신의 전문가적인 역량을 자발적 · 주도적으로 키울 수 있는 학습공동체와 이를 수평적으로 지원해 주는 협력적 조직문화 조성이 성공적인 개정 누리과정 운영의 열쇠가 될 것이다.

(3) 교육과정 편성, 교수학습방법 실천, 평가

어떻게 교육과정을 편성하고, 그에 적합한 교수학습방법을 실천하며 이에 대한 평가를 어떻게 해야 할지에 대한 부분을 제시하고자 한다.

㉠ 편성이라는 것은 시간대별로 교육과정을 어떻게 조직하는가에 대한 것인데, 일반적으로 연간계획, 월간, 주간, 일일계획으로 나누어 편성을 하게 된다. 개정 누리과정에서는 각 기관의 상황을 고려하여 놀이, 일상생활, 활동계획을 수립하되 연속하여 충분히 놀이를 할 수 있도록 하고 있다. 특히, 미리 계획을 하고 교사 주도로 실행하는 것이 아니라 유아의 흥미와 관심에 따라 실행된 놀이활동과 놀이활동의 교육적 의미를 담아 내도록 하여 만들어 가는 교육과정을 실행하도록 하였다. 연간계획은 기관 차원에서 수립하며, 일 년간의 중요한 경험(예: 기관적응, 계절, 명절, 그 해의 특별한 국가적 행사, 기관행사, 진급 등)을 미리 염두에 두고 계획하도록 하였다. 또한 유아에게서 발현되는 놀이주제가 학기를 진행하는 동안 즉각적으로 반영될 수 있도록 여지를 남기고 연간계획을 작성하지간 유아들의 놀이경험에 따라 시기와 기간은 변경할 수 있게 하였다.

월간, 주간, 일일계획을 모두 작성할 필요 없이 이들 중 하나를 선택하여 작성할 수 있으며, 유아의 놀이를 관찰한 후 지원하는 방식으로 작성하도록 하였다. 즉, 교사는 매일 진행된 유아의 놀이를 기록하고, 이를 토대로 다음날 지원할 내용을 간단히 계획할 수 있는데, 계획안의 양식, 내용, 주기 등은 자율적으로 결정하면 된다. 따라서 기관의 특성에 따라 계획, 실행, 평가를 통합하여 작성할 수 있다. 이를 반영한 지역의 특성과 어린이집의 교육철학, 그리고 학급의 특성을 반영하여 주간교육계획을 작성한 예시를 [그림 4-5]에 제시하였다. [그림 4-5]의 월요일 놀이실행기록을 보면, 지난주 활동과 이번 주 활동이 유아의 흥미와 관심으로 인해 지속된 것을 알 수 있다. 예를 들어, 존댓말을 알아보는 활동의 경우에는 유아들이 관심을 가지지 않자 교사가 존댓말 카드를 제시하여 흥미를 유도하였고, 그 연령의 유아가 알아야 할 존댓말에 대한 것을 학습하도록 하였다. 또한, 바깥놀이 시간에 교사는 몸으로 단어를 만들어 보는 활동을 준비하였으나, 유아들이 원치 않아 유아들이 원하는 달리기 시합을 한 것을 알 수 있다. 교사는 이 놀이에서 잡기놀이로 확장하여 신나게 신체를 움직일 수 있는 기회를 주었다. 교사는 지원계획에서 유아들이 달리기 시합을 할 때, 구두를 신었거나 양말을 신지 않아 발이 아프다는 유아들을 위하여 가정의 협조를 구하여 유아들이 놀이시간에 불편하지 않도록 지원해 주겠다는 계획을 세웠다. [그림 4-5]에 제시된 주간교육계획안은 교사가 실제 보육현장에서 유아들이 놀이하는 모습을 잘 관찰했다가 다음날 무엇을 지원해 줄 수 있는지를 고민하여 제공해 주고, 다음날 실행해 보는 과정에서 유아들이 놀이에 대한 관심이 떨어져 새로운 놀이로 전환하는 모습 등을 제지 없이 허용하고 따라가면서 기록했다가 다시 다음날 유아들이 원하는 놀이를 지원해 주는 방식으로 계획안이 짜여 있다는 것을 알 수 있다. 그러나 여기서 교육적 의미 부분을 살펴보면, 교사는 신체운동 및 건강과 의사소통 영역만을 언급하였고, 15개 범주와 59개 세부 내용만을 언급하였다. 누리과정의 영역만을 언급할 것이 아니라 추가적으로 59개 세부내용 뒤에 발달영역별로 실제 실행된 놀이 및 활동을 함께 기록하여 교육적 의미와 연계할 수 있다면, 어떤 부분이 발달하였는지, 또 어떤 발달영역이 부족한지 파악할 수 있어 개별 유아들에게 필요한 지원을 파악할 수 있게 되어 전인발달을 이룰 수 있도록 적절히 지원할 수 있을 것이다. 누리과정 자체가 전인발달을 이룰 수 있도록 지원해 주는 것을 목적으로 하고 있기 때문에 '달리기 시합'을 통하여 신체운동 및 건강에서 대근육활동과 운동능력 향상뿐 아니라 이 활동을 통하여 즐거움과 친구와의 긍정적인 상호작용이 나타났으므로 사회, 정서영역도 발달하였을 것이다. 또한 신체를 활발히 움직이고 잡기

놀이로 확장되면서 놀이규칙을 배울 수 있었기 때문에 인지발달도 나타났을 것이다. 따라서 모든 영역이 골고루 이루어진 놀이를 했고, 여기서 누리과정 영역에서 자연탐구나 예술경험이 부족했다면, 놀이방식에서 교사가 불러 주는 색상의 의상을 입은 친구 잡아 보기를 하거나 교사가 유아들이 달릴 때 어떤 동물과 유사한지를 질문함으로써 달리기를 잘하는 동물을 함께 탐색해 볼 수 있는 기회를 제공하여 확장된 놀이 및 활동을 지원할 수 있을 것이다. 이처럼 누리과정영역과 발달영역을 자연스럽게 연결하여 전인발달의 교육적 의미를 파악할 수 있어야 개별적 요구 및 발달에 적합한 지원을 할 수 있다.

나무반 보육일지(만 4, 5세)	담임	원장
	○○○(인) ○○○(인)	

주제	한글	기간	2021년 10월 25일 ~ 10월 30일
일과 및 시간	07:30–09:00 등원 및 통합보육 09:00–09:30 등원 및 오전간식 09:30–10:30 오전 실내놀이 10:30–10:50 정리 및 실외놀이 준비 10:50–11:50 실외놀이 및 대체활동 11:50–12:00 정리 및 점심식사 준비 12:00–12:50 점심시간 12:50–15:00 오후 실내놀이 15:00–15:30 오후간식 15:30–16:30 실내놀이 및 귀가 16:30–19:30 연장반 (거리두기 4단계로 특별활동 미실시)	등원	존댓말을 사용해 인사해요 (10/25)
		간식 및 점심	식사 시 의자에 앉을 때에는 바르게 앉아요 (10/23)
		건강 영양 교육	콧물을 닦은 후 손을 씻어요 (10/28)
		안전교육	교통안전 안전하게 기다려요 (10/25)
		바른인성	협동 몸으로 단어를 만들어요(10/25~)
교사준비활동	우리 몸 자석블록으로 글자를 만들어요 친구들의 동시를 읽어 보아요 바르고 고운말 캠페인(지역사회) 존댓말을 알아봐요		

	월	화	수	목	금	토
실내놀이	존댓말을 알아봐요 →	바르고 고운말 캠페인(지역사회) →	→	→	우리나라 표상 →	
	나뭇가지 자석으로 단어를 만들어요		동화를 들어요 놀잇감 이름표 만들기	우리 몸 자석블록으로 글자를 만들어요 => 우리 몸 자석으로 놀이해요 →	→	
실외놀이 및 대체활동	달리기 시합 →	동생들과 산책해요 →	→	몸으로 단어를 만들어요 →	→	

일일평가	10/25 (월)	놀이 실행 기록	 **[존댓말을 알아봐요]** 지난 주 활동을 계획했으나 유아들이 큰 흥미를 보이지 않았는데 오늘 존댓말 카드에 관심을 보이며 교사에게 물어보았다. 이야기 나누기 시간에 존댓말에 대해 알아보는 시간을 가졌다. "요"만 붙이는 것이 아닌 대상에 따라 단어가 바뀔 수 있음을 알게 되었다.   **[달리기 시합]** 바깥놀이 시간에 넓은 농구장으로 나가 몸으로 단어를 만들려고 했으나 유아들이 달리기 시합이 하고 싶다고 하여 유아들의 흥미에 따라 달리기 시합을 했다. 동일선상에 선 후 시작 소리에 맞춰 달리기를 했고 이후 잡기놀이로 확장되어 신나게 신체를 움직였다.  **[나뭇가지 자석으로 단어를 만들어요]** 지난 주 유아들의 흥미에 따라 나뭇가지 자석을 제시해 주었는데 이번 주에도 흥미를 보이며 활동했다. 유아들은 각자 친숙한 단어를 나뭇가지 자석으로 만들었다. 글자를 몰랐던 유아들도 자석모양을 탐색하며 점차 자음과 모음을 인식하고 글자로 단어를 만드는 모습을 보였다.
		지원 계획	– 유아들이 실외에서 달리기 시합을 하는 놀이에 관심을 보였는데 몇몇 유아가 구두를 신거나 양말을 신고 오지 않아 실외활동에 불편함을 호소했다. 유아들이 안전하고 편안하게 활동할 수 있도록 하원 시 가정에 요청해야겠다.
		교육적 의미	신체운동건강〉 신체활동 즐기기〉 실내외 신체활동에 자발적으로 참여한다. 의사소통〉 읽기와 쓰기에 관심 가지기〉 주변의 상징, 글자 읽기에 관심을 갖는다.
		비고	**[안전교육]** 차량 이용 시 목적지에 도착하여 자동차가 완전히 멈출 때까지 기다려야 함을 알아보고 역할놀이를 통해 위험상황을 인지하며 교통안전 교육을 실시함. **[등원]** 평소 인사를 할 때 존댓말을 사용하지만 부모님께는 "안녕"이라고만 인사하는 유아들이 있어 대상에 따라 높임말을 사용해야 함을 이야기 나누고 부모님께도 존댓말을 사용하여 인사할 수 있도록 격려했다.
	10/26 (화)	놀이 실행 기록	 **[동생들과 산책해요]** 지난 바른 인성〈배려〉로 동생들과 함께 산책을 다녀왔던 게 생각났는지 오늘도 동생과 함께 산책을 가고 싶다고 이야기하여 잎새반 동생들과 함께 산책을 갔다. 가을이 되어 변화하는 자연환경에 관심을 갖고 나뭇잎의 색과 바닥에 떨어져 있는 다양한 열매, 낙엽 등을 동생들에게 소개해 주며 산책하는 모습을 볼 수 있었다.   **[지역사회 연계 : 바르고 고운말 캠페인]** 10/14 유아들과 함께 한글을 아끼고 사랑하는 방법에 대해 이야기를 나누었는데 이를 지역사회와 연계하기 위해 캠페인을 진행했다. 캠페인의 의미를 알아보고 어디로 가면 좋을지 함께 이야기를 나누었는데 에버나인 아파트 내 마트와 도서관, 관리사무소에 가면 좋을 것 같다는 유아들의 의견에 따라 함께 나가 캠페인을 진행했다. 유아들은 지역주민을 만나면 바르고 고운말을 왜 사용해야 하는지 이야기해 주었다.
		유아 관찰	놀잇감 정리 시 어디에 정리해야 하는지 유아들끼리 의견이 달라 대립이 있었다. → 유아들이 정리에 어려움을 느낀다.
		지원 계획	– 관찰에 따라 유아들이 조금 더 쉽게 정리할 수 있도록 지원해 주어야겠다.
		교육적 의미	신체운동건강〉 신체활동 즐기기〉 실내외 신체활동에 자발적으로 참여한다. 사회관계〉 더불어 생활하기〉 친구와 서로 도우며 사이좋게 지낸다.
		비고	**[간식 및 점심]** 식사 시 의자에 앉아 있는 유아들의 자세를 관찰해 보면 의자를 뒤로 젖히거나 옆 의자에 다리를 올리는 등의 모습을 보여 바르게 앉을 수 있도록 이야기해 주었다. 특히 식사 시 바르게 앉지 않으면 소화가 잘 되지 않고 바닥에 음식물이 많이 떨어질 수 있음에 대해 이야기를 나누었다.
	10/27 (수)	놀이 실행 기록	**[존댓말을 알아봐요]** 언어영역에 제시해 준 존댓말 카드를 이용해 친구들과 함께 규칙을 정해 게임 활동을 하였다. 한 유아가 예삿말을 이야기하면 다른 유아는 그 말의 존댓말을 맞추는 활동이 이루어졌고 높임말에 대한 흥미가 더욱 높아져 관련한 책을 찾아 읽는 유아도 볼 수 있었다.

일일평가	10/27 (수)	놀이 실행 기록	**[놀잇감 이름표 만들기]** 유아들과 정리의 어려움에 대해 이야기를 나누며 어떻게 하면 좋을지 의견을 모아 보았다. 한 유아가 그림이 있으면 조금 더 정리가 편할 것 같다고 이야기를 하니 옆에 있던 다른 유아는 글자를 쓰면 된다고 이야기를 해 유아들의 여러 의견을 반영하여 놀잇감 이름표를 직접 만들어 부착하였다. 이후 정리시간에 갈등상황이 줄어들었다.  **[동화를 들어요]** 아이윙 티비를 이용하여 유아들이 동화를 듣는 데 큰 흥미를 보였다. 다양한 주제의 동화책 중 특히 우리나라의 전래동화에 관심을 보였다. 여러 전래동화들을 스스로 선택해 보며 또래 간 서로 의견을 나누는 등 의사소통이 활발히 이루어졌다.
		유아 관찰	각 영역 바구니에 이름표를 붙이니 정리시간 유아들이 쉽게 제자리를 찾는 모습을 보였고 정리시간이 단축되었다.
		지원 계획	– 유아들이 특히 전래동화에 관심을 보여 다양한 전래동화 책을 제시해 주어야겠다.
		교육적 의미	의사소통〉 듣기와 말하기〉 말이나 이야기를 관심 있게 듣는다. 책과 이야기 즐기기〉 말놀이와 이야기 짓기를 즐긴다. 자연탐구〉 탐구과정 즐기기〉 주변 세계와 자연에 대해 지속적으로 호기심을 가진다. 〉 자연과 더불어 살기〉 생명과 자연을 소중히 여긴다.
		비고	– 유아들의 흥미와 요구에 따라 실내 대체활동을 실시함.
	10/28 (목)	놀이 실행 기록	 **[몸으로 단어를 만들어요]** 대체활동으로 몸으로 단어를 만들며 놀이했다. 두 명의 유아가 만나 하나의 자음을 만들거나 두 명 이상의 유아가 모여 한 글자를 만들며 즐겁게 놀이하는 모습을 볼 수 있었다. 유아들이 조금 더 즐겁게 활동할 수 있도록 한글과 관련한 동요를 들려 주었다. **[우리 몸 자석블록으로 글자를 만들어요]** 몸으로 글자를 만드는 활동을 유아들을 위해 유아들이 몸으로 표현한 자음과 모음을 자석으로 만들어 제시해 주었다. 자신과 친구의 모습이 있어 더욱 흥미 있게 탐색했고 우리 몸 자석블록을 이용해 처음에는 자신의 이름과 친구, 선생님, 엄마 아빠의 이름을 만들다가 점차 친숙한 단어를 표현하며 놀이하는 모습을 보였다. 또한 기역 두 개를 합쳐 미음을 만들거나 디귿과 니은을 합쳐 리을을 만드는 등 다양한 방법으로 단어를 구성하는 모습을 볼 수 있었다.
		유아 관찰	박○○– 미술영역에 있던 훈민정음 서문을 혼자 읽던 ○○가 교사에게 다가와 "선생님 우리나라에서 제일 유명한 건 한글이에요?"라고 묻는다. 옆에 있던 △△가 "아니야 세종대왕이 더 유명해"라고 말한다. 교사가 "세종대왕도 훈민정음도 유명하지만 우리나라를 대표하는 것은 더욱 더 많이 있어요"라고 말하자 그 말을 들은 ◇◇가 쌓기영역에서 달려오며 "BTS처럼요? 저 슈가 형아 좋아해요"라고 말한다. → 유아들이 우리나라를 대표하는 것들에 대해 관심을 갖는다.
		지원 계획	– 유아들이 우리나라를 대표하는 것들에 대해 이야기를 나누며 관심을 표현했다. 원장님과 상의했고 조언에 따라 내일은 우리나라에 대한 유아들의 생각을 모아 보면 좋을 것 같다.
		교육적 의미	사회관계〉 더불어 생활하기〉 서로 다른 감정, 생각, 행동을 존중한다. 의사소통〉 읽기와 쓰기에 관심가지기〉 말과 글의 관계에 관심을 갖는다.
		비고	– 유아들의 건강상태가 좋지 않아(콧물이 나는 유아들이 있음) 대체활동을 실시함 **[건강영양교육]** 콧물이 나는 유아들이 많아 코를 닦거나 푼 후에는 꼭 손을 씻어야 함을 이야기해 주었다.
	10/29 (금)	놀이 실행 기록	 **[우리나라 표상]** 어제 지원계획에 따라 유아들과 우리나라에 대한 표상활동을 했다. 우리나라 하면 생각나는 것들에 대해 유아들이 직접 적은 후 친구들과 함께 보았고 특히 김치와 비빔밥, 김밥 등 우리나라의 다양한 음식에 많은 관심을 보였다. **[실외놀이–달리기 시합]** 유아들이 달리기 시합에 관심을 보여 반환점을 이용해 시합을 제안하였다. 놀이가 진행됨에 따라 유아 스스로 반환점을 돌고 오는 방법, 횟수를 정하며 다양한 규칙을 만들어 적용하여 놀이했다.
		지원 계획	– 유아들이 우리나라 전통 음식에 관심을 보여 다양한 음식 놀잇감을 제시해 주어야겠다.

구분			내용
일일평가	10/29 (금)	교육적 의미	의사소통〉 읽기와 쓰기 사회관계〉 더불어 생활하기〉 친구와 서로 도우며 사이좋게 지낸다. 신체운동건강〉 안전하게 생활하기〉 일상에서 안전하게 놀이하고 생활한다.
		비고	– 달리기 시합을 하기 위해 농구장으로 가던 중 한 유아가 농구장으로 혼자 달려가려고 했다. 유아들과 안전하게 이동하려면 어떻게 해야 하는지에 대해 이야기를 나누었고 전체 유아와 함께 다시 한 번 바깥놀이 약속에 대해 이야기를 나누어 안전하게 이동할 수 있도록 격려했다.
	10/30 (토)		등원 유아 없음
주간 평가			이번 주는 나뭇가지 자석과 우리 몸 자석을 이용해 글자 만들기 활동에 큰 흥미를 보였다. 또한 존댓말에 대해 이야기를 나누며 대상에 따라 사용하는 말이 다르다는 것을 알 수 있었다. 캠페인을 통해 바르고 고운말을 사용하는 것에 더욱 더 관심을 보여 캠페인 후 현관에 게시하여 가정에서도 함께할 수 있도록 했다.
다음 주 예상 놀이 및 지원계획			이번 주 유아들은 한글에서 더욱 확장해 우리나라에 대해 궁금증을 갖는 모습을 보였고 10/29 유아들과 표상 활동 결과에 따라 우리나라와 관련된 활동을 지원해 주어야겠다. 우리나라 음식으로 놀이해요 전래동화책 보기 우리나라 블록으로 놀이해요
특이사항 및 수시상담			10/20 이◇◇ 상담 평소 ◇◇가 이야기 나누기 시간에 친구들의 사진을 보며 자신도 보고 싶다고 하여 이 부분을 어머님께 이야기함. 비대면 운동회 기간에 바쁜 일이 있어 참석하지 못하였다고 해 다음번에는 꼭 참석해 달라고 요청함. → 10/21 다음 날 바로 ◇◇의 사진이 올라와 이야기 나누기 시 ◇◇의 사진을 보여 줌.

[그림 4-5] 놀이실행 및 지원을 기록한 주간교육계획안

출처: 9사단 에버나인 어린이집 주간보육일지 예시.

교사는 유아가 놀이에 충분히 몰입하여 그 안에서 통합적으로 5개 영역별 경험을 함으로써 의미 있는 배움으로 연계될 수 있도록 지원을 해 주어야 하고, 하루 일과 중 놀이, 일상생활, 활동이 유연하게 운영될 수 있도록 해야 한다. 일상생활은 기본적인 욕구를 충족시켜 주고, 놀이를 잘 할 수 있는 심신의 건강을 제공하는 시간이므로 편안하고 즐겁게 이루어지도록 편성하고 운영해야 한다. 교사는 유아가 자율적이고 주도적으로 일상생활을 할 수 있도록 충분한 시간을 허용해 주어 기본생활습관, 안전, 인성 등 다양한 배움의 기회를 가질 수 있도록 해 준다. 또한 일상생활을 즐길 수 있도록 놀이방식으로 진행하는 방법을 유아들과 함께 찾아보는 것도 좋은 방법이다. 예를 들어, 점심시간에 교사와 유아가 의논을 하여 오늘은 식당놀이처럼 좋아하는 음악도 틀고 역할도 정해서 재밌고 즐겁게 점심식사를 해 본다. 이를 통해 좋아하는 음악의 감상, 식사 시 갖추어야 할 예절, 식당에서 할 수 있는 적절한 의사소통 방법 등의 경험을 통하여 5개 영역과 연계한 통합된 배움을 얻을 수 있도록 지원하는 계획을 수립할 수 있다. 이러한 놀이 안에서 이야기 나누기 활동, 노래 부르기, 역할놀이 등의 활동이 포함되어 진행될 수 있으므로 놀이, 일상생활, 활동을 따로 떼어 계획하기보다 이들이 자연스럽게 일

과 내에서 진행될 수 있도록 한다. 또한, 교사는 안전한 장소라면 공간에 제한을 두지 않고 확장하여 어디든 놀이공간으로 사용할 수 있도록 열어 놓고 허용하는 것이 바람직하다.

ⓛ 개정 누리과정에서는 유아의 발달과 장애 정도에 따라 교육과정을 편성 · 운영하며, 교실에서 교육과정을 운영할 때, 개별 유아의 특성을 최대한 고려하여 배움을 지원하는 것을 강조한다. 특수교사 또는 장애영유아를 위한 보육교사는 장애유아가 가진 각기 다른 개별적 요구를 잘 파악하고, 장애 정도와 개개인의 특성에 적합한 교육내용을 구성하며, 개별 특성을 고려하여 적절한 교수학습방법으로 지원할 수 있도록 개별화교육계획(IEP)을 수립한다. 통합학급에서 유아 · 놀이중심 교육과정을 운영할 경우, 특수교사와 일반교사는 개별화교육 교수학습방법과 놀이중심 교수학습방법이 통합적으로 운영될 수 있도록 상호 협력하여야 한다. 특수교사는 장애유아가 일반유아들과 함께 놀이하도록 돕기 위해서 학급 전체의 놀이 흐름을 파악하여 또래와의 놀이에 참여할 수 있도록 제약을 최소화하는 노력을 해야 한다. 일반교사는 세심한 관찰을 통하여 장애유아의 특성과 개별적 요구를 파악한 후 이에 적합한 자원을 제공해 줌으로써 발달지연이나 장애유아가 보편적인 환경에서 차별 없이 또래와 더불어 생활하고, 놀이하는 경험을 할 수 있도록 한다. 일반교사와 특수교사는 한 공간에서 장애유아와 비장애유아가 함께 놀이를 할 수 있도록 인적, 물적, 환경적 수정 같은 지원방안을 함께 모색한다(교육부, 보건복지부, 2019c, p.56 인용).

교사는 장애유아와 일반유아가 함께 놀이할 수 있는 기회를 최대한 확보하고 이를 지원하기 위해 유아들의 놀이를 따라가며 지원계획을 수립해야 한다. 이때 장애유아의 특성을 고려하여 함께 놀이 시 불편함이 없도록 공간 및 설비부분을 미리 점검하고, 다양한 보조기기, 감각교구나 놀이자료를 제공하여 불편함을 겪지 않도록 해야 한다. 이를 위해 무엇보다 교사들 간의 정보교환 및 협의가 중요하므로 서로 상호존중 하에 긴밀한 협력관계를 유지해야 한다. [그림 4-6]은 환경구성 시 보편적 학습설계에 기반하여 장애유무나 연령에 상관없이 누구나 원하는 놀이자료를 직접 찾아볼 수 있도록 바구니 앞에 놀이자료의 사진을 붙여놓은 예시이다.

[그림 4-6] 환경구성 시 놀이자료 비치 예시

㉢ 개정 누리과정에서는 틀에 박힌 평가가 아닌 기관별 · 학급별 상황을 고려하여 자율적으로 유아에 대한 평가와 교육과정 운영에 대한 평가를 하도록 하고 있다. 유아평가의 경우는 시간이 흐름에 따라 유아의 특성을 고려하여 어떻게 성장 · 발달하였는지에 대한 변화를 평가하는 것이고, 교육과정 운영에 대한 평가의 경우는 개정 누리과정이 어떻게 운영되고 있는지를 파악하기 위하여 평가를 하는 것인데, 일과 중 놀이, 일상생활, 활동이 잘 연계되어 유아가 통합적인 경험을 하고, 이를 배움으로 연계할 수 있는지에 대한 것을 평가하게 된다. 이러한 평가를 위해서 관찰 및 기록, 학부모 상담, 작품 포트폴리오, 교사회의 자료, 일지, 실제 놀이 사진 및 동영상 등 다양한 자료의 수집이 이루어져야 하고, 이를 객관적으로 평가할 수 있어야 한다. 특히, 놀이중심의 교육과정이 운영되고 있는지를 파악하기 위해서는 교사가 유아의 놀이를 따라가면서 핵심 단어로 기술해 두었다가 일과를 마친 후 상세하게 보완하여 기록을 남겨 두어야 한다.

이때 유아 이름, 시간, 장소, 상황, 관련 누리과정 내용 등을 수기로 간단히 작성하여 유아가 놀이를 하며 어떠한 통합적 경험을 하고 있는지 파악할 수 있어야 한다. 이에 대한 기록은 일일계획안의 평가부분이나 일지 양식을 변형하여 관찰 및 평가내용을 기록할 수 있다. 정확하고 객관적인 기록을 위해서 교사는 놀이를 통한 유아의 다양한 경험을 누리과정과 발달영역 각 5개 영역을 관련지어 살펴본 후 통합하여 이해하고, 이를 배움과 연계할 수 있어야 한다. 유아평가와 누리과정 운영평가는 유치원과 어린이집의 상황이나 필요에 따라 적합한 방법을 선택하여 자율적으로 실시한다.

㉣ 교사가 지역사회의 물적 · 인적 자원을 최대한 활용하여 유아의 놀이를 지원해 줌으로써 유아의 경험을 확장시켜 줄 수 있는데, 이를 위하여 교사는 지역사회와의 연계방안을 모색해야 한다. 예를 들면, 유치원이나 어린이집이 위치한 지역의 공공기관인 구청, 경찰서, 소방서, 육아종합지원센터, 병원, 보건소, 시나 구의회 등을 방문할 기회를 마련하여 유아의 경험이 배움으로 연계될 수 있도록 계획을 수립할 수 있다. 이러한 기회는 교사 주도로 유아들을 이끄는 것이 아니라 바깥놀이 활동으로 산책을 나갈 때, 마주할 수 있는 기관들을 미리 체크하여 방문계획을 수립한 후 유아들과 산책을 하면서 볼 수 있도록 산책경로(route)를 탐색해 놓는다. 유아들이 주도적으로 공공기관의 이름이나 건물에 관심을 가지면, 그곳을 방문하고 싶은지 의견을 물어보고, 방문을 원한다고 하면 방문할 수 있도록 한다. 또는 산책길에서 주변에 어떤 공공기관들을 보았는지 언어적으로 관심을 유도하고, 그 기관을 방문해 볼 것을 제안해 보는 것도 좋다. 이러한 활동을 위하여 교사는 사전에 산책 가는 길에 둘러볼 수 있는 공공기관에 대하여 방문 가능 여부를 미리 확인하고, 방문이 가능하다고 하면 그쪽 길을 선택하여 산책을 갈 수 있도록 계획을 수립한다. 만약 유아들이 산책 가는 길에 공공기관의 방문을 원하면, 그 기관에 대한 정보도 제공해 줄 수 있도록 준비해 두어야 한다. 즉, 어떤 일들을 하는 곳이고, 방문 시 업무에 방해가 되지 않도록 어떻게 하면 좋을지 얘기를 나누어 본다. 공공기관 외에도 공용 놀이터, 과학관, 체험관, 박물관, 인근 공원 및 숲 등의 다양한 시설과 풍부한 자연환경의 현장체험과 전문지식을 갖춘 전문가와의 만남의 기회를 제공해 줌으로써 유아가 지역사회에 대해 경험할 수 있는 기회를 확대시켜 줄 수 있다. 따라서 사전에 미리 가능한 계획들을 수립해 놓고 계획에 따라 다양한 지원을 해 줌으로써 경험을 통한 학습의 기회를 확장시켜 줄 수 있다. 이때 주의해야 할 사항은 교사가 계획을 수립했다고 해서 교사 주도의 활동형식으로 진행하지 않도록 해야 하며, 모든 활동이나 놀이에 유아의 의견을 적극 반영하여 만들어 가는 교육과정이 될 수 있도

i누리포털 홈페이지

i누리포털 홈페이지

록 해야 한다. 2020년 3월부터 개정 누리과정의 실행을 위하여 교육부, 보건복지부, 육아정책연구소는 놀이이해 및 실행을 효과적으로 운영할 수 있도록 누리과정 포털을 통하여 실제 누리과정 운영사례, 연수정보, 학부모 교육 자료, 학습공동체 운영사례 등을 제공함으로써 기관과 교사의 누리과정 실행력 향상을 지원하고 있다.

2 2015 개정 특수교육 유치원 교육과정

특수교육유아교육과정

2015 특수교육 유치원 교육과정

2015년 9월 교육부는 정부의 '6대 교육개혁 과제'의 하나인 '공교육 정상화'를 위한 핵심과제로서, 창의융합형 인재 양성을 목표로 하는 「2015 개정 특수교육 교육과정(교육부 고시 제2015-81호)」을 확정 · 발표하였다. 이 교육과정은 「유아교육법」 제13조제2항, 「초 · 중등교육법」 제23조제2항, 「장애인 등에 대한 특수교육법」 제20조제1항에 의거하여 고시한 것으로, 특수교육대상 학생이 취학하는 유치원, 초 · 중등학교 및 특수학교의 교육목적과 목표를 달성하기 위한 국가수준의 교육과정이며, 유치원, 초 · 중등학교 및 특수학교에서 편성 · 운영하여야 할 학교 교육과정의 공통적이고 일반적인 기준을 제시한 것이다. 특수교육의 교육과정 구성에 있어서 미래 사회가 요구하는 핵심역량을 함양하여 바른 인성을 갖춘 창의융합형 인재를 양성하기 위해 특수교육대상 학생의 개별적인 특성을 고려한 교육을 강조하여 개별 학생의 역량을 강화할 수 있도록 구성하였다. 「2015 개정 특수교육 교육과정」은 일반교육과정과의 연계 및 통합성을 높이고, 장애의 특성 및 정도를 고려한 교육과정을 개발하여 장애학생의 역량을 증진시키고자 한 것이다. 예를 들면, 중도 장애학생의 경우엔 일반교육과정의 수행이 어렵기 때문에 기본교육과정을 대안으로 제시하여 지역사회 생활 및 사회통합에 필요한 역량을 키울 수 있도록 교육과정을 개편하였고, 고등학교 장애학생을 위해서는 직업교육과정인 '특수교육 전문교과 교육과정'에서 기초 지식과 실무능력을 배양하여 성공적으로 취업에 도달할 수 있도록 개편하였다(교육부, 2016).

이후 2020년 4월「2015 개정 특수교육 교육과정(교육부 고시 제2019-212호, 2019.12.27.)」의 총론, 유치원 교육과정, 공통 교육과정 및 선택 중심 교육과정, 기본 교육과정을 일부 개정한「2015 개정 특수교육 교육과정(교육부 고시 제2020-226호)」에서 학교급별 교육목표 중 기존에 없었던 유치원 교육목표를 신설하여 고시하였는데, 이는 유아특수교육의 교육과정을 국가수준의 공통교육과정인 누리과정을 근간으로 개별 유아의 요구에 적절하게 편성 · 운영하도록 한 것이라 볼 수 있다. 특수교육의 유치원 교육과정 편성 및 운영의 기준에서 구성 방향, 목적 및 목표가 국가수준의 공통교육과정인 누리과정에 근거하고 있으며, 편성 및 운영 부분에서 개별적 요구를 반영하여 운영하도록 한 것을 볼 수 있다. 이는 모든 유아가 누려야 할 자율권, 교육권, 평등권의 실현을 법적으로 보장한 것이라 볼 수 있으며, 유아통합교육의 의무화를 나타낸 것이라 볼 수 있다.

1) 2015 개정 특수교육 교육과정의 주요 개정내용

「2015 개정 특수교육 교육과정(교육부 고시 제2020-226호)」의 개정 방향은 현재 및 미래 환경에서 독립적으로 생활하기 위해 필요한 교육내용 및 지역사회와 환경과의 상호작용을 강조하는 교육활동을 선정하여 개별 장애학생이 일상생활 및 직업활동을 포함한 미래의 삶에 원활하게 대처하고, 성공적인 삶을 영위할 수 있도록 교육과정을 개편한 것이다. 이를 위해 공통 교육과정 및 선택중심 교육과정(초 · 중등학교 교육과정)의 적용이 어려운 지적장애학생의 발달수준을 고려한 역량중심의 교육과정을 개발하고, 지역사회 생활이나 사회통합에 필요한 핵심역량을 중심으로 실생활 및 삶과 연계되는 내용의 수준별 교육과정을 개발하도록 하였다. 주요 개정내용 중 유치원 교육과정을 살펴보면, 유치원 교육과정인 누리과정의 목적을 장애유아의 특성에 맞게 조정하여 제시하도록 함으로써 만 3~5세 특수교육대상 유아의 심신의 건강과 조화로운 발달을 도와 개인의 일상생활 자립과 행복을 추구할 수 있도록 하였다. 또한, 유치원 교육과정 개정(교육부 고시 제2015-61호, '15.02.24)에 따라 1일 편성시간을 현행 3~5시간이었던 것을 4~5시간으로 수정하였다. 그 외에도 순회교육 관련 지침을 신설하고, 개별화교육계획안 수립, 특수교육 관련 서비스(상담지원, 가족지원, 치료지원, 보조인력지원, 보조공학기기지원, 보조학습기기지원, 통학지원 및 정보접근지원 등) 제공, 개별 유아에게 적합한 교수 · 학습방법 제공 등 관련 사항을 명료화하여 제시하였다. 마지막으로 평가와 관련해서는 누리과정에 있는 '유아평가'와 '누리과정 운영평가' 관련 내용을 상세히 제시하였다(교육부, 2020b). 이를 정리해 보면, 발달지체, 장애위험 및 장애유아들을 위한 교육과정은 통합교육환경에서 누리과정을 근간으로 이루어지며, 개별 유아의 장애유형 및 특성에 따라 개별화교육계획안을 수립하여 이루어지도록 하였다고 볼 수 있다. 이는 실생활 및 삶과 연계된 교육내용을 중심으로 지역사회 생활이나 사회통합에 필요한 핵심역량을 키울 수 있도록 하루 일과 생활 및 활동을 놀이를 통해 학습하는 누리교육과정으로 구성하였다는 것이다. 여기서 제시한 6개 핵심역량은 자기관리 역량, 공동체 역량, 의사소통 역량, 창의적 사고 역량, 지식정보처리 역량, 심미적 감성 역량으로 지역사회 생활이나 사회통합에 필요한 역량들이다. 발달지체, 장애위험 및 장애유아를 위한 유치원 교육과정은 누리과정을 기반으로 운영하면서 특수교육대상 유아의 개별적인 요구에 부합하도록 개별화교육을 제공하는 것인데, 유의해야 할 사항은 모든 활동영역에 형식적으로 적용하는 것이 아니라 개별적 요구에 맞게 필요한 영역이나 생활 및 활동에 적용하여 제공해야 한다는 것이다.

「2015 개정 특수교육 교육과정(교육부 고시 제2020-226호)」의 유치원 교육과정 부분의 개정만 정리해 보면, 유치원 교육과정 편성 · 운영 기준에서 누리과정 구성 방향과 목적 및 목표는 기존과 동일하게 제시되었으며, 편성도 동일하게 제시되었으나, '순회교육을 위한 교육과정의 편성에 관한 사항은 시 · 도교육청에서 정한다'가 추가 신설되었다. 운영과 교수 · 학습방법도 기존과 동일하게 제시되었으나, 평가부분이 신설되어 유아평가와 누리과정 운영평가로 나뉘어 제시된 것이 누리과정의 평가와 연계하여 통일성을 준 것이라 볼 수 있다.

2) 2015 개정 특수교육 교육과정의 이해

(1) 특수교육 교육과정의 성격 및 추구하는 인간상

「2015 개정 특수교육 교육과정」의 성격은 전체 학교급별 공통의 기준으로 개정 누리과정처럼 유치원 교육과정만을 위해 별도로 수립된 것이 아니다. 그렇다보니 개정 누리과정의 성격에 있는 유아중심, 놀이중심이라는 부분은 빠져 있지만 성격의 내용면에서는 크게 다르지 않으며, 대동소이(大同小異)하다고 볼 수 있다. 또한 학교급별 공통기준이라 '학교교육 체제를 교육과정 중심으로 구현하고, 학교교육의 질적 수준을 관리하고 개선하기 위한 교육과정'이라는 부분이 포함되어 있다.

「2015 개정 특수교육 교육과정」의 목적은 개정 누리과정의 목적을 장애유아의 특성에 맞게 조정하여 '만 3~5세 특수교육대상 유아의 심신의 건강과 조화로운 발달을 도와 개인의 일상생활 자립과 행복을 추구하는 것'을 목적으로 하고 있다. 이러한 교육이념과 목적을 바탕으로 한 추구하는 인간상은 '자주적인 사람, 창의적인 사람, 교양 있는 사람, 더불어 사는 사람'으로 개정 누리과정의 추구하는 인간상에서 제시한 '건강한 사람'과 '감성이 풍부한 사람'을 제외하고는 유사하다.

개정 누리과정에서는 추구하는 인간상을 통해 교육적 비전을 제시하면서 이를 구현하기 위한 목표를 설정하여 제시하였다면, 특수교육 교육과정에서는 교과교육을 포함한 학교교육 전 과정을 통해 중점적으로 기르고자 하는 핵심 역량을 신설하여 제시하고, 이를 구현하기 위해 개정 누리과정의 목표를 그대로 적용하였다. 이는 2020년 4월에 개정 특수교육과정을 일부개정하면서 특수교육과정에 유치원 교육목표를 신설하여 개정 누리교육과정을 근간으로 하고자 동일하게 제시한 것이라 볼 수 있다. 개정 특수교육과정의 학교급별 공통기준인 추구하는 인간상과 핵심 역량, 그리고 유치원 교육목표는 아래에 제시한 바와 같다.

㉮ 전인적 성장을 바탕으로 자아정체성을 확립하고, 자신의 진로와 삶을 개척하는 자주적인 사람: 자아정체성과 자신감을 가지고, 자신의 삶과 진로에

필요한 기초능력과 자질을 갖추어 자기주도적으로 살아갈 수 있는 자기관리역량, 문제를 합리적으로 해결하기 위하여 다양한 영역의 지식과 정보를 처리하고, 활용할 수 있는 지식정보처리 역량 ⇒ 자신의 소중함을 알고, 건강하고 안전한 생활습관을 기른다. 자신의 일을 스스로 해결하는 기초능력을 기른다.

㉯ 기초능력의 바탕 위에 다양한 발상과 도전으로 새로운 것을 창출하는 창의적인 사람: 폭넓은 기초 지식을 바탕으로 다양한 전문 분야의 지식, 기술, 경험을 융합적으로 활용하여 새로운 것을 창출하는 창의적 사고 역량 ⇒ 호기심과 탐구심을 가지고 상상력과 창의력을 기른다.

㉰ 문화적 소양과 다원적 가치에 대한 이해를 바탕으로 인류 문화를 향유하고, 발전시키는 교양 있는 사람: 인간에 대한 공감적 이해와 문화적 감수성을 바탕으로 삶의 의미와 가치를 발견하고 향유하는 심미적 감성 역량 ⇒ 일상에서 아름다움을 느끼고 문화적 감수성을 기른다.

㉱ 공동체 의식을 가지고, 세계와 소통하는 민주시민으로서 배려와 나눔을 실천하는 더불어 사는 사람: 다양한 상황에서 자신의 생각과 감정을 효과적으로 표현하고, 다른 사람의 의견을 경청하며 존중하는 의사소통 역량, 지역 · 국가 · 세계 공동체의 구성원에게 요구되는 가치와 태도를 가지고 공동체 발전에 적극적으로 참여하는 공동체 역량 ⇒ 사람과 자연을 존중하고 배려하며 소통하는 태도를 기른다.

개정 특수교육과정은 미래 사회가 요구하는 창의융합형 인재를 양성하기 위한 교육과정으로 인문 · 사회 · 과학기술 기초 소양을 균형 있게 함양하고, 적성과 진로에 따른 선택학습을 강화했을 뿐 아니라 핵심개념을 중심으로 학습내용을 구조화 하고, 학습량을 적정화하여 학습의 질을 개선하고자 하였다. 또한, 다른 부분들은 개정 누리과정과 크게 다르지 않으나, '특수교육대상 학생의 개별적인 특성을 고려한 교육을 강조하여 개별 학생의 역량을 강화'하도록 한다는 부분을 별도로 부각하였다. 이는 개별화교육계획안을 작성하여 시행토록 해야 한다는 것과 개별 특수교육대상 학생의 잠재적 능력을 최대한 계발시킬 수 있도록 지원해야 한다는 것과 맥을 같이하는 것이라 볼 수 있다. 다음으로 교육과정의 편성 · 운영 및 평가에서는 이러한 교육과정을 어떻게 교육현장에서 편성하고 운영해야 하는지 그리고 교육의 질을 개선하기 위하여 어떠한 평가를 해야 하는지에 대하여 살펴보고자 한다.

(2) 편성 · 운영 및 평가

2020년 4월 교육부(고시 제2020-226호)에서는 유치원 교육과정을 일부 개정하여 고시하였는데, 편성에서는 개정 누리과정 내용을 그대로 가져왔으나, 한 가지 보충한 부분은 '유아의 장애 특성 및 정도를 고려하여'라는 부분을 추가하면서 편성하도록 하였고, 마지막 항목인 '순회교육을 위한 교육과정 편성은 시 · 도 교육청에서 정하도록' 하였다. 이는 일반교육과정인 개정 누리과정과 개정 특수교육 교육과정의 유치원 교육과정 연계 및 통합성을 고려하여 개편한 것이라 볼 수 있다.

먼저, 학교 교육과정 편성 · 운영을 살펴보면, 장애 특성 및 정도를 고려한 교수 · 학습 및 평가 관련 지침을 신설하여 개별 장애학생의 특성 및 정도를 고려한 교육내용 재구성, 적절한 교수 · 학습방법을 마련하여 제공하도록 하였다. 또한, 개별 장애학생에게 필요한 긍정적 행동지원, 보조공학기기 및 의사소통 지원 방안을 마련하였을 뿐 아니라 장애학생의 특성 및 정도에 적합한 평가가 이루어질 수 있도록 평가 조정 방안을 마련하여 학생을 평가하도록 하였다.

더불어 특수교육 유치원 교육과정 운영에서의 평가는 누리과정 운영의 평가부분을 그대로 적용하였기 때문에 유아평가에서는 교육과정의 목표와 내용에 근거하여 유아의 특성과 변화 정도를 평가하도록 하였고, 유아의 지식, 기능, 태도를 포함하여 평가하도록 하였다. 또한, 일상생활과 누리과정 활동 전반에 걸쳐 평가를 하되 평가 시 관찰, 활동 결과물 분석, 부모 면담 등 다양한 방법을 사용하여 종합적으로 평가하고, 그 결과를 기록하여 유아에 대한 이해와 누리과정 운영 개선 및 부모 면담 자료로 활용할 수 있도록 하였다.

교육과정 운영평가에서는 운영내용이 누리과정의 목표와 내용에 근거하여 편성 · 운영되었는지를 평가하고, 운영내용 및 활동이 유아의 발달수준과 흥미 · 요구에 적합한지를 평가하도록 하였다. 또한 교수 · 학습방법이 유아의 흥미와 활동의 특성에 적합한지를 평가하며, 운영환경이 유아의 발달특성과 활동의 주제 내용 및 효율성 등을 고려하여 구성되었는지를 평가하도록 하였다. 이러한 평가는 계획안 분석, 수업참관 및 모니터링, 평가척도 등 다양한 방법을 활용하여 평가하도록 하면서 운영평가의 결과를 반영하여 운영계획을 수정 · 보완하거나 이후 누리과정 편성 · 운영에 활용하도록 하였다. 특수교육 유치원 교육과정의 개정된 부분을 살펴본 바에 의하면, 기존 교육과정을 그대로 가져오면서 표현방식에서 누리과정과 연계하여 통일성을 고려하였고, 통합교육을 기반으로 두 교육과정을 연계하고자 하였기 때문에 일반교육과정인 누리과정의 평가부분을 그대로 적용하였다고 볼 수 있다. 따라서 개정 누리과정을 모든 유아가 받을 수 있도록 하면서 개별적인 특수교육적 요구를 가진 특수교육대상 유아들이 동일한 환경에서 생활하고 적응할 수 있도록 장애특성과 정도를 고려하여 적합하게 수정하고 적용함으로써 통합교육을 실행할 수 있도록 하였다고 볼 수 있다. 이렇게 편성 · 운영 및 평가를 할 수 있도록 국가 및 시 · 도 교육청은 특수교육대상 학생에 대한 지원 및 예산편성의 근거를 마련하고, 행정적 · 재정적 지원을 강화하도록 하고 있다.

이인숙, 정길순, 노진아(2020)는 통합유치원의 유아특수교사들이 장애유아의 개별적 요구를 충족시키고, 일과에 참여할 수 있도록 교육과정을 수정하여 실행하고 있는지를 살펴본 연구에서, 유아특수교사의 83% 이상이 교육과정 수정에 대한 이해는 하고 있으나 실제 교육과정을 수정하여 실행하고 있는 교사는 49.6%로 절반도 채 되지 않는 것으로 나타났다고 하였다. 교육과정의 수정 및 적용을 어렵게 하는 요인으로는 교사들 간 협력의 문제, 업무과다, 학급당 특수교육대상 유아의 과다 등이 제시되었다. 이를 해결하기 위해서 유아특수교사들은 통합교육환경에서 교사들 간의 협력이 없이는 교육과정을 수정한다고 해도 성공적으로 실행하기는 어려우므로 조직적 차원에서 교사 간 협력을 증진시킬 수 있는 지원이 이루어져야 할 뿐만 아니라 유아특수교사와 통합학급 교사의 행정적 업무 부담의 감소, 교육과정 수정에 대한 실제적 자료 및 관련된 연수가 필요하다고 하였다. 개정 누리과정 실행과 관련하여 이승미(2020)는 장애유아통합교육 현장의 교사들을 심층 면접한 결과, 놀이중심 교육과정을 실행함으로써 장애유아의 놀이참여의 기회와 참여도가 향상되었을 뿐만 아니라 유아들 간의 상호작용 확대, 장애유아의 문제행동 발생 빈도 감소라는 긍정적인 결과가 나타났다고 하였다. 이로 인하여 장애유아와 비장애유아 간의 긍정적인 관계를 형성하는 데 기여할 수 있었다고 보았다. 또한 놀이중심 교육과정 실행 시 교사의 역할을 놀이준비, 놀이 속 직 · 간접적 지원으로 나누어 지속적으로 지원하고 있다고 제시하였다. 본 연구에 참여한 교사들이 놀이중심 교육과정 실행 시 언급한 어려움으로는 놀이중심 교육과정 실행에 대한 고민, 인력 부족으로 인한 어려움, 업무상 발생하는 어려움 등이 있었으며, 이를 해결하기 위해서는 놀이중심 교육과정 실행 전 교사들에게 충분한 교육지원, 전문인력지원, 교육과정과 평가지표의 일치와 충분한 교육자료지원 및 놀이에 대한 사회적인 인식 개선 같은 실행을 위한 여건 마련이 필요하다고 하였다.

지금까지 살펴본 바와 같이, 특수교육의 유치원 교육과정은 국가수준의 유치원 공통 교육과정인 누리과정을 근간으로 장애유아의 개별적 요구에 적합한 개별화교육계획을 수립하여 편성 · 운영하도록 하고 있으며, 누리과정 또한 장애유아의 개별적인 요구를 반영하여 누리과정을 수정 · 보완하여 비장애유아와 동등한 참여의 기회를 가질 수 있게 편성 · 운영하도록 하고 있다. 이는 특수교육의 유치원 교육과정이나 개정 누리과정이나 모두 동일한 목적과 목표를 가지고 수행되는 것으로, 모든 유아의 평등한 교육권을 보장함으로써 유아통합교육의 의무화를 실행하고자 한 것이라 볼 수 있다. 개정 누리과정을 근간으로 개별화교육계획을 실행하는 유아통합교육과정은 동일한 교육환경에 있는 모든 유아가 동등한 구성원으로서 참여의 기회를 가질 수 있다는 전제조건하에 교육권을 보장받게 된다. 그렇기 때문에 유아통합교육과정은 보편적 학습설계의 원칙이 적용되어야 하며 발달에 적합한 실행방안이 모색되어져야 하는 것이다. 따라서 제5장에서는 개정 누리과정을 토대로 장애유아의 개별적 요구에 적합한 개별화교육계획을 실행할 수 있는 유아통합교육과정의 적용 방안을 모색하기에 앞서 그 대상 선정 절차에 대하여 먼저 살펴보고자 한다.

Chapter
5

유아통합교육 대상 선정 절차

유아기는 전인발달의 기초를 형성하는 시기이며, 모든 영역별 발달의 결정적인 시기라는 점을 고려한다면, 교육 및 발달 가능성의 잠재력이 무한한 중요한 시기라 할 수 있다. 이러한 중요한 시기에 장애나 장애 위험을 지닌 유아들에게 그들의 개별적 요구를 충족시킬 수 있는 적절한 서비스를 제공한다는 것은 그들이 가지고 있는 잠재력을 최대한 계발하여 부차적인 장애를 예방하거나 발달지체의 진행을 막음으로써 특수교육의 궁극적 목적인 사회통합을 이룰 수 있다는 교육적 확신이라고 볼 수 있다(김관주, 정훈영, 2016; 장수연, 2012). 이러한 확신은 연구를 기반으로 한 실제적 증거를 통하여 이루어졌으며, 이를 위한 효율적인 실행은 강제성이 수반된 법적인 근거에 의해 국가적 차원에서 실행되어야 가능하다. 그럼에도 불구하고 아직까지 교육 및 보육현장에서 영유아를 위한 조기교육 및 조기중재에 대한 부분은 미미한 것이 사실이다(교육부, 2013; 교육부 2018). 이에 대하여 김관주와 정훈영(2016)은 그 이유를 포괄적이고 통합적이며 지속적인 서비스체계의 미비와 연계성 부족이라고 하였으며, 구체적으로는 조기중재를 위한 아동 발견 및 선별체계의 부족이라고 하였다. 교육부(2018)에서는 「제4차 특수교육발전 5개년 계획('13~'17)」에서 제시한 '영유아기 통합 활성화를 위한 특수교육대상 영유아 조기발견 및 중재, 효율적인 특수교육 관련 서비스 제공'이 관계부처 및 기관의 연계 부족으로 인하여 나타난 한계점(정민호 외, 2016)이라고 보았다. 이를 종합해 보면, 첫 번째 단계인 조기중재를 위한 아동 발견 및 선별체계의 부족이 먼저 해결되어야 하며, 이후 이들을 위한 체계적인 서비스를 제공하기 위하여 관계부처 및 기관의 연계가 원활히 이루어져야 할 뿐 아니라 각 분야의 전문가협의회에 의한 포괄적이고 통합적이며 지속적인 서비스가 이루어져야 한다는 것이다. 그렇기 때문에 제일 먼저 해결해야 할 특수교육대상 영유아의 조기선별 과정을 통하여 이후 적절한 서비스 지원이 이루어질 수 있도록 해야 할 것이다. 따라서 우선적으로 어떤 대상이 특수교육대상 유아로 선정될 수 있는지를 살펴보아야 할 것이다. 제5장에서는 먼저 특수교육대상 유아의 선정 및 배치 절차에 대하여 전반적으로 파악한 후 실제 특수교육대상 유아의 선별 및 진단 · 사정은 어떠한 절차에 따라 이루어지는지 살펴보고자 한다.

1 특수교육대상 유아의 선정 및 배치

「장애인 등에 대한 특수교육법」 제14조에 따르면, 교육장과 교육감은 영유아의 장애 및 장애 가능성을 조기에 발견하기 위하여 지역주민과 관련 기관을 대상으로 홍보를 실시하고, 해당지역 내 보건소와 병원 또는 의원에서 선별검사를 무상으로 실시해야 한다. 이를 효과적으로 실시하기 위하여 지방자치단체 및 보건소와 병 · 의원 간에 긴밀한 협조체제를 구축하여 장애를 가지고 있다고 의심되는 영유아나 장애학생을 발견하였을 때는 특수교육지원센터에 회부하여 진단 · 사정을 실시할 수 있도록 하고 있다. 다만, 이러한 모든 과정은 보호자의 사전 동의하에서 이루어져야 한다는 점을 반드시 숙지해야 한다. 이를 통하여 장애를 조기에 발견할 수 있도록 하여 부차적 장애를 예방하고, 분리되지 않도록 개별의 교육적 요구에 적합한 지원을 함으로써 궁극적으로는 사회통합을 이루고자 하는 것이다. 따라서 이번 장에서는 이러한 궁극적인 목적을 달성하기 위한 첫 단계로 어떤 대상을 특수교육대상자로 선정하며, 어떠한 절차를 통하여 특수교육대상 유아로 선정되는지를 살펴보고자 한다.

1) 잠재적 특수교육대상 유아

2007년 제정된 「장애인 등에 대한 특수교육법」에서 제시한 특수교육대상자는 '교육장이나 교육감에 의해 특수교육지원센터에 회부되어 시각장애, 청각장애, 지적장애, 지체장애, 정서 · 행동장애, 자폐성장애(이와 관련된 장애를 포함), 의사소통장애, 학습장애, 건강장애, 발달지체, 그 밖에 대통령령으로 정하는 장애 중 어느 하나에 해당하는 사람으로 특수교육이 필요하다고 진단 · 평가된 사람'을 말한다. 일반적으로 특수교육대상자는 연령범주에 따라 특수교육대상 학생, 특수교육대상아, 특수교육대상 유아 등의 용어로도 지칭된다.

특수교육대상 유아의 경우, 유아기라는 특성으로 인해 모든 영역별 발달이 초기에 해당되기 때문에 유아들 간의 발달 차이가 매우 클 뿐 아니라 한 명의 유아에게서도 영역별 발달의 차이가 크게 나타날 수 있기 때문에 이에 대한 발달가능성과 잠재력을 간과해서는 안 된다. 유아기는 발달 초기에 해당하기 때문에 장애진단 자체가 어렵거나 부정확하고 부적절할 수 있으며, 진단을 내릴 정도로 장애가 드러나지 않았을 수도 있다. 또한, 특정 장애로 진단되는 것 자체가 낙인의 부정적인 영향을 피할 수 없다는 우려도 있기 때문에 섣불리 장애로 판정하는 것은 경계해야 한다. 이러한 이유로 유아기에는 특정 장애로 진단받기보다는 발달지체라는 명칭으로 특수교육대상 유아로 진단 · 평가를 받은 후 개별적 요구에 적합한 교육 및 관련 서비스를 제공받을 수 있다(김경숙, 김미숙, 김성애, 김수진, 박숙영, 백유순, 이성봉, 조광순, 조윤경, 최민숙, 허계형, 2002; 이소현, 2020; 이소현, 이수정, 박병숙, 윤선아, 2018). 따라서 특수교육대상 유아로 선정되어 적절한 교육적 지원을 받을 수 있는 장애유아 및 발달지체에 대하여 살펴보고, 추가로 장애위험 유아에 대하여 살펴보고자 한다.

(1) 장애유아

장애(disability)는 한 인간의 상태 혹은 특성 중 어느 한 부분을 말한다. 모든 사람은 그들의 삶 속에서 어떤 시점에 일시적 혹은 영구적으로 장애를 경험할 수 있다. 다양한 유형의 장애인(person with disabilities)이 존재하지만 우리는 그들의 장애유형만으로 그 사람 자체를 정의하거나 평가하지 않으며, 그렇게 해서도 안 된다. 장애는 눈으로 확인할 수 있는 것도 있지만 그렇지 않은 것도 있으며, 선천적으로 유전자에 의해 가지고 태어날 수도 있지만 후천적으로 우연한 사고로 인해 발생하기도 하고, 질병에 의해 발생하기도 한다. 장애가 발생하는 시기 또한 다양하여 아동기, 청소년기, 중 · 장년기, 노년기 등 전 생애를 통해 어느 시점에서든 발생하거나 발현될 수 있다(WHO & The World Bank, 2011). 이렇듯 장애는 예측 가능한 상태도 있지만 예측 불가능한 상태인 것도 있고, 시기 · 유형 · 정도도 다양하다. 또한, 학제 간 견해도 다양하고 복잡하며, 개인적인 특성과 사회 · 환경적 요소 간의 상호작용도 고려해야 하기 때문에 장애 및 장애인에 대한 정의를 단일하게 내리기란 결코 쉬운 일이 아니다. WHO와 World Bank(2011)가 제출한 장애에 대한 세계보고서에서도 장애에 대한 정의는 복잡하고, 역동적이며, 다차원적이고, 개념을 정의하는 데 국가마다 그리고 학자들마다 논정의 여지가 있는 개념이라고 하였다.

그러나 교육 및 보육현장에서 장애에 대한 합의된 공통의 정의는 효용성 있는 교육적 지원의 편성 및 운영을 위해서 반드시 필요한 부분이며, 이를 위한 기준이 있어야 한다. 따라서 교육 및 보육현장에서 원활한 운영을 위해서 국가 및 지자체의 지원을 받을 수 있는 근거가 되는 법률 및 정책제도를 트대로 장애에 대한 합의된 공통의 정의를 수립하는 것이 바람직할 것이다. 따라서 법률에 나타난 장애(障礙) 및 장애인(障礙人)에 대한 정의를 살펴보면, 「장애인차별금지 및 권리구제 등에 관한 법률(법률 제12365호 2014.1.28., 일부개정)」에서는 장애를 '신체적 · 정신적 손상 또는 기능상실이 장기간에 걸쳐 개인의 일상 또는 사회생활에 상당한 제약을 초래하는 상태'라고 정의하였으며, 「장애인복지법(법률 제13367호, 2015.6.22., 일부개정)」에서는 장애인을 '신체적 · 정신적 장애르 오랫동안 일상생활이나 사회생활에서 상당한 제약을 받는 자'라고 정의하고 있다. 여기서 말하는 '신체적 장애'는 외부 신체기능의 장애와 내부기관의 장애를 말하며, '정신적 장애'는 발달장애 또는 정신질환으로 발생하는 장애라고 정의하고 있다.「장애아동 복지지원법(법률 제14332호, 2016.12.2., 일부개정)」에 따르면, 장애아동은 18세 미만의 사람 중「장애인복지법」제32조에 따라 등록된 장애인을 말하며, 6세 미만의 아동으로서 장애가 있다고 보건복지부장관이 별도로 인정한 사람을 장애아동에 포함한다.「장애인복지법」에서 제시하고 있는 장애유형의 정도에 따른 장애인의 분류는 〈표 5-1〉에 제시한 바와 같다.

〈표 5-1〉 장애인복지법상의 장애유형의 분류

대분류	중분류	소분류	세분류
신체적 장애	외부 신체기능의 장애	지체장애	절단장애, 관절장애, 지체기능장애, 변형 등의 장애
		뇌병변장애	뇌의 손상으로 인한 복합적인 장애
		시각장애	시력장애, 시야결손장애
		청각장애	청력장애, 평형기능장애
		언어장애	언어장애, 음성장애, 구어장애
		안면장애	안면부의 추상, 함몰, 비후 등 변형으로 인한 장애
	내부기관의 장애	신장장애	투석치료 중이거나 신장을 이식받은 경우
		심장장애	일상생활이 현저히 제한되는 심장기능 이상
		간장애	일상생활이 현저히 제한되는 만성·중증의 간기능 이상
		호흡기장애	일상생활이 현저히 제한되는 만성·중증의 호흡기기능 이상
		장루·요루장애	일상생활이 현저히 제한되는 장루·요루
		뇌전증장애	일상생활이 현저히 제한되는 만성·중증의 뇌전증
정신적 장애	발달장애	지적장애	지능지수가 70 이하인 경우
		자폐성장애	소아청소년 자폐 등 자폐성장애
	정신장애	정신장애	조현병, 조현정동장애, 양극성정동장애, 재발성우울장애

출처: 보건복지부 고시 제2019-117호, 장애정도 판정기준, p.3 인용.

장애인은 전 생애를 통해 지칭되는 공통된 용어라고 본다면, 이들을 연령범주로 나누어 유아기에 해당하는 장애인을 장애유아라고 지칭할 수 있다. 장애 및 장애인에 대한 법적 정의를 장애유아에 대입하여 정의하면, '장애유아는 신체적 · 정신적 장애로 인하여 오랫동안 일과생활, 놀이 및 활동에서 상당한 제약을 받는 유아'라고 정의해 볼 수 있을 것이다. 〈표 5-2〉는 「장애인복지법」 제32조에 따라 장애인으로 등록된 학생들 중 일반학급에 배치되어 전일제 통합교육을 받는 학생들에 관한 2021년도 현황이다. 전일제 통합학급에 배치된 전체 장애학생 수는 16,061명이고, 유치원에서 전일제 통합학급에 배치된 학생 수는 1,752명인 것으로 나타났지만 〈표 5-2〉에서 제시한 바와 같이 「장애인복지법」 제32조에 따라 전일제 통합교육을 받고 있는 장애인으로 등록된 전체 학생 수는 7,207명, 유치

〈표 5-2〉 2021년도 장애인 등록 현황(전체 및 유치원 현황)

장애영역	전체			유치원		
	계	장애의 정도가 심한 장애인 (기존 1~3급)	장애의 정도가 심하지 않은 장애인 (기존 4~6급)	계	장애의 정도가 심한 장애인 (기존 1~3급)	장애의 정도가 심하지 않은 장애인 (기존 4~6급)
전체	7,207	5,006	2,201	445	247	198
지체장애	1,013	524	489	54	18	36
뇌병변장애	1,355	682	673	89	42	47
시각장애	375	101	274	10	3	7
청각장애	1,610	1,1201	409	128	89	39
언어장애	383	61	322	74	8	66
지적장애	1,809	1,809	–	58	58	–
자폐성장애	572	572	–	28	28	–
정신장애	1	1	–	–	–	–
신장장애	20	11	9	–	–	–
심장장애	21	18	3	–	–	–
호흡기장애	8	6	2	1	–	1
간장애	13	1	12	1	–	1
안면장애	2	1	1	–	–	–
장루 · 요루장애	14	9	5	1	1	–
뇌전증장애	11	9	2	1	–	1

출처: 교육부 (2021). 2021년 특수교육통계. 교육부 국립특수교육원. p.133.

원에 배치된 학생 수는 445명으로 장애로 등록되어 일반학급에 배치된 학생의 수가 훨씬 적다는 것을 알 수 있다. 〈표 5-2〉에서 장애영역별 등록된 유치원 일반학급에 재원 중인 장애유아의 현황을 살펴보면, 장애 정도가 심한 경우에 등록된 장애유아의 수(247명)가 더 많았으며, 청각장애, 지적장애, 자폐성장애를 제외하고는 장애 정도가 심하지 않은 장애유아는 상대적으로 더 많았다. 이는 일반학급에 배치되는 유아의 경우, 대부분 경도의 증상을 가지고 배치되는 경우가 많다는 것을 나타내며, 유아기의 발달특성상 개인차가 크기 때문에 잠재된 발달가능성을 고려한 것이라 볼 수 있다. 또한, 청각장애의 경우는 인공와우 수술로 인해 장애가 심한 경우라도 보조공학기기를 사용하여 충분히 일반학급에서 생활하는 것이 가능해졌기 때문이라 생각할 수 있다. 이는 의학적 측면에 근거한 「장애인복지법」에 따른 현황을 제시한 것이다. 반면, 교육적 측면에서 특수교육대상자로 선정할 때, 근거가 되는 「장애인 등에 대한 특수교육법」에서는 시각장애, 청각장애, 지적장애, 지체장애, 정서 · 행동장애, 자폐성장애(이와 관련된 장애를 포함), 의사소통장애, 학습장애, 건강장애 중 어느 하나의 장애 명칭으로 진단된 유아를 장애유아라고 하고, 이들의 특별한 교육적 요구를 충족시키기 위하여 특수교육대상 유아로 선정함으로써 적절한 교육적 지원을 제공할 수 있다.

(2) 발달지체

발달지체 또는 발달지연(developmental delay)이라는 용어는 미국의 「장애인교육법(IDEA)」에서 처음으로 영유아기 특수교육대상자의 적격성을 판정하기 위해 사용하기 시작하였으며, 우리나라에서는 「장애인 등에 대한 특수교육법」에서 처음으로 특수교육대상자 선정 기준으로 포함시켰다(이소현, 2020). 발달지체는 신체, 인지, 의사소통, 사회 · 정서, 적응행동 중 하나 이상의 발달이 또래에 비하여 현저히 지체되어 특별한 교육적 조치가 필요한 영아 및 9세 미만의 아동을 말한다(교육과학기술부, 2008b). 즉, 초등학교 저학년에 해당하는 9세까지는 특정 장애를 지닌 것으로 진단받지 않더라도 또래에 비해서 일정 기준 이상으로 발달이

지체되는 경우, 특수교육대상자로 선정될 수 있기 때문에 유아기 특수교육대상자의 경우, 발달지체 유아라는 용어로 총칭되기도 한다. 이에 대하여 정인숙 외(2008)와 이소현(2007)은 취학 전 특수교육대상자의 적격성을 판정할 때 「장애인 등에 대한 특수교육법」에서 제시하는 선정 기준과 같은 범주별 장애 분류를 활용하는 것이 대부분 유아들에게 적절하지 않다고 지적하였다. 현재 미국의 경우에는 발달지연이 조기교육대상자의 적격성 판정 기준으로 기타 장애유형과는 별도로 명시되어 있는 반면, 우리나라의 경우에는 기타 장애유형과 함께 특수교육대상자 선정 기준에 포함되어 있기 때문에 또 다른 '장애 명칭'으로 오인될 여지가 있다(이소현, 2020). 다시 말해, 미국의 경우에는 장애유형에 발달지연을 포함시키지 않고, 영유아기 발달특성상 즉, 급격한 성장과 발달을 하는 기간이며, 발달 속도의 개인차가 크고, 영역별 발달속도 또한 차이가 크다는 점을 반영하여 잠재능력을 충분히 계발시킬 수 있도록 지원 대상으로만 선정함으로써 낙인 효과나 분리교육 등의 부정적인 영향을 최소화하였다. 이와 달리 우리나라의 경우는 범주형 장애유형의 하나처럼 비범주형 발달지체가 포함되어 있어 영유아기의 발달특성을 적절하게 반영하지 못했기 때문에 자칫 장애 명칭으로 오인되어 낙인이나 분리교육이라는 부정적인 영향을 받을 가능성이 높다는 점은 신중히 고려하여 개선해야 할 중대한 사안이다.

또 한 가지 발달지체와 관련하여 짚고 넘어가야 할 것이 있는데, 간혹 현장에서 발달지체와 발달장애를 혼동하여 쓰는 경우가 종종 있다는 것이다. 이를 좀 더 정확하고 명확하게 적용할 수 있도록 법적인 측면에서 정의를 하면, 관련법인 「발달장애인 권리보장 및 지원에 관한 법률(법률 제12844호, 2014.11.19., 타법개정)」에 따라 발달장애인은 「장애인복지법」 제2조제1항의 장애인으로서 '지적장애인'과 '자폐성장애인'을 말한다. 여기서 지적장애인이란 '정신 발육이 항구적으로 지체되어 지적인 능력의 발달이 불충분하거나 불완전하여 자신의 일을 처리하는 것과 사회생활에 적응하는 것이 상당히 곤란한 사람'이며, 자폐성장애인은 '소아기 자폐증, 비전형적 자폐증에 따른 언어 · 신체표현 · 자기조절 · 사회적응 기능 및 능력에 장애로 인하여 일상생활이나 사회생활에 상당한 제약을 받아 다른 사람의 도움이 필요한 사람'을 의미한다. 그 밖에 '통상적인 발달이 나타나지 아니하거나 크게 지연되어 일상생활이나 사회생활에 상당한 제약을 받는 사람으로서 대통령령으로 정하는 사람'을 발달장애인이라 지칭한다. 발달장애는 장애인 등록을 위한 기준으로 보아야 하며, 발달지체는 장애인 등록보다는 유아기라는 발달특성을 고려하여 범주형인 장애유형을 대신하여 상대적으로 낙인의 효과가 적은 특수교육대상자로 선정함으로써 교육적 지원을 통하여 잠재능력을 충분히 계발하도록 지원해 주기 위한 명칭으로 보아야 할 것이다. 따라서 발달지체는 지체되었던 영역의 발달이 교육적 지원으로 보완이 되면, 일반학교에 진학하여 충분히 적응하고 생활할 수 있다는 가능성을 내포한 것이라 볼 수 있다. 가능성의 확장적인 측면에서 본다면, 유아기에는 발달장애가 아닌 발달지체라는 용어를 사용하는 것이 적합하다.

2009~2019년까지 통합교육현장에서 발달지체 유아와 관련해서 진행된 연구들은 주로 사회성 증진을 목표로 한 중재, 활동중심 자연적 교수법에 대한 효과, 긍정적 행동지원에 대한 효과 검증 등의 연구들이 이루어졌는데(조인영, 이연우, 2019), 발달지체 유아에 대한 '개별적인 긍정적 행동지원'으로 산만한 행동 감소, 일과 및 활동참여행동 증가, 문제행동 감소가 나타났으며(권소영, 이지효, 강수연, 2019; 최현정, 노진아, 정길순, 2020), '사회성 증진을 목표로 한 중재'를 통해서는 사회적 관계 형성, 사회적 기술 향상, 인지 · 언어 · 의사소통 능력의 향상, 우정형성 증가 등의 긍정적인 효과가 나타났다고 하였다(정대영, 정인숙, 하창완, 2019).

「2019 개정 누리과정」이 시행된 이후 발달지체 유아와 관련해서 발달영역별 효과검증 외에도 증거기반 연구에 대한 관심이 높아지면서 동향분석을 실시한 연구들이 증가하고 있다(송미정, 2020a, 2020b; 정대영, 정인숙, 하창완, 2019; 조인영, 이연우, 2019). 이러한 현상은 발달지체 유아라는 대상의 특성으로 인하여 단일연구대상으로 진행하다 보니 일반화의 문제가 제기되기 때문에 중재 효과에 대한 다수의 연구결과를 분석함으로써 증거기반의 실제를 수립하고자 한 것이라 볼 수 있다. 또한 미국장애아동협회(Council for Exceptional Children: CEC)에서 교육 분야의 증거기반실제(evidence-based practices: EBP)에 대한 노력을 강조하면서 제시한 질적 지표분석이나 메타분석기법의 사용 증가, 유아 · 놀이중심 「2019 개정 누리과정」에 대한 발달지체 유아의 적응방안을 모색하기 위해서 실제를 기반으로 한 연구들의 확대를 지향하고 있기 때문이라 볼 수 있다.

(3) 장애위험 유아

장애위험 유아(preschool children at-risk for disabilities)란 현재 장애가 있는 것으로 진단되지는 않았지만, 앞으로 장애 발현 가능성을 지니고 있는 유아를 말한다. 특히, 나이가 어린 영유아의 경우에는 일반적으로 환경적 위험, 생물학적 위험, 이미 형성된 위험 등 세 가지 위험 상태에 노출됨으로써 발달상의 문제를 보일 가능성이 있기 때문에 장애위험 유아로 분류될 수 있다(이소현, 2020; 정인숙, 조광순, 조윤경, 홍성두, 2008a,b). 여기서 '환경적 위험'은 경제적 · 사회적 위험요인을 의미하는 것으로 정상 출생아일지라도 환경적인 요인이 극도로 제한되거나 위협적일 경우 발달상의 지체가 나타날 수 있다. 예를 들면, 빈곤으로 인하여 사회 · 경제적 지위가 낮은 경우, 좋지 않은 양육환경이 조성되거나 부모의 알코올 중독 또는 아동학대 가능성이 높음으로써 정상적인 발달에 부정적인 영향을 미칠 가능성이 높다. '생물학적 위험'은 당뇨병이나 풍진 등과 같은 산모의 특정 질병이나 감염, 조산이나 저체중, 출생 시 무산소증, 출생 후 감염 등의 출산 전후나 출산 중에 나타나는 위험요인으로 이후 비전형적인 발달이나 지체를 초래할 수 있다. 마지막으로 '형성된 위험요인'은 다운증후군 같은 염색체 이상이나 신진대사장애, 선천적 기형 등 유전학적으로나 의학적으로 이미 형성된 조건에 의해서 장애나 발달지체를 초래할 가능성을 지닌 경우를 의미한다(이소현, 2020; 정인숙, 조광순, 조윤경, 홍성두, 2008a).

미국의 경우에는 「장애인교육법(IDEA)」을 통해서 조기교육을 받지 않을 경우 앞으로 발달지체가 될 가능성이 있는 장애위험 아동은 특수교육대상자로 포함할 수 있다고 명시함으로써 제도적인 지원을 제공하고 있는 반면, 우리나라의 경우는 아직까지 장애위험 아동의 출현율을 파악하거나 이들에게 적절한 특수관련 서비스를 제공할 수 있는 법적인 근거를 마련하지 못하고 있는 실정이다(이소현, 2020).

특히, 경제적 어려움과 사회적, 물리적 위험요인 등과 같은 환경적인 요인으로 인하여 장애위험 유아가 될 확률이 비교적 높은 소외계층 및 다문화가정의 영유아들은 발견하기가 쉽지 않은 상황이며, 가령 발견한다 하더라도 부모의 적극적인 지원이 부족하기 때문에 교육의 사각지대에 놓이게 되는 경우가 허다하다. 이에 대한 문제를 인식하고, 특수교육 뿐만 아니라 일반교육 분야에서도 장애위험 영유아에게 조기중재 및 가족지원과 같은 관련 서비스를 제공하는 것이 중요한 문제로 대두되고 있는 것이 현실이다(차재경, 김진호, 2016). 그러므로 우리나라에서도 미국의 경우를 참조하여 장애 명칭을 달지 않고도 교육 및 관련 서비스를 제공받을 수 있게 함으로써 발현 가능한 장애를 예방하거나, 발생률을 감소시킬 수 있을 것이다. 특히, 분리되지 않고 일반교육환경에서 교육을 받을 수 있게 함으로써 분리교육으로 인해 발생할 수 있는 국가적 차원의 비용을 절감할 수 있을 것이기 때문에 이에 대한 조기개입 혹은 중재를 통하여 궁극적으로 사회통합의 가능성을 높여야 할 것이다.

이와 관련된 연구를 살펴보면, 유아교육기관의 교사들은 평균 1~2명의 장애위험 유아로 의심되는 유아를 지도한 경험을 가지고 있으나, 선별과정을 모르거나 자문을 구할 지원체계가 없어서 실제로 전문기관에 선별이나 진단을 의뢰한 경험이 거의 없는 것으로 나타났다. 이런 유아의 문제를 학부모와 상담한 교사들도 부모들이 유아의 문제를 인정하지 않거나, 인정하더라도 도움을 원치 않는 등의 부정적인 반응을 보여 장애진단 의뢰과정에서 학부모에게 협조를 구하기 어렵다고 하였다. 또한, 대부분의 유아교사들은 장애에 대한 정확한 지식의 부족, 선별과정에 대한 전문적인 지식 부족, 학부모와의 갈등 우려 등의 어려움을 겪고 있기 때문에 이를 위해 장애위험 유아의 문제행동 원인 및 해결방안에 대한 정보 제공, 장애 영역별 특성에 대한 정보 제공 및 교육적 지원, 학부모의 장애 선별 및 진단에 대한 인식 개선과 수용적 태도 증진, 유아교육기관 측면에서의 특수교사 배치가 필요하다고 하였다(박체희, 2019; 유은경, 2017).

장애위험 유아를 위한 중재로는 긍정적 행동지원, 상황이야기 중재, 놀이활동,

의뢰 전 중재, 행동중재 등이 있었으며, 이를 통하여 주의산만행동, 방해행동, 문제행동 등이 감소하고, 활동참여와 사회적 상호작용이 증가한 것으로 나타났다(강혜원, 홍성호, 장정윤, 이영선, 2015; 권소영, 이지효, 강수연, 2018; 김보경, 2015; 김정민, 2019; 박체희, 2019; 우정화, 이병인, 2018; 유은경, 2017; 최윤희, 2017). 장애위험 유아와 관련된 선행연구들을 종합해 보면, 유아교사들은 유아교육기관현장에서 장애위험 유아들을 지도한 경험이 있으나, 이들의 개별적 교육요구에 적합한 교육을 제공하기 위한 노력으로 선별이나 진단의뢰 과정을 진행한 적이 거의 없었다. 그 이유는 장애, 발달지체 및 장애위험 유아에 대한 지식 부족과 학부모와의 갈등이 염려되기 때문이었다. 이를 해결하기 위해서는 교사들의 전문성 향상을 위한 정기적인 교육연수, 협력 및 조력자로서의 학부모 인식 개선 필요, 보조 및 전문인력 배치 등이 시급히 해결되어야 할 중요과제일 것이다. 이를 효율적으로 수행하기 위해서는 무엇보다 이와 관련된 법적 근거의 마련이 우선적으로 해결되어야 할 것이다.

2) 특수교육대상 유아 선정 절차

장애, 발달지체 및 장애위험 유아를 조기에 발견하여 적절한 특수교육서비스를 제공함으로써 추후에 나타날 수 있는 장애를 예방하거나 감소시키는 일은 매우 중요한 일임에 틀림이 없다. 그러나 영유아기는 뚜렷한 장애나 심한 장애를 가진 경우를 제외하고는 대부분 장애 여부를 알아내기가 쉽지 않을 뿐 아니라 부모들은 될 수 있는 한 장애의 가능성을 부인하고 수용하려 하지 않기 때문에 조기에 적절한 서비스를 제공하는 것은 현실적으로 매우 어려운 실정이다. 그러므로 법적, 제도적 장치를 마련하여 체계적인 조기발견을 통하여 조기교육이 이루어질 수 있도록 하는 것이 무엇보다 중요할 것이다. 현재 「장애인 등에 대한 특수교육법」에서는 만 2세 이하 장애영아는 무상교육 대상으로, 만 3~5세 이하 장애유아는 의무교육 대상으로 규정하면서 유아특수교육서비스를 제공할 수 있도록 장애영유아 선별 및 이에 따른 적절한 진단 · 평가제도를 마련하고 있다.

앞서 제시한 「장애인 등에 대한 특수교육법」 제14조(장애의 조기발견 등)제1항과 제2항에 따른 지방자치단체 또는 보건소와 병 · 의원 외에 유아교육기관은 영유아의 장애 및 장애 가능성을 조기에 발견할 수 있는 곳으로 가정과 더불어 유아의 일과를 가장 오래 함께하는 곳이기 때문에 장애 및 장애위험 유아를 빠르고 정확하게 발견할 수 있는 최적의 장소라 할 수 있다. 이러한 점을 고려하여 교사와 원장은 유아들의 행동을 주의 깊게 관찰하고 지원해 주어야 하며, 이를 부모와 공유해야 한다. 이를 위해서는 교사와 원장이 부모와 긴밀하고 협력적인 관계를 유지하며 유아를 중심으로 빈번한 교류를 가져야 함은 물론이며, 교육전문가로서 책임감과 사명감을 가지고 부모에게 필요한 정보를 제공해 주어야 한다. 또한, 동법 제3항에서는 보호자 또는 각급학교의 장은 제15조제1항 각호에 따른 장애를 가지고 있거나 장애를 가지고 있다고 의심되는 영유아 및 학생을 발견한 때에는 교육장 또는 교육감에게 진단 · 평가를 의뢰하여야 하며, 진단 · 평가 의뢰 시 보호자의 사전 동의를 받아야 한다고 규정하고 있다. 이는 유아교육현장에서 교사들이 가장 어려워하고 기피하는 사항으로 이를 원만하게 해결하기 위해서는 평상시 부모와 교사, 원장이 해당 유아를 중심으로 상호 존중하고, 배려하며 유아에게 가장 최적의 교육서비스가 무엇인지에 대한 소통의 기회를 자주 가짐으로써 상호 우호적이고, 협력적인 관계를 유지할 수 있도록 노력해야 한다. 때때로 교사와 원장은 유아에게 최적의 효율적인 교육방법을 모색하여 부모와 공유하고 실행할 수 있도록 설득하는 역할도 수행해야 한다. 제4항에서는 교육장 또는 교육감은 제3항에 따라 진단 · 평가를 의뢰받은 경우, 즉시 특수교육지원센터에 회부하여 진단 · 평가를 실시하고, 그 결과를 해당 영유아 및 학생의 보호자에게 통보하여야 한다고 되어 있다. 제5항에서는 제1항의 선별검사의 절차와 내용, 그 밖에 검사에 필요한 사항과 제3항의 사전 동의 절차 및 제4항에 따른 통보 절차에 필요한 사항은 대통령령으로 정한다고 되어 있다. 이러한 절차에 따라 장애진단 · 평가를 받게 되면, 교육적 지원 및 관련 서비스를 효과적으로 받기 위하여 동법 제16조에 따라 특수교육대상자로 선정되어야 한다. [그림 5-1]은 특수교육대상자 진단 · 평가의뢰서 제출 및 처리절차에 대한 안내도이다.

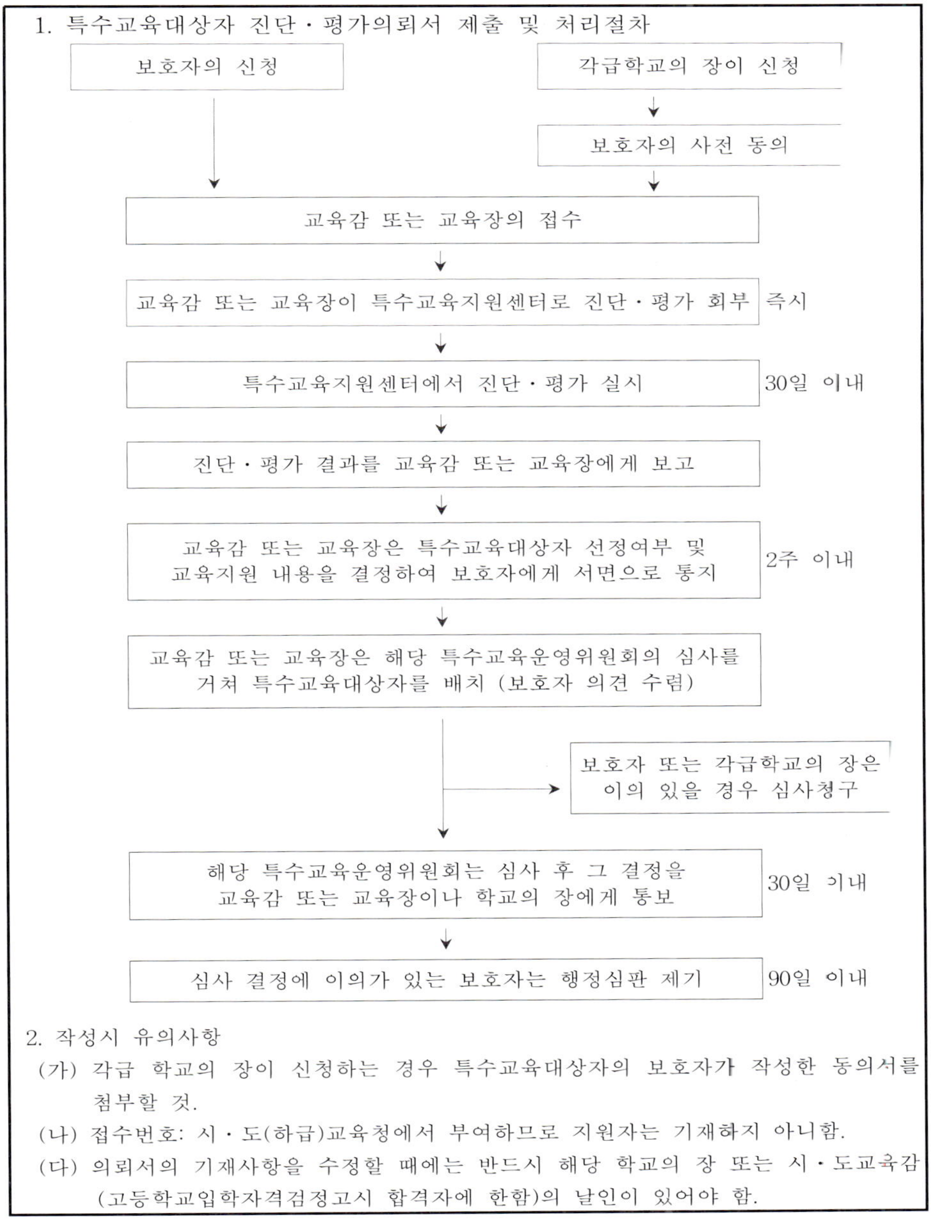

1. 특수교육대상자 진단·평가의뢰서 제출 및 처리절차

보호자의 신청 → 교육감 또는 교육장의 접수

각급학교의 장이 신청 → 보호자의 사전 동의 → 교육감 또는 교육장의 접수

교육감 또는 교육장의 접수
↓
교육감 또는 교육장이 특수교육지원센터로 진단·평가 회부 (즉시)
↓
특수교육지원센터에서 진단·평가 실시 (30일 이내)
↓
진단·평가 결과를 교육감 또는 교육장에게 보고
↓
교육감 또는 교육장은 특수교육대상자 선정여부 및 교육지원 내용을 결정하여 보호자에게 서면으로 통지 (2주 이내)
↓
교육감 또는 교육장은 해당 특수교육운영위원회의 심사를 거쳐 특수교육대상자를 배치 (보호자 의견 수렴)
↓ → 보호자 또는 각급학교의 장은 이의 있을 경우 심사청구
해당 특수교육운영위원회는 심사 후 그 결정을 교육감 또는 교육장이나 학교의 장에게 통보 (30일 이내)
↓
심사 결정에 이의가 있는 보호자는 행정심판 제기 (90일 이내)

2. 작성시 유의사항

(가) 각급 학교의 장이 신청하는 경우 특수교육대상자의 보호자가 작성한 동의서를 첨부할 것.

(나) 접수번호: 시·도(하급)교육청에서 부여하므로 지원자는 기재하지 아니함.

(다) 의뢰서의 기재사항을 수정할 때에는 반드시 해당 학교의 장 또는 시·도교육감(고등학교입학자격검정고시 합격자에 한함)의 날인이 있어야 함.

[그림 5-1] 특수교육대상자 진단·평가의뢰서 제출 및 처리절차

출처: 법제처 국가법령정보센터 「장애인 등에 대한 특수교육법」[별지 제1호 서식] 특수교육대상자 진단·평가 의뢰서 뒷면.

동법 제16조(특수교육대상자의 선정 절차 및 교육지원 내용의 결정)의 ① 제1항에 따르면, 특수교육지원센터는 진단 · 평가가 회부된 후 30일 이내에 진단 · 평가를 시행하여야 하고, ② 제1항에 따른 진단 · 평가를 통하여 특수교육대상자로의 선정 여부 및 필요한 교육지원 내용에 대한 최종의견을 작성하여 교육장 또는 교육감에게 보고하여야 한다. ③ 교육장 또는 교육감은 특수교육지원센터로부터 최종의견을 통지받은 때부터 2주일 이내에 특수교육대상자로의 선정 여부 및 제공할 교육지원 내용을 결정하여 부모 등 보호자에게 서면으로 통지하여야 한다. 교육지원 내용에는 특수교육, 진로 및 직업교육, 특수교육 관련 서비스 등 구체적인 내용이 포함되어야 한다. ④ 제1항에 따른 진단 · 평가의 과정에서는 부모 등 보호자의 의견진술의 기회가 충분히 보장되어야 한다고 규정하면서 부모의 적극적인 참여를 유도하고 있다.

「장애인 등에 대한 특수교육법」 시행규칙에 제시된 특수교육대상자 선별검사 및 진단 · 평가영역은 [그림 5-2]에 제시한 바와 같다. 시행규칙에 제시된 장애영역별 검사는 진단 · 평가영역에 제시된 각종 검사를 실시하는 것을 원칙으로 하고, 장애조기검사를 위한 선별검사로는 사회성숙도검사, 적응행동검사, 영유아발달검사 등을 활용하도록 하고 있다. 따라서 장애영유아 조기선별에 참여하는 특수교육지원센터 관계자는 기본적으로 올바른 장애영유아 조기선별을 위해서 다양한 검사에 대해 알고 있어야 하고, 특히 사회성숙도검사, 적응행동검사, 영유아발달검사와 관련하여 요구되는 각종 내용(예: 검사 특징, 시행방법 등)은 시행규칙을 볼 때 반드시 숙지해야 할 사항이다(정인숙, 조광순, 조윤경, 홍성두, 2008b). [그림 5-2]는 특수교육대상자 선정 절차에서 사용하는 장애선별도구 및 장애유형별 진단도구를 제시한 표이다.

■ 장애인 등에 대한 특수교육법 시행규칙 [별표] <개정 2016. 6. 23.>

특수교육대상자 선별검사 및 진단 · 평가 영역(제2조제1항 관련)

구분		영역
장애 조기 발견을 위한 선별검사		1. 사회성숙도검사 2. 적응행동검사 3. 영유아발달검사
진단 · 평가 영역	시각장애 · 청각장애 및 지체장애	1. 기초학습기능검사 2. 시력검사 3. 시기능검사 및 촉기능검사(시각장애의 경우에 한함) 4. 청력검사(청각장애의 경우에 한함)
진단 · 평가 영역	지적장애	1. 지능검사 2. 사회성숙도검사 3. 적응행동검사 4. 기초학습검사 5. 운동능력검사
진단 · 평가 영역	정서 · 행동장애 자폐성장애	1. 적응행동검사 2. 성격진단검사 3. 행동발달평가 4. 학습준비도검사
진단 · 평가 영역	의사소통장애	1. 구문검사 2. 음운검사 3. 언어발달검사
진단 · 평가 영역	학습장애	1. 지능검사 2. 기초학습기능검사 3. 학습준비도검사 4. 시지각발달검사 5. 지각운동발달검사 6. 시각운동통합발달검사

비고 : 특수교육대상자 선정을 위한 장애유형별 진단 · 평가 시 장애인증명서 · 장애인수첩 또는 진단서등을 참고자료로 활용할 수 있다.

[그림 5-2] 특수교육대상자 선별검사 및 진단 · 사정영역(제2조제1항 관련)

출처: 법제처 국가법령정보센터 「장애인 등에 대한 특수교육법」[별지 제1호 서식] 특수교육대상자 진단 · 평가 의뢰서 뒷면.

[그림 5-1]에 제시된 절차에 따라 장애유아로 진단되고, 교육적으로 개별적 요구를 충족할 수 있는 특수교육대상 유아로 선정되었다면, 다음은 어디에서 그들의 교육 및 관련 서비스를 제공받을 수 있는지를 살펴보아야 할 것이다.

3) 특수교육대상 유아의 배치 및 교육

「장애인 등에 대한 특수교육법」에 규정된 절차와 방법을 적용하여 장애영유아를 선별하고 진단 및 평가하였다면 이를 근거로 유아특수교육 적격성 판정 및 필요한 교육지원 내용을 파악할 수 있도록 하기 위해서 관련 전문가와 행정가들에게 법에 규정된 선별 및 진단 · 평가 관련 조항에 대한 이해도를 높이는 동시에 이러한 조항을 실제 적절하고 효율적으로 적용 · 운영할 수 있도록 도움을 주기 위한 노력이 필요하다(정인숙, 조광순, 조윤경, 홍성두, 2008a). 그 첫 번째 관문이 바로 배치와 관련된 사항인데, 동법 제17조(특수교육대상자의 배치 및 교육)에 따르면, 제1항에서 교육장 또는 교육감은 제15조에 따라 특수교육대상자로 선정된 자를 해당 특수교육운영위원회의 심사를 거쳐 일반학교의 일반학급→일반학교의 특수학급→특수학교 순으로 고려하여 이 중 한 곳에 배치하여 교육하여야 한다(개정 2021. 3. 23). 이것이 바로 최소제한적 환경(LRE)원리에 따른 배치이며, 통합교육을 우선적으로 제공하고자 한 취지를 나타낸 것이라 볼 수 있다. 제2항에서 교육장 또는 교육감은 제1항에 따라 배치할 때에는 특수교육대상자의 장애 정도 · 능력 · 보호자의 의견 등을 종합적으로 판단하여 거주지에서 가장 가까운 곳에 배치하여야 한다. 동법 시행령 제11조제2항에 따라 일반학교의 일반학급에 특수교육대상자를 배치한 경우, 종전에는 특별한 조치를 할 수 있는 법적 근거가 없었으나 이제는 특수교육지원센터 근무 교원이 해당 학교를 방문하여 학습을 지원할 수 있게 되었으며, 제3항에 따라 각급학교의 장은 특수교육대상자의 교육적 지원 내용을 추가하거나 변경하고자 할 때, 또는 특수교육지원이 더 이상 필요 없게 되어서 이를 종료하고자 하거나, 해당 학교에서 적절한 교육지원을 제공할 수 없어 다른 학교로 재배치할 필요가 있을 때 해당 대상자의 개별화교육지원팀의 검토를 거쳐 교육장 또는 교육감에게 진단 · 평가 및 재배치를 요구할 수 있다(교육과학기술부, 2008b).

교육과 관련해서 동법 제18조에 따라 만 3세 미만 장애영아는 무상교육을 받을 수 있으며, 사설특수교육실을 이용할 경우, 사교육비를 지원받을 수 있다. 만 3세 미만 영아들은 「유아교육법」 및 「영유아보육법」에 따라 교육대상이 아니고 보육대상이므로 유치원을 이용할 수 없지만, 장애영아의 경우, 특수교육법에 따라 해당 거주지 지역교육청의 교육장에게 교육을 요구할 수 있고, 특수교육지원센터의 진단 · 평가 결과를 기초로 특수학교의 유치원과정 및 영아학급 또는 특수교육지원센터에 배치받아 무상의 교육을 받을 수 있다. 일반유치원은 만 3세부터 취학 전 유아에 대한 교육을 실시하므로 만 3세 미만 영아는 유치원을 이용할 수 없고, 따라서 장애아만을 대상으로 하는 특수학교나 특수교육지원센터에서 장애영아교육을 담당하게 한 것이다(교육과학기술부, 2008b). 이 조항에 대해 장애영아와 가족을 중심으로 고려해 봐야 할 문제는 보육의 대상인 장애영아를 보육기관인 어린이집에 맡기게 된다면, 이 어린이집은 사설특수교육실로 인정을 받아 지원이 되는지 여부와 그렇다면 무상교육이 지원되어야 하는 조항임에도 불구하고 전액 무상이 될 수 있을 만큼의 지원인지도 고려해 보아야 할 문제이다. 또한, 가족의 입장에서는 통합교육의 장점을 고려하여 일반어린이집에 보내고 싶어도 소속의 문제로 특수교육지원센터로 보내야 한다는 문제가 대두된다. 만약 특수학교나 특수교육지원센터에 보내야 할 경우, 통합교육의 취지와 달리 분리교육을 받아야 하고, 영유아기 발달적 특성인 잠재적인 발달 가능성을 고려하지 못하고, 이른 시기에 장애 판정을 받음으로써 나타날 수 있는 낙인 효과에 대한 우려도 심각한 문제로 대두될 수 있기 때문에 행정지원 소속의 문제가 아닌 장애영아와 가족중심의 지원 대책이 법적, 행정적으로 마련되어야 할 것이다.

동법 해설자료(2008b)에 따르면, 장애영아교육은 「특수교육법」이 제정되면서 처음 도입된 것으로 장애영아 당사자에 대한 교육은 물론 보호자 교육, 가족지원 등의 필요성을 감안하여 특수학교 유치원교사자격증을 소지하면서 교육경력 3년 이상인 사람이 담당하도록 하였는데, 이는 만 3세 미만의 영아기라는 부분을 고려한다면 특수학교 유치원교사자격증으로 한정해서 담당교사를 지정한다는 것은 현장 적용에 대한 실효성에 문제가 될 수 있을 것이다. 따라서 보육의 대상인 장애영아의 교육을 위해 일정기준에 맞는 보육교사자격증 소지자도 포함시켜야 하는 것은 당연한 일이며, 이는 「장애아동 복지지원법」 제5조제2항에 따라 자격을 갖춘 장애영유아를 위한 보육교사를 2016년 3월부터 순차적으로 배치하는 기준에도 적절한 것이다. 또한 4인 미만 특수학급의 특수교사 1인은 반드시 배치되어야 한다는 기준은 어린이집의 경우 쉽지 않으며, 적용하기 어렵다는 현실적인 문제를 고려하여 시정되거나 이를 대신할 수 있는 다른 대안을 모색할 필요가 있다.

이와 관련하여 살펴보면, 의무교육대상인 만 3세 이상 취학 전 장애유아는 교육기관보다 보육시설을 더 많이 이용하는 것으로 나타난바, 장애유아의 의무교육을 교육기관에서만 받도록 하기보다는 보육기관도 허용함으로써 장애자녀를 둔 보호자에게 교육기관의 선택권을 보장해 줄 필요가 있다고 하겠다. 김성희 외(2017)는 장애인 실태조사의 교육 부분에서 현재 재원 중인 교육 및 보육시설에서 1일 평균 1~5시간을 이용하고 있으며, 보육시설의 만족도조사에서는 '대체로 만족'이 63.7%, '매우 만족'이 36.3%인데 반하여 유치원의 만족도조사에서는 '매우 만족'이 77.1%, '대체로 만족'이 22.9%로 나타났다. 보육시설 및 유치원, 학교생활의 문제점으로는 '수업내용의 이해(진도 따라가기)'가 28.7%로 가장 높게 나타났으며, 다음으로 '친구들의 이해 부족 및 놀림'(11.4%), '등 · 하교 불편'(7.7%) 등의 순이었다. 또한 향후 보육 · 교육 시 가장 필요한 것에 대한 질문에 '장애아 전문 보육시설 확대'가 22.7%로 가장 높게 나타났으며, 다음으로 '발달재활서비스 확대'(21.6%), '특수교육 보조인력 증원'(12.7%), '교사의 전문성 확보'(8.9%) 등으로 나타났다. 이러한 연구결과는 어린이집에서 받을 수 있는 지원이 유치원에 비해 제한되어 있음을 나타낸 것이라 볼 수 있으며, 수업내용이 개별 장애유아의 요구를 잘 반영하지 못하고 있음을 나타낸 것이라 볼 수 있다. 더불어 꾸준히 장애이해교육의 확대가 이루어져야 함은 물론이고, 현장에 필요한 인적자원의 충원과 교사 역량 증진을 위한 정기적인 연수 및 교육이 이루어져야 함을 나타낸 결과라고도 볼 수 있다.

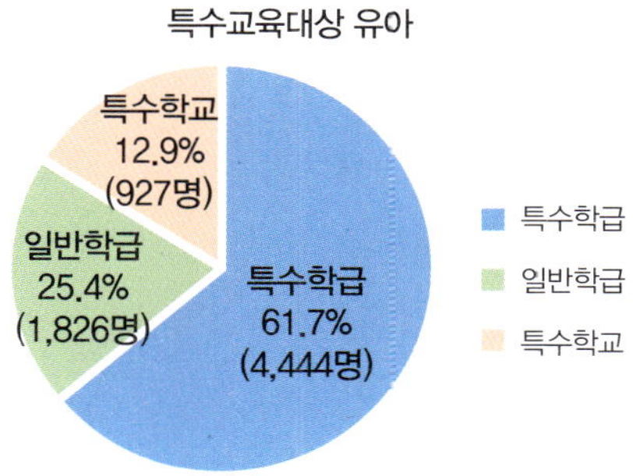

[그림 5-3] 특수교육대상 유아 배치환경 현황

[그림 5-3]은 2021년 특수교육대상 유아의 배치 현황을 보여주는 것인데, 학교급별로 나눠봤을 때 유치원에 소속된 유아의 수는 전체 7,197명이었다. 이 중 특수학급에 배치된 유아가 4,444명(61.7%)으로 가장 많았고, 다음으로 일반학급에 배치된 유아가 1,826명(25.4%)이었으며, 특수학교에 배치된 유아가 927명(12.9%)으로 가장 적었다. 이 배치 현황에 따르면, 87.1%의 특수교육대상 유아가 통합교육을 받고 있는 셈이며, 이는 2020년보다 1% 증가한 셈이다. 여기서 중요한 문제는 통합교육의 양적 증대 뿐 아니라 질적으로도 우수한 통합교육을 제공받고 있느냐의 문제일 것이다.

2 선별 및 진단 · 사정

영유아장애진단

영유아발달 및 장애진단 절차

장애의 조기발견을 위하여 정기적인 검사를 통하여 선별 · 진단을 진행(QR코드 참조)한 후 이에 적절한 교육적 지원을 제공하는 것이 이후 발달에 긍정적인 영향을 미친다는 것은 여러 연구들(Betts & Lata, 2009; Gargiulo & Kilgo, 2000; Gilmore, Lin, Prastawa, Looney, Vetsa, Knickmeyer, Evans, Smith, Hamer & Lieberman, 2007; Koegel, Koegel & Ashbaugh, 2014)을 통하여 입증된 사실이다. 특히, 뇌 용량의 80%가 3세 이전에 발달하기 대문에 장애아동의 발달에 긍정적인 영향을 주기 위해서 조기개입이 매우 중요하며(Gilmore, et al., 2007), 발달지체와 발달지체를 발현시키는 위험요인(빈곤하고 열악한 사회경제적 상황)을 빨리 발견할수록 시기적절하고 효과적인 조기개입이 가능해지기(Koegel, Koegel & Ashbaugh, 2014) 때문에 조기에 이들을 선별하는 과정이 무엇보다 중요하고 시급하며 필요하다. 이처럼 장애의 조기발견은 영유아와 가족의 안녕과 복지를 위해 매우 중요한 일이며, 이러한 일은 전통적으로 진료기관의 필수적인 기능이자 모든 소아과 의료진들의 책임이라 여겨져 온 것이 사실이다. 그렇기 때문에 의료전문기관은 장애의 조기발견을 위하여 영유아를 대상으로 정기적인 검진을 실시하여 장애, 발달지체 및 장애 발생 가능성 여부를 확인해야 한다(Council on Children With Disabilities, et al., 2006).

1) 선별

장애유아를 위해 시행되는 조기의 사정(early assessment)과 중재(intervention)는 통합교육환경에서 장애유아가 모든 활동 및 일과에 참여하고 성공할 수 있는 기회를 증가시킨다(Betts & Lata, 2009). 사정은 일반적으로 특수교육 혹은 관련 서비스 제공의 적격성을 판정하여 추가 또는 보상 서비스의 혜택을 받을 수 있도록 하기 위하여 수행된다. 이는 특수교육대상의 자격 여부나 프로그램 등록을 위해서 공식적으로 수행하는 평가를 의미한다. 김동일, 고은영, 이기정, 최종근, 홍성두(2017)는 사정의 중요한 활동을 '의사결정'과 '관련 정보 수집'이라고 하면서 사정에 대한 정의를 '교육적 의사결정에 필요한 자료수집과정'이라고 하였다. 여기서 내리게 되는 의사결정은 먼저, 문제의 존재 여부를 판단(선별 및 진단)하고, 특수교육대상의 적격성 여부를 결정(특수교육대상자 선정)한다. 다음으로 특수교육대상자로 선정되면, 교육적 사정 후 IEP(individualized educational program)를 수립하고, 이것의 효과를 주기적으로 확인하면서 유지할지 수정 및 변경할지를 결정(형성평가)한다. 마지막으로 실제 수행수준이 목표에 도달하면 프로그램을 종료하게 되는데, 목표에 도달했는지 아닌지에 대한 모든 결정(총괄평가)을 의사결정이라고 말하는 것이다. 이러한 결정들을 내리기 위해서는 객관적이고 정확한 자료들을 수집하여 개별 유아에게 적절한 의사결정을 내려야 한다. 이러한 모든 의사결정과정을 거치기 위해 유아교육현장에서 우선적으로 선별(screening)과 진단(diagnosis)이라는 단계를 거쳐야 한다. 선별은 '많은 사람을 대상으로 간략하고 광범위한 평가를 실시함으로써 개별사례, 즉 문제 여부를 확인'하는 것이다. 예를 들면, 병원, 학교, 학급과 같이 규모가 큰 집단을 대상으로 개인의 성장과 발달이 잘 이루어지고 있는지를 확인하기 위해 보편적이고, 반복적인 평가를 통하여 개인의 상태를 확인하는 것을 선별이라고 한다. 그 결과를 토대로 집중적이고 보충적인 개입이나 중재가 필요한지, 심층적인 검사가 필요한지를 확인하기 위해 공식적인 진단의뢰를 하게 되는 것이다(Christ & Nelson, 2014; Greenwood, et al., 2011). 장애 및 발달지체의 조기발견을 위한 선별과 진단은 전통적으로 의료 분야의 역할이었다(Council on Children With Disabilities, et al., 2006).

우리나라는 건강검진사업을 통하여 총 7회에 걸친 영유아 건강검진을 실시하고 있다. 영유아기는 일생 중에 성장과 발달이 가장 빠른 시기이므로 나이에 적합한 성장과 발달이 이루어지고 있는지를 주기적으로 평가하는 것이 매우 중요하다. 그렇기 때문에 「건강검진기본법」 제5조(국가와 지방자치단체의 의무), 「국민건강보험법」 제52조(건강검진) 및 동법 시행령 제25조, 「의료급여법」 제14조(건강검진)에 의거하여 영유아 건강검진 프로그램을 운영하고 있다. 본 프로그램에서는 영유아기에 중요한 건강문제를 우선적인 목표질환으로 선정하여 운영하고 있는데, 주요 선별 목표질환으로는 성장 · 발달 이상, 비만, 안전사고, 영아돌연사증후군, 청각 · 시각 이상, 치아우식증 등이 있다. 이는 계측, 측정, 문진, 진찰, 교육 5개 분야를 통해 22개 항목을 검진하고 상담을 실시한다. 각 월령에 특화된 문진과 진찰 · 신체계측을 공통으로 실시하고, 발달평가 및 상담(4개월 제외)과 9종의 건강교육을 실시한다. 세부사항은 건강검진 실시기준(보건복지부 고시 제2019-262호, '19.12.10.)에서 정한 〈표 5-3〉에 제시한 검사항목에 따라 실시한다. 또한, 보호자를 대상으로 건강교육 프로그램을 도입하여 만 1세 미만 영아의 수유, 이유식에 대한 교육, 영아돌연사증후군에 대한 교육, 안전사고에 대한 보호자교육을 매회 검진 시마다 실시하고 있으며, 해당 월령별 시기에 필요한 건강교육을 제공하여 보호자에게 올바른 육아정보를 제공하고 있다(보건복지부, 2020ㄱ).

〈표 5-3〉 영유아 건강검진 항목

<table>
<tr><th>검진항목</th><th>검진항목</th><th>목표질환</th><th>1차 검진</th><th>2차 검진</th><th>3차 검진</th><th>4차 검진</th><th>5차 검진</th><th>6차 검진</th><th>7차 검진</th></tr>
<tr><td rowspan="4">문진 및 진찰</td><td>손전등검사</td><td rowspan="2">시각이상(사시)</td><td>●</td><td>●</td><td>●</td><td>●</td><td>●</td><td>●</td><td>●</td></tr>
<tr><td>시각문진</td><td>●</td><td>●</td><td>●</td><td>●</td><td>●</td><td>●</td><td>●</td></tr>
<tr><td>시력검사</td><td>굴절이상(약시)</td><td></td><td></td><td></td><td>●</td><td>●</td><td>●</td><td>●</td></tr>
<tr><td>청각문진</td><td>청각이상</td><td>●</td><td>●</td><td>●</td><td>●</td><td>●</td><td></td><td></td></tr>
<tr><td rowspan="4">신체 계측</td><td>키</td><td rowspan="3">성장이상</td><td>●</td><td>●</td><td>●</td><td>●</td><td>●</td><td>●</td><td>●</td></tr>
<tr><td>몸무게</td><td>●</td><td>●</td><td>●</td><td>●</td><td>●</td><td>●</td><td>●</td></tr>
<tr><td>머리둘레</td><td>●</td><td>●</td><td>●</td><td>●</td><td>●</td><td>●</td><td>●</td></tr>
<tr><td>체질량지수</td><td>비만</td><td></td><td></td><td></td><td>●</td><td>●</td><td>●</td><td>●</td></tr>
<tr><td colspan="2">발달평가 및 상담</td><td>발달이상</td><td></td><td>●</td><td>●</td><td>●</td><td>●</td><td>●</td><td>●</td></tr>
<tr><td rowspan="10">건강 교육 및 상담</td><td>안전사고 예방</td><td>안전사고 예방</td><td>●</td><td>●</td><td>●</td><td>●</td><td>●</td><td>●</td><td>●</td></tr>
<tr><td>영양문진</td><td>영양결핍(과잉)</td><td>●</td><td>●</td><td>●</td><td>●</td><td>●</td><td>●</td><td>●</td></tr>
<tr><td>영아돌연사 증후군 예방</td><td>영아돌연사 증후군</td><td>●</td><td></td><td></td><td></td><td></td><td></td><td></td></tr>
<tr><td>구강문진</td><td>치아 발육 상태</td><td></td><td>●</td><td></td><td></td><td></td><td></td><td></td></tr>
<tr><td>대소변 가리기</td><td>대소변 가리기</td><td></td><td></td><td>●</td><td></td><td></td><td></td><td></td></tr>
<tr><td>전자미디어 노출</td><td>전자미디어 노출</td><td></td><td></td><td></td><td>●</td><td></td><td></td><td></td></tr>
<tr><td>정서 및 사회성</td><td>사회성 발달</td><td></td><td></td><td></td><td></td><td>●</td><td></td><td></td></tr>
<tr><td>개인위생</td><td>개인위생</td><td></td><td></td><td></td><td></td><td></td><td>●</td><td></td></tr>
<tr><td>취학 전 준비</td><td>취학 전 준비</td><td></td><td></td><td></td><td></td><td></td><td></td><td>●</td></tr>
<tr><td rowspan="4">구강 검진</td><td>진찰 및 상담</td><td rowspan="4">치아우식증</td><td rowspan="2"></td><td rowspan="2"></td><td rowspan="2">●</td><td rowspan="2"></td><td rowspan="2">●</td><td rowspan="2">●</td><td rowspan="2"></td></tr>
<tr><td>치아검사</td></tr>
<tr><td>기타검사 및 문진</td><td colspan="7" rowspan="2">※ 구강검진 1차 검진(18~29개월), 2차 검진(42~53개월), 3차 검진(54~65개월)
※ 기타 검사 및 문진: 기타 부위 검사와 구강위생 검사
※ 1차(4~6개월), 2차(9~12개월), 3차(18~24개월), 4차(30~36개월), 5차(42~48개월), 6차(54~60개월), 7차(66~71개월)</td></tr>
<tr><td>구강보건교육 (보호자 및 유아)</td></tr>
</table>

출처: 보건복지부(2020b). 2020년도 건강검진사업안내. 보건복지부 건강정책국 건강증진과. p.23 인용.

영유아 건강검진 주기를 좀 더 세밀하게 살펴보면, 일반검진은 1차(생후 4~6개월), 2차(생후 9~12개월), 3차(생후 18~24개월), 4차(생후 30~36개월), 5차(생후

42~48개월), 6차(생후 54~60개월), 7차(생후 66~71개월)에 실시하며, 구강검진은 3차(생후 18~29개월), 4차(생후 42~53개월), 5차(생후 54~65개월)에 실시하도록 하고 있다. 검진항목으로는 5개 분야(계측, 측정, 문진, 진찰, 교육) 21개 항목을 검진하고 상담을 실시하고 있으며, 각 월령에 따른 특화된 문진(시각 · 청각 문진 포함)과 진찰 · 신체계측(신장 · 체중 · 머리둘레)을 공통으로 실시하고 있다.

영유아 건강검진 사업의 일환으로 보건복지부와 질병관리본부가 주관하고, 대한소아과학회 은백린 외(2014)가 개발한 한국 영유아 발달선별 검사도구(Korean Developmental Screening Test for infants and children; K-DST)는 진료현장이나 영유아보육시설에서 소정의 교육을 이수한 영유아 건강검진의와 소아청소년과 전문의, 재활의학과 전문의, 정신건강의학과 전문의 및 발달장애 관련 전문가(임상심리전문가, 발달심리전문가 등)들이 영유아의 발달 상태를 선별할 수 있도록 개발한 검사도구이다. 이것은 한국 영유아의 특성에 맞게 취학 전 연령인 6세 미만 영유아(4~71개월)를 대상으로 짧은 시간 내에 부모가 아이의 행동을 평가하도록 개발한 부모 작성 형식의 검사도구로서 의료기관 진료현장과 영유아보육시설 등에서 발달장애 가능성이 있는 영유아를 조기에 발견하고자 하는 목적으로 개발되어 사용되고 있다. 이는 우리나라 영유아의 특성과 정서 · 사회적 배경 등을 반영하여 발달지연에 대한 정확한 진단 및 영유아 건강관리를 실시할 수 있는 여건을 마련하기 위해 추진된 것으로, 고려대학교 구로병원 은백린 교수팀(한국형 영유아 발달선별 검사도구 개발 및 타당성 평가연구)에 의해 개발되었다. 이를 통하여 우리나라 영유아에게 적합한 도구 사용으로 검사의 정확성과 편리성 향상, 외국 선별도구에 대한 저작권 문제 해소, 표준화된 검사도구 사용으로 인한 발달 지연의 정확한 진단 및 조기발견, 효율적인 영유아 건강관리가 가능할 수 있다는 데 의의가 있다.

한국형 선별도구(K-DST)는 부모가 직접 작성할 수 있는 부모작성형으로 평가영역도 기존 4개 영역에서 6개 영역으로 확대되었고, 평가도구 응답법도 '예, 아니오'의 단순응답에서 4가지로 세분화하여 검사의 신뢰도를 높일 수 있게 하였다.

국외 선별도구에서 한국형 선별도구로의 변경에 따른 주요 변경내용을 살펴보면 〈표 5-4〉와 같다.

〈표 5-4〉 국외 선별도구에서 한국형 선별도구 사용에 따른 변경내용

구분	한국형 DENVER-II	한국형 Ages and Stages Questionnaires 발달선별검사(K-ASQ)	한국 영유아 발달선별검사(Korean Developmental Screening Test for Infants & Children: K-DST)
검사자	아동건강전문가	부모작성형	부모작성형
대상아동	0~6세	4~60개월	4~71개월
평가영역	· 4개 영역: 전체운동, 미세운동-적응, 언어, 개인-사회성	· 5개 영역 : 의사소통, 대근육 운동, 소근육 운동, 문제해결, 개인-사회성	· 6개 영역 : 대근육 운동, 소근육 운동, 인지, 언어, 사회성, 자조
문항수	· 미세운동 및 적응 발달: 27문항 · 운동발달영역: 27문항 · 언어발달영역: 34문항 · 개인사회 발달영역: 22문항	· 영역별 6개 문항으로 구성	· 영역별 8개 문항으로 구성
응답법	① 예(유아가 행동을 수행할 때) ② 아니오(아직 행동을 수행하지 못할 때)	① 예(유아가 행동을 수행할 때) ② 가끔(행동을 보이기 시작할 때) ③ 아니오(아직 행동을 수행하지 못할 때)	① 전혀 할 수 없다 ② 하지 못하는 편이다 ③ 할 수 있는 편이다 ④ 잘 할 수 있다
장점	· 검사의 재검사 신뢰도 0.9	· 민감도 0.67~1.00, 특이도 0.76~1.00로 신뢰도 높음	※ 주요 개선사항 (장 · 단점을 구분하지 않음) · 검사-재검사 신뢰도 0.77~0.88로 시간적 안정성 보임 · 민감도 0.88, 특이도 0.95로 타당도 높은 검사 · 웹(web)상 구현 가능 · 71개월까지 포괄 · 우리나라 문화 및 언어환경에 맞고, 일반적 교육수준으로 이해 가능한 쉬운 언어로 작성 · 18개월부터 자조능력 항목 추가, 정서 및 행동문제를 나타내는 신경발달장애(예, 자폐스펙트럼장애, 반응성 애착장애 등)를 탐지할 수 있는 추가질문 포함
단점	· 검사자의 직접 시행으로 시간 소요가 상대적으로 길어, 외래 진료에서 모든 아동에게 적용하기에는 어려움 · 사회성발달 항목이 개인-사회성발달 위주로 구성되어, 정서사회적인 면의 평가항목 부족	· 매뉴얼/kit 별도 구매 필요 · 저작권에 의해 웹(web)상 구현 불가 · 중간단계 판정 저조 – 모든 문항에 '예'로 대답하여야만 자신의 아동이 '정상'으로 판정되리라 생각하여, 애매한 문항도 모두 '예'로 대답하는 경향 · 이해하기가 어렵거나 명확하지 못한 문항 존재 · 사회성발달 항목이 개인-사회성발달 위주로 구성되어 정서사회적인 면의 평가항목 부족	

출처: 2014년 5월 29일자 보건복지부 보도자료 〈붙임 2〉 참조(보건복지부 홈페이지).

한국 영유아 발달선별 검사도구(K-DST)에 대하여 살펴보면, 각 월령에 따른 영유아의 발달사항을 반영한 20개의 개별적인 검사 세트로 구성되었으며, 생후 4개월부터 71개월 영유아를 대상으로 하고 있다. 또한 월령에 따른 발달속도를 고려하여 생후 4~23개월까지는 2개월 간격으로, 24~35개월까지는 3개월 간격으로, 36~71개월까지는 6개월 간격으로 검사 세트를 구성하였다. 발달영역별 평가내용을 살펴보면, 대근육 운동, 소근육 운동, 인지, 언어, 사회성, 자조 6개 핵심 발달영역을 평가하고, 기본적인 움직임과 관련된 영역부터 인지발달과 그 의의 적응 기능을 포괄적으로 평가하도록 하였다. 평가내용은 〈표 5-5〉에 제시한 바와 같다.

〈표 5-5〉 한국 영유아 발달선별 검사의 발달영역별 평가내용

평가내용	발달지연 관련성
대근육 운동영역	
팔, 다리와 고개, 몸통 등을 움직이는 행동, 즉 목 가누기, 기기, 걷기, 달리기, 차기 등을 평가	중추신경계나 말초신경계, 혹은 근골격계의 정상적인 발달에 문제가 있을 때 나타나는 운동장애와 직접적으로 관련
소근육 운동영역	
팔, 손, 손가락을 사용하는 미세한 운동과 사물의 조작능력, 협응운동 발달을 알 수 있는 잡기, 블록 쌓기, 쓰기, 그리기, 자르기 등의 미세운동 평가	소근육 운동 발달은 몸이 균형을 잡게 되는 시기부터 더욱 활발하게 진행되며, 이후 지능발달에도 밀접한 연관
인지영역	
주변환경과의 관계에 대한 시청각적, 통합적 지각, 사고, 추리, 비교와 분류, 기억 및 모방, 수 개념, 공간 개념, 문제해결 등과 관련된 행동 평가	인지발달은 초기에는 운동발달과 밀접한 연관을 갖게 되며, 언어발달과 사회성발달에 많은 영향을 주며 점차 상호작용을 하게 되고, 인지발달이 지연될 경우 지적장애를 보일 수 있음
언어영역	
옹알이, 말하기, 듣기 등 의사소통 능력을 포괄적으로 평가	청각이나 조음기관에 문제가 있을 때는 언어발달상의 문제 발생 가능
사회성영역	
타인과 상호작용하는 데 필수적으로 요구되는 기술들을 포함 눈 맞춤, 공동주시(joint attention), 모방행동, 타인의 감정 파악, 규칙이 있는 놀이하기, 상상놀이 등의 행동 평가	기타 운동발달이나 인지발달상의 지연이 관찰되지 않음에도 불구하고 사회성영역의 두드러진 지연이 나타난다면 자폐성장애 의심 가능

K-DST

한국영유아 발달 선별검사(K-DST) 개정판 사용지침서

평가내용	발달지연 관련성
자조영역	
아동이 환경에의 적응과 생존을 위해 독립적인 일상생활을 하는 데 필요한 기술들을 포함 식사하기, 대소변 가리기, 옷 입고 벗기, 청결과 위생 등의 행동 평가	자조능력을 개발하기 위해서는 어느 정도의 대근육 운동 및 소근육 운동 발달이 선행되어야 하며, 자조능력의 발달은 대인관계 및 사회활동의 바탕이 됨

출처: 2014년 5월 29일자 보건복지부 보도자료 〈붙임 2〉 참조(보건복지부 홈페이지).

자조영역은 일정한 발달기술을 획득한 후에 개발되는 특성이므로 18개월 이상의 영유아에 대해서만 평가한다.

영유아 건강검진에서는 상기 항목으로 검진을 실시한 후 유소견자에 대해서는 정확한 진단을 위하여 전문의료기관에 의뢰해야 하며, 발달평가 항목은 첫 영유아 검진시기인 4~6개월 월령을 제외한 시기에 총 6회 실시한다. 발달장애(developmental disorder)는 뇌성마비, 지적장애, 시각장애, 청각장애와 같이 학령 전기에 발견되는 질환뿐 아니라 학습장애, 주의력결핍/과잉행동장애(ADHD)와 같이 학령기 이후 발견되는 질환을 포함한다.

영유아 건강검진 결과, 발달장애 의심 소견이 있는 경우는 '발달장애 정밀검사비 지원사업'으로 연계하고, 발달장애 영유아로 확인된 경우는 특수교육지원센터로 안내하고 있다. 영유아기 발달과 관련하여 발달지연은 진단이 늦어질수록 치료가 어려우며, 의료비 증가가 심화되는 대표적인 질환이기 때문에 조기발견이 중요하다. 또한 장기적으로 봤을 때, 장애아가 될 가능성이 있는 영유아에게 적절한 시기에 적절한 치료를 시행하여 치료 효과를 극대화시키고, 장애의 최소화 외에도 학업성취 등 교육에 긍정적 효과가 예상되며, 사회부적응에 대한 예방 효과도 기대되기 때문에 영유아기의 정기적인 건강검진은 여러 측면에서 중요하다. 영유아 건강검진사업을 효율적으로 원활하게 운영할 수 있도록 2015년 7월부터 전국 어린이집 보육통합정보시스템인 어린이집 지원시스템과 연계하여 어린이집과 보호자, 국가 및 지자체가 정보를 함께 공유하고 있다. [그림 5-4]는 개별 영유아의 건강검진 일정 및 내역을 어린이집과 연계하여 보호자들에게 안내하고 전달할 수 있도록 하여 영유아 건강검진사업을 효율적으로 운영할 수 있게 한 어린이집 영유아 건강검진 정보 전산공유 시스템 구성도이다.

[그림 5-4] 어린이집 영유아 건강검진 정보 전산공유 시스템 구성도

출처: 보건복지부(2020). 2020년도 건강검진사업안내. 보건복지부 건강정책국 건강증진과. p.30 인용.

영유아 건강검진제도에 대한 장애영유아의 부모(978명)를 대상으로 한 요구드조사(박창현, 김근지, 이은혜, 배율미, 2019)에 따르면, 현재 실행되고 있는 영유아 건강검진제도에 대해 개선이 필요하다는 응답이 83.1%로 높게 나타났으며, 이 제도의 개선 필요 여부는 연령과 양육비와 관련이 있는 것으로 나타났다. 즉, 양육비가 높은 집단일수록 건강검진제도의 개선이 필요하다는 입장이다.

영유아 건강검진제도의 개선점에 대하여 '현행 선별검사로는 정확한 장애 선별이 어려운 점(26.6%)', '지역의료시설에서 발달 및 치료 서비스를 정확하게 연계해 주지 못하는 점(23.7%)', '검진과정에서 장애진단을 받은 자녀와 가족의 애로점을 고려해 주지 않는 점(22.2%)', '발달장애 선별검사 이후 의료기관어서의 치료연계가 부족한 점(16.8%)' 등의 순이었다. 이러한 결과는 현행 영유아 건강검진제도가 현실적으로 비장애영유아에게 적합하도록 되어 있어 장애영유아어게는 실질적인 지원과 효력을 주지 못하기 때문에 나타나는 것이다. 앞으로 개선을 통하여 보다 장애영유아에게 적합한 장애선별지원과 장애영유아에 대한 맞춤형 건강진단에 아울러 의료 및 재활지원 체제로 연계를 강화하는 방향으로 개선될 필요가 있다(박창현, 김근지, 이은혜, 배율미, 2019).

2) 진단 · 사정

진단 · 사정(diagnosis · assessment)은 장애유아가 특수교육이 필요한 대상인지 혹은 특수교육 프로그램에 등록해야 하는지에 대한 개별 유아의 공식적인 평가를 말한다. 즉, 장애, 발달지체, 장애위험 유아인지를 전문가에 의해 공식적으로 평가받게 되는 것을 말한다. 진단 · 사정은 일반적으로 범위가 넓고, 영유아의 상태, 발달특성, 발달과정(developmental trajectory), 그리고 종종 환경적 지원의 직 · 간접적인 평가를 포함한다. 이 평가 결과를 규범적 또는 선험적 표준 혹은 기준과 비교하고, 이 비교에 근거하여 특정 프로그램 서비스나 절차적 지원에 대한 포함기준을 충족한 것으로 간주되는 사람을 확인하고 보호한다(McLean et al., 2003). 2004년 미국 「장애인교육진흥법」에서는 사정(assessment)을 평가(evaluation)의 동의어로 사용하지만, 이는 용도에 따라 정확하게 구별하여 사용할 필요가 있다(Council on Children With Disabilities, et al., 2006). 김동일 외(2017)는 사정(assessment)이 '평가(evaluation)와 측정(measurement)의 중간개념으로 측정활동을 통해 특정 목적을 달성하기 위하여 근거자료를 수집하는 과정에 중점을 두는 활동이라고 하였다. 일반적으로 평가와 동일한 개념으로 활용되기도 하지만, 평가가 타당성과 신뢰성을 중시한 근거자료에 입각한 체계적인 가치판단을 강조하는 반면, 사정은 검사를 실시하거나 조사활동을 통하여 자료를 수집하고, 그를 수량화하거나 지표화하는 데 중점을 두고 수집된 자료를 총합적으로 활용하는 것에 보다 많은 관심을 둔다고 하면서 등급 정하기, 검사(조사)하기, 자격 부여하기, 요구(needs) 사정하기 등이 사정활동의 대표적인 결과인 동시에 그 목적으로 추구되는 유사 평가활동으로 인정되고 있다'고 하였다.

진단(診斷, medical diagnosis)은 일반적으로 의학전문가가 환자의 건강상태 또는 질병이나, 장애의 유무 및 질병이나 장애의 상태에 대하여 검진을 통해 판단을 하는 것이다. 교육장 및 교육감이 특수교육지원센터에 특수교육대상자의 적격성 판정을 의뢰하면, 특수교육지원센터에서 우선적으로 보건소 및 병 · 의원에 의료적 진단을 의뢰하게 된다(강은영, 박윤정, 서효정, 2020). 의학적 검진 결과를 근거로 진단 · 사정을 한 후 특수교육위원회에서 특수교육대상자를 선정하고 배치하게 되며, 개별적 요구에 적합한 개별화교육을 계획하기 위하여 교육사정(educational assessment)을 실시하게 된다.

우리나라의 경우, 정기적인 영유아 건강검진을 통하여 이상소견이 발견된 영유아를 대상으로 정확하고 심층적인 검사를 받을 수 있도록 국가에서 '영유아 발달장애 정밀검사비 지원사업'을 진행하고 있다. '영유아 발달장애 정밀검사비 지원사업'의 목적은 영유아 건강검진 효과를 높이고, 영유아 기초건강 관리 강화를 위해 실시한 발달평가의 결과가 '심화평가 권고' 판정으로 나온 영유아에게 발달장애 정밀검사비용을 지원함으로써 발달장애로 확진된 영유아를 장애재활치료사업과 연계하여 발달장애, 뇌성마비 등 영유아의 장애유병비율을 낮추고, 수검비율을 제고하는 데 기여하고자 한 것이다(보건복지부, 2020b).

영유아 검진은 2차(9~12개월)부터 7차(66~71개월)까지 '한국 영유아 발달선별검사(K-DST)'도구를 이용하여 발달선별평가를 실시하는데, 발달선별평가는 6개 핵심발달영역(대근육 운동, 소근육 운동, 인지, 언어, 사회성, 자조)으로 구분되며, 그 결과는 '양호', '추적검사 요망', '심화평가 권고', '지속관리 필요' 등으로 판정된다. '심화평가 권고'로 판정된 영유아부터 정밀검사비용 지원대상이 되지만, 영유아검진 발달평가 결과 '심화평가 권고' 판정자 중 동일 유형의 발달장애인 등록자와 동일 유형의 발달장애로 확진 판정을 받았던 자는 사업대상에서 제외된다. 지원항목으로는 발달장애 정밀검사에 직접적으로 필요한 검사 및 진찰료에 대한 지원(법정 본인부담금 및 비급여 포함)을 받을 수 있지만, 장애인진단서 발급비용이나 상급 병실료 차액 및 특진비 등은 지원되지 않는다. 지원 기간은 영유아 건강검진을 받은 날로부터 1년 이내로 하고 있다(보건복지부, 2020b). 〈표 5-6〉은 발달장애 정밀검사 관련 검사항목의 예시이다.

〈표 5-6〉 발달장애 정밀검사 관련 검사항목(예시)

<table>
<tr><th colspan="4">발달장애 확진검사 1차 항목 (예시)</th></tr>
<tr><th>발달장애 정밀평가 검사항목</th><th>분류번호</th><th>코드</th><th>검사명</th></tr>
<tr><td rowspan="3">인지평가
(기본 battery)</td><td>노695</td><td>FZ695</td><td>베일리영아발달측정</td></tr>
<tr><td>나620다</td><td>F6203</td><td>사회성숙도검사</td></tr>
<tr><td>너701라(2)</td><td>FY731</td><td>아동기자폐증평정척도</td></tr>
<tr><td rowspan="3">작업평가</td><td>노694</td><td>FZ694</td><td>덴버발달검사</td></tr>
<tr><td>너771</td><td>EY771</td><td>일상생활동작검사(ADL:소아)</td></tr>
<tr><td>너772</td><td>EX780</td><td>수지기능검사(소아)</td></tr>
<tr><th colspan="4">발달장애 확진 검사방법 (예시)</th></tr>
<tr><td rowspan="2">지능검사</td><td colspan="3">한국 웩슬러 유아지능검사(K-WPPSI)</td></tr>
<tr><td colspan="3">한국 웩슬러 아동지능검사 3판(WISC-Ⅲ)</td></tr>
<tr><td>발달검사</td><td colspan="3">한국 Bayley 영유아 발달검사</td></tr>
<tr><td rowspan="7">언어평가</td><td colspan="3">영유아 언어발달 선별검사(SELSI)</td></tr>
<tr><td colspan="3">취학 전 아동의 수용언어 및 표현언어 척도(PRES)</td></tr>
<tr><td colspan="3">그림어휘력 검사</td></tr>
<tr><td colspan="3">언어문제해결력 검사</td></tr>
<tr><td colspan="3">문장이해력 검사</td></tr>
<tr><td colspan="3">그림자음검사</td></tr>
<tr><td colspan="3">보스톤사물이름대기검사</td></tr>
<tr><th colspan="4">자폐검사</th></tr>
<tr><th colspan="4">주의집중력 검사</th></tr>
<tr><td rowspan="3">작업치료평가</td><td colspan="3">발달성 시지각 검사(DTVP)</td></tr>
<tr><td colspan="3">Bruininks-Oseretskytest of motor proficiency test</td></tr>
<tr><td colspan="3">감각통합평가</td></tr>
<tr><th colspan="4">검사방법 (예시)</th></tr>
<tr><th>분류번호</th><th>코드</th><th colspan="2">분류</th></tr>
<tr><td>나-610</td><td>F6101</td><td colspan="2">신경학적 검사(일반검사)</td></tr>
<tr><td rowspan="3">나-620</td><td>F6201</td><td colspan="2">지능검사</td></tr>
<tr><td>F6202</td><td colspan="2">그림지능검사</td></tr>
<tr><td>F6203</td><td colspan="2">사회성숙도검사</td></tr>
<tr><td>나-621</td><td>F6215</td><td colspan="2">그림검사(인물화 또는 집-나무-사람-그림검사)</td></tr>
<tr><td>나-624</td><td>F6240</td><td colspan="2">벤더도형검사</td></tr>
<tr><td>너-701</td><td>FY731</td><td colspan="2">아동기자폐증평정척도</td></tr>
</table>

출처: 보건복지부(2020b). 2020년도 건강검진사업안내. 보건복지부 건강정책국 건강증진과. p.43 인용.

영유아 건강검진에서 '심화평가 권고'로 판정된 영유아는 전문기관으로 의뢰되어 정밀평가를 받게 되는데, 이 과정을 단계별로 살펴보면, 1단계(전문가 평가)에서는 발달 선별검사에서 유소견자로 의뢰된 환자에 대해서 발달 관련 전문지식을 갖춘 전문가가 진료한 후에 정밀평가 여부를 판단한다. 이 과정은 면담 및 환자의 행동관찰, 진찰소견 등을 통해 발달지연 유무를 파악하는 단계이다. 2단계(발달 정밀평가)에서는 발달 확진검사를 통해 특정한 신경발달질환(neurodevelopmental disorders: NDD)을 진단하게 된다. 발달 정밀검사를 받은 후 대부분의 아이들이 추가검사를 받게 되는데, 이는 발달장애 유무를 진단하는 것이 아니라 원인질환을 찾아내기 위한 것이다. 혈액검사나 MRI, CT 같은 뇌영상검사, 뇌파검사나 근전도검사 등을 권유받을 수 있으며, 뇌영상검사의 경우는 뇌의 모양과 구조를 보기 위해, 뇌파는 뇌의 활성도와 기능을 측정하기 위해, 근전도는 근육의 생리적 기능과 신경 전달능력을 보기 위해 실시한다. 혈액검사와 소변검사는 염색체, 유전자, 대사이상검사 등을 위해 실시할 수 있다. 여기까지는 모든 발달 유소견자에게 공통되는 부분이나 다음 단계인 3단계(원인 정밀평가)부터는 신경발달질환(NDD) 진단에 따라 내용이 달라질 수 있다. 발달 정밀평가 후 신경발달질환만 진단된 상태에서도 치료적 개입은 필요하며, 원인 정밀평가 이후 원인질환 진단 여부와 상관없이 모든 경우 조기에 치료적 개입이 필요하다. 원인질환이 있는 경우는 치료 방향이 달라지기 때문에 발달지연에 대한 치료 이전에 원인질환을 먼저 치료해야 하는 경우도 있다. 그러한 이유에서 추가검사를 시행하는 것은 아주 중요하다. 특히, 진단과 치료방법은 아동이 가진 발달문제의 정도와 영역에 따라 매우 다양하기 때문에 아동의 치료를 위해서 전문의와 논의를 통해 적절하고 신뢰성 있는 치료기법을 선택하는 것이 중요하다. 일반적으로 소아의 뇌는 성인의 뇌에 비해 가소성(plasticity)이 큰 것으로 알려져 있는데, 출생 후 뇌발달은 유전적 요인과 환경적 요인에 의해 많은 영향을 받기 때문에 다양한 감각자극과 운동자극의 경험이 필요하다. 그런데 만약 이런 감각과 운동자극의 경험이 부족할 경우, 뇌의 발달이 정해진대로 이루어지지 않을 수 있기 때문에 여러 감각 및 운동자극을 경험할 수 있도록 환경적 지원을 해 주는 것이 좋다(보건복지부, 2020b; 정희정, 은백린, 김성우, 유희정, 엄소용, 김준식,

이영목, 임병찬, 고성은, 권정이, 나동욱, 이지선, 박수빈, 유한익, 노동현, 홍민하, 2016a,b).

간혹 선천적 · 후천적 원인으로 인한 각종 뇌질환이나 뚜렷한 원인 없이 발생하는 발달지연의 경우, 뇌발달 이상으로 인하여 장애가 발생하기도 한다. 이때 뇌의 발달을 촉진하는 치료를 하거나 뇌 가소성을 이용한 치료를 통하여 발달 상태를 호전시킬 수도 있다. 물리치료, 언어치료, 작업치료 등 여러 종류의 치료는 아동에게 적절한 환경을 제공하여 뇌의 발달을 촉진시키는 치료로 반복적인 연습을 통해 뇌세포 간 연결들이 활성화되고 강화되어 뇌발달을 유도하게 되므로 이차적으로 발생할 수 있는 합병증을 예방하고, 아이가 가지고 있는 잠재력을 최대한 계발시킬 수 있도록 해 준다. 따라서 전문가에 의한 진단 및 원인 정밀평가 후 치료계획을 수립하고, 우선순위에 따라 치료를 진행한 이후, 일정 기간 후(6개월~1년) 재평가를 실시하여 처음 진단한 진단명이 맞는지 여부를 확인하고, 치료에 따른 환자 상태의 변화에 따라 치료계획을 재수립하여 지속적으로 치료하면서 환자를 계속 추적 관찰하는 것 또한 필요하다(보건복지부, 2020b; 정희정 외, 2016a,b). 정희정 외(2016)에 따르면, '추적검사 요망'으로 판정될 경우, 검진의사는 2~3개월 후 K-DST를 다시 실시해야 하며, 추적검사에서 '추적검사 요망' 이상으로 판정될 경우, 전문기관으로 의뢰해야 한다고 하였다. 만약 전문기관의 심화평가 결과가 정상이더라도 최소한 다음 차시의 영유아 건강검진 기간까지는 전문기관에서 추적 관찰할 것을 권고한다고 하였다.

이를 정리해 보면, 우리나라는 장애, 발달지체 및 장애위험 유아를 조기에 발견하여 적절한 지원을 해주기 위해서 영유아 건강검진 사업과 영유아 발달장애 정밀검사비 지원사업을 운영하고 있다. 이 사업들을 통하여 조기발견 및 조기중재를 좀 더 효율적으로 실시할 수 있도록 하기 위해 전문가들로부터 정확한 선별 및 진단 · 사정을 받게 하여 특수교육대상 유아로 선정되면, 개별 유아의 요구에 적합한 교육을 지원받게 된다. 이것이 바로 유아특수 및 통합교육이며, 정확한 교육서비스를 제공하기 위해 정확한 평가는 매우 중요하다. 유아특수 및 통합교육을 받기 위해 이루어지는 평가와 의사결정은 〈표 5-7〉에 제시한 바와 같다.

〈표 5-7〉 평가의 단계와 의사결정

평가의 단계	의사결정 내용(평가 목적)	사정방법
선별 (選別, screening)	더 심층적인 평가에 의뢰할 것인가? (간단, 저렴, 규준 참조, 표준화)	검사, 관찰, 교육과정중심사정
진단 (診斷, diagnosis)	아동이 장애를 가지고 있는가? 장애의 양상(정도, 지속성 등)은 어떠하며, 그 원인은 무엇인가?	검사, 관찰, 면접, 교육과정중심사정
적격성 (適格性, eligibility)	특수교육대상자로 적격한가?	검사, 관찰, 면접, 교육과정중심사정
프로그램 계획 및 배치 (配置, placement)	어디에서 어떤 교육 및 서비스를 제공할 것인가?(IEP로 문서화)	검사, 관찰, 면접, 교육과정중심사정, 수행사정, 포트폴리오사정
형성평가 (formative evaluation)	아동이 적절한 진전을 보이고 있는가? (필요시 교과과정 및 교수방법을 개선할 목적)	검사(준거 참조), 관찰, 면접, 교육과정중심사정, 수행사정, 포트폴리오사정
총괄평가 (summative evaluation)	아동이 예상한 진전을 보였는가? 특수교육 및 서비스 계획이 필요한가?	검사, 관찰, 교육과정중심사정, 수행사정, 포트폴리오사정

출처: 김동일, 고은영, 이기정, 최종근, 홍성두 (2017). 특수교육 · 심리진단과 평가. 학지사. p.45 인용.

여기서 선별이란 좀 더 심층적인 평가가 필요한 영유아를 구별해 내는 과정으로, 영유아를 효율적이고 경제적인 방법으로 평가하여 좀 더 심층적인 발달정밀검사를 의뢰할 것인지의 여부를 결정하는 단계이다. 이러한 목적을 가진 선별검사도구는 제한된 수의 문항으로 영유아의 수행이나 행동을 평가하도록 고안되었기 때문에 보통 15~20분 정도의 시간이 소요된다. 반면, 진단 · 사정은 장애유형 및 정도 같은 어떤 상태의 특성과 원인을 파악하는 과정이기 때문에 영유아의 장애유형 및 정도를 파악하게 되고, 그 장애의 원인이 무엇인지에 대하여도 알 수 있게 된다. 이와 같은 진단 단계는 의학전문가들에 의해 실시하게 되고, 선별과는 달리 상대적으로 많은 수의 문항을 활용하게 되며, 다양한 진단 및 평가방법을 통한 포괄적인 진단 · 사정을 실시하게 된다. 「장애인 등에 대한 특수교육법」 제15조 제3항에 따라 교육장 및 교육감은 특수교육지원센터에 특수교육대상자 적격성 판정을 의뢰하게 되는데, 특수교육대상자로서 적합한지를 판단할 때, 진단 · 사정 단계에서 장애영유아로 판정을 받게 되더라도 특수교육대상자로 선정되지 않을 수 있다. 이 적격성 판정은 특수교육이 필요한지를 판정하는 단계이기 때문에 장애 판정이 곧 특수교육대상자 적격 판정이라는 공식은 성립하지 않는다.

진단 · 사정단계는 보통 영유아의 장애 및 발달지체의 원인을 알아내고, 그 특성과 정도를 밝혀내는 과정을 거치는 것으로서, 주관적이고 차별적인 진단 · 사정의 가능성을 감소시키기 위해 건강, 시각, 청각, 사회 및 정서적 상태, 일반 지능, 의사소통 및 운동능력을 포함한 의심이 되는 장애의 모든 영역을 진단 · 사정하는 종합적인 평가가 이루어져야 한다. 이러한 점 때문에 가족뿐 아니라 각 관련 학문 분야의 전문가에 의한 진단 · 사정 결과와 의견을 종합하는 다학문적 접근을 하게 된다. 다학문적 접근에 의해 이루어지는 진단 · 사정 자료는 특수교육대상의 적격성 판정 외에도 중재목적과 목표를 결정하는 데 기초가 된다. 즉, 사회 · 정서, 적응행동, 의사소통, 인지, 운동영역의 현재수행수준 및 시각, 청각, 건강상태의 진단 · 사정은 중재 또는 교육계획안을 수립하는 데 도움을 준다. 따라서 진단 · 사정 시의 진단 · 사정 자료는 영유아의 특수교육대상 적격성 판정뿐 아니라 중재목적과 목표를 결정하는 데 기초가 되기 때문에 진단 · 사정단계에서는 영유아의 기능적, 발달적, 교육적, 신체적, 인지적, 행동적, 그리고 환경적 정보를 수집하는 것이 필요하며, 이를 위해 다양한 진단 · 사정도구와 전략을 사용하는 것이 중요하다(정인숙 외, 2008b).

선별 및 진단과 관련된 국내 선행연구들을 살펴보면, 차재경과 김진호(2016)는 장애위험 영유아의 선별을 위한 국내의 선별검사도구에 대해 분석하였는데, 조기 선별검사에 있어 예방적 중재 필요성이 강조되는 만큼 국내 실정에 맞는 전반적인 발달지체를 위한 선별도구를 사용해야 한다고 하였다. 〈표 5-8〉은 논문에서 분석한 국내의 선별검사도구의 개괄적인 특징을 나타낸 것이다.

〈표 5-8〉 장애위험 영유아의 발달선별검사도구의 개괄적 특성

연번	도구명 (저자, 연도)	표준화 유형	대상 연령	소요 시간	실시 형태	평가평정척도	결과해석
1	한국형 영유아발달검사 (K-DST, 질병관리본부, 2014)	직접 개발한 한국 표준화	만 4~71개월	15~20분	부모, 양육자 보고	4점 척도 – 3점: 잘 할 수 있다. – 2점: 할 수 있는 편이다. – 1점: 하지 못하는 편이다. – 0점: 전혀 할 수 없다.	– 양호(빠른 수준, 또래 수준) – 추적검사 요망 – 심사평가 권장
2	영유아 발달선별검사 (K-CDR-R, 김정미, 신희선, 2011)	외국 표준화	0~6세	약 10~15분	부모, 양육자 보고	2점 척도 – 아동이 규칙적으로 또는 빈번히 한다고 보고한 행동의 번호∨ – 아동이 요즘 하기 시작한 행동 또는 이따금씩 보이는 행동이라면 그 행동 번호에 B로 표시	– 정상발달(전형적인 발달) – 경계선발달 – 지연발달
3	DEP영아선별 · 교육진단검사 (장혜성 외, 2008)	직접 개발한 한국 표준화	0~3세	20분	부모, 양육자 보고	3점 척도 – 예(10점): 매우 잘 수행 – 가끔(5점): 가끔 수행함 – 아니오(0점): 전혀 또는 거의 수행하지 못함	– 매우 빠름 – 빠름 – 보통 – 느림(지속적인 관찰 요망) – 매우 느림(2차 전문가평가 필요)
4	부모작성형 유아모니터링 체계 (K-ASQ, 허계형 외, 2007)	외국 표준화	만 4개월~60개월	15분	부모, 양육자 보고	3점 척도 – 예(10점) – 가끔(5점) – 아니오(0점)	– 이 영역에서 잘 수행하고 있음 – 개별적으로 상담할 필요(이후 평가해 볼 필요)
5	아동발달검사 (K-CDI, 김정미, 신희선, 2006)	외국 표준화	15개월~만 6세	약 30~40분	부모, 양육자 보고	2점 척도(예, 아니오) – 예: 아동이 현재 하는 행동이거나 또는 지금은 하지 않지만 이전에 했던 행동들 – 아니오: 아동이 현재 하지 못하지만 또는 요즘 막 시작하려는 행동으로 가끔씩 관찰되는 행동	– 정상범위 – 경계선범위 – 지연범위

연번	도구명 (저자, 연도)	표준화 유형	대상 연령	소요 시간	실시 형태	평가평정척도	결과해석
6	한국판 유아발달선별검사 (K-DIAL-3, 전병운 외, 2004)	외국 표준화	3세~ 6세 11개월	30분 이내	부모보고 + 개별검사	3점 척도 - 2점: 항상 또는 대부분 그렇다 - 1점: 때때로 또는 부분적으로 그렇다 - 0점: 전혀 또는 거의 전혀 그렇지 않다	- 잠재적 - 발달지체 - 통과
7	한국 유아발달검사 (윤치연, 2004)	직접 개발한 한국 표준화	2.5세~ 6세 만 30~ 72개월	약 20분	부모, 양육자, 교사, 치료사 보고	3점 척도 - 완전 가능 - 부분 완전 - 불가능	- 최우수 - 우수 - 평균 이상 - 평균 - 경도지체 - 중도지체 - 최중도지체
8	한국형 Denver II (K-DDST, 신희선 외, 2002)	외국 표준화	0~6세	약 10~ 20분	개별검사	4점 척도 - 패스 P(Pass) - 실패 F(Fail) - 거부 R(Refuse) - 한 적 없음(No Opportu-nity)	- 이상 - 이상의 가능성 - 검사 불능 - 정상

출처: 차재경, 김진호 (2016). 장애위험 영유아를 위한 국내 발달선별검사도구 분석. 한국특수교육학회 학술대회, pp. 290-301.

김정륜(2020)은 어린이집 교사들의 선별과 교육진단에 대하여 알아본 결과, 특수교사는 어린이집 내에서 선별검사를 직접 실시한다는 비율이 가장 높았지만, 선별검사도구를 사용하지 않고, 선별검사를 하더라도 결과를 제대로 활용하지 못하고 있었으며, 이와 대조적으로 장애영유아를 위한 보육교사는 기관에 의뢰하는 비율이 가장 높게 나타났는데, 선별은 전문가가 해야 하는 것으로 인식하고 있었기 때문이었다. 선별검사를 의뢰하는 기관으로는 육아종합지원센터, 특수교육지원센터, 아동발달센터의 순으로 나타났다. 또한 특수교사와 장애영유아를 위한 보육교사의 교육진단 실태에서는 둘 다 교육진단을 하고는 있지만, 제대로 이해한 후 적절하게 사용하는 것이 아닌 것으로 나타났다. 특수교사와 장애영유아를 위한 보육교사 모두 선별과 장애진단 과정을 혼동하는 것으로 나타나 선별과 진단에 대한 지식과 이해가 부족한 것으로 나타났다. 따라서 현재 유아교육기관 재직교사 및 보육교사의 재교육 및 연수가 절실히 필요할 뿐 아니라 예비교사들을 위한 대학의 관련 학과 교과목 및 교과과정, 학점 이수에 대한 점검 또한 필요하다고 하였다. 이와 더불어 우리나라 실정에 맞는 적절한 검사도구의 개발도 이루어져야 한다고 하였다.

이지효, 김영팔, 황영범, 고재욱(2018)의 연구에서는 장애위험 영유아에 대하여 치료지원을 한 결과, 언어발달에 긍정적인 효과가 나타났다고 하면서 장애위험 영유아도 사회적 서비스 지원대상이 될 수 있는 법제화가 필요하다고 하였다. 또한 조기선별과 중재의 과정 및 방법을 지속화할 수 있는 체계화된 행정 시스템 구축, 통합보육 코디네이터 필요, 어린이집 내에서의 관련 서비스 지원, 장애위험 영유아의 발달 및 기능 향상을 위해 부모의 의무와 책임을 정책적으로 강화해야 한다고 하였다. 이를 종합해 보면, 효율적인 조기선별 및 중재를 위하여 필요한 사항으로는 유아교육기관 교직원들의 전문적 지식 함양을 위한 연수, 교직원 양성기관에서의 교육과정 재점검, 장애위험 영유아를 위한 법제화, 체계적인 행정 시스템 구축, 부모의 협조 등이 있었다.

Chapter 6

유아통합교육 실행방안의 이해

2020년 3월부터 모든 유아교육기관에서 개정 누리과정이 시행되면서 모든 유아를 위한 질적으로 우수한 교육과정을 편성 · 운영하기 위한 노력이 이루어지고 있다. 특히, 특수교육대상 유아의 균등하고 공정한 교육기회를 보장하기 위한 노력의 일환으로 특수교육 유치원 교육과정을 개정 누리과정과 연계하여 미래 사회가 요구하는 인간상으로 성장해 나갈 수 있도록 모든 유아가 질적으로 우수한 교육을 받게 함으로써 그들의 잠재능력을 최대한 계발시킬 수 있도록 지원하고 있다. 이를 위하여 교육 · 보육현장에서 효용성 있고 질적으로도 우수한 통합교육 운영체제를 만들어 가기 위한 다양한 가이드라인이 제공되고는 있지만(교육부, 보건복지부, 2019a; 교육부, 보건복지부, 2019b; 교육부, 보건복지부, 2019c; 금미숙, 곽승철, 김희연, 박계신, 이경면, 이한영, 정은영, 최민숙, 2009; 이소현, 윤선아, 박병숙, 이수정, 2019), 아직까지 실제 일반교육 · 보육현장에서 어떻게 개정 누리과정과 개별화교육과정을 효과적으로 연계하여 운영할 수 있는지에 대한 실증적 자료는 부족한 상태이다. 따라서 제6장에서는 일반교육 · 보육현장에서 성공적으로 완전통합교육을 실행할 수 있는 방법을 연구기반 자료를 토대로 살펴보고자 한다. 특수교육대상자의 교육사정, 개별화교육계획안 수립 방법까지 순차적으로 살펴본 후 연구기반의 개정 누리과정 적용 방안 연구 자료를 중심으로 개정 누리과정 내에서 개별화교육과정을 적용하는 방안을 살펴보고자 한다.

1 교육사정

일반적으로 진단 · 사정(diagnosis · assessment)은 신체운동 및 건강, 시 · 청각 및 감각, 사회 · 정서, 인지, 언어 및 의사소통 영역 등 장애의 모든 영역을 종합적으로 진단 · 평가할 수 있어야 한다. 이처럼 진단 · 사정은 가족과 각 관련 학문 분야의 전문가들에 의해 진단 · 평가된 결과를 종합하여 의사결정을 하는 다학문적 접근을 하게 되기 때문에 특수교육대상의 적격성 판정 뿐 아니라 개별화프로그램계획의 중재목적 및 목표수립을 위한 기초자료로 사용하게 된다. 진단 · 사정을 근거로 개별적 요구에 적합한 개별화교육계획을 수립하기 위하여 교육사정(educational assessment)이 이루어지는데, 여기서 나타날 수 있는 문제는 유아교육기관 현장에 있는 다수의 교사들이 장애진단(diagnosis)과 교육사정(educational assessment)을 혼동하여 효율적으로 활용하지 못하고 있다는 것이다(김정륜, 2020; 이지효 외, 2018). 따라서 현장에 있는 교사들은 장애진단과 교육사정에 대한 의미를 정확히 이해하고, 효율적으로 활용할 수 있어야 할 것이다. 간략히 선별, 진단, 교육사정 과정을 정리해 보면, 선별은 예방적 차원에서 성장 및 발달과정에서 혹시 발생할지 모르는 문제나 장애를 발견하기 위해 전체 영유아를 대상으로 실시한다. 우리나라의 경우, 국가적 차원에서 의료전문가들에 의해 정기적으로 영유아 건강검진을 시행한 후 이상소견이 발견되어 선별검사를 실시하기도 하고, 유아교육 및 보육현장에서 일반적인 발달규준에서 벗어나는 영유아를 발견하였을 때 교직원들에 의해 선별검사가 의뢰되어 실시하기도 한다. 영유아 건강검진의 선별검사에서 이상소견이 발견되면, 영유아 발달장애 정밀검사를 통하여 의료전문가에 의해 장애 및 원인질환의 유무를 진단받게 된다. 그러나 중요한 것은 장애유아로 진단을 받았다고 해서 모두가 특수교육대상자가 되는 것은 아니다. 교육적으로 특수교육의 필요성 유무를 파악하기 위하여 특수교육위원회에 의뢰하게 되며, 심사 결과 특수교육대상자로 선정되면, 그다음에는 개별 유아의 요구에 적합한 교육적 지원 및 관련 서비스를 제공하기 위하여 교육사정을 진행하게 된다. 여기서 교육사정은 장애유아가 생활하게 될 유아교육기관에서의 일과, 놀이 및 활동을 면밀히 관찰한 후 다수의 교육전문가와 부모, 치료담당자들의 논의과정을 거친 후 결정하게 된다. 선별, 진단, 대상자 선정은 유아교육기관에서 하는 것이 아니라 의학전문가와 특수교육위원회에서 실행하게 된다. 특수교육대상자로 지정된 후 유아교육기관에 배치되면, 교육적 사정을 하게 되는데, 이때 부모, 각 분야별 전문가, 교사, 치료담당자 등이 함께 장애유아를 위한 최선의 의사결정을 내리기 위해 협력적 관계에서 각자의 정보 및 사정 결과를 상호교환 후 충분한 논의를 거쳐 IEP를 수립하게 된다. 교육 프로그램을 설계할 때, 사정은 교육의 목표가 얼마나 잘 충족되는지를 모니터링하는 방법이기 때문에 계획 및 평가(plan and evaluation) 시 필수적인 것으로 간주된다(Stiggins, 2002). 사정체계는 좀 더 강력하고 공정한 학교 시스템을 구축하는 것이기 때문에 결코 사소한 문제가 아니다(Organization for Economic Cooperation and Development: OECD, 2013).

교육사정은 학생의 학습 역량을 향상시키고, 프로그램을 개선하기 위하여 지식, 기능, 태도, 그리고 신념에 대한 경험적 자료를 토대로 문서화하는 체계적인 과정이다. 사정이라는 말은 2차 세계대전 이후 교육적 맥락에서 사용되기 시작하였으며, 종종 검사(test)와 통용(通用)되어 사용되기도 하지만 평가(evaluation)와 동의어로 사용되기도 한다. 사정은 개별학습자, 학습커뮤니티(수업, 워크숍, 기타 조직된 학습자집단), 교과과정(curriculum), 학습 프로그램(learning program), 기관 또는 교육 시스템(education system)에 대하여 현재 상태나 상황을 평가하는 데 초점을 맞추기도 한다. 사정자료는 학업성취 결과를 평가하기 위하여 학생의 수행결과물이나 과제물을 직접적으로 조사하여 얻을 수도 있고, 학습에 대해 추론할 수 있는 자료를 근거로 얻을 수도 있다. 예를 들면, 일과 중에 나타날 수 있는 자기조절능력이나 사회적 상호작용기술을 주의 깊게 관찰하여 기록한 것을 활용하거나 활동 중에 산출된 작품이나 결과물을 일정 기간 동안 수집하여 포트폴리오로 만들어 사정자료로 사용할 수도 있다. 사정은 지속적이고 연속적인 과정으로 개별 유아의 성취도를 평가할 때 사용되기도 하지만, 프로그램이나 코스, 시스템의 운영을 평가하기 위해 사용되기도 한다. 대표적인 사정방법으로 검사, 관찰, 면접, 교육과정중심사정, 수행사정, 포트폴리오사정 등 여섯 가지를 들 수 있다(김동일 외, 2017; 정옥분, 2008; 한국직업능력개발원, 2014; 홍길회, 박재옥, 2018).

① 검사(test)는 개인 또는 집단의 특성(지식, 기술, 지능, 적성 등)을 파악하기 위하여 일정한 조건에서 문제나 과제를 주고, 일정한 표준에 맞추어 판정하는 측정방법으로 일련의 사전에 결정된 반응유형을 요구하는 질문이나 과제를 통하여 점수화 또는 수량화하여 수집하는 방법이다. 검사법으로는 크게 표준화검사(standardized test)와 비표준화검사(informal test), 규준참조검사(norm−referenced test)와 준거참조검사(criterion−referenced test)가 대표적이다. 표준화검사는 표준화된 제작절차, 검사내용, 검사의 실시조건, 채점과정 및 해석에 의해 객관적으로 행동을 측정하는 데 반해, 비표준화검사는 비공식검사라고도 하며 표준화 절차를 밟지 않는다. 규준참조검사는 개인의 검사점수가 집단에서 차지하는 상대적 위치를 알아보는 상대평가검사인 데 반해, 준거참조검사는 일정 기준에 따라 검사점수를 평가하는 절대평가검사이다.

② 관찰(observation)은 사람이나 동물의 행동, 혹은 사물, 현상 등을 주의 깊게 살펴봄으로써 특정 현상을 분석하고, 파악하는 것으로, 공식적인 평가로는 발견되지 않는 중요한 특성이나 현상을 파악하는 데 유용한 사정방법이다. 유아교육현장에서는 유아들의 일과, 놀이 및 활동 중에 나타내는 행동(또래와의 상호작용, 문제행동, 의사소통, 자조기술 등)을 주의 깊게 살펴봄으로써 특정 현상에 대한 객관적인 자료를 수집하는 방법이다. 대표적으로 자연관찰, 통제관찰, 참여관찰, 비참여관찰 등이 있으며, 관찰기록방법으로는 일화기록법, 시간표집법, 사건표집법, 평정척도법, 행동목록표 등이 있다.

③ 면접(interview)은 면접자가 피면접자에게 어떤 문제에 대한 질문을 통해 들은 정보나 의견을 기록함으로써 자료를 수집하는 방법으로 구조적, 비구조

적, 반구조적 면접과 초점, 초점집단 면접 등이 있다.

④ 교육과정중심사정(curriculum-based assessment: CBA)은 아동에게 가르치는 교육과정과 관련하여 아동의 수행에 대한 자료를 수집하는 방법으로 준거참조-교육과정중심사정(CR-CBA), 교육과정중심측정(CBM), 교수설계용교육과정중심사정(CBA-ID), 교육과정-교수중심사정(CIBA) 등이 있다.

⑤ 수행사정(performance assessment)은 아동의 기술(skill)을 관찰하여 판단하는 사정방법으로 행위를 수행하거나 결과를 산출하는 과정초점, 결과초점, 과정 및 결과초점의 방법이 있다.

⑥ 포트폴리오사정(portfolio assessment)에서 포트폴리오는 작업의 결과나 작품 혹은 어떤 수행의 결과를 모아 놓은 자료집이나 서류철을 의미하며, 아동의 성취를 평가하기 위하여 일과 중 아동 또는 교사가 선택한 활동시간에 수행한 아동의 작업 결과나 작품을 수집하여 자료를 평가하는 사정방법이다. 즉, 작업의 결과나 작품 또는 수행의 결과를 모아 놓은 자료집으로 장애유아가 실제로 수행한 결과물을 가지고 현재의 성취수준을 평가하는 것이다. 포트폴리오는 유아의 작품이나 다른 산출물을 일정별, 영역별로 체계적으로 수집하여 이를 근거로 수행하는 형성평가라고 할 수 있는데, 일반적으로 교사들은 일과 내에서 수행했던 다양한 결과물들을 체계적으로 수집한 후 이를 근거로 장애아의 수행 진도를 점검하고 평가하여 발달영역별로 수행수준을 파악한 후 IEP의 목표를 수립할 때 활용한다.

지금까지 살펴본 다양한 교육사정방법을 이용하여 자료를 수집한 후 개별화교육계획을 수립하기 위한 일과기반 행동수행목록, 긍정적 행동지원, 현재수행수준요약서를 작성할 수 있다. 일과기반 행동수행목록, 긍정적 행동지원, 현재수행수준요약서는 유아교육기관에서 다양한 사정방법 등을 이용하여 자료를 수집한 후 현재 장애유아의 상태를 파악할 수 있도록 정리한 문서이다. 이것은 장애유아가 잘 수행할 수 있는 것은 무엇인지를 파악하여 교육 시 교수전략에 활용할 수도 있고, 잘 수행하지 못하여 앞으로 교육해야 할 부분이 어떤 것이 있는지를 파악하여 지도할 부분에 활용하는 것으로 개별화교육계획 수립 시 근거자료로 사용하게 된다. 이 근거자료는 유아교육현장에서 교사가 유아의 행동이나 생활모습에 관심을 가지고, 민감하고 주의 깊게 관찰함으로써 충분히 장애유아의 상태를 파악하여 작성할 수 있는 내용들로 구성되어 있다.

1) 일과기반 행동수행목록

일과기반 행동수행목록은 관찰기록방법 중 하나로 실제 장애유아가 생활하고 있는 환경에서의 적응 여부를 평가하기 위해 등원부터 귀가까지 일과의 흐름에 따라 하위 행동을 목록화해서 개별 유아의 수행 여부를 확인하는 것이므로 특별한 훈련 없이도 유아교육현장에서 효율적으로 활용할 수 있다는 장점이 있다. 일과기반 행동수행목록은 현재 수행할 수 있는 행동과 하지 못하는 행동이 무엇인지를 파악하기 위하여 학급에서 반복적으로 진행되는 일과의 흐름에 따라 요구되는 행동에 대한 목록을 만들어 수행 가능 여부를 체크하는 간단한 방법이기 때문에 빠르고 효율적으로 사용할 수 있다. 일과기반 행동수행목록은 유아교육기관에서 간단하게 만들어 사용할 수 있는데, 포괄적이고 대표적인 목록을 구성하기 위해서는 유아교육기관의 하루 일과를 중심으로 등원에서 귀가 시까지 나타날 수 있는 구체적인 행동들을 관찰 가능한 긍정문 형태로 작성해서 사용할 수 있다. 이를 평가할 때에는 개별 장애유아를 대상으로 세밀하고 주의 깊은 관찰을 한 후에 관찰한 내용을 토대로 일정한 시기별로 지속적으로 평가하여 적응행동 발달의 정도를 평가할 수 있다. 평가 결과를 해석할 때, 수행 가능한 행동은 장애유아의 강점으로, 수행하지 못하는 행동은 앞으로 성취해야 할 목표로 설정하게 되는데, 이를 토대로 IEP의 교육목표를 수립할 수 있다(조윤경, 김수진, 유연주, 윤란, 장지윤 정해숙, 차현정, 2012; 한국직업능력개발원, 2014; 홍길회, 박재옥, 2018). 일과기반 행동수행목록은 유아교육기관 및 개별 장애유아의 특성을 고려하여 상황에 따라 적합하게 작성한 후 사용할 수 있다.

〈표 6-1〉 일과기반 행동수행목록(월별 평가)

관찰아동 성명:	성별:	생년월일:	(만 세)
관찰자 및 평가자:		관찰일시:	

평가표시 (○ : 스스로 수행, △ : 도움 받아 수행, × : 지도가 필요)

일과	평가항목	평가일시		
	10일에 한 번씩 정기적으로 체크	3/2	3/12	3/22
등·하원	자신의 신발을 스스로 벗어서 신발장의 정해진 자리(얼굴 사진 or 이름이 부착된 장소)에 자신의 신발을 정리할 수 있다.			
	현관에서 만난 선생님들께 인사할 수 있다. (안녕하세요/안녕히 계세요)			
	기분 좋게 부모님과 인사할 수 있다. (다녀오세요/다녀오셨어요)			
	겉옷을 스스로 입고 벗을 수 있다.			
	양말을 스스로 신고 벗을 수 있다.			
	겉옷을 벗어 지퍼 또는 단추를 잠그고(또는 정리하여) 옷걸이에 걸 수 있다.			
	자신의 사물함(얼굴 사진 or 이름이 부착된 장소)에 겉옷, 양말, 가방을 정리해 놓을 수 있다.			
	담임교사와 친구들에게 눈을 맞추고, 반갑게 인사할 수 있다.(안녕/안녕하세요/내일 또 만나/안녕히 계세요)			
실내자유 선택놀이	놀이하는 친구에게 관심을 가지고 먼저 다가가 놀이할 수 있다.(뭐 해/그건 뭐야/같이 놀자 등)			
	여러 영역의 놀잇감 or 교구에 관심을 나타내며 선택하여 놀 수 있다.			
	교사가 질문하면 놀잇감 or 교구의 명칭과 기본적인 용도를 알고 말할 수 있다.			
	자신이 선택한 영역 안에서 놀잇감 or 교구를 사용하여 주도적으로 놀이를 진행할 수 있다.			
	친구들이 놀이를 할 때 방해하거나 공격하지 않고 병행·협동놀이를 할 수 있다.			
	또래들과 놀잇감 or 교구를 나눠서 사용할 수 있다.			
	놀이 중 다른 영역으로 이동할 때, 가지고 놀던 놀잇감 or 교구를 제자리에 정리하고 이동할 수 있다.			
	학급 규칙을 지켜 가며 놀이할 수 있다. (놀잇감 or 교구를 던지지 않고 안전하게 가지고 놀기, 소리 지르지 않고 본인이 원하는 바를 말로 표현하기, 차례 지키기 등)			
	2~3영역 이상을 탐색하며, 놀이를 즐겁게 할 수 있다.			
	전체 학급이 실외놀이를 가거나, 급·간식시간이 되었을 때, 놀잇감 or 교구를 정리하고 다음 활동으로 전환할 수 있다.			
	놀이가 끝난 후 스스로 손을 씻으러 화장실에 갈 수 있다.			

일과	평가항목	평가일시		
10일에 한 번씩 정기적으로 체크		3/2	3/12	3/22
전체 활동	본인이 원하는 활동이 있을 때 말로 자신의 의견을 표현할 수 있다(그림 그리고 싶어요. 화분에 물 주고 싶어요 등).			
	교사나 친구들에게 필요한 도움을 요청할 수 있다(빌려줘, 도와줘, 비켜 줘 등).			
	교사의 지시에 따라 자신에게 필요한 개인적인 용품을 꺼내 올 수 있다			
	활동 시 정해진 자리에 모여 앉을 수 있다.			
	교사가 하는 얘기에 주의를 집중하여 눈을 마주치며 들을 수 있다.			
	하고 싶은 얘기가 있으면, 다른 사람이 하고 있는 말이 끝날 때까지 기다린 후 자신의 의견을 말로 표현할 수 있다.			
	교사가 이름을 부르면, 교사 쪽으로 시선을 돌리고 '네'라고 대답할 수 있다.			
	교사나 친구들의 얼굴(눈)을 보고 요청에 따라 발표할 수 있다.			
	돌아다니거나 다른 친구들을 방해하지 않고, 전체가 하는 활동에 잘 참여한다.			
	노래나 춤 같은 활동을 할 때, 노래, 간단한 손동작이나 움직임을 자발적으로 잘 따라 할 수 있다.			
	주말 지낸 이야기를 묻거나 간단한 질문을 할 때, 질문에 맞는 간단한 대답을 할 수 있다.(날씨, 일과 및 주말 경험 등)			
	동시, 동화, 이야기 등을 읽어 주면 듣고 이해하는 눈빛과 행동(끄덕거림, 미소)을 표현한다.			
	함께 하는 운동, 게임, 활동의 규칙을 이해하고, 규칙에 맞게 잘 수행한다.			
	자신에게 필요한 교구, 도구, 재료를 스스로 선택하여 활동에 참여할 수 있다.			
	교구, 도구, 재료의 명칭이나 용도를 알고 안전하게 사용할 수 있다.			
	학습활동을 할 때, 지시한 방법에 따라 주어진 작업을 수행하여 작품이나 결과물을 완성시킬 수 있다.			
	교구, 도구, 재료를 바르게 잡고 사용하는 방법을 알고 있다(색연필, 사인펜, 크레파스, 가위 등).			
	활동을 마친 후 사용했던 교구, 도구, 재료를 제자리에 정리할 수 있다.			
	정리를 마친 후 자발적으로 손을 씻을 수 있다.			
이동하기	교사의 요구에 따라 줄 서는 장소로 갈 수 있다.			
	친구를 밀거나 새치기하지 않고 차례를 지키며 줄을 설 수 있다.			
	교사의 지시에 따라 뛰지 않고, 안전하게 걸어갈 수 있다.			
	교사의 지시에 따라 계단을 좌우로 구분하여 안전하게 우측통행을 준수하며 계단 손잡이를 잡고 오르내릴 수 있다.			
	교사의 지시에 따라 이동할 때, 친구를 밀지 않고 천천히 안전하게 이동할 수 있다.			
	다른 장소로 가거나 교사에게 말도 없이 줄을 이탈하지 않고 교사가 지시한 장소로 안전하게 이동할 수 있다.			

일과	평가항목	평가일시		
10일에 한 번씩 정기적으로 체크		3/2	3/12	3/22
실외자유 선택놀이	실외놀이터로 이동하기 위해 줄을 서서 기다릴 수 있다.			
	놀이기구나 시설물의 명칭과 사용방법을 알고 안전하게 사용할 수 있다.			
	놀이터 안전규칙을 지키며 놀이할 수 있다(높은 곳에서 뛰어내리지 않기, 친구에게 모래 뿌리지 않기 등).			
	친구들과 차례를 지켜 가며 놀이기구를 이용할 수 있다.			
	정리 신호가 있으면 신호를 듣고 놀이를 멈추고 정리할 수 있다.			
	교실로 이동 시 몸과 옷에 묻은 모래를 스스로 털어 낼 수 있다.			
급 · 간식	급 · 간식 전 스스로 손을 깨끗이 씻을 수 있다.			
	줄을 서서 자신의 순서를 기다릴 수 있다.			
	배식 시 자신의 식기도구를 잘 챙길 수 있다.			
	음식이 담긴 식판을 흘리지 않고 자리에 가져갈 수 있다.			
	자신이 앉아야 할 자리를 찾아서 앉을 수 있다.			
	급 · 간식을 먹기 전 "맛있게 냠냠 꼭꼭 잘 먹겠습니다. 친구들아 맛있게 먹자"라고 말할 수 있다.			
	자신의 식기도구를 사용하여 바르게 앉아 급 · 간식을 먹을 수 있다.			
	음식을 남기지 않고 골고루 잘 먹을 수 있다.			
	더 먹고 싶거나 그만 먹고 싶을 때, 자신의 의사를 말로 표현할 수 있다.			
	급 · 간식 시 다른 친구의 음식을 만지거나 허락 없이 가져다 먹지 않는다.			
	급 · 간식 시 담임교사 및 친구들과 즐거운 대화를 나누며 식사를 할 수 있다.			
	급 · 간식을 마친 후 자신의 식판 위에 남아 있는 음식을 스스로 정리할 수 있다.			
	컵에 있는 물을 흘리지 않고 마신 후 컵은 정리대에 올려놓을 수 있다.			
	급 · 간식 후 식판과 식기도구의 뒷정리를 할 수 있다.			
	급 · 간식 후 휴지를 사용하여 거울을 보며 입 주변에 묻은 음식물을 닦을 수 있다.			
	급 · 간식 후 옷과 책상에 흘린 음식물을 휴지를 사용하여 닦을 수 있다.			
	급 · 간식을 다 먹은 후 "맛있게 먹었습니다. 조리사 선생님(부모님) 맛있는 음식 준비해 주셔서 감사합니다"라고 감사의 인사를 할 수 있다.			
	급 · 간식을 마친 후 그림책을 보거나 조용한 놀이를 하며 다 먹지 못한 친구들을 기다려 줄 수 있다.			

일과	평가항목	평가일시		
	10일에 한 번씩 정기적으로 체크	3/2	3/12	3/22
양치질 하기	급 · 간식을 마친 후 양치질을 하기 위해 늦게 먹은 친구를 기다렸다가 다 함께 화장실로 이동할 수 있다.			
	자신의 칫솔과 치약, 양치컵을 찾을 수 있다.			
	자신의 칫솔에 적당량의 치약을 짤 수 있다.			
	거울에 붙어 있는 올바른 양치방법을 보고, 치아 구석구석을 잘 닦을 수 있다.			
	입안에 있는 치약 거품을 세면대에 뱉고, 양치컵에 적당량의 물을 담아 입을 헹굴 수 있다.			
	양치한 컵과 칫솔을 물로 헹군 후 제자리에 놓을 수 있다.			
	손을 비누로 깨끗이 씻고, 입 주변도 물로 닦을 수 있다.			
	페이퍼 타월(핸드 페이퍼)을 이용하여 손과 입의 물기를 닦을 수 있다.			
화장실 사용	화장실을 가고 싶다는 의사표현을 할 수 있다.			
	대변과 소변을 구분하여 표현할 수 있다.			
	스스로 혼자 양변기와 소변기를 구분하여 화장실을 이용할 수 있다.			
	화장실의 비어 있는 칸의 문을 열고 들어갈 수 있다.			
	화장실에서 차례를 지키며 기다릴 수 있다.			
	화장실에 들어가서 스스로 옷을 벗을 수 있다.			
	용변을 본 후 화장지를 이용하여 뒤처리를 할 수 있다.			
	용변을 본 후 옷을 스스로 입고 옷매무새를 단정하게 정리할 수 있다.			
	용변을 본 후 물을 내릴 수 있다.			
	용변을 본 후 손을 씻기 위해 긴 옷의 소매를 걷을 수 있다.			
	거울에 붙여진 올바른 손 씻기 방법대로 깨끗이 손을 씻을 수 있다.			
	손을 다 씻은 후 수도꼭지를 잠글 수 있다.			
	페이퍼 타월을 이용하여 손의 물기를 닦을 수 있다.			
	사용한 페이퍼 타월을 휴지통에 넣을 수 있다.			
귀가 준비	거울을 보며 머리를 빗고 용모를 단정히 정리할 수 있다.			
	개인사물함에 있는 자신의 가방과 겉옷을 꺼내 올 수 있다.			
	가정으로 가져가야 할 자신의 물건을 챙겨 넣을 수 있다.			
	겉옷을 스스로 입을 수 있다.			
	신발장에서 자신의 신발을 찾을 수 있다.			
	현관에서 부모님과 교사가 하루 일과 속에서 있었던 일에 대해 이야기를 나눌 때 신발을 신으며 이야기가 끝날 때까지 기다릴 수 있다.			
	부모님과 손을 잡고 안전하게 하원할 수 있다.			

〈표 6-1〉은 유아교육기관에서 간편하게 사용할 수 있는 일과기반 행동수행목록의 평가항목을 각 교육기관의 상황에 따라 선택하여 사용할 수 있도록 가능한 한 자세하게 기술한 예시이다. 따라서 모든 평가항목을 전부 사용할 필요 없이 장애유아를 평가할 때, 비장애유아를 평가할 때, 두 그룹 모두를 평가할 때 등 상황 및 여건에 적합하게 개별 유아의 특성에 따라 선택하여 활용할 수 있다. 개별 유아에 따라 정기적 평가내용 항목에서 (○) 스스로 수행이 가능해진 항목은 다음 정기평가에서 제외하고 진행하도록 한다. 이를 통하여 한눈에 월별로 수행이 가능해진 행동을 확인할 수 있으며, (△ 혹은 ×) 도움이 필요하거나 수행이 불가능한 행동은 지도목표로 선정하여 지도계획을 수립하도록 한다.

일과기반 행동수행목록은 개별 장애유아 뿐 아니라 비장애유아들의 유아교육기관 적응을 돕기 위하여 연령이나 발달에 적합한 수행 가능 행동(기술)을 파악하는 데도 사용될 수 있기 때문에 통합교육의 보편적 학습설계에 적합한 평가방법이라 할 수 있다. 일과기반 행동수행목록은 시기별로 지속적으로 평가하여 개별 유아들의 발달 상태를 확인할 수 있을 뿐 아니라 부모상담 시 유아의 현재 수행수준과 발달과정의 근거자료로 활용할 수 있다. 또한 가정과 연계하여 가정에서도 유아의 일과를 기반으로 개별 유아의 특성에 맞는 행동목록을 만들어 일정 기간 단위로 수행력 및 발달 정도를 파악할 수 있도록 부모교육을 통하여 일과기반 행동수행목록 작성방법에 대한 교육을 진행할 수도 있다. [그림 6-1]은 하루 일과를 통해서 해당연령에 적합한 행동을 어느 정도 할 수 있는지를 확인하는 일과기반 행동수행목록표가 장애영유아의 현재수행수준요약서와 개별화교육계획안을 작성하는 데 근거자료로 사용된다는 것을 보여준다.

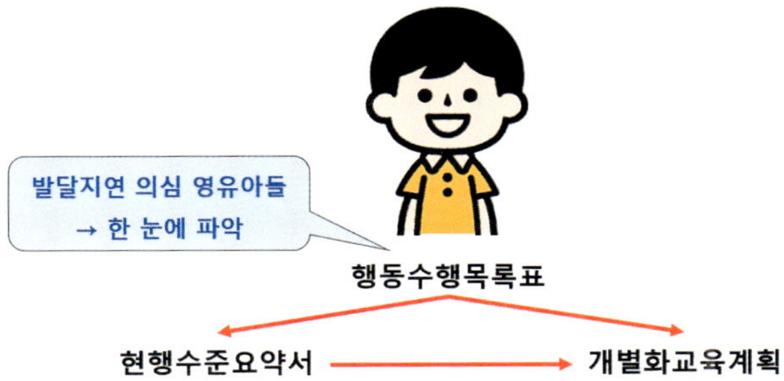

[그림 6-1] 일과기반 행동수행목록표를 토대로 작성되는 현재수행수준요약서 및 개별화교육계획안

서성희와 박병기(2020)는 만 3~5세 유아들을 대상으로 시간이 지남에 다라 초기적응 양상이 어떻게 변화하는지를 분석하였는데, 입소부터 20주 동안 초기적응 행동목록 관찰기록표를 근거로 분석하였다. 여기서 사용된 행동목록은 하루 일과를 중심으로 항목이 분류되었다기보다는 자유선택활동, 대인관계, 기본생활습관 순으로 적응영역별로 나누어 평가한 것으로, 개별 유아의 연령과 성별에 따른 적응 양상의 결과를 분석하여 제시하였다. 분석 결과에 따르면, 연령에서는 연령이 높은 순, 즉 만 5세, 4세, 3세 순으로 빠른 적응 양상을 나타내었으며, 성별에서는 남아보다 여아가 빠른 적응 양상을 보인 것으로 나타났다고 하였다.

2) 긍정적 행동지원을 위한 ABC분석

긍정적 행동지원(Positive Behavior Support: PBS)은 '개인의 고유한 사회적, 정서적, 문화적 환경을 고려하여 문제행동의 이유를 이해하고, 문제행동이 왜 일어나고 있는지에 대한 가설을 수립하여 이에 대한 포괄적인 중재방안을 수립하는 문제해결접근법'이다. 긍정적 행동지원의 중요한 목표는 단기적으로 문제행동을 줄이는 것 뿐만 아니라 개인의 전반적인 삶의 질에 영향을 미칠 수 있는 장기적인 변화를 만드는 것이다. 긍정적 행동지원은 문제행동을 하게끔 만드는 환경을 변화시키고, 문제행동을 대체할 수 있는 기술(skill)을 학생들에게 가르치는 교육적이고 사전에 대비할 수 있는 예방적 지원방법으로, 믿고 따라 할 만한(respectful)

중재방법으로 특징지어진다. 행동기술(behavioral technology), 교육방법(educational methods), 생태학적 시스템에서 가장 최선의 실제들(practices)이 혼합된 긍정적 행동지원은 장애학생들과 그 가족 그리고 학생의 교육과 관련된 사람들에게 타당하고 의미 있는 성취 결과를 제공하기 위하여 사람중심의 가치관(person-centered values)에 기반을 두는 것으로 변화하고 있다. 그러므로 긍정적 행동지원은 사람중심의 가치를 실현하는 데 기반을 둔 체계적인 중재방법으로 특수교육대상 유아의 문제행동을 감소시키고, 예방하기 위하여 개인이 처한 환경과 상황적 맥락을 고려한 후 문제행동의 이유를 이해하고, 문제행동이 왜 발생하는지에 대한 가설을 수립하여 적절하고, 포괄적인 중재방안을 모색하는 문제해결접근법이다(Bambara, & Kem, 2005). 이러한 긍정적 행동지원을 근거로 한 A-B-C분석은 초기 행동수정기법에 근거한 응용행동분석, 사람이 중심이 되어야 한다는 사람중심의 가치관, 자기결정론에 입각한 당사자주의, 완전통합교육 등의 영향을 받아 도출된 것이다. 이는 자연적인 환경에서 문제행동이 나타나는 상황을 주의 깊게 관찰하여 배경사건 및 선행사건으로 어떤 일이 발생했는지, 문제행동의 발생 빈도를 증가 혹은 감소시키는 후속 결과는 어떻게 이루어졌는지를 분석함으로써 개별 유아의 환경적 · 상황적 맥락을 고려하여 문제행동을 감소 및 제거할 뿐 아니라 바람직한 행동으로 대체시켜 줄 수 있기 때문에 이후 발달에 긍정적인 영향을 미치는 것으로 나타났다(Carr et al., 2002; Jackson & Panyan, 2002; Meyer & Park, 1999). 다시 말해, 궁극적으로 소속된 환경에서 요구하는 의사소통기술, 사회적 기술, 자기조절 및 관리기술 등을 계발할 수 있도록 중재하기 때문에 주변인들과 긍정적인 관계를 형성할 수 있으며, 교육기관 및 학급, 지역사회에 수용되고 통합되어 더불어 살 수 있는 토대를 마련할 수 있게 된다. [그림 6-2]는 완전통합학급에서의 보편적 지원부터 개별적 지원까지 긍정적 행동지원의 대상에 따라 단계적으로 교육적 · 사회적 행동지원을 수행하도록 한 것을 나타낸 것이다.

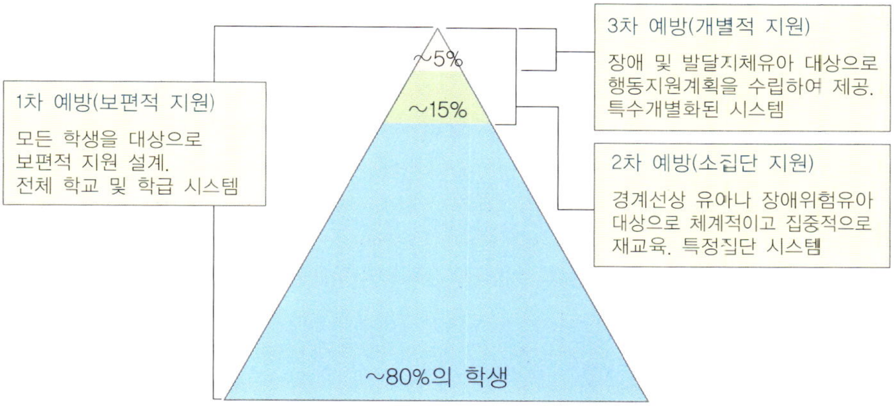

[그림 6-2] 단계적 교육 및 사회적 행동지원 체계

출처: Simonsen, B., & Myers, D. (2015). *Classwide positive behavior interventions and supports: A guide to proactive classroom management*. NY: Guilford Press, chapter 1, p.3.

긍정적 행동지원을 위한 A-B-C분석은 [그림 6-2]에서 보는 바와 같이 완전 통합교육환경에서 보편적 학습설계에 입각하여, 1차 예방(보편적 지원)은 기본적으로 모든 유아의 문제행동을 대상으로 변화가 필요한 행동에 개입하는 것으로 교육적 · 사회적 행동지원을 제공한다. 이는 교실 내에서 모든 유아가 지켜야 할 기대행동을 정해 모두에게 기대행동을 지도한 후 기대행동을 충분히 연습한 후 피드백을 받을 수 있는 기회를 제공함으로써 교실 내 환경 변화 및 참여도를 높일 수 있다. 예를 들면, 유아교육기관이나 학급 전체를 대상으로 수행하는 안전교육이 될 수도 있고, 보통 유아들이 놀이나 활동상황 혹은 일과 중에 누구나 나타낼 수 있는 문제행동들을 바람직한 행동으로 변화시키기 위하여 대체기술을 교육적으로 지원해 주는 중재일 수도 있다. 보편적 학습설계지원에서는 각 유아들의 특성에 따라 지원을 달리하여 모든 유아가 같은 학급에서 일과와 활동을 수행하는 데 문제가 없도록 해 주는 방법이기 때문에 다른 유아들에 비해 지원이 더 필요한 유아들이 있게 되면, 그들의 요구에 따라 지원방법이나 정도를 달리하여 개입하게 된다. 그렇기 때문에 2차 예방에서는 유아들 중 아직 정확하게 장애로 진단되거나 발달지체로 판정되지는 않았지만 다른 유아들에 비하여 영역별 발달이 조금 더딘 경계선상의 유아들이 함께 생활하는 경우에 이들 집단을 대상으로 중재전략을 수립하여 예방차원에서 특별한 교육적 · 행동적 지원을 위한 개입을 수행한다. 이 경우는 보편적 학습설계지원에도 불구하고 계속해서 문제행동을 보이는 유아들을 대상으로 추가적으로 제공하는 지원으로, 그 집단의 행동방식을 조사하여 아직 유아들이 습득하지 못했거나, 습득했지만 적절하게 사용하지 못하는 새로운 기술을 파악하여 체계적이고, 집중적으로 재교육하고 집단강화를 하는 것이다. 마지막으로 좀 더 높은 위험행동이나 문제행동을 보일 수 있는 장애유아나 발달지체로 판정된 유아들을 위하여 개별적 요구에 적합한 특별한 교육적 · 행동적 지원의 중재전략을 수립하여 적용함으로써 학급의 모든 유아가 동등한 구성원으로 수용되어 함께 생활하면서 효율적으로 일과 및 활동을 할 수 있도록 3차 예방(개별적 지원)에서 지원해 주는 것이다(Simonsen, & Myers, 2015). 3차 수준의 예방차원에서 지원되는 개별적 지원은 주로 문제행동이 심한 특수교육대상 유아들을 대상으로 한다. 이들을 대상으로 할 경우, 문제행동 기능평가를 통해 문제행동이 갖는 목적이나 이유를 파악하고, 이를 근거로 행동지원계획을 수립하여 교육적, 행동적 지원을 실시한다. 이러한 문제행동을 위한 기능평가는 초기 행동주의 심리학의 행동수정기법에 근거하여 응용행동분석의 원리를 따랐기 때문에 행동수정기법의 원리인 Skinner의 조작적 조건형성에 따라 행동과 환경자극 간의 기능적 관계(functional relation)에서 환경요인을 강조한다. 환경요인이란 시간적으로 문제행동(target behavior)이 나타나기 전에 일어나는 선행사건(Antecedent)과 문제행동이 발생한 직후 수반되는 후속 결과(Consequence)가 어떠했는지에 따라 행동이 변화될 가능성이 높다고 보았기 때문에 직접적인 영향을 미치는 모든 사건, 일, 환경의 변화가 중요하다. 기능분석은 선행사건(Antecedent)–문제행동(Behavior)–후속 결과(Consequence)의 앞글자를 따서 ABC분석이라고 한다(동원대학교

Brandi Simonsen

Diane Myers

Burrhus Frederic Skinner

산학협력단, 한국직업능력개발원, 2018). 그러나 초기 행동수정기법으로 사용된 조작적 조건형성에서 나타나는 SD(변별자극)→R(반응행동)→SR+(강화자극)모형은 엄격하게 통제된 실험실 상황에서 적용된 것이라 인과관계를 설명하는 것이 가능하였으나, 실제 자연적인 상황에서는 통제할 수 없는 수많은 상황자극과 생태환경 변수가 문제행동(반응)에 영향을 미치기 때문에 이런 모든 변수를 고려하여 포괄적으로 설명할 수 있는 새로운 모형이 필요하게 되었다. 이러한 필요성에 의해 제시된 모형이 A-B-C분석 모델이다.

긍정적 행동지원을 위한 A-B-C분석 모델은 유아가 나타내는 모든 행동은 학습경험에 의해 나타나는 것이고, 학습은 그들이 생활하는 환경에서 단순하게 자극과 반응의 결과로 나타나는 것이 아니라 사회적 맥락에서 인지과정을 통하여 습득하게 된 행동을 상황에 따라 나타나게 된다는 Bandura(1963, 1977)의 사회학습이론에 근거하고 있다(Grusec, 1992). 즉, 실제 생활환경에서 나타나는 광범위한 학습경험을 설명할 수 있는 포괄적인 모델을 제공하기 위해 행동 및 인지학습이론을 통합한 사회학습이론은 1963년 Bandura와 Walters에 의해서 처음 소개되었고, 1977년 Bandura에 의해 더욱 체계화되었다. 이 사회학습이론의 원리에 따르면, 행동은 실험실에서 나타나는 자극과 반응이라는 원리로만 설명될 수 없으며, 사회적 맥락에서 경험하게 된 모든 것이 인지과정을 거침으로써 학습하게 된다고 하였다. 학습은 다른 주변인들의 행동을 관찰하고, 행동의 긍정적 혹은 부정적 결과를 관찰함으로써 발생하는데, 이를 대리강화(vicarious reinforcement)라 하며, 해당 관찰에서 정보를 추출하고, 본보기로써 행동수행에 대한 결정을 할 수 있게 하는 것을 관찰학습 또는 모델링(observational learning or modeling)이라고 한다. 영유아기는 주변의 모든 행동을 관찰하고 관찰학습을 통해 대리강화 되는데, 이를 적절한 상황에서 본인이 원하는 바를 성취하기 위해 그대로 재현하게 된다. 이것을 지연모방(deferred imitation)이라고 한다. 이를 정리해 보면, 초기 행동주의 심리학에서 말했던 것처럼 인간의 행동은 환경의 영향에 의해 수동적으로 만들어지는 것이 아니라 상호결정론(reciprocal determinism)에서 말하는 것처럼 행동은 개인내적요인

Albert Bandura

과 환경요인 간의 능동적인 상호작용에 의해 상호 양방향적으로 지속적인 영향을 미치게 된다. 그렇기 때문에 행동의 변화만을 분리해서 초점을 두지 않고, 개인내적요인과 환경요인의 특성을 함께 고려함으로써 환경변화나 개인특성 프로그램을 개발하여 효율적으로 행동을 변화시키는 데 활용할 수 있다. 따라서 사회학습이론에 기반을 둔 긍정적 행동지원을 위한 ABC 모형에서 A는 선행되는 정적, 부적 모든 자극행동 및 사건, 개인내적요인 등 문제행동(목표행동)에 영향을 미치는 모든 것을 의미하므로 선행사건으로써 문제행동(목표행동)이 발현되도록 영향을 미치는 사건이 될 수 있다. A 선행사건의 영향을 받음으로써 나타나는 행동인 B는 문제행동 또는 수정되어야 할 목표행동으로, 동일한 반응군에 속하는 모든 반응행동을 포괄적으로 포함한다. 즉, 조작적 조건형성에서의 모든 가외변수가 통제된 실험실 상황에서의 인과관계처럼 단 하나의 목표행동이 바로 나타나는 것은 아니기 때문에 다양한 형태의 반응행동들로 나타날 수 있다. B의 반응행동들이 나타날 때, 이 행동을 강화 및 소거할 수 있는 후속 결과를 C라고 한다. 이는 문제행동이 발현된 후 이에 대한 후속된 모든 정적 · 부적 강화, 벌 등의 모든 포괄적인 행동을 포함하기 때문에 가외변인의 통제가 어려운 자연적 환경인 유아교육기관 일과의 상황에서 활용하기에 적합하다고 볼 수 있다. 긍정적 행동지원을 위한 ABC분석은 문제행동의 원인을 사회 상황이나 맥락적인 부분을 고려하여 관찰하고, 분석한 후 중재전략을 설정하기 때문에 유아교육현장에서 유용하게 사용될 수 있다(홍준표, 2009). 긍정적 행동지원을 위한 ABC분석은 조작적 조건형성의 원리, 응용행동분석, 사회학습이론을 정확히 이해하고, 그 원리들에 입각하여 유아교육현장에서 좀 더 바람직한 방법으로 문제를 해결할 수 있도록 포괄적으로 현장의 상황과 맥락을 고려하기 때문에 긍정적 행동지원을 위한 ABC분석 원리의 재정립을 통하여 효용적으로 사용할 수 있다. 예를 들면, 일과 중에 공격적 행동을 보이는 유아가 있다고 가정하고, 그의 문제행동(목표행동)인 공격적 행동(예, 장난감 던지기, 울며 소리 지르기, 친구 때리기, 물기, 할퀴기 등)이 나타나는 전 · 후의 상황 및 맥락을 주의 깊게 관찰해 봄으로써 문제행동(목표행동)이 발생하게 된 이유를 분석할 수 있게 된다. 이를 통하여 어떻게 개입을 하여 문제행동을 소거시킬 수 있는지에 대한 긍정적 지원방안을 모색할 수 있게 해 주기 때문에 유아교육현장에서 사용하기에 적절하다고 볼 수 있다. 이에 대한 예시로 〈표 6-2〉는 유아교육현장에서 나타날 수 있는 문제행동을 상황 및 맥락을 고려하여 ABC분석을 실시한 후 어떻게 긍정적으로 행동지원을 해 줄 것인지를 제시한 것이다. 그러므로 〈표 6-2〉를 참고하여 유아교육현장에서 보다 편리하고 효과적으로 긍정적 행동지원을 사용할 수 있을 것이다. 여기서 배경사건은 문제행동(목표행동)에 직접적인 영향을 미치거나 문제행동을 직접적으로 촉발하지는 않지만, 간접적으로 영향을 줄 수 있는 사건으로 문제행동이 발생하는 시점과 어느 정도 간격이 있는 사건을 말한다.

〈표 6-2〉 긍정적 행동지원을 위한 ABC 분석과 중재의 예시

시간	배경사건	선행사건	문제행동 (목표행동)	후속 결과
9:00~	· 영수는 등원 시 잔뜩 짜증 난 얼굴로 고개를 숙이고 들어옴. · 등원 맞이하면서 영수 어머님께 이유를 여쭤 봄. 아침에 출근 준비로 바쁜데 영수가 밥을 입에 물고 씹지도 않고 그냥 멍하니 TV만 보고 있다가 엄마에게 혼이 났다고 함.			
9:10~		· 가방과 옷을 정리하고 교실로 들어가 자신이 좋아하는 블록을 쌓고 있음. · 단우가 옆에 와서 영수가 쌓고 있는 블록을 하나씩 뺏어감. · 영수가 단우의 손에 있는 블록을 다시 뺏음. · 단우도 지지 않고 영수의 손에 있는 블록을 뺏으려고 함.		

<table>
<tr><th>시간</th><th>배경사건</th><th>선행사건</th><th>문제행동
(목표행동)</th><th>후속 결과</th></tr>
<tr><td>9:20~</td><td></td><td></td><td>· 영수가 인상을 쓰며 단우 쪽으로 블록을 세게 던지며 소리를 지름.
· 단우가 울기 시작함.</td><td>· 교사가 이들의 모습을 지켜보고 있다가 그들 곁으로 다가감.</td></tr>
<tr><td>중재</td><td colspan="4">상황과 맥락을 고려하여 그들 스스로가 문제해결을 할 수 있도록 먼저 기회를 주고, 이후 문제행동 대신 대체할 수 있는 긍정적인 행동이 무엇이 있는지 함께 생각해 보고 이를 실행할 수 있도록 환경지원을 제공해 줌.</td></tr>
<tr><td>9:30~</td><td colspan="4">· 교사가 영수와 단우에게 다가가 우는 단우를 먼저 달래고 진정시킨 후 교사 옆에 앉히고, 단우에게 잠시 영수와 얘기하는 동안 기다려 달라고 얘기함.</td></tr>
<tr><td>9:35~</td><td colspan="4">· 교사가 영수와 마주 앉아서 이야기 나눌 준비가 되었는지 물어봄. 씩씩거리다 영수가 울음을 보여 안아 주며 일단 감정을 받아 주고 울음이 그칠 때까지 기다려 줌.</td></tr>
<tr><td>9:40~</td><td colspan="4">· 울음을 그친 영수에게 무슨 일 때문에 단우에게 블록을 던지고 소리를 질렀는지 물어봄.
· 영수가 하는 이야기를 천천히 눈을 바라보며 들어 줌.</td></tr>
<tr><td>9:45~</td><td colspan="4">· 교사가 영수에게 화가 많이 나고 속상했을 상황을 다시 정리하여 영수에게 리마인드 시키듯 정리해서 이야기해 줌.
· 영수가 맞다고 하며 수긍하면, 단우의 상황을 단우의 입장에서 영수에게 얘기해 줌. "만약 영수가 던진 블록에 단우가 맞았다면 어땠을 것 같아?"라고 물어봄.
· 물건을 던지거나 소리 지르지 않고 단우에게 영수의 속상한 마음을 표현할 수 있는 방법을 스스로 생각해 볼 시간을 줌.</td></tr>
<tr><td>9:50~</td><td colspan="4">· 교사는 단우에게 몸을 돌려서 단우와 이야기를 나눔.
· 단우가 말없이 영수의 블록을 가지고 갔을 때 영수의 기분이 어땠을지 생각하여 말해 볼 수 있도록 함. 혹은 만약 단우가 블록을 가지고 노는데 영수가 허락도 없이 블록을 가져가 버리면 어떤 기분일 것 같은지에 대해 단우의 생각을 물어봄.
· 영수가 블록으로 놀이를 할 때 단우는 어떻게 말을 하면 좋았을지 스스로 생각해 볼 시간을 가질 수 있도록 지도함.</td></tr>
<tr><td>10:00~
10:20</td><td colspan="4">· 영수와 단우를 같이 앉혀 놓고 교사의 입장을 얘기해 줌. 둘이 소리 지르고 던지고 울고 싸워서 걱정되고 속이 많이 상했다고 얘기해 주고, 어떻게 하면 좋을지 두 친구의 생각을 얘기해 볼 수 있도록 기다려 주고 동등하게 말할 기회를 줌.
· 스스로 해결방안을 찾을 수 있도록 기다려 주고 큰 도화지를 가지고 와서 아이들의 생각을 교사가 대신 적어 준 후 교실 가장 잘 보이는 곳에 붙여 주겠다고 말하고 바람직한 해결방안에 대해 함께 논의해 봄.
· 만약 단우와 영수가 바람직한 해결방법을 생각해 내지 못하면 교사가 tip(말로 자신의 생각을 표현해 보기)을 주거나 다른 학급 친구들과 함께 생각해 보는 시간을 만들어 교실 안에서 지켜야 할 규칙들을 만들어 교실에 붙여 줌.
· 마무리로 교사는 친구를 다치게 하거나 다른 친구에게 피해를 주는 행동은 학급에서 하지 않는 것이 좋다고 정리해 주면서 해도 되는 행동과 해서는 안 되는 행동을 구분하여 지도해 줌.</td></tr>
</table>

〈표 6-2〉에 제시한 ABC분석표는 일과 중 나타난 문제행동을 강화시키는 후속 결과를 분석한 후 동일한 문제행동이 다시 발생했을 때, 일과 내에서 즉시 적절한 중재를 진행함으로써 별도의 중재계획을 수립하거나 문서화하는 작업을 하지 않아도 되기 때문에 업무 및 문서 간소화를 실천할 수 있다. 이뿐 아니라 긍정적인 방향의 대체행동을 유아들과 함께 모색함으로써 주도적인 참여를 유도할 수 있다는 장점이 있다. 또한, 교사는 문제행동의 변화를 위한 지원으로 유아들이 제시한 방법을 학급 규칙으로 붙여 주는 환경지원을 통하여 문제행동을 감소시키는 효과를 얻을 수 있을 뿐 아니라 안정적인 학급 분위기를 유도할 수 있다는 장점도 있다. 여기서 고려해야 할 점은 모든 행동이 관찰 가능하고, 측정 가능한 형태로 기록되어야 한다는 점이다. 그 이유는 문제행동 선정 시 보는 시각에 따라 그 당시 나타난 행동이 문제행동인지 아닌지에 대한 의견과 평가가 다를 수 있기 때문에 문제행동에 대한 명확하고 객관적인 기준이 제시되어 있어야 한다. 또한, 중재 효과의 평가 시 효율적으로 중재가 제대로 이루어졌는지에 대한 효과성을 분명하게 확인할 수 있는 형태여야 하기 때문에 측정 가능하고 관찰 가능한 형태로 기록해야 한다.

먼저 문제행동을 선정할 때, 우선적으로 선정해야 할 명확한 기준이 되는 것을 〈표 6-3〉에 제시하였다.

〈표 6-3〉 문제행동 선정 시 우선순위의 예

우선순위	문제행동	문제행동 예
1	공격적 행동	장애영유아 본인뿐 아니라 주변 사람들의 건강이나 생명을 위협할 수 있는 행동(예: 자신의 뜻대로 되지 않을 때 바닥에 머리 박기, 갑자기 또래 물기, 장난감 던지기, 때리기, 눈 찌르기, 밀기 등)
2	방해 행동	집, 학교, 지역사회에서의 일상생활 참여를 방해하고, 교실을 뛰어다니는 등의 학습을 방해하는 모든 행동(예: 활동에 참여하지 않고 소리 지르며 울기, 수업 중에 갖고 싶거나 하고 싶은 활동을 무조건 꺼내서 들기, 혼자 시끄러운 소리를 내기, 다른 친구의 신체나 물건을 건드리기 등)
3	주의력 분산행동	귀찮고 산만한 행동이지만 해가 되지 않는 행동으로 일반적으로 이런 행동들에 대해서는 중재계획을 세우지는 않지만, 사회적, 의사소통적, 자기조절적 행동 등에 대하여 대체할 수 있는 행동을 지도(예: 손 흔들기, 몸 흔들기, 의미 없는 행동을 반복적으로 하는 상동행동 등)

출처: 조윤경, 김수진, 유연주, 윤란, 장지윤, 정해숙, 차현정 (2012b). 장애아보육 운영 매뉴얼 II 장애아보육교사실무. (재)한국보육진흥원. p.139 참조 일부 수정.

문제행동으로 선정할 때 기준은 〈표 6-3〉에 제시한 바와 같이 본인뿐 아니라 타인의 건강 및 생명을 위협하는 공격적인 행동의 경우를 우선순위로 선정하여 지도해야 한다. 또한, 이런 행동들은 모두 관찰 가능한 구체적인 진술의 형태로 표현되어야 한다. 예를 들어, '골고루 먹지 않는다'거나 '편식을 한다'라는 진술은 해석하는 사람마다 차이를 보일 수 있기 때문에 보다 구체적으로 '반찬을 입에 물고 있거나 한 가지 반찬만 먹는다'라고 구체적으로 표현해 주면 그 행동을 쉽게 확인할 수 있고, 중재 효과 평가 시 보다 명확하게 평가할 수 있는 근거가 된다(동원대학교 산학협력단, 한국직업능력개발원, 2018; 조윤경 외, 2012).

문제행동을 선정하기 위하여 잘 관찰하다보면 그 행동을 하는 이유를 파악할 수 있게 되는데, 대부분의 문제행동은 사회적 맥락 안에서 발생하게 된다는 것을 알 수 있다. 유아들이 보이는 문제행동의 배경에는 그 행동을 통해서 성취하고자 하는 목적이 있는데, 이를 문제행동의 기능이라고 한다. 이것을 제대로 파악할 수 있어야 가장 적절한 중재계획을 수립할 수 있으므로 다소 시간이 걸리더라도 주의 깊게 문제행동과 상황적 맥락을 관찰하는 것이 중요하다. 〈표 6-4〉는 문제행동을 하는 목적과 문제행동의 예시를 제시한 것이다.

〈표 6-4〉 문제행동의 기능(목적)과 문제행동의 예

문제행동의 기능		내용	문제행동의 예
의사소통 기능	관심 끌기	· 다른 사람과 상호작용하고 싶거나 어떤 활동에 참석하고 싶을 때 · 교사와 함께 있을 때는 과제를 잘 수행하다가 교사가 다른 곳으로 가거나 다른 유아를 도와줄 때	· 성인이나 교사의 관심을 끌기 위해 장난감 던지기 · 갑자기 울기, 교사에게 자신의 얼굴을 들이밀기, 자신의 손등 물기
	회피하기	· 어렵거나 하기 싫은 과제 또는 상호작용을 회피하고자 할 때 · 활동이나 기본생활습관인 행동을 하도록 요구할 때	· 활동을 중단하기 위해 교사 물기 · 활동에 참여하기 싫어서 이리저리 돌아다니기 · 양치질을 하라고 하면 소리 지르고 바닥에 드러눕기

문제행동의 기능		내용	문제행동의 예
의사소통 기능	원하는 것 얻기	· 원하는 물건, 음식, 장난감을 얻고자 할 때 · 좋아하는 활동을 중단하거나 끝냈을 때	· 또래가 자신이 좋아하는 장난감을 가지고 놀 때 무작정 뺏거나 울기, 혹은 친구 때리기 · 원하는 음식을 얻기 위해 드러눕고 떼쓰기 · 좋아하는 활동을 중단하거나 끝내면 더 하려고 책상을 치거나 소리 지르고 울기 · 위험한 물건을 들고 다니거나 휘두를 때 제지하면 소리 지르거나 발로 차고 때리기
감각 기능	자기통제	· 자신의 에너지를 조절하는 방법으로 반복적으로 자기에게 자극을 줄 때(상동행동)	· 반복적으로 손을 흔들거나 몸을 흔들기 · 반복적으로 손가락이나 특정 신체부위 문지르기 · 의미를 알 수 없는 이상한 말을 반복적으로 되뇌이기
	무료함 달래기	· 흥미가 없거나 너무 어렵고 상호작용이 이루어지지 않아 심심할 때	· 아무 의미 없이 바닥이나 사물을 반복적으로 손가락을 이용하여 계속 두드리기 · 그냥 물건을 돌리거나 손을 흔들기

출처: 조윤경, 김수진, 유연주, 윤란, 장지윤, 정해숙, 차현정 (2012b). 장애아보육 운영 매뉴얼 II 장애아보육교사실무. (재)한국보육진흥원. p.141 참조 일부 수정.

긍정적 행동지원을 통하여 유아의 문제행동이 바람직한 행동으로 바뀔 수 있도록 지원해 주기 위해서 고려해야 할 몇 가지 사항들이 있다.

첫째, 영유아가 나타내는 행동에는 모두 이유(행위의 목적)가 있기 때문에 많은 시간과 관심을 투자하여 개별 유아의 행동특성을 파악하고 관리해야 한다.

둘째, 영유아의 행동을 정확하게 이해하기 위해서는 그 행동이 나타나게 된 사회적 상황과 맥락을 고려해야 한다.

셋째, 처벌이나 비난, 회수 같은 부정적인 방법보다는 칭찬이나 격려 같은 긍정적인 방법이 유아의 문제행동 변화에 훨씬 더 효과적이라는 것을 염두에 두고 중재계획을 수립해야 한다.

위와 같은 사항들을 고려하여 문제행동에 바로 영향을 미치는 선행사건을 조정해 줌으로써 예방차원에서 조치를 취할 수 있도록 해야 하고, 후속 결과에서는 문제행동이 더 이상 기능하지 않도록 바람직한 대체행동을 지도해 줌으로써 문제행동이 강화되지 않고, 소거될 수 있도록 해야 한다. 또한, 배경사건은 선행사건 전에 발생하는 사건으로 문제행동에 직접적인 영향을 주지는 않지만 주로 가정에서 발생하거나 유아교육기관 등원 전에 발생하는 경우가 많고, 선행사건에 대한 반응의 가치를 높여 선행사건이 문제행동으로 이어질 가능성을 높일 수 있기 때문에 가정이나 등원 전에 발생할 수 있는 다양한 배경사건을 부모님과 상담 후 가정과 연계하여 조정할 수 있도록 해야 한다. 〈표 6-2〉의 예시를 기준으로 영수의 배경사건을 조정해 보면, 아침을 먹을 때 TV를 켜지 않고, 식사에만 집중할 수 있도록 가정에서의 지도를 요청함으로써 야단을 맞을 수 있는 계기를 제거하여 기분 좋게 등원할 수 있도록 한다. 그리고 등원 후에 영수가 블록을 가지고 놀 때, 단우가 블록을 뺏어가지 않도록 추가적으로 블록을 더 배치하여 영수와 단우가 블록으로 다투지 않도록 하여 선행사건으로 인해 문제행동이 나타나는 것을 예방하는 것도 좋은 예방차원의 조치가 될 것이다. 또한 단우에게 친구가 놀이를 할 때, 블록을 가져가도 되는지 먼저 물어보고, 허락을 하면 가져가도록 지도하면서 친구의 블록을 허락 없이 가지고 오면 친구가 당황하고 화가 날 수 있다는 것을 알려줌으로써 문제행동 발현을 예방할 수 있게 된다. 그럼에도 불구하고 실제 상황에서 문제행동이 나타나게 된다면, 후속 결과에서 주변인들이 어떻게 행동하느냐에 따라 문제행동이 강화될 수 있기 때문에 대체할 수 있는 바람직한 행동을 제시하거나 유아 주도의 해결방안을 모색할 수 있도록 기회를 주어 함께 해결방안을 찾아보는 시간을 갖는 것도 학급구성원으로 참여할 수 있는 기회가 되기 때문에 좋은 방법이 될 수 있다. 이때 교사는 유아들이 제시한 방안을 모두 그대로 기록하여 그중 가장 최선이라고 생각되는 것을 함께 투표한 후 교실 안에 붙여줌으로써 환경적 지원을 해줄 수 있다.

최현정, 노진아, 정길순(2020)은 통합유치원 환경에서 개별차원의 긍정적 행동지원이 발달지체 유아의 문제행동에 어떠한 영향을 미치는지를 살펴보았는데, 만

3세 7개월의 산만행동을 나타내는 남아에게 선행사건 중재, 문제행동에 대한 대체기술 교수, 후속 결과 중재 그리고 가정과 연계한 중재를 통하여 산만한 행동은 감소하고 활동참여 행동은 증가했으며, 또래와의 관계 역시 좋아졌다는 결과를 얻었다. 이 연구에서 연구자들은 기능평가를 통하여, 유아가 과제회피와 감각추구라는 목적을 충족하기 위하여 문제행동을 한다는 것을 파악하고, 이에 적절한 대체행동을 할 수 있도록 긍정적 강화물을 사용하여 일과 내에서 가르쳤으며, 장기적인 영향력을 증가시키기 위하여 가정연계라는 프로그램과 가족지원을 실시하여 개별차원의 긍정적 행동지원의 효과성을 밝혀내었다. 연구자들은 협력팀 구성 및 연수 실시, 기능진단 실시, 가설 수립, 행동지원계획 수립, 실시 · 평가 · 수정의 5단계를 꼼꼼히 준비하고, 진단평가 또한 면밀히 준비하여 연구를 실시한 결과, 개별차원의 긍정적 행동지원이 유아의 문제행동을 감소시키는 데 유용할 뿐 아니라 활동참여를 증가시키는 데도 효과가 있었으며, 가정연계를 통한 장기적인 변화 효과를 위한 중재도 지원하여 의도하지는 않았으나 또래관계에도 긍정적인 효과를 얻을 수 있었다고 보고하였다.

3) 현재수행수준요약서

2004년 재인준 된 「장애인교육법(IDEA, 2004)」은 개별화교육계획(IEP)을 수립할 때, 장애아의 '현재 학업성취도 및 기능적 수행수준(present levels of academic achievement and functional performance: PLAAFP)'에 대한 현재수행수준을 포함하여 기술하도록 하고 있다. 그 이유는 개별화교육계획의 가장 중요한 요소 중의 하나인 현재 학업성취도 및 기능적 수행수준이 장애유아의 성장 · 발달을 촉진하는 데 필요한 교육적 서비스와 이를 효율적으로 전달하도록 하는 데 필요한 교수학습전략을 수립하는 데 근거가 될 뿐 아니라 개별 유아에게 적합한 교육 프로그램을 개발하는 데 토대가 되기 때문이다. 또한, 현재 학업성취도 및 기능적 수행수준에 대한 기술이 장애유아의 연간목적을 설정하는 출발점이자 발달 및 성장을 촉진하고, 이러한 진행과정을 모니터링하는 데 기준점으로서의 역할을 하기 때문이다(Harmon, Street, Bateman, & Yell, 2020). 즉, 제대로 잘 기술된 현재 학업성취도 및 기능적 수행수준은 장애유아의 장점과 교육적 지원이 필요한 부분을 영역별로 명확하게 진술한 것으로써 이를 '현재수행수준요약서 혹은 현행수준요약서'라고 한다. 현재수행수준요약서는 장애라는 특성이 장애유아의 학업성취도나 일상생활에서 나타나는 기능적 수행수준에 어떠한 영향을 미치는지를 상세하게 기술하여 장 · 단기목표를 수립할 수 있도록 근거를 제공해야 하고, 개별 장애유아의 잠재능력을 최대한 발휘할 수 있도록 장 · 단기목표가 포함된 최적의 교육계획을 수립하여 개별 장애유아에게 적합한 교수방법을 적용하여 누리과정 안에서 실행할 수 있도록 지원해야 하기 때문에 신뢰롭고 타당한 방법으로 수집된 자료여야 한다.

현재수행수준요약서는 장애유아에 대해 수집한 다양한 정보를 근거로 장애유아의 영역별 현재 발달 및 수행수준과 특성을 분석하여 제시한 것이므로 이를 성공적으로 작성하기 위해서는 교사 및 개별화교육지원팀이 다양한 방법으로 수집한 자료를 토대로 종합적이고 객관적인 분석을 통하여 장애유아에게 가장 유리한 교육적 판단을 할 수 있는 능력을 갖추어야 한다. 여기서 말하는 다양한 방법으로 수집된 자료는 장애유아가 유아교육기관에 등원하여 일반적으로 적응하는 기간인 3~4주 동안 수집한 모든 자료를 말하는 것으로 입소 시 제출된 영유아발달검사 결과서, 교육진단기록, 영유아 정보조사서, 학부모요구도조사서 등과 입소 후 유아교육기관에서 작성하게 되는 가정방문일지, 일화관찰기록, 포트폴리오(일과 및 활동 수행 자료), 행동수행목록, 문제행동지원계획, 전문기관 협력의뢰 결과 등이 될 수 있다(동원대학교 산학협력단, 한국직업능력개발원, 2018). 여기서 중요한 것이 바로 전문기관 협력의뢰서인데, 교직원과 부모 외에 장애유아의 치료지원과 관련된 전문가, 즉, 의사 및 심리, 언어, 놀이, 미술 등의 다양한 영역별 치료사와 재활담당 전문가들에게 장애유아의 발달검사 및 평가에 대한 객관적이고 정확한 의학 및 치료적 소견을 수렴하기 위하여 유아교육기관에서 공문 형태로 각 관련기관에 보내어 각 기관 전문가들로부터 장애유아의 발달특성 및 현재수행수준에 대한 정보를 회신받는 문서이다. 조윤경 외(2012)의 '장애아보육교사 실무'지침서에 따르면, 어린이집과 치료 관련 서비스 기관 간 연계를 통하여 지도목표 및 방안을 설정할 수 있도록 부모가 의뢰하여 협력의뢰서를 받아오도록 안내되어 있으나, 유아교육기관과 치료기관 간의 협력적인 연계의 효율성을 고려한다면, 부모님의 동의하에 유아교육기관에서 협력의뢰서를 보내어 회신을 받는 것이 더 효과적일 것이다. 해당 치료기관에서는 유아교육기관으로부터 협력의뢰서를 받게 되면, 담당치료사 개인이 정리한 소견서 대신에 기관 내 회의를 통해 정리한 내용을 회신하게 될 것이기 때문에 보다 객관적이고 공신력 있는 회신을 받게 될 가능성이 높아진다. 또한, 유아교육기관에서도 담당교사의 업무로 한정하는 것이 아니라 개별화교육지원팀의 회의 결정에 따라 진행하게 되고, 유아교육기관장의 책임하에 협력의뢰서를 발송하게 되므로 보다 정확하고 효과적일 가능성이 높아진다. 협력의뢰서를 통하여 문의할 수 있는 내용으로는 ① 현재 영역별 발달수준 검사 및 진단 결과, ② 재활담당자나 치료사가 수립하여 지도 중인 교육목표 및 교육내용, ③ 유아교육기관에서 지도할 때 유념해야 할 영유아의 특성, ④ 유아교육기관에서 연계하여 지도하길 바라는 사항 등이 있으며, 회신에 의해 수집된 정보를 활용하여 유아교육기관에서는 현재수행수준요약서 및 개별화교육계획을 수립하는 데 반영할 수 있다(조윤경 외, 2012). 장윤용, 이병인, 조현근(2019)은 협력의뢰서가 정보를 공유하고, 유아교육기관과 각 관련 서비스 기관들 간의 협력을 현실적으로 실천할 수 있도록 연계해 줄 도구로써 활용 가치가 있다고 하였다. 협력의뢰서의 경우는 별도로 정해진 형식은 없으며, 각 교육기관의 특성에 따라 형식과 내용을 적절히 작성하여 사용할 수 있다. 〈표 6-5〉는 언어적으로 지체된 3년 7개월 남아의 현재 발달 상태 및 수행수준 등 다양한 정보를 수집하기 위하여 관련 언어치료 전문기관에 협력의뢰서를 발송한 예시이다.

〈표 6-5〉 유아교육기관에서 사용할 수 있는 협력의뢰서의 예시

전문기관 협력의뢰서

안녕하세요?

귀 기관의 무궁한 발전을 기원합니다.

저희 ㅇㅇ유치원에서는 ㅇㅇ유아에게 적합한 최적의 교육이 될 수 있도록 교육적 지원 방안을 모색하는 데 최선을 다하고자 합니다. 이와 관련하여 귀 기관과의 협력을 통하여 정확하고 유용한 정보를 공유함으로써 ㅇㅇ유아에게 적합한 개별화교육계획을 수립하고, ㅇㅇ유아를 위한 최적의 지도방안을 수립하고자 하오니 바쁘시더라도 ㅇㅇ유아의 잠재적 성장과 발달을 위하여 협조해 주시면 감사하겠습니다.

아래의 요청드리는 사항에 대하여 전문가로서의 소견과 주의사항을 안내해 주시면 ㅇㅇ유아를 교육하고 지도하는 데 귀중한 자료로 사용하겠습니다.

의 뢰 일	년 월 일	의뢰기관 원장	장ㅇㅇ
의뢰기관	ㅇㅇ유치원	담당자	김ㅇㅇ 교사
주 소	서울시 중구 ***동 ***번지 ㅇㅇ유치원		
이 메 일	****@sewc.ac.kr	전 화 번 호	02-***-***
전 문 기 관	ㅇㅇ언어치료실	언어 치료담당	이ㅇㅇ 선생님
의뢰대상 유아 이름	강ㅇㅇ	의뢰대상 성별	남자
의뢰대상 월령	3년 7개월	부모님 연락처	010-****-****
유아 치료기간	년 월 일 ~ 년 월 일		
검사내용			
진단 및 평가 결과		치료 서비스 유형	
의뢰 내용			
1. 귀 기관에서 진단 및 평가(사정)하신 유아의 발달 상태 및 영역별 현재수행수준에 대하여 객관적으로 기록해 주십시오.			

2. 귀 기관에서는 어떠한 치료 및 교육 목표와 내용을 가지고, 치료 및 교육을 수행하고 계신지 상세히 기록해 주십시오.

3. 귀 기관에서 진행하고 있는 치료 및 교육과 연계하여 저희 유치원 혹은 가정에서 일관되게 지도할 수 있는 활동이나 교육이 있는지, 있다면 어떠한 것이 있는지 자세히 안내하여 주십시오.

4. 저희 유치원에서 ○○유아를 지도할 때 유념해야 할 유아의 특성(행동, 언어, 현재 유아가 가진 문제 등)에 대하여 자세히 기록해 주십시오.

5. ○○유아의 향후 발달 및 성장 가능성에 대하여 전문가로서의 의견을 제시해 주십시오.

6. ○○유아와 관련하여 저희 유치원에서 협조해야 할 사항이나 필요한 자료가 있으시면 자세히 기록해 주십시오.

2022년 3월 2일

○○유치원 (직인)

전문기관의 협력의뢰서에 대한 회신을 포함하여 다양하게 수집된 자료를 근거로 작성된 현재수행수준요약서에는 장애유아의 기능적 측면의 기초선 수준 혹은 향상 수준 뿐만 아니라 교육적 요구나 강점 등을 확인할 수 있도록 모든 측면, 즉 발달영역별로 상세하게 기술되어야 한다. 또한, 장애유아의 교육적 요구나 장애가 누리과정 내에서 장애유아의 교육성과에 어떠한 영향을 미치는지에 대한 진술과 치료지원(언어치료, 작업치료, 물리치료 등), 통학지원, 간호, 상담 등 과거 및 현재와 관련된 서비스 경험과 관련된 세부사항도 포함되어야 한다(Harmcn, Street, Bateman, & Yell, 2020). 다시 말해서, 현재수행수준요약서는 개별화교육지원팀이 장애유아의 잠재된 능력의 계발 및 성장 · 발달을 촉진할 수 있도록 연간목적을 수립하고, 연간목적을 달성할 수 있게끔 장 · 단기목표를 수립하며, 이를 어느 정도 달성했는지 평가할 수 있게끔 측정 가능하고 상세하게 기술하도록 해야 한다. 또한, 개별 장애유아의 교육적 요구에 적합한 최적의 특수교육서비스를 결정할 수 있도록 신뢰롭고 타당하며 정확한 근거자료를 토대로 기술해야 할 뿐 아니라 장애유아의 진보 및 발달 정도를 측정할 수 있도록 충분히 상세하게 기술해야 한다.

평가와 관련해서 미국 「장애인교육법(IDEA, 2004, 규정 34 C.F.R §300.320[a][1])」에 제시한 바와 같이 취학 전 연령의 유아들은 학령기의 학업성적처럼 일반교육과정의 성과를 비교할 수 있는 기준이 없으므로 기능적 성과를 측정할 때, 체크리스트, 구조화된 관찰, 놀이기반 실제 평가전략의 사용이 더 유리하다. 그리고 장애유아의 현재 기능수행수준과 전형적으로 발달하는 동갑내기 또래 또는 발달단계 기대수준 간의 비교를 통하여 평가하는 것이 관행처럼 되어 있다(Harmon, Street, Bateman, & Yell, 2020).

〈표 6-6〉은 자폐성장애진단을 받은 남아의 현재수행수준에 대해 현직 유치원 교사가 작성한 요약서로서 개별화교육계획안 작성 시 근거자료로 사용할 수 있는 형태로 수정 · 보완하여 제시한 예시이다.

〈표 6-6〉 자폐성장애 남아의 현재수행수준요약서 예시

<table>
<tr><th>이름</th><td>안○○</td><th>성별</th><td>남</td><th>생년월일
(생활 연령)</th><td>2014. 8. 21.
(7세, 만 5세)</td></tr>
<tr><th rowspan="2">IEP 지원팀</th><td colspan="2">원장 우○○ (서명)</td><td colspan="3">일반교사 이○○ (서명)</td></tr>
<tr><td colspan="2">장애아 담당교사 김○○ (서명)</td><td colspan="3">학부모 박○○ (서명)</td></tr>
<tr><th rowspan="3">진단평가내용</th><th>검사일</th><th>검사명</th><th colspan="3">진단평가 결과</th></tr>
<tr><td>2020. 2. ○○.</td><td>장애진단(○○병원)</td><td colspan="3">자폐성장애(1급)</td></tr>
<tr><td>2020. 2. ○○.</td><td>아동발달검사
K-CDI</td><td colspan="3">▶ 사회성: ○○ ▶ 자조행동: ○○
▶ 대근육: ○○ ▶ 소근육: ○○
▶ 표현언어: ○○ ▶ 수용언어: ○○
▶ 글자: ○○ ▶ 숫자: ○○
▶ 전체발달: ○○</td></tr>
</table>

<table>
<tr><th rowspan="2" colspan="2">발달영역</th><th colspan="2">현행수준</th></tr>
<tr><th>강점</th><th>지도가 필요한 점</th></tr>
<tr><td colspan="2">적응행동
(기본생활습관)</td><td>– 간식을 받아서 스스로 자리에 옴
– 좋아하는 간식은 "더 주세요!" 요구 가능
– 간식시간 동안 착석을 유지함
– 비누칠하며 손 씻기를 좋아함</td><td>– 선호하지 않는 간식일 경우, 접시를 밀어내므로 다양한 음식을 맛볼 수 있도록 식사지도 필요
– 마음에 드는 간식이 나왔을 때, 간식이 눈에 보이면 간식시간 전이라도 무조건 먹으려고 하며, 더 주지 않으면 울면서 머리를 박는 자해행동을 하므로 안전을 위해 머리를 박는 행동에 대한 지도 필요
– 간식시간 외에 이야기 나누기 시간 등 기분 좋을 때만 착석하기 때문에 다른 활동시간에도 친구들의 활동을 방해하지 않도록 지도가 필요
– 손 씻기를 좋아하지만 그만하라고 하면 울면서 꼬집는 등의 자해행동을 하기 때문에 이에 대한 행동지도가 필요</td></tr>
<tr><td rowspan="2">운동성</td><td>대근육</td><td>– 반 소파 및 침대에 수시로 뛰어 올라갈 정도로 대근육 운동능력이 활발함
– 카펫 위를 수시로 뛰어다님</td><td>– 눈치 보면서 빠르게 높은 곳을 올라갔다 내려오거나 교구장에 매달리는 행동으로 다칠 위험이 있으므로 안전에 대한 지도가 필요
– 좋아하는 활동에 대해 때와 장소를 고려하여 할 수 있도록 지도가 필요</td></tr>
<tr><td>소근육</td><td>– 하고 싶은 활동이면 구슬과 끈을 가지고 하루 종일 집중하여 뀀</td><td>– 구슬과 끈을 가지고 집중하면서 꿰는데, 다른 활동을 하기 위해 못하게 하면 울면서 집어던지는 공격적 행동이 나타나므로 이에 대한 지도가 우선적으로 필요</td></tr>
<tr><td colspan="2">인지</td><td>– 신발장이나 가방장 등 자신의 자리를 찾을 수 있음
– 본인의 이름을 찾을 수 있음
– 자신의 물건이 어느 것인지를 앎
– 양육자를 알고 있고, 가끔씩 눈 맞춤이 가능함</td><td>– 1~10까지 아직 수의 개념이 어려우므로 좋아하는 구슬을 이용하여 숫자공부 지도 필요
– 다른 사람의 물건이라는 개념은 아직 어려운지 자신의 마음에 들면 무조건 자기 것이라고 하며 뺏는 행동이 나타나므로 이에 대한 지도 필요</td></tr>
</table>

<table>
<tr><th rowspan="2">발달영역</th><th colspan="2">현행수준</th></tr>
<tr><th>강점</th><th>지도가 필요한 점</th></tr>
<tr><td>언어
(의사소통)</td><td>– 소리 나는 사운드 책을 좋아함. 하루에 한 가지 책을 하루 종일 볼 수 있음
– "뛰지 않아요!"라고 교사가 말하면 "네"라고 이야기함
– 손을 달라고 하면 손을 줌
– 말을 앵무새처럼 따라함
– 노래를 잘 따라 부름</td><td>– 다른 활동을 하기 위해 책을 그만 보게 하면, 소리를 지르고 울음을 보이므로 활동 전환에 대한 지도 필요
– "네"라고 이야기하지만 자신의 생각을 이야기하는 것은 아니고 단지 요구하는 대답을 무의미하게 따라하는 모습을 보이며 의미 없는 상동행동을 보임. 상동행동을 제지하면 소리를 지르면서 머리를 박기 때문에 지도가 필요</td></tr>
<tr><td>사회성</td><td>– 블록놀이 및 역할놀이를 좋아해서 집 모형에 자주 들어가 있고, 블록을 자신의 키만큼 높이 쌓을 수 있음
– 친구들이 손을 잡아 주면 꼭 잡고 있을 수 있음</td><td>– 본인이 좋아해서 집착하는 유아가 있음. 그 유아만 졸졸 따라다니면서 좋아하는 유아를 밀거나 해서 다치게 할 때도 있으며, 교사가 그런 행동을 못 하게 하면 울면서 자해하는 행동을 나타내므로 공격행동과 자해행동에 대한 지도가 우선적으로 필요
– 친구들이 블록을 쌓으면 가서 무너뜨리고 좋아하는데 친구들을 방해하는 행동에 대한 지도가 필요</td></tr>
<tr><td>행동특성</td><td colspan="2">– 원하는 것이 되지 않으면 소리를 지르며, 울고, 머리를 박으며 자해행동을 함
– 까치발을 하루 종일 들고 있어서 감각치료를 받고 있음
– 자주자주 손가락을 오므렸다가 폈다가 하는 의미 없는 상동행동을 함
– 하원시간쯤 되었을 때 초인종에 예민하게 반응함. 밖에 온 사람이 엄마가 아니면 소리를 지르고, 울고 머리 박으며 자해행동을 땀을 흘릴 정도로 심하게 함.</td></tr>
<tr><td>가족의 강점</td><td colspan="2">– 동생도 자폐 성향을 보여 부모님께서 아이를 재활하려는 의지가 강함
– 유치원에서 3시에 하원하여 매일 다른 치료실에 감
– 유치원에 대해 호의적이고 교사의 말을 듣고 유치원에서 과제해결을 위해 집에서의 활동을 부탁드리면 잘 따라 주심
– 아이와 스킨십을 많이 함.</td></tr>
<tr><td>시작 · 종결 시기</td><td colspan="2">– 2020년 3월 1일~2020년 12월 31일(3월 자료는 개별화교육계획 수립 시 근거자료로 사용하며, 이후 4~12월까지의 자료는 평가자료로 사용)</td></tr>
<tr><td colspan="3">평가방법: 교사 제작 평가지, 관찰, 포트폴리오, 그리기, 작업, 일화관찰 등
평가시기: 담당교사가 수시 관찰법을 통해 성취 정도를 월별로 누가 기록하고, 이 자료를 토대로 회기별로 종합평가</td></tr>
</table>

장애유아의 장애특성으로 인하여 일반교육과정에 참여하는 데 어떠한 어려움이 있는지를 알아보기 위해서는 현재의 학업 및 기능적 수행수준을 파악해야 하며, 이를 토대로 개별 장애유아에게 최적의 교육을 제공함으로써 그들이 발현시킬 수 있는 잠재능력을 최대한 이끌어 낼 수 있기 때문에 가능한 한 다양한 방법으로 수집된 자료를 통합하여 포괄적인 현재수행수준요약서를 작성해야 한다. 이를 근거로 개별화교육지원팀은 장애유아의 강점과 지도할 점을 파악하고, 일반교육과정의 참여와 접근을 용이하게 해 줄 수 있는 부분을 고려하여 장·단기 교육목표를 수립해야 한다. 또한 개별화교육계획 수행에 대한 모니터링 계획을 수립하여 장애유아의 진전도를 파악하고, 교육과정 운영에 대한 평가계획을 수립하여 다음 학기나 학년에 반영함으로써 수정·보완하는 환류과정을 지속적으로 가질 수 있도록 해야 한다. 그러므로 현재수행수준요약서에는 장애유아의 강점과 지도해야 할 점이 제시되어 있어야 하고, 일반교육과정의 참여와 접근을 어렵게 하는 장애나 교육적 요구가 무엇인지에 대한 부분도 기술되어 있어야 한다(Harmon, Street, Bateman, & Yell, 2020). 이를 통하여 개별화교육계획의 방향과 내용을 결정할 수 있기 때문이다.

Chapter
7

개별화교육계획안 작성방법

특수교육의 중추적인 역할을 하는 것 중 하나가 바로 개별화교육계획이라 할 수 있는데(박찬우, 배성현, 2020; 이대식, 2017; 조선화, 2003), 「장애인 등에 대한 특수교육법」 제2조에 따르면, 개별화교육이란 '각급학교의 장이 특수교육대상자 개인의 능력을 계발하기 위하여 장애유형 및 장애특성에 적합한 교육목표, 교육방법, 교육내용, 특수교육 관련 서비스 등이 포함된 계획을 수립하여 실시하는 교육'을 말한다. 동법 제22조에 따르면, 각급학교의 장은 특수교육대상자의 교육적 요구에 적합한 교육을 제공하기 위하여 보호자, 특수교육교원, 일반교육교원, 진로 및 직업교육 담당 교원, 특수교육 관련 서비스 담당 인력 등으로 개별화교육지원팀을 구성해야 하며, 개별화교육지원팀은 매 학기마다 특수교육대상자에 대한 개별화교육계획을 작성하여야 한다. 또한, 특수교육대상자가 다른 학교로 전학 또는 상급학교로 진학할 경우에는 전출학교에서 전입학교로 개별화교육계획을 14일 이내에 송부하며, 특수교육교원은 규정에 따른 업무를 수행하기 위하여 각 업무를 지원하고 조정해야 한다. 개별화교육지원팀의 구성과 개별화교육계획의 수립 및 실시 등에 관하여 필요한 사항은 교육부령으로 정한다고 되어 있다(개정

2008.2.29., 2013.3.23.). 이에 따라 교육부령으로 정한 시행규칙에서는 「장애인 등에 대한 특수교육법 시행규칙[교육부령 제188호, 2019.9.17, 타법개정]」 제4조에 따라 개별화교육지원팀의 구성은 매 학년의 시작일부터 2주 이내에 각각의 특수교육대상자에 대한 개별화교육지원팀을 구성하여 30일 이내에 개별화교육계획을 작성하도록 하고 있다. 개별화교육계획에는 특수교육대상자의 인적사항과 특별한 교육지원이 필요한 영역의 현재 학습수행수준, 교육목표, 교육내용, 교육방법, 평가계획 및 제공할 특수교육 관련 서비스의 내용과 방법 등이 포함되어야 하며, 매 학기마다 개별화교육계획에 따른 각각의 특수교육대상자의 학업성취도 평가를 실시하고, 그 결과를 특수교육대상자 또는 그 보호자에게 통보하도록 규정하고 있다. 다시 말해서, 개별화교육계획안은 특수교육대상자에게 적합한 최적의 교육적 지원을 제공하기 위하여 각 분야의 전문가들과 교직원, 부모 등이 개별화교육지원팀으로 구성되어 다양한 방법으로 수집된 자료를 근거로 특수교육대상자의 잠재된 능력을 최대한 계발시킬 수 있도록 개별화교육계획을 수립하고, 효율적인 실행 및 평가방안을 모색하여 기록한 것이라 할 수 있다.

그러나 개별화교육계획 수립 및 실행의 실효성과 관련하여 실제 유아교육현장에서는 개별화교육계획에 대한 법적 · 제도적 지침의 안내가 너무 일반적이고 포괄적이기 때문에 이를 실행하는 데 어려움이 있고, 일반교사 및 특수교사의 입장에서는 업무를 과중시키는 행정적 문서작업에 불과하기 때문에 특수교육대상 학생의 개별화된 요구에 맞춘 실제적인 교육을 실현하기 위한 도구로 활용되지 못하는 실정이므로 실효성의 문제가 있다고 보고되고 있다(강은영, 박윤정, 서효정, 박경옥, 2018; 정주영, 박민휘, 박소영, 성선영, 송나나, 이권재, 이지현, 정유진, 조현선, 허정윤, 2019). 이러한 문제점을 인식하고 개선을 위한 노력이 이루어지고 있으나, 주로 초 · 중등 특수교육대상자를 중심으로 개선방안이 모색되다 보니 장애영유아를 위한 실효성 있는 개선방안은 여전히 부족한 실정이다. 또한, 개별화교육계획에 대한 책임이 전적으로 특수교사에게 전가되다 보니 공공책무의 영역임에도 개별화교육지원팀의 각 분야별 전문가의 책임 있는 효율적 지원이 어려울 뿐 아니라 형식적으로만 진행되고 협의회조차도 개최되지 않는 경우가 비일비재하다는 것이다(강은영,

박윤정, 서효정, 박경옥, 2018; ; 이유훈, 1998). 따라서 제7장에서는 이러한 유아교육현장에서 나타날 수 있는 현실적인 문제를 해결하기 위하여 특수교사에게 전가되었던 개별화교육계획의 수립을 장애유아와 관련된 모든 개별화교육지원팀 구성원이 보다 간편하고 쉽게 누구나 수행할 수 있도록 실용적인 방안을 모색하고자 한다. 이를 위한 첫 단계로 먼저, 개별화교육계획에 대한 개념적 정의를 살펴보고, 연간목적 및 장 · 단기목표 수립, 목표를 현실적으로 실행할 수 있도록 과제분석을 통한 지도방안을 모색해 보고자 한다. 다음으로 개별화교육계획에서 개별 장애유아를 위한 최적의 실행방안과 진전도 모니터링에 대한 계획수립, 평가방안들을 살펴봄으로써 개별화교육운영의 평가와 개별 장애유아의 평가를 통하여 다음 학기나 학년도를 위한 환류과정을 진행해 보는 방안까지 모색해 보고자 한다.

1 개별화교육계획

1975년 미국은 「전장애아교육법(P.L. 94-142, Education of All Handicapped Children Act: EAHCA or EHA)」에서 처음으로 개별화교육을 명문화하였으며, 1997년 「개정 장애인교육법(P.L. 105-17, the Individual with Disabilities Education Act Amendments: IDEA)」에서 장애학생의 개별화교육프로그램(IEP) 수립과 운영과정을 위한 개별화교육지원팀의 구성 및 구성원 간의 협력, 일반교육교사의 IEP 협의회 참석 등을 강조하면서 개별화교육에 큰 변화를 가져왔다. 이후 2004년 「장애인교육법(P.L. 108-446, the Individuals with Disabilities Education Improvement Act: IDEA, 2004)」에서 IEP를 법정문서로 지정하고, 장애아동의 교육권 및 보호자의 권리를 강화하면서 개별화교육이 더욱 공고화되었다고 볼 수 있다(김양희, 김남순, 2014).

우리나라는 1994년 「특수교육진흥법」에서 처음으로 개별화교육계획 작성과 운영에 대한 사항이 법적으로 명문화되었으며, 2007년 「장애인 등에 대한 특수교육법」이 제정되면서, 개별화교육에 대한 규정이 법적으로 더욱 구체화되고 강화되었다. 「장애인 등에 대한 특수교육법」 제2조에 따라 개념적 정의와 동법 제22조와 동법 시행규칙 제4조에 따라 개별화교육지원팀 구성 및 구성원들 간 협력, IEP 작성 및 운영, 적법한 시행절차 등이 규정되었다. 따라서 법적으로 경문화된 개별화교육계획을 어떻게 효율적으로 실행할 수 있을지에 대한 방안을 모색하기 위하여 개별화교육계획을 개념적 정의, 연간목적 및 장 · 단기목표 수립, 효율적인 실행을 위한 과제분석방법 순으로 살펴보고자 한다.

1) 개별화교육계획(IEP)의 개념적 정의

유아교육현장에서 준수하는 법적 기준을 중심으로 2021년 현재 미국의 「장애인교육법(IDEA, 2004)」에서 규정하고 있는 Part A 일반조항(§1401[14])의 정의에 따르면, 개별화교육프로그램(Individualed Education Program: IEP)이란 '장애아동의 현재 학업성취도 및 기능수행수준, 학업 및 기능적 목표를 포함한 측정 가능한 연간목표, 연간목표의 달성 여부를 측정하는 방법, 진전도에 대한 정기적인 보고 방안, 특수교육 및 관련 서비스, 보충지원 및 서비스, 일반교육과정에서 비장애아동과 함께 참여하는 활동범위, 비장애아동과 함께 참여하지 않는 활동의 범위 등을 포함한 서면진술로써 개별적인 교육요구를 충족하기 위하여 개발하고, 검토하며, 수정하는 과정을 모두 포함한 문서'를 말한다(IDEA SEC. 1414[d][1][A], Individual with Disabilities Education Act of U.S. Department of Education, 2021. 3. 22. 인출). 즉, 개별화교육프로그램(IEP)은 문서(document)와 과정(process) 모두를 지칭하는 말로, 개별화교육지원팀이 개별 장애유아의 교육적 요구를 고려하여 우선적으로 지원해야 할 특수교육 및 관련 서비스를 결정하는 과정과 이를 문서로 작성하여 실행하는 근거인 법정문서로서의 역할을 모두 수행하는 것이기 때문에 두 가지 모두의 의미를 담고 있는 것이라 볼 수 있다.

IDEA개별화교육계획

미국 「장애인교육법(IDEA,2C04)」Part B section 1414(d)(1)(1) 개별화교육프로그램에 대한 설명.

우리나라는 앞서 언급한 바와 같이 「장애인 등에 대한 특수교육법」 제2조에서 개별화교육을 '각급학교의 장이 특수교육대상자 개인의 능력을 계발하기 위하여 장애유형 및 장애특성에 적합한 교육목표 · 교육방법 · 교육내용 · 특수교육 관련 서비스 등을 포함한 계획을 수립하여 실시하는 교육'이라고 정의하고 있다.

법률적인 정의에 근거하여 개념적 정의를 내린 이소현(2020)은 개별화교육계획을 "특수교육대상자의 교육적 요구에 적합한 개별화교육을 제공하기 위하여 개별화교육지원팀에 의해 개발된 문서"라고 하였으며, 조영숙(2018)은 개별화교육프로그램을 "각 아동이 지닌 개인차와 장애로 인한 발달상의 개인차이로 인해 단일 교육과정으로는 대상 아동의 욕구를 충족시킬 수 없으므로 교육을 계획하고 실시함에 있어 아동의 발달에 적합한 프로그램을 계획하고 실행하는 것"이라고 정의하였다. 정주영 외(2019)는 개별화교육계획이 "특수교육대상 학생의 개별화교육을 위해 필요한 교육 및 생활지원 계획의 수립 및 운영, 평가와 관련된 제반 사항을 기록한 개인별 문서인 동시에 계획의 실행 및 과정을 기록한 성장과 변화에 관한 개인별 포트폴리오로서 의의를 지닌다"고 하였다.

이와 같이 법률적 정의나 유아특수교육 및 유아교육전문가의 정의가 크게 다르지 않으며, 그 속에 내재된 의미는 대동소이하다는 것을 알 수 있다. 따라서 이를 다시 정리해 보면, 개별화교육계획은 "특수교육대상 유아의 특수교육 및 관련 서비스의 요구를 반영하여 그들의 잠재된 능력을 최대한 계발시킬 수 있도록 개별화교육지원팀에 의해 우선적인 교육적 요구를 결정하는 과정이며, 이를 기록하는 문서화 과정 모두를 지칭하는 것으로 특수교육대상 유아의 성장과 발달을 지원하기 위하여 장애유형 및 정도, 특성을 고려한 현재 학업 및 기능적 수행수준, 연간 목적을 실행하기 위한 장 · 단기목표 및 교육내용, 적절한 교수학습방법, 특수교육 및 관련 서비스 지원계획, 정기적인 모니터링과 평가계획 등을 포함하는 일체의 계획 및 문서화 과정을 말하는 것"이라고 정의할 수 있다.

국내 개별화교육계획안 작성에 대한 연구들을 살펴보면, 서효정 외(2019)는 개별화교육계획에 대한 실태를 조사하면서 형식적 행정문서로서 「장애인 등에 대한 특수교육법」 제22조와 시행규칙 제4조제3항에 따른 구성요소를 중심으로 분석하였기 때문에 각 구성요소들의 실질적 효용성에 대한 부분은 고려하지 못하였다고 볼 수 있다. 또한 다수의 연구에서 특수교사의 책무성에 비중을 두고 실제 계획안 수립 및 실행에 대한 분석을 실시한 경우는 많았으나(강은영, 박윤정, 서효정, 박경옥, 2018; 남현아, 이효신, 2015; 마유림, 2020; 정주영, 박민휘, 박소영, 성션영, 송나나, 이권재, 이지현, 정유진, 조현선, 허정원, 2019), 실제 개별화교육지원팀을 중심으로 각각의 입장에서 분석한 연구는 극히 드물었다(배성현, 박찬우, 2019). 특히, 통합교육현장이 일반 유아교육현장이라는 점을 고려했을 때, 특수교사지원이 안 된 유아교육기관의 개별화교육계획 수립 및 실행에 대하여 장애영유아를 위한 보육교사를 연구대상으로 한 연구는 찾아보기 어려웠다. 그러므로 「장애아동 복지지원법」 제22조에 따라 장애영유아를 위한 보육교사 배치에 대하여 좀 더 활발한 연구가 이루어져야 할 것이며, 이를 기반으로 실제 현장에서 효율적으로 활용될 수 있도록 방안을 모색한 연구도 이루어져야 할 것이다.

2) 개별화교육계획의 연간목적 및 장 · 단기목표

2017년 미국의 Endrew, F. vs. Douglas County School District 대법원 판결의 판례는 장애유아의 개별화교육계획이 단지 문서상의 업무가 아닌 실제 장애 당사자에게 최대한 효용성이 있도록 수립되어야 하며, 이에 대한 지원 또한 최대로 제공될 수 있도록 모두가 노력해야 함을 보여주는 사례였다. 이 사례를 통하여 무상의 적절한 공교육이 최소범위의 특수교육 및 관련 서비스의 제공이 아니라 장애당사자 입장에서 최적의 교육이 될 수 있도록 국가 및 지방자치단체 뿐 아니라 유아교육기관에서도 최대범위의 특수교육 및 관련 서비스 제공을 신중히 고려해야 함을 보여 주었다(Bailey, & Weingarten, 2019).

Endrew, F.(이하 Endrew라 칭함)에 대한 판례의 사건개요를 간략히 소개하면, 2010년 Endrew는 콜로라도주 더글라스 카운티 교육구 초등학교 4학년에 재학 중이었던 자폐스펙트럼장애 남아로 수업 중 괴성을 지르거나, 가구에 올라가고, 학교 밖으로 도망치는 등의 문제행동을 보이곤 하였다. 더글라스 카운티 지역교육청에서는 Endrew가 유치원이었을 때부터 초등학교 4학년이 될 때까지 최소범위에서의 개별화교육계획을 제공하였으나, 발달적 진전이나 문제행동의 개선이 나타나지 않았기 때문에 Endrew의 부모님은 사립 자폐스펙트럼장애 전문교육기관인 반딧불 장애학교(Firefly Autism House)로 Endrew를 전학시켜 교육시키기로 결정하게 된다. 그 결과 Endrew의 문제행동이 크게 개선되었을 뿐 아니라 학업성적도 상당히 향상됨을 보여 Endrew의 부모님은 다시 지역교육청 관계자를 만나 Endrew의 새로운 개별화교육프로그램을 요구하였다. 그러나 지역교육청 관계자는 이전과 거의 다를 바 없는 개별화교육프로그램을 제시하게 된다. 이에 Endrew의 부모님은 진전 없는 개별화교육프로그램만을 제시하는 지역교육청을 상대로 부모가 지불한 사립학교의 수업료를 보상하도록 하는 행정심판을 콜로라도주 교육청에 제기하게 된다. 지방법원과 고등법원에서는 Endrew 부모의 주장을 받아들이지 않았으나 이에 대하여 다시 상소하였을 때, 대법원에서는 판결을 뒤엎고 Endrew 부모의 주장을 받아들이게 된다. Endrew 부모의 주장에 따르면, 교육청이 제공한 개별화교육프로그램은 무상의 적절한 공교육(FAPE)의 범위에 미치지 못했기 때문에 부모의 입장에서는 Endrew의 발달적 증진을 위해 사립학교에서 별도로 교육을 받게 할 수밖에 없었기 때문에 그 비용을 국가가 지불해야 한다는 것이었다(이황원, 2019). 이 사례를 통하여 우리나라에서 시행되고 있는 개별화교육계획안에 대한 문제점을 짚어 보고, 이것이 과연 개별 장애유아의 성장과 발달을 돕고, 최대한 잠재능력을 발현시킬 수 있도록 최대범위에서 지원되고 있는지에 대해 신중히 성찰해 보아야 할 것이다.

개별 특수교육대상 유아의 교육적 요구가 잘 반영된 개별화교육계획안을 작성하기 위하여 다양한 방법으로 수집된 자료를 토대로 장애유아의 발달영역별 현재 학업 및 기능적 수행수준을 작성해야 하며, 이것을 근거로 개별화교육계획안의 연간목적을 수립해야 한다. 연간목적은 1년 동안의 교육방향을 제시한 것이기 때문에 발달영역별 장점과 지도해야 할 점을 토대로 개별화교육지원팀 협의회의를 거쳐 신중하고 객관적으로 가장 시급하게 지도해야 할 부분이 무엇인지에 대한 우선순위를 정한 후 장애유아 당사자 입장에서 가장 최적의 교육이 제시될 수 있도록 연간목적을 수립해야 한다. 따라서 개별 장애유아에게 적합한 연간목적이란 '장애유아의 현재 학업 및 기능적 수행수준을 고려하여 지도해야 할 해당 영역의 발달이 최대한 증진될 수 있도록 최적의 교육방향을 제시한 것'이라 정의할 수 있다. 개별화교육지원팀 협의회의 결정사항인 연간목적을 효율적으로 달성하기 위하여 관찰 및 측정 가능하고 실행 가능한 장·단기목표를 수립해야 하며, 이를 적절하게 평가할 평가계획을 수립하여 정기적으로 모니터링하고 평가함으로써 개별 장애유아의 발달적 진보를 확인할 수 있도록 해야 한다. 이러한 과정은 장애유아의 발달성과에 대하여 빈번하고, 지속적인 모니터링과 평가를 계획함으로써 장·단기목표가 개별 장애유아에게 적합하고 합리적인 것인지를 확인할 수 있을 뿐 아니라 확인 후 개별 장애유아에게 최적의 지원이 되지 않는 부분은 수정·보완할 수 있도록 하기 때문에 목표수립에서부터 효용성을 고려할 수 있지 해 준다.

이소현(2020)은 '장기목표를 1년 동안 이루어야 할 연간 교수목표로, 단기목표는 연간 교수목표를 성취하기 위해서 교수해야 할 중간단계의 교수목표'로 표현하였으며, 장기목표를 수립할 땐, 유아의 과거 성취 정도, 현행수준, 유아의 선호도, 교수목표의 실제적인 유용성, 우선순위, 교수활동에 대한 소요시간 등 다양한 요인을 고려하여 각 발달영역마다 포괄적인 문장으로 서술해야 한다고 하였다. 장기목표의 하위단계 세부목표인 단기목표는 과제분석을 통하여 수립해야 하며, 유아의 진보를 알아볼 수 있는 평가기준의 역할도 할 수 있어야 한다고 하였다. 조영숙(2018)은 장기목적을 '장애유아의 기대되는 행동에 대해 포괄적이고 일반적인 진술로 나타낸 것'이라고 하면서 전반적인 발달수준을 고려한 실제적이고 기능적인 것이어야 한다고 하였다. 또한, 단기목표를 기술할 때에는 SMART IEP's 원칙에 따라 구체적이며(Specific), 측정가능하고(Measurable), 행동을 나타내는 단어로(use Action words), 실제적이고 관련성 있게(Realistic and relevant), 기간을 설정(Time-limited)하여 수립해야 한다고 하였다.

미국 「장애인교육법[(IDEA, 2004)300.320(a)(2)(ii)항]」에서는 학업 및 기능적 목적을 포함하는 측정 가능한 연간목적의 진술을 개별화교육프로그램에 포함하도록 요구하고 있다. 여기에는 특정 장애로 인해 발생한 교육적 요구가 일반교육과정 안에서 함께 참여하고 활동을 진행하면서 충족되어져야 하고, 다른 관련 서비스에 대한 요구도 충족되어져야 한다고 규정하고 있다. 또한 중증 장애의 경우, 대체 학업성취도 표준에 따라 대체평가를 받아야 하기 때문에 측정 가능한 연간목적에는 벤치마크(Benchmarks, 학업수행검사의 기준점) 또는 단기목표에 대한 설명이 포함되어야 한다고 규정하고 있다(Bailey, & Weingarten, 2019). 우리나라의 경우 「장애인 등에 대한 특수교육법」 제22조에 따라 개별화교육계획을 수립하도록 되어 있으나, 개별화교육지원팀 구성, 매 학기 개별화교육계획안 작성 및 실시에 관해서는 교육부령으로 정한다고만 되어 있고, 시행령 및 시행규칙에 별도의 세부적인 사항이 기술되어 있지 않아서 실제 유아교육현장에서의 적용 시 미국의 「장애인교육법(IDEA, 2004)」에 비해 효용성의 문제가 제기될 가능성이 있기 때문에 이에 대한 수정 · 보완이 필요할 것이다. 따라서 연간목적(goal)과 장 · 단기목표(aim)를 현장적용의 관점에서 법적인 정의를 고려해 다시 정리해 본다면, 연간목적은 1년의 교육방향을 제시하는 기준으로 수립하고, 매 학기 연간목적을 효율적으로 실행하기 위한 교육목표로 장기목표를 수립한 후 장기목표를 효용성 있게 실행할 수 있도록 단기목표로 세분화하여 수립한다. 이렇게 세분화된 단기목표는 과제분석을 통하여 특수교육대상 유아가 실제 교육현장에서 반복적으로 수행할 수 있게끔 작성하여 효율적으로 단기목표를 달성할 수 있도록 제시한다. 이를 시각화하여 제시하면 [그림 7-1]과 같다.

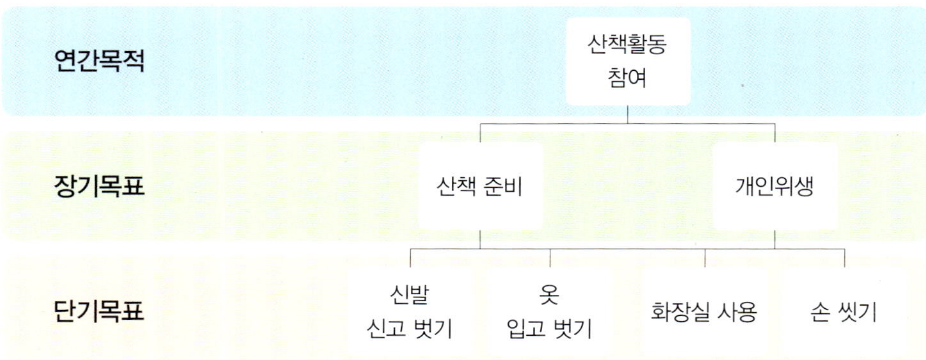

[그림 7-1] 연간목적, 장 · 단기목표 수립과정의 시각화

Heward(2006)는 장기목적과 단기목표와의 관계(relation between long-rang goals and short-term objectives)에 대해서 단기목표의 성취는 장기목적 달성에 직접적으로 기여해야 하는 것으로 장기목적의 성취에 중요한 하위 발달기술이며, 단계로서 계층적으로 관련이 되어 있다고 하였다. Heward(2006)가 언급한 장기목적은 연간목적에 해당하는 것이고, [그림 7-1]에서 제시한 장 · 단기목표는 단기목표에 해당하는 것이라 생각할 수 있을 것이다. 우리나라의 경우, 이전 학기의 평가 결과를 토대로 매 학기마다 개별화교육계획안을 수정 · 보완하는 환류과정을 거친다고 가정해 보면, 특수교육대상 유아의 발달적 성취 결과에 따라 장 · 단기목표는 수정될 것이고, 이를 토대로 연간목적의 성취 여부를 판정할 수 있게 될 것이다.

개별화교육계획에서 장애유아가 할 수 있는 것과 없는 것에 대하여 파악한 후 통합교육환경에 참여할 수 있도록 특수교육대상 유아의 교수계획을 구안하는 기초 작업으로 실제 교육현장에서 아동에게 체계적인 지도를 제공하고, 아동의 성공적인 수행을 위하여 매우 중요한 역할을 하는 것이 바로 연간목적과 장 · 단기목표라고 보았다(조선화, 2003).

3) 장 · 단기목표의 효율적인 실행을 위한 과제분석

개별화교육계획을 수립하기 위해서는 「장애인 등에 대한 특수교육법 시행규칙」 제4조제3항에 따라 특수교육대상자의 인적사항, 특별한 교육지원이 필요한 영역의 현재 학습수행수준, 교육목표, 교육내용, 교육방법, 평가계획 및 제공할 특수교육 관련 서비스의 내용과 방법 등의 구성요소를 파악한 후 작성하고, 작성된 계획안을 효율적으로 지도하기 위해서 가르쳐야 할 학업 및 기능 영역의 과제를 습득하기 용이한 작은 단계의 형태로 분석한 후 효율적인 교수학습방법을 선택하여 지도하도록 해야 한다.

개별화교육계획에서 개별 장애유아의 교육적 요구에 적합한 연간목적 및 장 · 단기목표를 수립하였다면, 이를 효과적으로 습득할 수 있게 하기 위하여 과제분석을 실시해야 한다. 과제분석을 하는 이유는 비장애유아라면 별다른 어려움 없이 쉽게 배우거나 익히고 수행할 수 있는 일들을 장애로 인하여 수행의 어려움을 겪을 수 있는 장애유아에게 이를 효과적으로 습득할 수 있도록 작은 단계로 나누어 순차적으로 반복연습하여 자립적으로 수행할 수 있도록 하기 위한 것인데, 한 과제에 대하여 관찰 가능한 일련의 순서가 있는 행동단계로 나누어 지도 및 습득이 용이한 형태로 만드는 것을 과제분석이라 정의할 수 있다(Klein, Cook, & Richardson-Gibbs, 2018).

[그림 7-1]에 제시한 것을 토대로 통합교육환경에 배치된 장애유아에게 비장애유아들과 산책활동에 적극적으로 참여할 수 있도록 연간목적으로 수립하였다고 가정해 보자. 교사들은 연간목적을 달성하기 위하여 장기목표를 세우게 되는데, 장애유아가 한 학기 동안 주도적인 산책 준비를 할 수 있게 하기 위해 단기목표를 좀 더 세분화하여 설정하게 될 것이다. 그리고 단기목표를 장애유아가 효과적으로 습득할 수 있게 하기 위해 교사들은 산책 준비에 포함되는 항목들을 체크해 볼 것이다. 어떤 것을 스스로 할 수 있도록 해야 비장애유아들과의 활동에 참여할 수 있는지를 고민한 후에 〈표 6-1〉에 제시한 일과기반 행동수행목록을 통해 월별로 장애유아가 할 수 있는 일과 할 수 없는 일을 체크해 볼 것이다. 그리고 동일 연령의 유아들과 비교해서 시급하게 먼저 지도해야 할 것을 선정하여 과제분석을 하게 될 것이다. 만약 장애유아가 혼자 신발을 신고 벗을 수 없다면, 원활한 산책 준비를 위해 신발 신고 벗기 과제를 선정하여 이를 효과적으로 습득할 수 있도록 과제분석을 하게 될 것이다. 과제분석은 순방향과 역방향 분석을 할 수 있는데, 순방향 분석은 등원 시 신발을 벗고, 자신의 이름이나 사진이 붙은 자리에 자신의 신발을 넣어 두는 순으로 작은 단계로 나누어 관찰 가능한 형태로 반복연습할 수 있게 기술하는 것이다. 반면, 역방향 분석은 반대로 자신의 신발이 놓인 자리에 가서 자신의 신발을 찾아서 현관으로 나와서 신발을 내려놓고, 신발의 벨크로(velcro)를 떼고 자신의 발을 넣은 후 다시 벨크로를 붙이는 과정까지 순방향과 반대 방향으로 진행하는 것이다. 과제분석은 장애유아의 장애 정도에 따라 세밀하게 작은 단계로 나눌 수도 있고, 단계를 적게 나눌 수도 있다. 〈표 7-1〉은 신발 신고 벗기를 과제분석하여 장애유아가 반복연습할 수 있도록 제시한 것이다.

〈표 7-1〉 신발 신고 벗기 과제분석 예시

순번	순방향 과제분석	역방향 과제분석
1	의자에 앉아 자신의 오른쪽 신발에 있는 벨크로 떼기	신발장으로 가서 자신의 이름 혹은 사진을 찾아서 자신의 자리가 맞는지 확인 후 자신의 신발을 꺼내기
2	앉은 상태에서 오른쪽 신발의 뒤축을 잡고 벗기	신발을 들고 현관으로 가지고 가서 내려놓기
3	의자에 앉아 자신의 왼쪽 신발에 있는 벨크로 떼기	의자에 앉아서 자신의 오른쪽 신발의 벨크로 떼기
4	앉은 상태에서 왼쪽 신발의 뒤축을 잡고 벗기	자신의 오른쪽 신발 안으로 오른발을 집어넣고 벨크로 붙이기
5	의자에서 일어나서 신발 두 짝을 들고 신발장 있는 곳으로 걸어가기	의자에 앉아서 자신의 왼쪽 신발의 벨크로 떼기
6	신발장이 있는 곳에서 자신의 이름 혹은 사진 찾아서 자신의 자리가 맞는지 확인 후 신발 두 짝을 가지런히 놓기	자신의 왼쪽 신발 안으로 온발을 집어넣고 벨크로 붙이기

위와 같이 단기목표를 달성하기 위하여 과제를 분석하고 실행하기 용이한 형태로 작성하였다면, 이를 현장에서 반복연습하여 달성할 수 있도록 해야 한다. 일정 기간 동안 반복연습한 결과, 신발 신고 벗기 과제를 수행할 수 있게 되었다면 하나의 단기목표가 달성되었다고 볼 수 있다.

2 개별화교육에 대한 지속적인 진전도 모니터링 평가

2017년 Endrew 대법원 판례를 통하여 우리는 특수교육대상 학생들에게 그들의 요구를 반영한 최적의 교육지원을 하고 있는지 다시 한번 고민하고 반성해 보아야 한다. 즉, 우리나라의 유아교육기관의 현실을 반영하여 특수교육대상 유아의 개별적 요구가 반영된 최적의 교육지원이 이루어지고 있는지 확인해야 한다. 개별화교육계획을 수립하고, 효과적인 교수방법을 적용하여 수행하면서 이에 대한 지속적인 모니터링과 평가를 통하여 유아의 진전도를 확인해야 한다. 예를 들면, 〈표 7-1〉의

과제분석에서 담당교사는 장애유아에게 신발 신고 벗기를 반복적으로 연습할 수 있는 기회를 제공하고, 이를 지속적으로 모니터링함으로써 해당 장애유아의 목표 달성 여부를 평가할 수 있다. 여기서의 평가는 유아의 진전도 평가가 될 것이다.

오래전부터 평가는 유아특수교육(early childhood special education: ECSE) 서비스를 제공함에 있어서 반드시 실시해야 할 필수적인 요소로 인정되어 왔다. 역사적으로 평가는 특수교육대상자를 선정할 때에도 중요한 요소로 작용하였고, 장애영유아와 그 가족을 위하여 중재계획과 진전도 모니터링 및 평가에 대한 계획을 수립할 때에도 매우 중요한 필수적인 요소로 작용하였다. 개별화교육계획 및 수행과정에 따라 평가를 실시하는 중요한 이유는 장애영유아와 그의 가족들에게 제공되는 특수교육 및 관련 서비스에 대한 지속적인 모니터링과 평가를 통하여 보다 나은 고품질의 특수교육 및 관련 서비스를 제공하기 위해서이다(Reichow, Boyd, Barton, & Odom, 2016). 유아특수교육 분야의 급격한 발전에도 불구하고, 여전히 이론과 실제 간에는 여러 가지 이유로 차이가 존재하기 때문에(Dunlap, Hemmeter, Kaiser, & Wolery, 2012) 유아특수교육 분야에서는 장애유아를 위한 양질의 서비스를 보장하기 위하여 중재프로그램 시행 시 지속적인 모니터링 평가가 필요하다.

개별화교육에 대한 지속적인 모니터링 평가는 '개별화교육이 개별 장애유아에게 적합한지, 계획된 개별화교육이 의도했던 대로 제대로 실행되고 있는지, 만약 의도했던 대로 실행되지 않고 있다면 추가적으로 지원해야 할 것은 무엇이 있는지에 대한 체계적인 설명과 평가과정 및 결과'라고 할 수 있다. 개별화교육계획에 대하여 수행하는 과정을 문서화하는 것이 결코 쉬운 일은 아니지만, 반드시 해야 하는 필수적인 부분이고, 이를 통하여 체계적인 평가를 할 수 있기 때문에 소홀히 해서는 안 되는 부분이다(Fixsen, Blase, Naoom, & Wallace, 2009).

Bagnato와 동료들(2010)은 아무리 잘 계획된 최적의 개별화교육(중재)이라 하더라도 계획했던 대로 충실하게 이행되지 않으면 그 효과는 보장할 수 없다고 지적하였다. 바꾸어 말하면, 그 효과성을 보장받기 위해서는 계획에 따라 진행이 충실히 이루어지고 있는지를 체크해 봐야 한다는 말이다. 따라서 체계적인 모니터링 평가가 되기 위하여 4가지 일반원칙을 준수해야 하는데, 첫째, 개별화교육

Stephen J. Bagnato

계획이 갖추어야 할 핵심 구성요소가 제대로 갖추어져 있는지 실행 전에 주의 깊게 확인해야 하고, 둘째, 실행과정이 개별 장애유아의 요구를 반영하여 진행되고 있는지 지속적으로 체크하며, 그에 대한 자료를 수집해야 한다. 셋째, 실행과정에서 수집된 평가 결과를 반영하여 검토 및 수정 · 보완을 하겠다는 평가계획(계획 시 수립한 공식일정)에 따라 가급적 원래 계획대로 실행하도록 해야 한다. 너무 자주 교육계획이나 계획일정을 수정하는 것은 비공식적이거나 불완전한 정보에 근거한 것일 수도 있기 때문에 장애유아의 교육적 요구와 특성에 제대로 부합하지 못할 가능성이 높다. 넷째, 개별화교육지원팀은 교육계획을 수정해야 할지를 결정하기 위해 실행 및 장애유아의 진전도에 대한 자료를 검토해야 한다. 수행과정을 모니터링 하는 것은 장애유아가 개별화교육지원팀이 예상한 것보다 더디게 진전되는 주요 원인을 확인하는 데 도움이 될 수 있으며, 이는 개별화교육지원팀이 서비스를 수정 · 보완하는 데 도움이 될 수 있다(Reichow, Boyd, Barton, & Odom, 2016). 특수교육에서 개별화교육(중재)은 장애유아의 교육적 요구를 충족시키고, 그 가족의 요구를 충족시키기 위하여 특별히 수정될 수 있다(Bagnato, McLean, Macy, & Neisworth, 2011). 이해를 돕기 위해 이에 대한 예를 들어 보면, 출생에서 3세 미만 영아를 위한 서비스에서 청각장애와 의사소통 지연을 가진 12개월 영아를 위한 개별화가족서비스계획으로 영아의 의사소통능력을 향상시키기 위하여 특정한 간격을 두고 영아에게 보청기를 끼게 하고, 가정 내 일상생활에서 영아가 그들의 가족들과 자주 의사소통할 기회를 만들어 주는 중재계획을 수립할 수 있다. 이 예시에서 개별화교육지원팀은 가정방문 횟수, 부모에게 특정한 전략을 가르치는 코칭의 빈도와 질, 부모가 작성하는 아동의 보청기 사용일지, 방문 중일 때와 방문 후에서 다음 방문 전까지 그 사이에 부모가 사용하는 의사소통 전략의 사용 여부나 빈도 등과 같이 실행변수를 모니터링하게 될 것이다. 이러한 자료는 계획한 중재와 실행된 중재 간의 차이를 확인하기 위하여 정기적으로 자주(처음에는 격주로, 혹은 월간으로) 검토하게 될 것이다. 어떤 차이는 계획한 중재계획을 수정함으로써 해결할 수 있다. 취학 전 아동과 초등학생의 중재계획은 개별화교육계획에 포함 · 설명되어 있으므로 동일한 계획으로 보아도 무방하다. 3세 자폐성 장애 유아를 위한 개별화교육계획에는 통합교육환경에서 협력교수팀(일반 및 특수교사)에 의해 의사소통, 사회 · 정서 및 적응 기술 증진을 위한 특수교육 및 관련 서비스 제공이 포함될 것이고, 자폐성장애 유아를 효과적으로 가르칠 수 있는 특정 증거기반의 실제들(개별화교육)과 다른 맥락에서 제공될 수 있는 내재된 교육기회의 빈도와 유형(누리과정)에 대한 점검표가 포함될 것이다. 협력교수팀은 증거기반 실제들의 특정 구성요소 실행빈도와 정확도에 대한 점검표 기록을 포함한 실행에 대한 모니터를 할 것이다. 교사들은 이러한 자료들을 매주 검토하고, 실행이 원래 계획했던 것과 다를 땐 필요한 조정을 할 것이다. 이를 통하여 질적으로 우수한 개별화교육을 제공할 수 있게 될 것이다.

장애유아에게 개별화교육을 계획하고 실행하는 경우, 개별화교육지원팀은 이에 대한 효과를 확인하기 위해 진행과정을 자주 모니터링해야 한다. 적용된 개별화교육이 장애유아의 교육적 · 기능적 발달에 얼마나 효과가 있었는지 주기적으로 확인함으로써 장기목표의 달성을 촉진할 수 있다(Fuchs & Deno, 1991; McConnell, 2011). 이를 위해 사용할 수 있는 것이 바로 형성평가유형(type of formative assessment)의 진전도 모니터링 평가(assessment for progress monitoring: APM)이다. 이것은 학습과 관련해서 학생과 교사 모두에게 과제수행에 대한 유용한 피드백을 제공하기 위해 정기적으로 평가하는 방식이다. 예를 들면, 읽고 쓰는 것이 어려운 학생에게 적합한 읽고 쓰기에 효과적이라고 생각하는 중재 서비스를 제공하고, 그 중재 서비스에 대한 효과성을 검증하기 위하여 읽고 쓰기에 대한 학업성취도를 시간의 흐름에 따라 반복측정하거나, 중재 전, 후로 측정하여 읽고 쓰기에 대한 변화 정도를 파악하는 것이 진전도 모니터링 평가이다. 이때 읽고 쓰기 학업성취도의 지속적인 변화를 파악함으로써 중재전략의 효과성을 점검할 수 있다. 만약 학생의 읽고 쓰기 능력이 상승했다면, 중재전략의 효과성이 있는 것이나, 만약 감소하였거나 변화가 없으면, 효과성이 없으므로 중재전략을 수정하거나 변경해야 한다. 결과적으

Lynn S. Fuchs

Stanley L. Deno

로 교사는 학생에게 적합한 최적의 중재전략을 찾을 수 있다. 교육과정 중심측정(curriculum-based measurement: CBM)은 대표적인 진전도 모니터링 전략이다. 여기에 숙련도 측정(Mastery Measurement: MM)과 전반적인 성과측정(General Outcome Measurement: GOM)이 있다. 즉, 교육과정 중심측정(CBM)으로 진전도 모니터링 평가(APM)라는 용어를 사용할 때는 일반적으로 전반적인 성과측정(GOM)을 나타내는 경우가 많다. 먼저, 기능적 숙련도 발달과 관련하여 사용될 수 있는 발달적 기능숙련도 모니터링(developmental skills mastery monitoring: DSMM)은 Fuchs와 Deno(1991)에 의해 '숙련도 모니터링(mastery monitoring)'이라는 용어로 사용되었는데, 이 용어는 많은 유아특수교육 프로그램에서 흔히 사용되고 있는 것을 볼 수 있다. 발달적 기능숙련도 모니터링(DSMM)에서 아동의 발달적 진전도를 연령별 발달에 따라 요구되는 일련의 행동이나 동작에 대한 성공적인 기능숙련 혹은 기능수행에 의해 확인할 수 있다. 이러한 확인을 위해서 요구되는 행동이나 동작에 대한 기능숙련의 기준을 정하고, 그 행동이나 동작에 대한 고유한 측정 절차를 사용하여 측정하기 때문에 정확성과 적절성이 매우 중요하며, 집중적이고 구체적으로 평가되므로 개별화교육(중재)에 대한 단기 효과를 검증하는 데 매우 효과적이라 할 수 있다. 이러한 평가방법은 개별화가족계획(IFSP) 또는 개별화교육계획(IEP)의 단기목표에 대한 장애유아의 발달적 성과를 평가하는 데 유용하게 사용될 수 있다. 대조적으로, 전반적인 성과측정(general outcome measurement: GOM)은 일반적 혹은 포괄적인 발달과업(developmental task) 수행능력을 파악하기 위하여 대상 유아를 반복적으로 평가함으로써 수행력에 변화가 있었는지를 확인한다. 대상 유아의 진전도는 숙달 정도의 증가로 나타나는데, 일반적으로 유아가 전체 과업을 완성하는 정도 또는 해당 과업에 대해 성공적으로 응답하는 수의 정도로 숙달 정도를 나타낼 수 있다. 다시 말해서, 평가는 발달과 중재가 지향하는 포괄적인 성과에 대한 장애유아의 부분적인 숙달 정도(partial proficiency)를 나타낸다. 전반적 성과측정(GOM)에서 평가되는 일반적이고 장기적인 성과와 이 성과에 대한 대상 유아의 수행 평가 기회를 조사하는 것이 매우 중요하다. 측정은 반복적으로 시행하더라도 일관적이어야 하며,

대상 유아의 수행능력(skills)에 대하여 통합적인 견해를 제공해 줄 수 있어야 한다. 전반적 성과측정(GOM) 평가는 광범위하고 성과를 참조하기 때문에 아동발달에서 중재에 따른 독특하거나 작은 변화에는 다소 덜 민감하지만, 장기적인 기대 효과에는 더 민감하게 파악할 수 있다. 전반적 성과측정(GOM)은 상태(즉, 측정 당시의 수행능력)와 성장(반복된 평가에서 해당 수행능력의 변화)에 대한 지표(metrics)를 제공하며, 이는 진행 중인 진전도 모니터링에 대한 특정한 자산이 될 수 있다(Deno, 1997). 좀 더 이해하기 쉽게 다시 말하면, 전반적 성과측정(GOM)은 누리과정 및 개별화교육과정상에서 대상 유아의 수행능력(skills)의 발달 정도를 평가하고, 추적하는 효과적인 수단이라는 것이다. 대상 유아의 5개 발달영역의 수행능력을 측정하기 위하여 주기적으로 평가함으로써 누리과정 및 개별화교육과정이 대상 유아에게 발달적 진보에 도움이 되는지 확인할 수 있다.

진전도 모니터링 측정(APM)의 4가지 특성은 크게 적용과 사용에 관련된 것과 측정도구의 신뢰도와 타당도에 관련된 것으로 나눠 볼 수 있다.

첫째, 진전도 모니터링 측정은 자주 빈번하게 측정되어야 한다. 이 평가의 주된 목적은 아동발달에 대한 단기 효과를 설명하는 것이고, 이 단기 효과에 대한 정보는 개별화교육계획을 수정 · 보완하는 데 사용되기 때문이다. 결과적으로 진전도 모니터링 평가는 아동의 행동에 대한 변화비율을 설명하고, 중재 서비스에 대한 수정 · 보완을 촉진하며, 이를 통하여 장기목표를 달성할 수 있게끔 가능한 한 충분히 자주 평가되어야 한다.

둘째, 진전도 모니터링 측정은 교사가 분석할 수 있는 자료를 빠르고, 쉽게 산출하기 때문에 진행 중인 개별화교육(중재 서비스)에 대한 의사결정을 할 수 있게 해 준다. 따라서 교사들은 이들 결과자료를 평가하기 위하여 엄격한 의사결정규칙을 적용해야 한다.

셋째, 진전도 모니터링 측정은 제공되고 있는 개별화교육(중재)에 개념적 · 경험적으로 행동들이나 역량들이 서로 높게 관련되어 있도록 표본조사를 해야 한다. 이는 앞서 언급한 바와 같이 타당성의 특별한 경우이기 때문에 실행되고 있는 중재 서비스(개별화교육)에 대한 내용과 구성타당도는 매우 높아야 한다. 따라서 진전도 모니터링 측정은 중재 서비스(개별화교육)가 아동의 성취나 행동변화에 기여할 때와 기여하지 못할 때를 밝혀낼 수 있어야 한다.

넷째, 진전도 모니터링 측정에 사용하는 측정도구는 반복된 평가 결과의 변화에 대하여 민감하고 적절해야 한다. 반복적으로 검사를 시행할 경우 발생할 수 있는 연습 효과의 기여도를 줄이기 위하여 수행능력을 평가하기 위한 항목과 과업들을 서로 다른 항목과 과업을 사용하는 동등한 검사세트를 이용하도록 한다. 이때 사용하는 측정도구는 최소한의 표준오차를 가진 충분히 엄격하고 신뢰로운 측정도구를 사용하여 최단 시간 내에 유아의 실제 수행능력의 변화를 감지할 수 있을 정도로 견고하고, 신뢰할 수 있는 측정도구를 사용해야 한다. 진전도 모니터링(APM)의 이점은 시간이 경과함에 따라 대상 유아의 발달적 진브 정도틀 파악할 수 있고, 현재 적용되는 누리과정 및 개별화교육이 대상 유아에게 도움이 되는지를 확인할 수 있으며, 대상 유아의 학습목표를 향해 적절한 진전을 보이는지 확인할 수 있다는 것이다. 또한 적절한 진전을 이루지 못하는 대상 유아를 확인하고, 추가 혹은 대체교육을 제공할 수 있을 뿐 아니라 이전에 습득한 기술들을 유지하고 있는지도 확인할 수 있다. 그렇기 때문에 장기목적의 달성 여부를 예측할 수 있고, 부모가 포함된 개별화교육지원팀에게 객관적인 자료에 입각한 대상 유아의 전반적인 발달 진전도에 대한 정보를 전달할 수 있다는 이점이 있다.

보다 최근에는 발달적 기능숙련도 모니터링(DSMM) 접근방식으로 유치원에서 특수교육서비스를 제공받는 유아 및 미취학 아동의 발달을 관찰, 평가 및 보고하기 위하여 개발된 '성장 발달 및 목표 달성 프로파일(Desired Results Developmental Profile: DRDP)'을 사용하고 있는데, 이것은 대상 유아의 학습 및 발달을 더 잘 이해하고, 교육을 계획하고, 가족과 정보를 공유하는 데 도움이 되도록 보편적 학습설계를 기반으로 개발되었다(McLean, Edelman, & Salcedo, 2011). 이는 대상 유아의 발달적 수행능력에 대하여 보다 세밀한 평가를 제공하기 때문에 교사가 특정 장애유형 및 정도에 따라 보다 적절한 교육적 지원을 제공할 수 있게 한다. 또 다른 전반적인 성과측정(GOM) 접근방식인 '개별적 성장 및 발달지표(individual growth and development indicatiors: IGDIs)'는 선별 및 대상자 선정과 진전도 모니터링에 대한 단일시점(single-point)평가와 반복평가(repeated assessment) 둘 다를 위해 개발되었다. Walker, Carta, Greenwood, 그리고 Buzhardt(2008)는 발달 지체 위험이 있는 영아들 간의 초기 의사소통으로부터 시간의 흐름과 중재 서비스에 따른 변화, 즉, 성장을 모니터링하기 위해 영아대상으로 측정하는 조기의사소통지표를 사용한다고 하였다. 이런 측정방법을 사용하여 가정방문자들은 한 단어 혹은 여러 단어 발화, 발성, 몸짓들이 관찰된 비율을 개별화교육목표(부모와 전문가와의 장기목표 설정에 근거)와 광범위한 규범적 기준(연령에 근거)에 비교하고, 친숙한 성인들과 표준적인 놀이활동에서 나타나는 개별 유아들의 의사소통행동을 반복적으로 모니터한다. 유아의 발달적 진전도가 시간이 지남에 따라 예상 발달 수준 이하로 떨어질 때, 중재계획을 지속적으로 모니터링하면서 수정하거나 교체하게 된다. 이 진전도 모니터링과 중재계획 조정과정은 온라인 전문지원 프로그램에서는 기본적으로 제공되고(Buzhard et al., 2011), 주 전체 가정방문 효과에 대한 긍정적인 효과연구에 폭넓게 사용되어 왔다.

질적으로 우수한 진전도 모니터링 측정이 되기 위해서는 다음의 세 가지 요인이 충족되어야 한다. 첫째, 중재 서비스의 긍정적인 효과검증을 위해 진전도 모니터링 평가를 사용한 경우, 적절한 측정도구를 선택하는 것이 중요하다. 측정 혹은 측정도구는 엄격한 심리측정학적 표준을 충족해야 하기 때문에 신뢰도와 타당도가 검증된 것을 사용해야 한다. 특히, 진전도 모니터링 측정은 (a) 장기 중재 목적과 관련이 되어야 하고, (b) 빠른 중재 검토와 수정을 위하여 양질의 정보를 제공받을 수 있도록 충분히 자주 반복적인 측정을 하는 데 적절해야 한다. 또한 (c) 시간 경과에 따라 대상 유아의 수행능력에 대한 작은 변화들까지도 민감하게 측정할 수 있어야 하고, 교사와 부모가 직접적으로 쉽게 이해할 수 있는 산출자료를 근거로 해야 한다.

둘째, 대상 유아의 수행능력에 대한 자료는 빈번하게 수집되어야 한다. 가장 중요한 것은 진전도 모니터링이 중재 서비스의 효과를 신속하고 지속적으로 평가할 수 있어야 하고, 지속적으로 중재 서비스의 질 개선을 지원하기 위한 의사결정과정에 근거가 될 수 있는 정보를 제공할 수 있어야 한다.

마지막으로, 양질의 진전도 모니터링은 수집된 자료를 사용하여 정확하고 신뢰로운 분석을 할 수 있어야 한다. 진전도 모니터링 측정 정보는 사용하기 쉽고 확실해야 하며, 자료를 분석하고 분석 결과를 이해하는 데 어려움이 없어야 한다.

질적으로 우수한 유아통합교육을 제공하기 위하여 실시한 박현옥 외(2020)의 현장적용 실태 및 요구도 조사에 따르면, 첫째, 질적으로 우수한 보편적 교육과정 안에서 유아가 놀이하고 경험할 수 있는 교육이 실행되어야 하고, 더불어 특수교육대상 유아의 개별적 요구에 적합한 교육이 실현될 수 있도록 개별화교육계획에 의한 교육이 실행되어야 한다.

둘째, 특수교육대상 유아를 위한 교육목표는 놀이활동에 참여하고, 친구들과 상호작용하면서 개별화교육목표를 성취하여 궁극적으로 「2019 개정 누리과정」에서 추구하는 인간상에 적합한 유아로 성장하는 것이다.

셋째, 교사는 융통성 있고 예측 가능한 일과를 운영하면서 유아가 놀이활동에 참여하고 상호작용할 수 있도록 지원함과 동시에 개별화교육을 운영해야 한다. 또한, 진단전문가로서 유아의 놀이를 관찰하고, 이러한 관찰 결과를 놀이활동에 반영할 수 있어야 한다. 이 모든 과정에서 교사 간 협력과 상호지원이 필요하고, 학부모와의 협력과 소통이 필요하다.

유아통합교육은 장애 및 비장애유아의 다양한 특성을 모두 고려해야 할 뿐 아니라 개별 유아들의 교육적 요구도 반영한 보편적 학습설계의 유아통합교육과정을 운영해야 한다. 유아통합교육과정 운영의 지침은 개정 누리과정 편성 및 운영에 근거하며, 성, 신체적 특성, 장애, 종교, 가족 및 문화적 배경 등으로 인한 어떠한 차별도 없도록 편성 · 운영해야 하고, 유아의 발달과 장애 정도에 따라 조정하여 운영해야 한다. 이는 「장애인 등에 대한 특수교육법」에서 지향하는 완전통합교육 형태로 교육과정 운영이 일반 유아교육현장에서 차별 없이, 그러나 개별 유아의 발달특성에 따라 조정 · 운영함으로써 완전통합교육을 실행한다는 것이다. 이를 위해 보편적인 학습설계를 기반으로 완전통합교육의 실행이 현실화될 수 있도록 증거기반의 실제(EBP)를 만들어 가야 하며, 유아특수교육, 유아교육, 보육학계 등 각 관련 학계에서도 끊임없이 상호협력하는 노력을 기울여야 한다.

P·A·R·T 3 유아통합교육의 실제

전통적인 특수교육의 패러다임은 분리교육을 중심으로 이루어졌으나 이에 대한 비판과 자성의 목소리가 높아지면서 몇 번의 패러다임 전환이 나타났다. 먼저, 특수교육 초기의 분리교육에 대한 비판으로 1970년대에 정상화 이념에 기초하여 주류화 운동(mainstream movement)이 나타났고, 장애아동의 교육적 배치가 최소제한적 환경(least restrictive environment: LRE)이어야 한다는 주장으로 이어졌다. 주류화 다음으로 나타난 것이 '통합교육(integration)'으로 장애아동이 일반교육환경에서 교육을 받을 수 있도록 한 것에 불과했으며, 일반교육과정에 장애아동을 그냥 끼워 맞추는 것에 불과했다. 최근 장애의 당사자주의라는 패러다임이 팽배해지면서 '완전통합교육(inclusion)'으로 전환되었다. 우리나라는 2007년 「장애인 등에 대한 특수교육법」이 제정됨에 따라 현장에서 '완전통합교육(inclusion)'을 지향하게 되었다. 그러한 법적인 개념적 정의에 따라 교육적 지원 및 관련 서비스의 지원을 해야 하는 것임에도 불구하고 현장에서는 여전히 완전통합교육을 실행하는 데 여러 가지 해결해야 할 과제들이 남아 있다. 이러한 점들을 고려하여 제3부 유아통합교육의 실제에서는 각 장애유형 및 정도에 따라 유아교육현장에서 어떠한 교육적 지원을 해줄 수 있을지에 대하여 실제 개별화교육계획안을 수립하고 실행했던 자료를 통하여 효용성 있는 실천방안을 모색해 보고자 한다. 이를 위하여 장애유형에 따라 어떤 형태의 통합교육현장에 특수교육대상 유아가 배치되어 있는지를 기준으로 시 · 청각장애, 지체장애, 지적장애와 자폐성장애 등에 대한 개별화교육계획 및 실행방안을 모색해 보고자 한다.

시각장애

Chapter
8

인간은 환경의 영향을 지대하게 받는 존재로서 생존에 필요한 것들을 자신에게 주어진 환경 안에서 경험을 통하여 습득하게 되며, 이러한 경험은 주로 감각기관을 통하여 이루어지게 된다. 특히, 유아기는 인간의 발달단계에서 감각을 통한 학습이 가장 왕성하고 활발하게 이루어지는 시기이기 때문에 유아기에 경험하게 되는 감각교육은 인지능력을 향상시켜 사물과 환경을 이해하고 수용하며 적응할 수 있게 만든다(김지영, 2012). 즉, 유아기는 가정과 유아교육 및 보육기관에서 오감을 통하여 주변을 탐색하고, 놀이를 하면서 다양한 경험을 하게 되기 때문에 자기 주변의 사물과 환경을 이해할 수 있게 되고, 순조롭게 적응해 나갈 수 있게 된다. 그러나 이렇게 중요한 감각기관에 문제가 생기면, 제일 먼저 주변에 대한 이해가 부족해지고, 이로 인해 안전의 문제가 발생하게 된다. 또한 감각을 통한 학습에 문제가 발생하기 때문에 인지영역에도 문제가 발생하고, 연쇄적으로 사회관계에도 문제가 발생할 수 있다. 이처럼 발달이 서로 상호 연결되어 있기 때문에 결국엔 이후 발달에도 지대한 영향을 미칠 수 있다. 감각기관에 문제가 없는 비장애유아의 경우에는 주변을 탐색하고, 자신이 선호하는 장난감을 가지고 놀이를 하면서

시각장애 판정기준

시각장애 판정
최소기준에 대한 설명

자연스럽게 습득하게 되는 많은 개념들을 감각기관에 장애가 있는 유아들은 감각기관의 장애로 인하여 정확한 개념학습에 어려움을 겪을 수 있고, 다른 한편에서는 또래관계 형성에도 어려움을 겪을 수 있다. 이러한 어려움은 결국 주어진 환경에 적응하는 것조차도 어렵게 할 수 있으므로 이에 대한 대책을 마련해 주어진 환경에 잘 적응할 수 있도록 지원을 해 주어야 할 것이다. 감각기관의 문제로 인하여 발현될 수 있는 대표적인 장애 중 하나가 바로 시각장애이다.

미국은 4세 미만 영유아의 5%가 시각장애를 가지고 있으며, 학령기 아동의 17~25%가 시력에 문제가 있어 학교에서 자신의 잠재능력을 최대한 계발시키지 못하고, 최적의 성장과 높은 학업성취도를 달성하지 못하고 있다. 특히, 영유아 및 아동기의 시각장애는 대부분 전문적인 시력 관리를 제대로 받지 못한 데서 기인한다(Thompson, & Merino, 2018)고 보고되고 있기 때문에 이에 대한 적절한 관리가 일상생활 속에서 자연스럽게 이루어질 수 있도록 해야 할 것이다.

우리나라의 경우, 2021년 기준 유치원에서 통합교육을 받고 있는 특수교육대상 유아의 수는 7,197명(영아 미포함)으로 현재 통합교육을 받고 있는 전체 특수교육대상자 98,154명의 7.3%를 차지하고 있는 셈이다. 7,197명의 특수교육대상 유아 중 시각장애로 분류되는 유아의 수는 80명으로 전체 특수교육대상 유아의 1.1%에 해당한다. 이들 중 특수학교 소속이 51명(64%)으로 가장 많았고, 일반학교의 특수학급 소속이 16명(20%), 그리고 일반학교의 일반학급 소속이 13명(16%)으로 실제 완전통합교육을 받고 있는 시각장애 특수교육대상 유아가 가장 적었다(교육부, 2021). [그림 8-1]은 2021년 통계 기준 시각장애 특수교육대상 유아의 배치 현황을 나타낸 것이다.

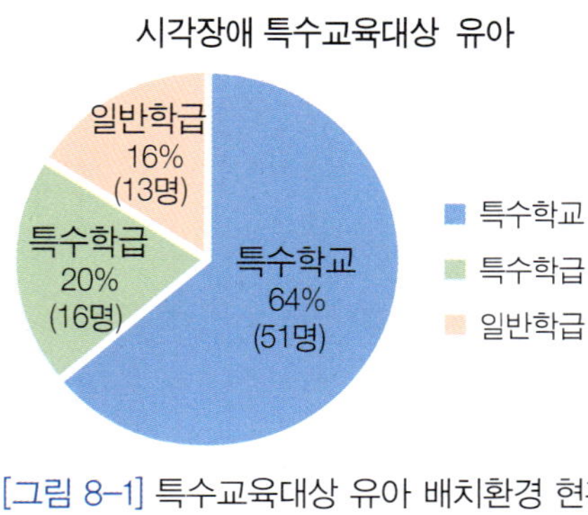

[그림 8-1] 특수교육대상 유아 배치환경 현황

시각장애는 다른 장애영역에 비해 상대적으로 출현률이 낮을 뿐 아니라 통합교육환경보다는 특수학교에서의 교육을 받는 경우가 더 많다. 만약에 시각장애유아가 지적장애나 뇌성마비 등의 중복장애를 가지고 있는 경우가 아니라면, 그리고 인지능력의 장애가 없기 때문에(이미숙 외, 2019) 통합교육환경에서 시각장애에 대한 정확한 이해를 기반으로 적절한 교육적 지원을 제공해 준다면, 그들의 잠재능력을 최대한 계발할 수 있게 되어 궁극에는 사회통합을 이룰 수 있게 된다. 제8장에서는 시각장애의 정의 및 특성에 대하여 먼저 살펴보고, 시각장애유아에게 적합한 개별화교육계획을 수립할 수 있도록 기존에 유아교육기관에서 수립한 계획안을 검토한 후 이를 보다 효율적으로 작성하여 실행할 수 있도록 시각장애에 적합한 방안을 모색해 보고자 한다.

1 시각장애의 정의

미국 「장애인교육법(IDEA, 2004)」에서는 '안경이나 콘택트렌즈로 완전하게 교정할 수 없는 시력 손상(visual impairment)과 교정을 하더라도 유아의 교육성과에 악영향을 미칠 수 있는 손상'을 시각장애라고 정의하고 있다. 이 용어에는 저시력(low vision)과 기능적 실명인 전맹(functional blindness)이 모두 포함되는데, 저시력은 일상생활에서 시각적 과제를 학습하거나 수행하는 것이 어려울 정도의 심각한 시각적 손상'을 말하는 것이고, 기능적 실명인 전맹은 '종종 빛의 존재는 감지할 수는 있지만 시력 자체가 부재한 상태'를 말하는 것이다.

우리나라의 시각장애에 대한 법적인 정의를 살펴보면, 「장애인 등에 대한 특수교육법」 시행령에서 시각장애를 지닌 특수교육대상자에 대하여 '시각계의 손상이 심하여 시각기능을 전혀 이용하지 못하거나, 보조공학기기의 지원을 받아야 시각적 과제를 수행할 수 있는 사람으로서 시각에 의한 학습이 곤란하여 특정의 광학기구 · 학습매체 등을 통하여 학습하거나 촉각 또는 청각을 학습의 주요 수단으로 사용하는 사람'이라고 정의하고 있다(교육과학기술부, 2008b). 「장애인복지법」 시행령에서는 제2조 관련 〈별표 1〉에 따라 시각장애를 '나쁜 눈의 시력(공인된 시력표에 따라 측정된 교정시력)이 0.02 이하이고, 좋은 눈의 시력이 0.2 이하인 사람으로, 두 눈의 시야가 각각 주시점에서 10도 이하로 남은 사람, 두 눈의 시야 2분의 1 이상을 잃은 사람'으로 정의하고 있다. 「장애인 등에 대한 특수교육법」은 특수교육대상자의 교육적 지원을 위한 기준이고, 「장애인복지법」은 의학적 진단에 따라 복지 서비스를 제공하기 위한 기준이기 때문에 동일한 장애유형이더라도 개념적 정의에서 다소의 차이가 나타난다.

김원경, 신진숙, 박현옥 외(2017)는 '의학적으로 물체의 형태를 인식, 외계의 범위, 빛의 유무 파악, 물체의 색 구분 등의 시력, 시야, 광각, 색각 등의 기준에서 시각적 과제수행을 하는 데 문제가 있는 것'으로 시각장애를 정의하였다. 시각장애에서 가장 중요한 개념은 얼마나 잘 볼 수 있는지에 대한 시력(visual acuity)과 저시력 학생의 잔존시력에 따른 시기능(visual functioning)이 중요한 요소라고 하였다. 권순우, 김영익, 정은, 팽재숙(2019)은 시각이 시력(visual acuity)과 시야(visual field)에 의해 결정된다고 하면서, 대부분의 경우 시야에는 문제가 없지만 시력이 낮아서 시각장애를 일으키는 경우가 많다고 하였다. 한성희와 박혜준(2004)은 시각적 접근의 어려움으로 인하여 특수교육이 필요한 아동을 시각장애(visual handicap)라고 하는 대신 이들의 잠재능력과 학습을 통한 변화 가능성을 강조한 시각손상(visual impairment)이라는 용어를 사용하는 것이 더 바람직하다고 하면서 2001년 이후부터 Barrage와 Erin도 시각손상(visual impairments)이라는 용어를 사용했다고 하였다. 시각손상이 곧 시각장애를 의미하는 것은 아니지만, 적절한 학습도구나 광학기구, 조명과 대비 등을 고려한 최적의 교육적 환경과 방법이 제공되지 않았을 경우엔 장애(disabilities)가 된다고 하였다. 이들은 시각손상의 정도를 시효율성(visual efficiency)과 시기능(visual function)으로 나누어 살펴보았는데, 시효율성은 사용 가능한 시각을 활용하는 정도로써 시력(vision)뿐 아니라 개인의 발달 정도와 환경변인 등과 같은 교육적 · 심리적인 측면을 모두 고려한 시기능 검사를 통하여 측정할 수 있다고 하였다. 시기능은 시각과제를 수행할 수 있는 능력으로 시각자극에 대한 자각과 정보입수, 눈운동 제어, 모양과 색깔에 의한 사물의 선택과 변별, 탐색과 조작을 통한 사물의 판별, 정체 파악, 관계지각 등과 같이 시각적으로 기능할 수 있는 개인의 능력을 말한다고 하였다. 김두영 외(2016 재인용)에 따르면, 시각장애는 실명 시기에 따라 선천성 시각장애(congenitally visually impaired)와 후천성 시각장애(adventitious visually impaired)르 나누어 볼 수 있고, 시각장애 진행 정도에 따라 장애의 진행이 급격하게 이루어져 나타나는 급성(acute)과 진행이 서서히 이루어지면서 실명하게 되는 만성(chronic)으로 나누어 볼 수 있으며, 시각 외 장애 중복 여부에 따라 단순시각장애와 중복시각장애로 나누어 볼 수 있다고 하였다. 하지만 특수교육과 재활현장에서는 맹(blind)과 저시력(low vision)으로 분류하는 것이 일반적인데, 시각계 손상이 심하여 시각기능을 이용한 학습이 곤란하여 점자나 청각교재와 같은 촉각 또는 청각 감각을 학습의 주요 수단으로 사용해야 하는 학생은 맹 상태에 있다고 보며, 교정시력이 매우 낮거나 시야가 지나치게 좁은 경우를 모두 포함하여 교정렌즈 및 안경을 통해 시력조절 및 활자의 크기를 조절하거나 확대경, 망원경, 전자보조기구 등과 같은 광학기구를 이용해야 시각적 과제를 수행할 수 있는 학생을 저시력 상태에 있는 것으로 본다고 하였다(국립특수교육원, 2018a; 조윤경 외, 2012a).

2 시각장애의 특성

세계보건기구에 따르면, 전 세계적으로 최소 22억 명의 인구가 시력손상(vision impairment)을 가지고 있으며, 이 중 거의 절반 수준인 최소 10억 정도가 예방이나 치료(안경이나 수술)로 시력손상을 해결하지 못한 상태라고 하였다. 시력손상 및 실명(vision impairment and blindness)의 주요 원인은 교정되지 않은 굴절이상(약 8,840만), 백내장(9,400만), 녹내장(770만), 각막 혼탁(420만), 당뇨병성

망막증(390만), 트라코마(200만)로 중등도 또는 중증 원거리 시력손상 및 실명이 발생하였고, 노안으로 인한 근시장애(826백만)가 발생한 것으로 나타났다고 하였다.

영유아의 시력손상은 국가마다 다르긴 하지만 저소득 국가에서는 선천성 백내장이 주요 원인인 반면, 중산층 국가에서는 미숙아 망막병증일 가능성이 높다고 하였다. 또한 성인 인구에서와 마찬가지로 영유아의 교정되지 않은 굴절 이상(원시, 난시, 근시)이 모든 국가에서 시력손상의 주요 원인으로 나타났다. 일반적으로 정상적인 눈에서는 정확한 이미지가 망막에 지각되도록 광선을 굴절시키는데, 굴절에 오류가 생긴 많은 사람들(대략 8,840만)은 눈의 크기와 형태에 따라 굴절이 불완전해지면서 정확한 이미지를 인식하지 못하게 된다. 이러한 굴절오류가 바로 굴절이상이다. 세계보건기구에 따르면, 영유아기에 조기 발병된 중증 시력손상은 영유아의 발달에 영향을 미쳐 운동, 언어, 사회 · 정서적, 인지적 영역에서 발달지연을 나타냈으며, 학령기에는 낮은 학업성취도를 나타냈다고 하였다. 또한 성인기 시력손상으로 인해 삶의 질에 심각한 영향을 받아 우울증과 불안감이 높게 나타났으며, 노년기에는 사회적 고립, 보행의 어려움, 낙상과 골절 위험의 증가, 요양원 조기 진입의 가능성이 높게 나타났다고 하였다(Heward, 2006; World Health Organization Geneva, 2021). [그림 8-2]는 일반적인 눈의 구조와 사물의 모습이 어떠한 이동경로를 거쳐 정확한 이미지로 인식되는지에 대한 경로를 나타낸 것이다. 이러한 경로 중 어느 한 곳에 오류가 발생하면, 시력손상이 발생하게 된다. 시력손상을 유발하는 원인 중 하나인 안과질환에 대하여 적절히 조치를 취하지 않았을 때, 심한 경우 실명까지 유발되어 시각장애가 될 수 있다. 국민건강보험공단에 따르면, 실명을 유발할 수 있는 대표적인 안과질환으로 녹내장, 황반변성, 당뇨병망막병증이 있으며, 이 질환들은 최근 지속적으로 증가추세를 보이고 있다고 하였다(국민건강보험, 2017, 2022).

세계보건기구 시력손상

세계보건기구에서 제시한 시력손상

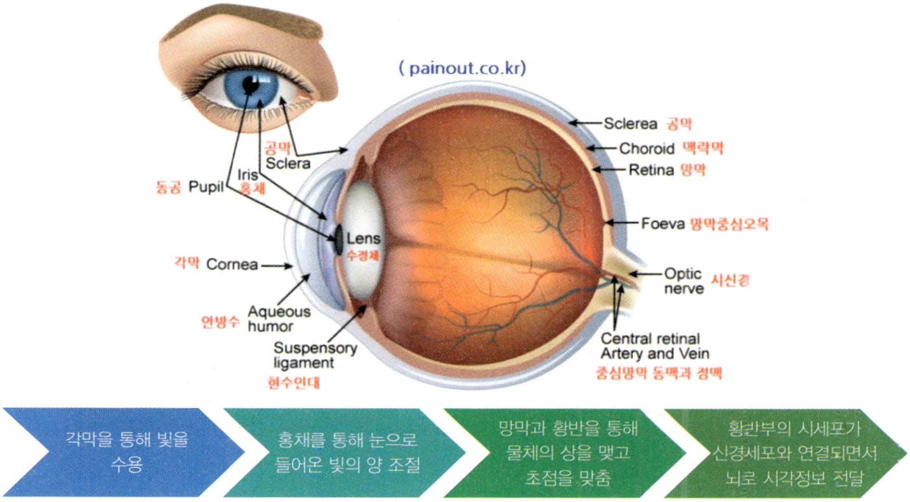

[그림 8-2] 눈의 구조와 사물인지 이동경로

국민건강보험공단에 따르면, 녹내장은 '눈으로 받아들인 시각정보를 뇌로 전달하는 시신경에 이상이 생겨 그 결과 시야결손이 나타나는 질환을 말한다. 시야결손을 방치하면 실명에 이르게 되는데, 그 원인으로는 안압이 높아서 발성하는 경우, 안압이 정상수준이어도 안압의 변동 폭이 크거나 시신경으로 가는 혈액순환이 잘 안 되는 경우, 시신경 모양 변화, 당뇨와 고혈압 또는 유전자 이상 등 여러 원인으로 발생'할 수 있다고 하였다. 최근 2012년부터 2020년까지 녹내장으로 진료를 받은 환자의 수는 매년 꾸준히 증가추세를 보이고 있으며, 여성(514,259명)이 남성(450,553명)보다 더 많은 것으로 나타났지만, 연평균 증감률을 살펴보았을 때는 남성(5.0%)이 여성(4.1)보다 증가율이 높게 나타났다(국민건강보험, 2017, 2022). 녹내장의 일반적인 증상은 주변시야부터 차츰 시야가 좁아지며, 초기에는 자각증상을 별로 못 느끼지만, 급성의 경우는 충혈, 안통, 두통, 시력저하, 눈부심 등이 나타날 수 있다. 녹내장은 대부분 천천히 장기간에 걸쳐 진행되는 경우가 대부분이므로 조기발견을 위해 정기적인 검진이 가장 좋은 예방법이라고 할 수 있다. 녹내장으로 진단되면, 최소한 금연을 해야 하고, 무거운 물건 들기, 몸을 옥죄는 의복 입기, 트럼펫 불기처럼 안압을 올릴 수 있는 생활습관은 피해야 한다(국민건강보험, 2017, 2022). [그림 8-3]은 녹내장이 진행되면서 시야가 점점 좁아지는 장면을 보여주는 것이다.

[그림 8-3] 녹내장 시야 결손과정

1) 신체발달

시각장애유아의 신체적인 특성은 비장애유아와 큰 차이는 없지만, 뚱뚱하거나 야윈 신체적 특성을 보이는 경향이 있다. 이는 시력손상을 이유로 부모가 과잉보호하거나 반대로 소홀한 경우, 혹은 스스로 혼자 이동을 시도하다가 주변 사물에 부딪힘으로써 혼자 움직이는 것에 대한 두려움이 생긴 경우에 신체활동이 제한되고, 운동기술의 발달에 부정적인 영향을 받을 수 있기 때문에 나타나는 신체적 특징이다(강대옥 외, 2012; 권순우 외, 2019; 도명애 외, 2016; 임경옥 외, 2019). 또한, 비장애유아들이 타인의 움직임을 주의 깊게 관찰한 후 이를 신체적으로 재현하는 모방을 통하여 다양한 신체기능을 익히는 데 반해, 시각장애유아들은 시력손상으로 인해 이러한 기능이 제한되므로 관찰을 통한 학습에는 어려움이 있고, 이동이나 움직임에 대한 두려움으로 인해 어쩔 수 없이 움직여야 하는 상황에서는 항상 긴장된 상태로 생활하다 보니 신체활동 및 기능에 부정적인 영향을 미칠 수밖에 없다. 외관으로 보이는 신체적 특징으로는 머리경사, 척추 후만, 무릎경사, 보행 시 두 다리를 벌린 폭넓은 걸음걸이 등이 있다. 그러므로 시각장애유아의 성장 ·

발달을 위하여 자세교정이나 보행을 위한 특수교육 및 관련 서비스 지원이 일과 내에서 이루어질 수 있도록 해야 할 것이다(국립특수교육원, 2016d; 강대옥 외, 2012; 권순우 외, 2019; 도명애 외, 2016).

2) 인지발달

시각장애유아는 시력손상으로 인하여 주변의 정보를 탐색하고 습득하는 데 제한이 있기는 하지만, 비장애유아와 비교해서 인지발달의 속도가 느릴 뿐이지 발달과정은 다르지 않은 것으로 나타났다. 평균지능에서는 장애유아와 비장애유아 간의 차이가 없는 것으로 나타났으나, 오감을 모두 활용할 수 없다는 문제로 인해 정확한 개념을 형성하고 습득하는 데 한계가 있고, 다소 시간이 걸린다는 어려움이 있다(국립특수교육원, 2016d; 강대옥 외, 2012; 권순우 외, 2019; 도명애 외, 2016). 즉, 시각을 제외한 다른 감각기관에 의존하여 학습을 하기 때문에 대상영속성, 사물의 인과관계나 목적과 수단 관계 등의 개념에 대한 이해가 늦어지고, 사물을 관찰하고 필요할 때 지연모방을 할 기회가 없기 때문에 개념발달이 늦어진다는 어려움을 겪게 된다(국립특수교육원, 2016d; 권순우 외, 2019; 도명애 외, 2016). 그렇기 때문에 시각장애유아는 정확한 개념을 형성하기 위하여 시각을 제외한 다른 감각기관을 이용하여 직접적으로 물체의 여러 속성과 특성에 대해 탐색하고 인지할 수 있도록 시간적 여유가 더 필요하다(권순우 외, 2019)는 것을 이해하고 기다려 주며, 교육 및 치료적 지원을 제공해 주어야 한다.

3) 사회・정서발달

시력손상으로 인해 시각적 관찰과 모방을 통해서 습득하게 되는 사회적 기술의 습득이 지체되는 경우가 많기 때문에 사회적 상호작용이 어려울 수 있다. 유아기에 필요한 또래들과의 놀이참여나 어울림, 활동에 능동적으로 참여하는 것이 어려울 수 있다. 특히, 또래들과의 의사소통에서 비언어적 측면인 상대방의 얼굴 표정, 몸짓, 행동 등에 대한 정보를 얻지 못하기 때문에 상대방의 의도나 미묘한 감정의 변화를 파악하지 못할 수 있다. 이로 인해 의사소통 및 대인관계에 제약이 있고, 공놀이나 술래잡기, 역할놀이, 블록 쌓기 등 시각적 감각기능을 필요로 하는 놀이활동에 적극적으로 참여하는 것이 쉽지 않기 때문에 또래관계 형성에 어려움을 겪을 수 있다. 또한 상동행동을 보이거나, 낯선 상황에 대한 과민한 두려움을 표현하기도 하며, 부모와 떨어져 있거나 새로운 상황에 접했을 때, 이를 거부하는 경향이 있어 아동기에 형성해야 할 사회적 관계나 사회성 발달에 어려움을 겪음으로써 사회적으로 고립될 수도 있다(국립특수교육원, 2016d; 강대옥 외, 2012; 권순우 외, 2019; 도명애 외, 2016; 이미숙 외, 2019).

4) 언어발달

시각장애유아도 비장애유아들과 마찬가지로 언어를 배우고 이해하려는 욕구는 강하지만, 시력손상으로 인해 오감을 모두 사용하여 개념을 형성하는 것이 아니기 때문에 비언어적인 의사소통 수단인 얼굴 표정이나 눈짓, 몸동작의 사용방법에는 다소 어려움이 있다. 특히 직접 경험해 보지 않은 하늘, 안개, 구름 등과 같은 단어들의 경우, 직접적인 경험을 통해 습득한 개념이 아니라 단순암기식으로 외운 단어이기 때문에 단어 자체는 잘 알지만 단순히 어떤 것인지 상상만 할 뿐 구체적으로 정확한 의미는 알지 못한 채 사용하는 경우가 종종 있다. 이러한 이유 때문에 정확한 개념이 형성되지 못해서인지 이를 설명하기 위해 장황한 언어로 표현하는 경우가 많다(국립특수교육원, 2016d; 권순우 외, 2019; 도명애 외, 2016).

대화의 특징을 살펴보면, 자기중심적으로 말하고, 말을 크게 하는 경향이 있다. 또한 말을 많이 하고, 말의 속도가 느리며, 몸짓이나 입술의 움직임이 적은 편이다. 특히, 언어발달 측면에서 보면, 정확한 개념의 형성이 이루어지지 않은 상태에서 사용하는 경우가 많기 때문에 언어발달에서의 지연이 나타나기도 한다(강대옥 외, 2012; 권순우 외, 2019; 이미숙 외, 2019).

시각장애영유아지원

시각장애영유아 지원

3 시각장애의 개별화교육지원

시각장애유아의 현재 발달특성에 적합한 교육을 실시함으로써 그들의 잠재된 능력을 최대한 계발시켜 궁극적으로는 분리되지 않고 사회적으로 통합될 수 있도록 하기 위하여 어떠한 교육 및 관련 서비스를 지원해 주어야 할지에 대하여 함께 생각해 보고자 한다. 이를 위해 먼저, 시각장애유아가 어떠한 곳에서 교육 및 관련 서비스를 제공받는 것이 장애 당사자인 유아에게 가장 바람직한지를 생각해 보아야 할 것이다. 현재 장애유아의 유아교육기관 입소는 각 교육청의 특수교육지원센터에서 특수교육대상자로 선정되어 배치를 받은 후 이루어진다. 시각장애유아가 입소할 수 있는 유아교육기관은 최소제한적 환경을 기준으로 일반유치원(혹은 어린이집)의 일반학급, 일반유치원(혹은 장애통합어린이집)의 특수학급, 특수학교 유치부 및 유치원 과정만 운영하는 특수학교(장애전담어린이집) 순으로 이루어지는데, 장애유아 및 부모의 의견을 반영하여 교육기관에 입소할 수 있도록 하고 있다. 교육기관별 입학 절차는 거주하고 있는 주소지의 특수교육지원센터에 보호자가 직접 방문하여 서류를 제출함으로써 가능하다(국립특수교육원, 2016d). 만약 장애유아와 그 부모가 일반 유아교육기관에 다니는 것을 원할 경우, 거주지의 일반 유아교육기관은 「장애인 등에 대한 특수교육법」, 「유아교육법」, 「영유아보육법」에 따라 완전통합교육을 실시할 수 있도록 보편적 학습설계(universal design for learning: UDL)를 기반으로 인적 · 물적 자원을 수정 · 보완하는 등의 입학준비를 해야 한다. 즉, 「장애인 등에 대한 특수교육법」 제17조제2항에 따라 특수교육대상자의 장애 정도, 능력, 보호자의 의견 등을 종합적으로 판단하여 거주지에서 가장 가까운 곳에 배치하여야 한다. 또한, 특수교육대상자를 일반학교 일반학급에 배치할 경우, 동법 시행령 제11조제2항에 따라 특수교육지원센터에서 근무하는 특수교육교원에게 그 학교를 방문하여 학습을 지원하도록 해야 한다.

일반 유아교육기관에서는 보편적이고 질적으로 우수한 누리과정을 운영해야 하며, 누리교육과정은 성별, 신체적 특성, 장애, 종교, 가족 및 문화적 배경 등으로 인한 차별이 없이 유아의 발달과 장애 정도에 따라 조정하여 운영해야 하므로 이에 적합한 교수학습방법과 평가방안을 모색하여 실행할 수 있도록 해야 한다. 하루 일과 및 활동에 모든 유아가 함께 참여할 수 있도록 해야 하고, 장애유형이나 특성에 따라 개별적인 교육적 요구를 반영하여 개별화교육계획을 수립한 후 누리교육과정 내에서 운영할 수 있도록 편성함으로써 자연스럽게 사회통합으로 이어질 수 있도록 해야 한다. 즉, 누리과정의 기본적인 개념적 틀 아래에서 시각장애유아의 장애 정도에 따라 누리교육과정의 수준을 조절하거나 교수학습방법의 수정을 통하여 모든 놀이와 일과 및 활동에서 비장애유아들과 함께 참여할 수 있도록 교사들이 함께 협력하고 지원해야 한다.

1) 시각장애의 개별화교육계획안 작성

일반적으로 개별화교육계획은 입소 후 30일 이내에 다양한 방법(입소 시 받게 되는 건강검진 내역과 발달평가, 부모상담, 주의 깊은 관찰, 활동 수행에 따른 포트폴리오 등)으로 수집된 자료를 근거로 교육적 · 기능적 사정(educational assessment)을 해야 한다. 이를 근거로 현행수준요약서를 작성한 후 개별화교육지원팀의 회의를 거쳐 현행수준요약서를 토대로 1년간의 교육방향인 연간교육목적을 수립한 후 이를 효용성 있게 달성할 수 있는 방안으로 각 발달영역별 장 · 단기목표를 수립해야 한다. 이처럼 일반적인 개별화교육계획 수립 절차에 따라 장애유형 및 정도를 고려하여 개별 장애유아의 교육적 요구에 적합한 개별화교육계획을 작성해야 한다. 이를 도식화하면 [그림 8-4]에 제시한 바와 같다.

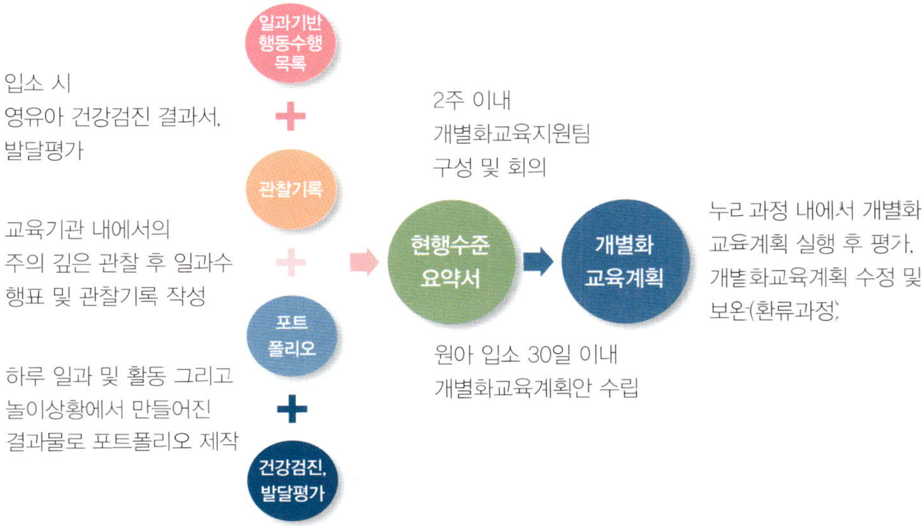

[그림 8-4] 개별화교육계획안 수립 및 작성 절차

시각장애의 가장 일반적인 특성을 고려하여 신체적, 인지적, 사회 · 정서적, 언어적 발달영역별로 살펴본 결과를 토대로 어떠한 교육적 지원을 해야 할지에 대하여 생각해야 한다.

① 신체적 특성: 시력손상으로 인하여 발생하는 신체활동 제한, 운동기능발달 부족, 자세 이상으로 인한 교정의 필요성 제기.

② 인지적 특성: 오감을 통한 경험을 기반으로 사물의 속성과 특성을 학습하게 되는데 추상적이거나 직접경험이 어려운 것에 대해서는 학습의 어려움이나 다른 감각기능을 총동원하여 이해하게 되므로 비장애유아들보다 더딘 학습 속도.

③ 사회 · 정서적 특성: 비언어적인 부분을 확인할 수 없음으로 인한 원활한 의사소통의 제한과 시각적 감각기능을 요하는 놀이활동에 참여하지 못함으로 인한 사회관계의 문제.

④ 언어발달특성: 정확한 개념이 형성되지 못한 상태로 인한 언어발달의 지체.

이를 도식화하면 [그림 8-5]에 제시한 바와 같다.

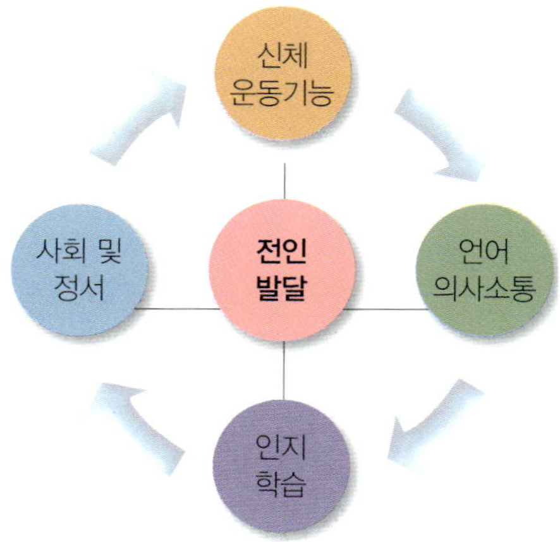

[그림 8-5] 각 발달영역별 유기적 상호관계

[그림 8-5]에 제시한 바와 같이, 각 발달영역별 특성들은 유기적으로 서로 상호 영향을 미치며 발달하기 때문에 어느 한쪽의 발달이 제한을 받게 되면 다른 영역의 발달에도 제한이 가해지게 된다. 그러나 이 모든 발달영역의 제한점들을 단기간 내에 지원하여 교정하고 보완할 수는 없기 때문에 가장 우선적으로 생존 및 안전과 관련된 것부터 교육적 지원과 관련 서비스를 제공해 주어야 한다. 즉, 개별화교육지원팀은 장애유아 당사자의 교육적 요구와 부모의 의견을 반영하여 가장 우선적으로 지원해야 할 것을 선정하여 연간목적으로 수립하고, 이 목적을 달성할 수 있도록 장 · 단기목표를 수립해야 한다.

일반유아교육현장에서 시각장애유아의 기능적 부분을 가장 쉽게 파악할 수 있는 것이 바로 일과기반 행동수행목록표이다. 〈표 8-1〉은 현직 유치원교사가 통합교육을 받고 있는 시각장애유아의 수행능력을 평가하기 위해 작성한 일과기반 행동수행목록표이다. 일과기반 행동수행목록표의 양식은 유아교육기관마다 편의상 다르게 사용하고 있으며, 교사마다 항목을 구성하는 것도 다르기 때문에 사용한 것을 그대로 제시하였다. 일과기반 행동수행목록에 제시한 내용을 살펴보면, 하루 일과를 중심으로 시각장애유아가 할 수 있는 행동과 할 수 없는 행동이 정기적으로 체크되어 있음을 확인할 수 있다. 이를 통하여 담임교사는 유아의 성장 발달 및 목표 달성에 대한 상황을 한눈에 볼 수 있다. 〈표 8-1〉의 일과기반 행동수행목록표 결과를 보면, 김○○은 화장실 사용하기와 양치하기에서 다른 영역에 비하여 수행능력이 부족한 것을 알 수 있다. 교사가 월별로 주의 깊은 관찰을 통해 평가한 일과기반 행동수행목록표의 결과는 근거자료로써 현재수행수준 요약서를 작성할 때 사용할 수 있다.

〈표 8-1〉 시각장애유아의 일과기반 행동수행목록표

아동명	김○○	생년월일	2017. 6. 1.			
평가표시 (○ : 스스로 수행, △ : 도움 받아 수행, × : 지도가 필요)						
일과		평가일시				
		3/2	3/30	4/1	4/29	5/1
등원	스스로 신발을 벗는다.	△	△	○	○	○
	신발장에서 이름을 찾는다.	×	×	×	×	△
	신발을 정리한다.	×	×	×	△	△
	바로 교실로 향한다.	×	×	×	×	△
	선생님께 인사를 한다.	△	△	○	○	○
	보호자와 작별인사를 한다.	△	○	○	○	○
	옷과 가방을 사물함에 정리한다.	×	×	×	△	△
	보호자와 즐겁게 헤어진다.	×	○	○	○	○
	친구와 인사할 수 있다.	×	×	△	△	△
자유선택활동	원하는 놀이를 선택한다.	×	×	△	△	△
	놀잇감을 용도에 맞게 사용한다.	×	×	△	△	△
	친구와 어울려 논다.	×	×	△	○	○
	영역 안에서 논다.	×	×	△	○	○
	한 가지 놀이나 영역에서 일정 시간 집중하여 논다.	×	△	△	○	○
	2~3개의 영역을 선택하여 논다.	×	×	△	△	○
	친구를 방해하지 않는다.	○	○	○	○	○
	다른 친구의 장난감을 뺏지 않는다.	○	△	○	○	○
	친구에게 장난감을 나눠 준다.	△	△	○	○	○
	필요한 도움을 요청한다.	×	×	△	△	○
	정리할 때를 알고 정리한다.	×	×	△	△	△

일과		평가일시				
		3/2	3/30	4/1	4/29	5/1
이동하기	줄에 따라 모인다.	×	△	△	○	○
	교사의 요구에 따라 줄을 선다.	×	×	△	△	△
	줄을 서서 목적지로 이동한다.	×	△	△	△	△
	줄에서 이탈하지 않는다.	×	×	×	△	△
	친구를 밀지 않는다.	△	△	○	○	○
	계단을 좌우 구분하여 오른다.	×	×	×	△	△
	양발을 사용하여 계단을 도움 없이 오르고 내린다.	×	△	△	△	△
	다른 장소로 혼자 가버리지 않는다.	×	△	△	△	△
전체활동	다음 활동을 예상하고 정해진 자리에 앉는다.	×	△	△	△	○
	일정한 자세를 유지한다.	△	△	○	○	○
	수업활동에 참여한다.	×	△	△	○	○
	또래를 방해하지 않는다.	×	△	○	○	○
	교사의 호명이나 질문에 적절히 질문한다.	△	△	△	○	○
	자신의 의사표현을 한다.	×	△	△	○	○
	동화나 동시, 담화 등을 이야기한다.	×	△	×	△	△
	작업을 이해하여 스스로 수행한다.	×	×	△	△	△
	작업에 필요한 도구를 바르게 사용한다.	×	×	△	△	△
	노래를 따라 부른다.	×	△	○	○	○
	교사의 동작을 따라 한다.	×	×	×	×	△
	운동이나 게임을 도움 없이 수행한다.	×	△	△	△	△
	자신의 순서를 기다린다.	×	△	○	△	○
점심식사	차례를 지키며 기다린다.	×	×	△	○	△
	식판을 바르게 받으며 감사를 표시한다.	△	○	○	○	○
	식판을 흘리지 않고 이동한다.	×	×	×	×	×
	바르게 앉아 먹는다.	×	△	○	○	○

일과		평가일시				
		3/2	3/30	4/1	4/29	5/1
점심식사	수저를 바르게 사용한다.	×	×	△	△	○
	골고루 먹는다.	△	○	○	○	○
	음식을 흘리지 않고 먹는다.	×	△	△	△	○
	차례를 지키며 식판을 정리한다.	×	×	×	△	△
	물을 적당히 따를 수 있다.	×	×	×	×	△
	식사 후 정해진 장소로 간다.	×	×	△	△	○
간식먹기	자리에 앉아서 기다린다.	×	○	○	○	○
	접시와 컵을 흘리지 않고 자리로 가져간다.	×	×	×	×	△
	"잘 먹겠습니다"라고 인사한다.	△	○	○	○	○
	장난치지 않고 먹는다.	△	△	○	△	△
	더 먹고 싶을 때 "더 주세요"라고 말한다.	×	×	△	△	○
	친구의 것을 뺏어 먹지 않는다.	○	○	○	○	○
	흘렸을 때 휴지를 가져와 정리한다.	×	×	×	△	△
화장실 사용하기	화장실에서 순서를 기다린다.	○	○	○	○	○
	남녀 변기를 구별하여 줄을 선다.	×	×	△	△	○
	옷을 차례대로 벗고 입는다.	×	×	×	×	△
	단추나 지퍼를 열고 닫는다.	×	△	△	△	△
	변기를 바르게 사용한다.	×	×	×	×	×
	화장지를 사용하여 뒤처리를 한다.	×	×	×	×	×
	물을 내린다.	×	×	×	×	×
	수도꼭지의 사용을 안다.	×	△	△	○	○
	비누를 묻혀 손을 씻는다.	×	△	○	○	○
	수건으로 손을 닦는다.	×	△	○	○	○
	"화장실에 가고 싶다"라고 표현한다.	×	×	×	×	×
	혼자서 화장실을 찾아간다.	×	×	×	×	×

일과		평가일시				
		3/2	3/30	4/1	4/29	5/1
양치하기	자기 칫솔을 찾는다.	×	×	△	○	△
	치약의 양을 알맞게 짠다.	×	×	×	×	△
	칫솔로 이를 위아래로 닦는다.	×	△	△	○	○
	치약을 먹지 않는다.	△	△	○	○	○
	물컵에 물을 스스로 담고 물을 입에 넣고 헹군다.	×	×	△	○	○
	물을 뱉는다.	△	△	○	○	○
	칫솔을 씻는다.	×	×	△	△	○
	씻은 칫솔을 입에 넣지 않는다.	×	×	×	△	△
	입을 닦는다.	△	○	○	○	○
	컵을 소독기 안에 넣는다.	×	×	△	○	△
실외활동	줄을 서서 이동한다.	×	×	△	×	△
	정해진 구역에서만 활동한다.	×	△	○	○	○
	시설물을 바르게 사용한다.	×	△	△	○	○
	안전한 놀이를 한다.	○	△	○	○	△
	신호에 따라 다시 모인다.	×	△	△	○	△
귀가	보호자와 반갑게 인사한다.	○	○	○	○	○
	사물함에서 옷과 가방을 스스로 꺼낸 후 입는다.	×	×	×	×	△
	신발을 찾아서 신는다.	×	×	×	△	△
	교사에게 스스로 인사한다.	△	△	○	○	○

〈표 8-2〉는 현재수행수준요약서(혹은 현행수준요약서)로서 일과기반 행동수행 목록표 뿐 아니라 다양한 방법으로 수집된 자료를 근거로 현재 시각장애유아의 강점과 앞으로 지도가 필요한 점을 영역별로 나타낸 것이다. 지도해야 할 점은 지금 현재 수행하지 못하는 행동이라고 하여 단점이라는 표현을 사용하지 않고, 앞으로 배워 나가거나 습득해야 할 사항으로 제시하고 있다.

〈표 8-2〉 시각장애유아의 현재수행수준요약서

<table>
<tr><td>이름</td><td>김○○</td><td>성별</td><td>남</td><td colspan="2">생년월일</td><td>2017.6.1.</td></tr>
<tr><td rowspan="2">IEP지원팀</td><td colspan="3">원장 (서명)</td><td colspan="3">일반교사 (서명)</td></tr>
<tr><td colspan="3">장애아 담당교사 최○○ (서명)</td><td colspan="3">학부모 (서명)</td></tr>
<tr><td rowspan="2">진단평가내용</td><td colspan="2">검사일</td><td colspan="2">검사명</td><td colspan="2">진단평가 결과</td></tr>
<tr><td colspan="2">2020.5.1.</td><td colspan="2">KEDI-WISC, 사회성숙도</td><td colspan="2">2020.5.7.</td></tr>
<tr><td rowspan="2" colspan="2">발달영역</td><td colspan="5">현행수준</td></tr>
<tr><td colspan="2">강점</td><td colspan="3">지도가 필요한 점</td></tr>
<tr><td colspan="2">적응행동</td><td colspan="2">· 등하원 시 엄마와 인사를 하고 헤어진다.</td><td colspan="3">· 등하원 시 스스로 걸어오지 않고 유모차를 타고 온다.</td></tr>
<tr><td rowspan="2">운동성</td><td>대근육</td><td colspan="2">· 두 발 뛰기를 할 수 있다.
· 옷을 차례로 벗는 것이 가능하며 대소변을 구분하여 볼 수 있다.</td><td colspan="3">· 교사의 동작을 따라 하지 못한다.
· 화장실을 가고 싶다는 의사표현을 할 수 있도록 지도한다.</td></tr>
<tr><td>소근육</td><td colspan="2">· 색연필, 크레파스 등으로 그림을 그릴 수 있다.
· 자신의 옷의 단추를 스스로 잠근다.</td><td colspan="3">· 색연필과 크레파스 등으로 그림을 그릴 수 있으나 자신의 그림을 평가하지는 못한다.
· 화장지의 적당량 사용을 위한 감각이 필요하다.</td></tr>
<tr><td colspan="2">인지</td><td colspan="2">· 스스로 신발을 벗을 수 있다.</td><td colspan="3">· 자신의 신발장, 사물함에 스스로 물건을 정리하지는 못한다.</td></tr>
<tr><td colspan="2">언어
(의사소통)</td><td colspan="2">· 교사의 부름에 반응하며 "네" 대답한다.</td><td colspan="3">· 친구들의 부름이나 질문, 놀이 시 친구가 말을 걸면 교사에게 와 버린다.</td></tr>
<tr><td colspan="2">사회성</td><td colspan="2">· 친구의 이야기를 듣고 반응하며 친구들과 함께 놀이를 시도한다.</td><td colspan="3">· 친구의 놀이에 반응하나 다수의 친구들의 놀이에는 끼려고 하지 않는다.</td></tr>
<tr><td colspan="2">행동특성</td><td colspan="2">· 움직임, 조작능력이 또래와 비슷한 수준의 속도이다.</td><td colspan="3">· 걸을 때 머리를 숙이고 어깨가 앞으로 처지며 발을 끌며 걷는다.</td></tr>
<tr><td colspan="2">가족의 강점</td><td colspan="2">· 부모님 모두 장애를 가지고 있지 않고 적극적으로 참여 및 호응한다.</td><td colspan="3">· 폭넓은 장애의 이해가 필요하며 실외활동 기회의 제공이 필요함.</td></tr>
<tr><td colspan="7">· 평가 방법: 교사 제작 평가지, 관찰, 포트폴리오, 그리기 작업, 일화 관찰 등
· 평가 시기: 담당교사가 수시 관찰법을 통해 성취 정도를 월별로 누가 기록하고 이 자료를 토대로 학기별로 종합평가</td></tr>
</table>

〈표 8-2〉의 현재수행수준요약서 작성 결과를 살펴보면, 일과기반 행동수행목록에서 제시된 화장실 사용과 양치하기 부분이 운동성의 대근육 부분에 화장실 내용으로 제시되어 있으나, 단기목표에 수행해야 할 내용들을 언급하면서 과제분석이 되어 있지 않고, 소근육에는 양치에 대한 부분이 제시되어 있지 않았다. 따라서 이를 보완하기 위해서는 SMART IEP's 원칙에 따라 단기목표를 기술해 주는 것이 바람직할 것이다.

〈표 8-3〉은 현재수행수준요약서를 기반으로 개별화교육지원팀에서 지도해야 할 부분들을 우선순위로 선정하여 작성한 개별화교육계획안이다. 이 계획안은 성취 여부를 월별로 제시하여 별도의 평가계획을 수립하지 않고 사용할 수 있다는 장점이 있다. 그러나 개별화교육계획안을 수립할 때, 각 영역별 내용이 확인 가능한 형태로 구체적이고 명확해야 성취 여부를 확인할 수 있기 때문에 관찰가능하고, 측정 가능한 형태의 문장이 아닌 추상적인 단어를 사용하여 관찰이나 측정이 불가능한 형태로 기술하는 것은 지양해야 한다. 예를 들어, 적응행동영역에서 장기목표로 '스스로 걸어서 등원한다'는 관찰 및 측정 가능한 형태의 기술이지만 단기목표에서 '자전거로 어린이집까지 오는 길의 특성을 이해할 수 있다'는 '이해'라는 것을 어떻게 관찰 및 측정하여 평가할 것인지에 대한 부분이 애매모호할 수 있다. 이 경우는 '자전거로 어린이집까지 오는 길에 횡단보도를 몇 개 건너는지를 말로 표현할 수 있다'로 수정하면 관찰 및 측정이 가능한 형태가 된다. 즉, 행동을 구체적이고 명확하게 관찰이나 측정이 가능한 형태의 문장으로 기술해야 한다. 〈표 8-3〉의 문제행동지원방안은 현재수행수준요약서의 행동특성 중 지도가 필요한 부분에 제시한 내용으로 '걸을 때 머리를 숙이고, 어깨가 앞으로 처지며, 발을 끌며 걷는다'를 제시하고, 이렇게 걷는 것이 모든 상황에서 나타나는지 아니면 특정한 어떤 상황에서 나타나는지를 관찰하여 분석한 후 지도방안을 모색할 수도 있다. 혹은 시각장애유아들이 흔히 나타내는 상동행동에 대한 것을 제시한 후 이에 대한 지도방안을 모색할 수도 있다. 또한, 가족지원방안의 경우에도 교사가 작성한 현재수행수준요약서를 기준으로 작성해 볼 수 있으며, 보통의 부모님들이 희망하는 특수교육지원센터에서 지원해주는 상담이나 힐링 프로그램의 연계방안도 함께 고려해서 제시해 줄 수 있다.

〈표 8-3〉 시각장애유아의 개별화교육계획안

이름		김○○	생년월일	2017.6.1.	장애유형	시각장애			
발달영역		장기목표	단기목표			성취 여부			
						5/11	5/18	5/25	6/1	6/8

발달영역		장기목표	단기목표	5/11	5/18	5/25	6/1	6/8
적응		스스로 걸어서 등원한다.	자전거로 어린이집까지 오는 길의 특성을 이해할 수 있다.	×	○	○	○	○
			산책 시 어린이집 주변 길의 특성을 안다.	△	○	○	○	×
			친구들과 함께 어린이집 → 집 산책한다.	×	○	△	○	○
운동성	대근육	옷을 스스로 벗고 정리한다.	순서대로 옷을 벗어 사물함에 정리한다.	△	△	○	○	○
			벗은 상의는 옷걸이에 걸어서 정리한다.	△	△	△	△	○
	소근육	자신의 그림을 스스로 평가할 수 있다.	그림을 그리면서 무엇을 그리는지 말한다.	△	△	△	○	○
			완성된 작품 각각에 무엇이 그려졌는지 말한다.	△	△	△	△	○
인지		스스로 신발을 벗어 신발장에 정리한다.	자신의 신발장이 있는 장소를 안다.	△	△	△	○	○
			교사의 언어촉진을 받아 자신의 신발장의 자리를 안다.	△	△	○	○	○
			스스로 신발장에 신발을 정리할 수 있다.	△	△	△	○	○
의사소통		친구와 이야기 나누기를 한다.	교사와 이야기 나누기를 한다.	△	○	○	○	○
			교사, 친구와 함께 이야기 나누기를 한다.	△	○	○	△	○
			친구와 이야기 나누기를 시도한다.	×	×	△	×	×
사회성		친구와 함께 놀이를 시도한다.	교사, 친구와 함께 놀이를 시도한다.	○	○	○	○	○
			친구의 놀이에 언어로 상호작용한다.	×	×	△	△	○
			친구들의 놀이에 스스로 참여하기를 시도한다.	×	×	×	×	△
문제행동 지원방안		움직임에 대한 두려움을 가지고 있어서 대소변을 참다가 실수를 하기 때문에 움직임에 대한 두려움을 감소시키기 위해 보육실 안에서의 방향 정위 및 이동연습과 대소변에 대한 의사표현 연습을 지도						
가족지원 방안		시각장애유아의 돌봄으로 인해 받은 스트레스를 해소할 수 있도록 특수교육지원센터에서 운영하는 가족 힐링 프로그램을 안내해 드리고, 동일한 처지에 있는 다른 가족들과의 연계를 통해 공감과 위로를 받을 수 있도록 지원						

* ○표시는 SMART IEP's 원칙에 따라 수정하는 것이 바람직하다.

유아들은 모두 제각기 다른 특성을 가지고 태어나며, 장애도 이러한 특성 중에 하나라는 생각을 하면, 교육적으로 분리될 이유가 없을 것이다. 그렇기 때문에 개인의 다양한 특성을 고려한 개별화교육은 단지 장애유아에게만 적용해야 하는 특수교육이 아니라 모든 유아의 개별적인 특성을 반영하여 그들의 발달수준과 특성에 적합한 최적의 교육을 지원하는 교육방법 중 하나라고 생각해야 한다. 이는 개정된 누리과정에서 지향하는 목적과도 일맥상통하므로 통합교육환경에서 함께 생활하는 모든 유아는 그들의 발달적 특성을 고려한 개별화교육을 받을 수 있어야 할 뿐 아니라 특별한 교육적 요구에 따라 개별화교육을 받는다고 해서 또래의 다른 유아들과 다른 취급, 즉, 차별을 받아서도 안 된다. 모든 유아가 모두 다른 발달적 특성을 가지고 있듯이 시각장애유아도 다른 발달적 특성을 가지고 있을 뿐이므로 동등한 교육적 권리를 누려야 하는 건 너무도 당연한 일이다. 모든 유아는 그들이 가지고 태어난 잠재적인 능력을 최대한 계발시킬 수 있는 교육적 지원과 참여의 기회를 가져야 하며, 장애라는 발달적 특성을 가진 유아들에게도 동등하게 적용되어야 한다. 이를 실현하기 위하여 보편적 학습설계(UDL)를 기준으로 개별화교육계획이 수립되어야 하고 실행되어야 한다.

2) 시각장애의 개별화교육 실행

시각장애유아를 위한 개별화교육계획을 실제 교육현장에서 효율적으로 실행하기 위해서는 장·단기목표를 달성할 수 있도록 과제분석을 실시하여 단위행동으로 세분화한 후 이를 반복수행할 수 있도록 일과 내에서 연습하여 습득하게 함으로써 장·단기 목표를 달성할 수 있도록 지원한다. 예를 들면, '신발 신기'가 목표행동이라면, 신발장에서 1단계 신발 찾기→2단계 신발 내려놓기→3단계 신발의 벨크로 테이프 떼어내기→4단계 오른(왼)쪽 발을 오른(왼)쪽 신발에 넣기→5단계 신발의 벨크로 테이프 붙이기 등의 단위행동으로 구분할 수 있다. 단위행동으로 구분한 다음 장애유아의 현행수준을 파악하여 최종 목표행동까지 순차적으로 지도할 수 있는데, 장애유아의 수행수준에 따라 단위행동을 묶어서 지도할 수도 있고,

단위행동을 좀 더 세분화할 수도 있다(동원대학교 산학협력단, 한국직업능력개발원, 2018). 여기서 중요한 것은 다른 유아들과 분리된 상태에서 실행을 하는 것이 아니라 함께 생활하는 공간 안에서 시행해야 한다는 것이다. 예를 들면, 산책이나 바깥놀이를 나갈 때, 장애유아에게 신발 신고 벗는 것을 반복연습할 수 있도록 기회를 제공해 줌으로써 자조기술을 습득할 수 있도록 지원해 주고, 비장애유아들에게는 기다리는 동안 친구가 자신과 다른 속도로 배울 수 있다는 것과 우리는 같이 활동을 나가서 재밌게 놀아야 하니까 장애유아가 연습을 많이 해서 내일은 오늘보다 더 빨리 나갈 수 있도록 연습하는 모습을 모두 함께 응원하며 기다려 주자고 알려줌으로써 배려라는 덕목의 세계민주시민교육을 습득할 수 있도록 지원한다.

먼저, 시각장애유아의 특성을 기반으로 목표행동을 정해 본다면, 시각장애유아는 시력손상으로 인해 학습에 어려움을 겪으므로 감각과 개념을 발달시키고, 기본적인 방향 정위와 이동 훈련이 필요하며, 장애특성에 맞는 다양한 치료지원 서비스가 필요하다(국립특수교육원, 2016d). 이를 토대로 효과적인 실행방안을 모색하기 위하여 〈표 8-3〉에 제시한 개별화교육계획안에서 목표행동을 선정한 후 과제분석을 실시하여 실제로 실행할 수 있는 단위행동 형태로 제시해 보고, 제시된 단위행동을 시각장애유아에게 적합한 교수방법을 적용하여 실행해 볼 수 있는 자료를 만들어 보고자 한다.

〈표 8-3〉의 문제행동 지원방안 부분을 보면, 시각장애유아는 과거 집안에서 이동을 하다가 주변 가구나 벽에 부딪쳐 다쳤던 부정적인 경험들로 인해 새로운 장소인 보육실에서조차 움직이는 것을 두려워하여 소변이 마려운데도 표현하지 않고 참고 있다가 실수를 하는 경우가 자주 발생하는 상태이다. 이로 인하여 시각장애유아의 부정적인 자아개념과 낮은 자존감 형성의 우려가 있으며, 잦은 소변 실수로 인하여 또래 친구들로부터 거부당할 수 있는 상황에 있다. 이러한 상황은 시각장애유아들에게 종종 발생할 수 있는 문제들로써 이로 인해 등원 거부가 나타날 수 있고, 장기적으로는 전인발달에 부정적인 영향을 미칠 뿐 아니라 사회적 통합에도 부정적으로 작용할 가능성이 높다. 따라서 우선적으로 해결해야 할 과제로 선정하여 일과 내에서 배변훈련을 지속적으로 지도하고 연습할 수 있도록 한다.

더불어 이동훈련을 일과 내에서 꾸준히 진행하여 움직임에 대한 두려움을 감소시키고, 소변이 마려울 때, 교사에게 이를 표현할 수 있도록 지도함으로써 유아교육기관 적응에 부정적으로 작용하는 요소들을 제거해야 한다. 그렇다면 어떻게 이런 훈련과 교육을 진행할 것인지를 고민해 보아야 한다. 먼저, 시각장애유아의 배변훈련에 초점을 맞추어 가정과 연계하여 동일한 방법으로 지도할 수 있도록 한다.

(1) 단계별 배변훈련 지도

시각장애유아 양육길라

시각장애유아의 배변 훈련 장애영유아 양육 길라잡이 제3권

시각장애유아들은 비장애유아들처럼 관찰을 통한 모방이 어려우므로 배변훈련을 하는 데 조금 더 충분한 시간을 가지고 지도할 필요가 있다. 효과적으로 배변훈련을 지도하기 위해서 먼저 과제분석을 실시하여 단계를 설정하고, 이를 단계적으로 진행하며, 단위행동들을 반복 · 연습할 수 있도록 세밀하게 지도함으로써 목표행동을 습득할 수 있도록 한다. 배변훈련을 위한 가이드라인은 국립특수교육원(2016d)의 『장애영유아 양육길라잡이 제3권 시각장애』를 참조하여 유아교육기관과 가정에서 연계하여 진행할 수 있도록 한다.

- 1단계: 배변훈련을 지도하기 위하여 먼저 시각장애유아가 배변에 대한 의사표현 없이 참다가 옷이 젖었을 때 느껴지는 불편함과 즉시 마른 옷으로 갈아입었을 때 느껴지는 편안함의 차이를 비교하여 인식할 수 있도록 기회를 준다. 이때 주의할 사항은 교사나 부모가 배변 실수에 대하여 부정적인 감정을 드러내지 않도록 해야 한다.
- 2단계: 대소변을 보았을 때의 느낌을 알 수 있게 기회를 주었다면, 교사와 부모는 이로 인해 옷과 주변이 더러워졌다는 사실을 시각장애유아에게 알려주어야 한다. 그런 다음 더러워진 옷을 갈아입히기 위하여 화장실로 데려간 후 옷을 벗기고 의식적으로 변기에 잠깐 앉을 수 있도록 지도하는데, 변기에 앉히는 시간은 5분이 경과하지 않도록 한다. 다른 친구들의 이름을 언급하며 친구들은

대소변이 마려우면 여기에 이렇게 앉아서 대소변을 본다는 것을 알려 준다.

- 3단계: 시각장애유아는 시각적으로 행동을 관찰한 후 모방할 수 없으므로 배변과정을 유아의 눈높이에 맞춰 잘 설명하면서 배변 후 처리하는 방법에 대하여 직접적인 신체적 지원 방법을 사용한다. 즉, 손을 잡고서 교사가 유도해 주는 방식으로 천천히 알려 주도록 한다.
- 4단계: 배변 후에는 알려 준 대로 뒤처리를 하고 변기에 물을 내리는 방법에 대하여 신체적 촉진방법을 사용하여 손을 잡고 천천히 변기를 만져 보게 한 후 물 내리는 레버의 위치를 알려 주고 스스로 물을 내려 볼 수 있게 한다. 이때 스스로 물을 내리게 하여 요란한 물 내려가는 소리에 익숙해질 수 있도록 한다.
- 5단계: 화장실 내에서 이런 연습들을 마쳤다면, 마른 옷으로 갈아입을 수 있도록 시각장애유아 뒤쪽에서 신체적 지원을 통하여 옷 갈아입는 것을 지도해 준다.

교사와 부모는 유아의 배변훈련을 지도할 때, 야단을 친다거나 자신의 감정변화를 유아가 그대로 느낄 수 있게 표출하여 불안하게 만들지 않도록 주의해야 한다. 또한 배변훈련 기간에는 유아가 스스로 옷을 입고 벗기 편하도록 가능한 한 고무줄 바지를 입히도록 하고, 유아용 변기를 사용하여 안정적인 자세로 배변훈련을 할 수 있도록 배려해 주어야 한다. 그러나 가정의 경우, 유아변기가 별도로 준비되어 있지 않을 수 있기 때문에 이동용 유아변기를 성인변기 위에 얹어서 사용할 수 있도록 하는 것이 유아가 불편한 자세로 배변을 봄으로써 생길 수 있는 거부감을 줄일 수 있다.

시각장애유아의 경우에는 눈으로 직접 관찰하고 모방하는 것이 어렵기 때문에 언어적 촉진을 사용하여 구체적으로 설명해 주어야 하며, 보지 않고 언어적 설명을 듣고 따라 해야 하기 때문에 실행에 어려움이 있을 수 있다는 것을 고려해 주어야 한다. 따라서 신체적 촉진을 통해 교사가 유아의 행동을 보조해 주면서 직접 경험할 수 있도록 지원을 해 주어야 한다. 이렇게 직접적으로 경험을 할 수 있도록 지도하는 유형을 직접교수라고 하는데, 장애유아를 위한 직접교수 방법에는 언어적 촉진, 시범촉진, 신체적 촉진, 공간적 촉진, 시각적 촉진, 단서촉진 등이 있으며, 장애유형과 정도에 따라 적절한 방법을 선택하여 사용할 수 있다. 〈표 8-4〉는 직접교수 유형에 대한 설명을 제시한 것이다.

〈표 8-4〉 직접교수전략의 유형

유형	방법
언어적 촉진	유아가 현재 주어진 과제를 수행할 수 있도록 언어적인 설명을 지원하는 것으로 이해를 돕기 위한 단순한 설명뿐 아니라 안전하게 잘 수행할 수 있도록 유아의 수준에 따라 자세하고 꼼꼼하게 설명을 해 주는 방법
시범촉진	유아가 목표행동을 수행할 수 있도록 해 주기 위하여 언어적, 비언어적인 방법 모두를 사용하여 어떻게 목표행동을 수행하는지를 모델링할 수 있도록 보여주는 방법
신체적 촉진	유아가 과제를 수행할 수 있도록 하기 위하여 신체적으로 보조해 주는 방법으로 유아의 뒤에서 유아의 손이나 신체를 잡아 주며 수행해야 할 행동을 직접 함께 시행하는 방법. 부분적으로 보조를 해 주거나 완전히 보조해 주는 두 가지 형태의 지원방법
공간적 촉진	유아의 행동 발생 가능성을 높이기 위해서 사물을 특정 위치에 놓는 방법
시각적 촉진	그림이나 사진, 색깔, 그래픽 등의 시각적인 단서를 사용하는 방법
단서촉진	과제 수행의 특정 측면에 대해 직접적인 관심을 유도, 이때 사용하는 단서는 자극이나 과제를 가장 잘 대표할 수 있는 특성

출처: 동원대학교 산학협력단, 한국직업능력개발원(2018). NCS 학습모듈 장애아 발달지원. 교육부 · 한국직업능력개발원. p.55 조윤경, 김수진(2015) 수정 후 재인용.

장애유아의 교육목표에 적합하게 교수하고 활동에 참여하도록 유도하기 위하여 누리과정 내에서 활동을 계획하고 실행할 때, 장애유아의 발달수준과 장애유형에 적합하게 조정 · 수정하여 다양한 학습의 기회를 제공해 주고, 적극적으로 학습에 참여할 수 있도록 직접교수전략을 사용하여 교육적 지원을 제공해 준다. 직접교수전략은 장애유아의 장애유형이나 정도에 따라 융통성 있게 활용하는 것이 바람직하다.

(2) 시각장애유아의 놀이지원

시각장애유아는 시력손상으로 인하여 시각을 제외한 다른 감각기관을 이용하여 주변을 탐색하고, 시각이 주가 되는 놀이를 제외한 촉각, 청각, 후각, 미각 등을 활용하여 참여할 수 있는 놀이를 하게 된다. 시각장애유아가 감각기관을 이용하여 직접적으로 다양한 놀이경험을 많이 할수록 성숙해지고, 사회적으로 적합한 행동을 습득하게 되어 유아교육기관에서의 적응을 잘하게 된다.

이를 위하여 교사들은 시각장애유아의 놀이를 지도할 때, 활동에 대하여 구체적으로 설명을 해 줌으로써 놀이참여를 촉진할 수 있게 된다. 예를 들면, 주위에 있는 사물, 무슨 일이 일어나고 있는지, 다음에는 어떤 일이 일어날 것인지에 대해서 설명하고 묘사를 해 줌으로써 시각장애유아의 상황에 대한 이해를 도와줄 수 있다. 만약 교사가 시각장애유아에게 '장난감이 저기에 있네!'와 같이 모호한 단어를 사용하면 해당 장난감에 접근할 수 없을 뿐 아니라 참여의 기회도 박탈하게 되는 것이므로 이를 주의하여 '공이 책상 아래에 있네! ○○이가 서 있는 오른쪽 방향으로 두 걸음만 가면 거기에 책상이 있으니 조심히 가서 공을 가지고 오면 좋겠어. 할 수 있겠니? 선생님이 잡아 줄까?'라고 구체적으로 설명해 주어야 한다. 교사는 유아에게 익숙한 사물에 대한 색깔, 밝기, 모양, 크기에 대하여 구체적으로 설명해 주고, 유아가 소리에 대한 반응으로 움직이려고 하면 칭찬해 주고 격려해 주어서 장난감에 손을 뻗치거나 기어가거나 다가가려는 동기를 촉진시켜 주어야 한다. 이러한 행동들을 촉진하기 위하여 놀이할 때, 유아가 방향을 찾을 수 있게 목소리나 음악 소리가 나는 장난감을 영역별로 배치해 주는 것이 좋다. 촉각놀이 장난감이나 다양한 악기들을 배치하여 좀 더 폭넓은 놀이경험을 할 수 있도록 환경 구성을 해 주는 것이 장애유아로 하여금 교실 탐색을 유도하게 한다(사진 참조).

다양한 모양과 재질로 만든 장난감을 비치하여 촉각을 발달시켜 준다.

다양한 형태와 소리를 가진 악기 장난감을 비치하여 청각과 촉각을 함께 발달시켜 준다.

일반적으로 바닥에서 장난감을 가지고 놀고 주위환경을 보기 위해 머리를 들어 올리는 일이 별로 없기 때문에 등이 굽을 수 있으므로 놀이를 하는 동안 좋은 자세를 길러 주기 위하여 유아의 가슴 이상의 높이에 장난감을 배치하는 것이 등이 굽는 것을 예방할 수 있다. 활동 중 동작을 표현해야 할 경우, 교사는 유아의 손을 잡고 함께 표현하거나 동작을 설명하여 유아 스스로 표현할 수 있도록 한다(조윤경 외, 2012a).

(3) 점자와 보행

시각장애유아에게 반드시 실시되어야 할 교육이 바로 점자와 보행지도이다. 비장애유아들은 일상생활 속에서 관찰을 통해 다양한 정보를 습득하고 시각활동을 통해 많은 것들을 학습한다. 이에 반해, 시각장애유아는 대체할 수 있는 다른 감각을 이용하여 학습을 하고, 주변의 다양한 정보를 획득하게 된다. 시각장애유아는 성장하면서 요구되는 많은 지식과 정보를 얻기 위한 수단으로 점자를 사용하게 되는데, 점자는 주변의 다양한 사물을 탐색할 때나 책을 읽을 때 그리고 실외놀이를 할 때도 유아가 안전하게 생활할 수 있도록 다양한 정보를 제공하는 매우 중요한 수단이다. 시각장애유아는 본격적으로 점자를 배우기 전에 점자를 배울 준비를 하게 되는데, 바로 다양한 감각놀이를 통하여 감각기관을 활성화시켜 줌으로써 점자를 배울 수 있는 준비를 하게 된다. 예를 들면, 사물을 손으로 펴서 두드리거나 쥐거나 잡거나 누르고 당기는 손가락운동, 수직선과 수평선, 사선이나 동그라미 등을 따라서 손가락의 움직임을 조절하는 좌우 양손의 분업과 협응운동, 모양, 크기, 굵기, 길이, 두께, 무게, 강도 등의 속성에 따라 변별능력을 길러 주는 사물 구분하기 등을 통하여 점자학습 초기에 필요한 촉각이나 운동감각능력을 길러 줄 수 있다. 또한, 사물에 대한 개념을 형성할 수 있도록 교육적 자원을 통하여 인지능력의 발달을 촉진시켜 줄 수 있다(국립특수교육원, 2016d).

점자교육에 있어서 주의해야 할 사항은 놀이를 통하여 즐겁게 습득할 수 있어야 한다는 것이다. 아무리 꼭 필요한 교육이라도 강압적으로 진행을 하면, 학습에 대한 흥미가 떨어질 뿐 아니라 오히려 학습에 역효과를 초래할 수 있다. 이 또한 단계적 과제분석을 활용하여 매일 조금씩 꾸준하게 지도할 수 있도록 해야 한다.

[그림 8-6]은 점자교육에 필요한 점자구성 및 점자일람표에 대하여 제시한 그림이다.

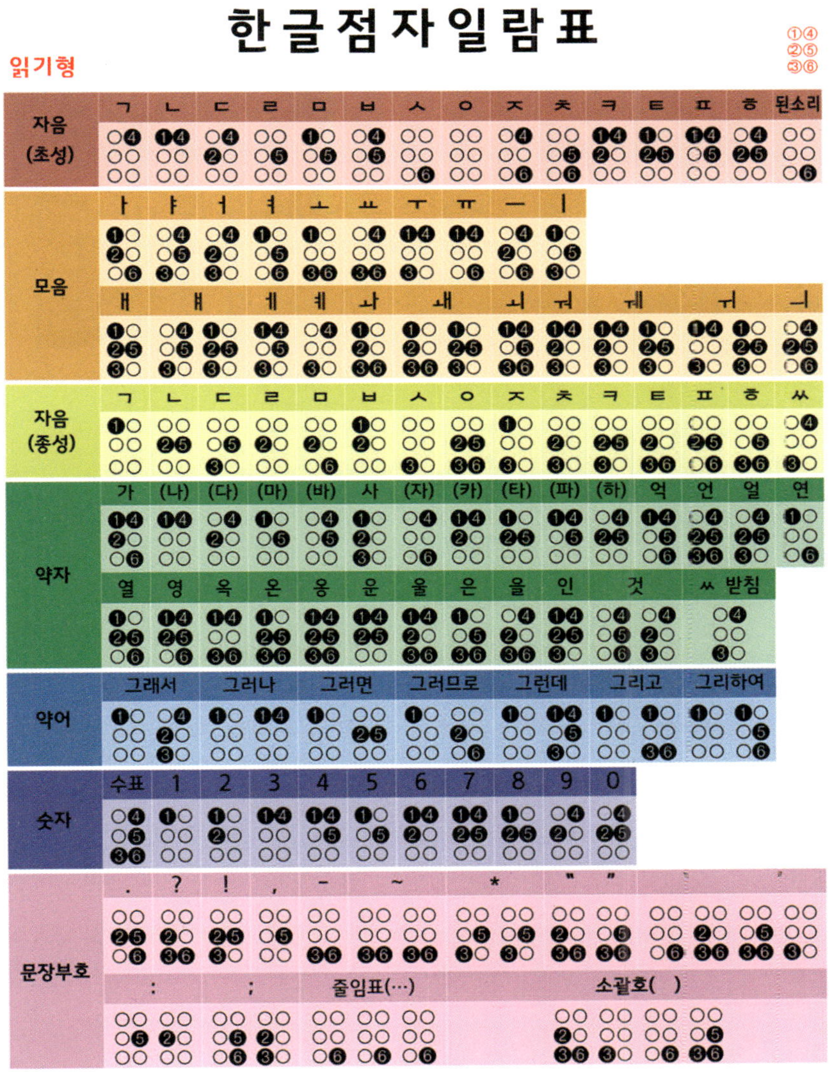

[그림 8-6] 점자구성 및 점자일람표

출처: 한국시각장애인복지관 홈페이지 http://www.hsb.or.kr/client/visually/visually2_7.asp 2022. 4. 3. 인출

[그림 8-7]은 시각장애영유아를 위한 보행지도에 대한 그림이다.

시각장애영유아를 위한 보행지도

- 영유아기의 보행훈련은 기초가 되는 운동 및 관련 개념의 발달과 보행 기초 기술의 습득에 주안점을 두어야 한다.
- 지도 시기: 유아가 걷기 시작하면서부터 지도가 가능하다.
- 훈련 시작단계: 먼저 아동과의 라포와 신뢰를 형성하는 것이 중요하며, 주변환경에 호기심을 가지고 이동하도록 동기를 부여해 준 후 실시한다.
- 보행기술의 완전 숙달이 목적이 아니라 기술을 경험하고 모방하는 수준에서 훈련이 이루어지도록 하고, 점차 상급학교단계에서 완성될 수 있도록 지속적인 지도가 필요하다.

[그림 8-7] 시각장애 영유아를 위한 보행지도

점자와 더불어 시각장애유아가 안전하게 생활할 수 있도록 지도해야 할 것이 바로 보행이다. 시각장애 특성으로 인하여 유아는 움직임에 대한 두려움을 가질 수 있으므로 이에 대한 두려움과 불안감을 덜어 줄 수 있도록 조금씩 놀이를 하듯 움직임에 대한 준비를 시켜 주어야 한다. 영유아기를 위한 보행훈련지도 원칙에 따라 자발적으로 움직일 수 있도록 유도하고, 다칠 수 있는 물건들은 제거하여 안전한 환경을 조성해 준다. 또한, 잔존 감각의 활동을 유도하고, 정확한 자세에 대한 교정보다는 이동의 필요성과 의미를 알려 줌으로써 거부감을 줄여 주도록 한다. 유아기라는 특성을 고려하여 놀이중심 및 흥미중심의 교육을 활용하면 더욱 좋은데, 게임이나 음악, 스토리북, 역할놀이 등을 활용하여 자발적으로 움직일 수 있도록 유도해 주는 것이 바람직하다(국립특수교육원, 2016d).

Chapter 9

청각장애

전 세계적으로 10억 명 이상의 청년들이 안전하지 않은 청취습관으로 인해 영구적인 청력손실(hearing loss)의 위험에 처해 있으며, 전 세계 인구의 5% 이상인 4억 3천만 명(이들 중 아동이 3천4백만 명)이 장애를 초래하는 청력손실을 해결하기 위해 재활이 필요한 상태이다. 청각장애(Hearing impairment and deafness)는 청력손실의 정도에 따라 경증, 중등도, 중증으로 나뉘며, 주로 구어(spoken language)를 통하여 의사소통을 한다는 점을 고려하여 보청기, 인공와우, 기타 보조장치 및 자막 등의 도움이 필요한 난청(hard of hearing)과 잔존청력이 거의 없어서 전혀 들을 수 없는 농(deaf, 聾)으로 나눈다. 청각장애는 한쪽 귀에서만 나타나기도 하고 양쪽 모두에서 나타나기도 하며, 발생 시기에 따라 언어발달에 영향을 미치기 때문에 구어를 사용하지 못하고, 수어로만 의사소통을 하게 될 수도 있다. 청각장애의 원인은 유전, 풍진, 매독, 출생 시 산소 부족, 신생아기 심한 황달, 저체중, 만성 화농성 중이염, 수막염 및 기타 감염병 등에 의해 유발되는 것으로 나타나고 있다(World

난청 및 청력손실

세계보건기구에서 제시한 난청 및 청력손실에 대한 설명

Health Organization Geneva, 2021).

우리나라의 경우, 2021년 기준 유치원에서 통합교육을 받고 있는 특수교육대상 유아의 수는 7,197명(영아 미포함)으로 현재 통합교육을 받고 있는 전체 특수교육대상자 98,154명의 7.3%를 차지하고 있는 셈이다. 7,197명의 특수교육대상 유아 중 청각장애로 분류되는 유아의 수는 288명으로 전체 특수교육대상 유아의 4%에 해당한다. 이들 중 일반학교의 일반학급 소속이 127명(44%)으로 가장 많았고, 특수학교 소속이 85명(30%), 그리고 일반학교의 특수학급 소속이 76명(26%)으로 실제 완전통합교육을 받고 있는 청각장애 특수교육대상 유아가 가장 많았다(교육부, 2021). [그림 9-1]은 2021년 통계 기준 청각장애 특수교육대상 유아의 배치 현황을 나타낸 것이다.

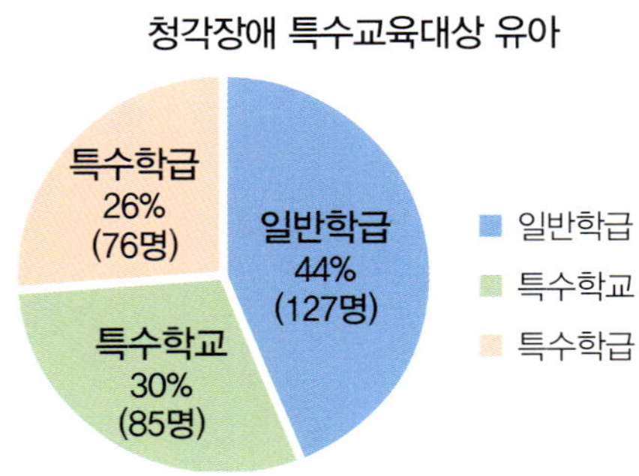

[그림 9-1] 청각장애 특수교육대상 유아의 배치 현황

최근 과학 및 의학기술의 발달로 청력손실의 조기발견 뿐 아니라 만 12개월의 인공와우 이식이 가능해지면서 청각장애아동도 청각능력 재활이나 언어치료를 통해 또래와 유사한 수준의 구어를 사용할 수 있게 됨으로써 의사소통 능력의 향상 가능성이 확대되었다. 그럼에도 불구하고 여전히 교육현장에서는 청각장애아동이 타인의 정서나 감정의 표현을 잘 이해하지 못해서 의사소통의 문제가 발생하곤 한다(최은미, 박미혜, 2019). 제9장에서는 청각장애의 현실적인 문제를 해결하기 위하여 청각장애의 정의 및 특성에 대하여 알아보고, 이에 적합한 개별화교육계획을 수립하기 위하여 현재 유아교육기관에서 수립한 개별화교육계획안을 살펴본 후 이를 토대로 효과적으로 실행할 수 있는 방안을 모색해 보고자 한다.

1 청각장애의 정의

IDEA Part B

미국 「장애인교육법(IDEA, 2004) [Part B. Sec. 300.8(c) 3]」

미국 「장애인교육법(IDEA, 2004) [Part B. Sec. 300.8(c) 3]」에 의하면, 농은 보청기의 사용 여부와 관계없이 청각을 통하여 언어적 정보를 처리하는 데(processing linguistic information) 심각한 손상이 발생되어 아동의 학업수행에 불리한 영향을 미치는 청력손실을 의미한다. 300.8(c) 5에 따른 청력손실(hearing impairment)은 영구적 혹은 변동적(permanent or fluctuating)으로 아동의 학업수행에 부정적인 영향을 끼치지만 농의 정의에는 포함되지 않는 것을 의미한다(U.S. Department of Education, 2021).

우리나라 「장애인 등에 대한 특수교육법」과 「장애인복지법」에서 규정하고 있는 청각장애에 대한 법적인 정의를 살펴보면, 「장애인 등에 대한 특수교육법」 시행령에서는 청각장애(hearing impairment)를 지닌 특수교육대상자에 대하여 '청력손실이 심하여 보청기를 착용해도 청각을 통한 의사소통이 불가능 또는 곤란한 상태이거나, 청력이 남아 있어도 보청기를 착용해야 청각을 통한 의사소통이 가능하여 청각에 의한 교육적 성취가 어려운 사람'이라고 정의하고 있다(교육과학기술부, 2008b). 「장애인복지법」 시행령에서는 제2조 관련 〈별표 1〉에 따라 청각장애인은 '두 귀의 청력손실이 각각 60데시벨(dB) 이상인 사람, 한 귀의 청력손실이 80데시벨 이상, 다른 귀의 청력손실이 40데시벨 이상인 사람, 두 귀에 들리는 보통 말소리의 명료도가 50퍼센트 이하인 사람, 평형 기능에 상당한 장애가 있는 사람'으로 정의하고 있다(법제처 국가법령정보센터 https://www.law.go.kr/lsBylInfoPLinkR.do?bylCls=BE&lsNm=%EC%9E%A5%EC%95%A0%EC%9D%B8%EB%B3%B5%EC%A7%80%EB%B2%95+%EC%8B%9C%ED%96%89%EA%B7%9C%EC%B9%99&bylNo=0001&bylBrNo=00 2022. 4. 15. 인출). 다시 말해서, 청각장애는 소리를 지각하는 신체부위인 귀의 어느 한 부분에라도 문제가 생겨 소리를 듣지 못하거나 곤란을 겪는 상태를 말하는 것으로 의학적으로는 청력손실의 정도에 따라, 그리고 교육적으로는 청력손실이 언어발달과 교육 성취와 같은 학업수행에 영향을 미치는 정도에 따라 달리 정의하고 있다(국립특수교육원, 2016e). 여기서 데시벨(decibel)의 사전적 의미는 음압(音壓) 또는 소리 세기의 표준단위로 음압수준을 측정하여 소음공해의 정도를 나타내는데, 엄밀히 말하면 dBspl 혹은 dB SPL을 단위로 하는 값을 말한다. 일반적으로 보통 사람들이 거의 들을 수 없을 정도로 가장 작은 소리의 음압(0.0002dyn/cm2=20μPa)을 기준으로 하는데, 이를 좀 더 이해하기 쉽도록 일상생활을 하며 들을 수 있는 소리를 기준으로 데시벨을 설명하면, 일반적인 숨소리가 10데시벨, 속삭이는 소리, 나뭇잎 부딪히는 소리는 20데시벨, 벽시계 소리, 조용한 도서관에서 나는 소음 정도가 30데시벨, 냉장고 소리가 40데시벨, 일반적인 사람의 대화 소리가 40~60데시벨, 세탁기를 돌리는 소리, 에어컨 실외기 소리가 50~70데시벨, 전화벨 소리가 60~70데시벨이다. 청각에 영향을 줄 수 있는 소음은 80~90데시벨로 진공청소기의 소음, 폭죽 소리, 100~120데시벨은 망치질 소리, 자동차 경적 소리, 전동드릴 소리, 총소리 등이 포함되며 귀에 통증을 느끼기 시작하는 정도로 영향을 미치는 소음을 말한다(나무위키, https://namu.wiki/w/%EB%8D%B0%EC%8B%9C%EB%B2%A8#toc 2021. 4. 16. 인출). 〈표 9-1〉은 청력손실 정도가 언어와 말에 어떠한 영향을 미치는지를 보여 주고 있다.

〈표 9-1〉 청력손실 정도가 언어와 말에 미치는 영향

청력손실 정도(dB)	분류	언어와 말에 미치는 영향
0~25	정상	의사소통에 아무런 영향을 미치지 않는 수준
26~40	경도	조용한 환경이라도 적거나 원거리에서 들려오는 말소리는 듣기 어려움
41~55	중등도	일상 대화 말소리는 듣기 어렵고 아주 가까운 거리에서는 들을 수 있음
56~70	중등고도	크고 명확한 말소리도 가끔 듣기 어려우며 집단 상황에서는 어려움
71~90	고도	큰 말소리도 들리지 않아서 많은 단어가 인지되지 않음
91 이상	최고도	대화 말소리를 들을 수 없으나 일부 큰 환경음을 들을 수도 있음

출처: 국립특수교육원 (2016e). 장애영유아 양육 길라잡이 제4권 청각장애. p.15 인용.

이소현(2020)은 청각장애에 대해 "생리학적 관점에서는 청력이 손상된 정도에 따라서 특정 강도 이상의 소리를 듣지 못하는 경우를 농(deaf)으로, 그 나머지를

난청(hard of hearing)으로 분류하였다. 청력의 정도는 일반적으로 데시벨로 표시하는데, 일반적인 청력을 지닌 사람이 가장 미세한 소리를 듣는 정도를 0데시벨로 표시하면, 90데시벨 이상의 청력손실을 농으로 정의한다"고 하였다. 임경옥 외(2019)는 미국 「장애인교육법(IDEA, 2004)」에 근거하여 "청각장애는 청력손실의 모든 범위를 지칭하는 일반적인 용어로 경도에서 최중도에 이르는 농과 난청이 모두 여기에 속한다"라고 하였다. 여기서 "농은 청력손실이 심하여 시각적인 의사소통의 수단을 이용해야 하며, 보청기를 착용하고도 청각만을 통해서는 언어적 정보를 주고받지 못하기 때문에 아동의 교육적 수행에 부정적 영향을 미치는 대단히 심한 청각장애를 의미한다"라고 하였다. 또한 "난청은 유의한 수준의 청력손실이 있으며, 청각을 우선적인 의사소통의 수준으로 이용할 수 있는 정도이고, 보청기를 착용했을 때의 잔존 청력의 정도가 청각을 통한 정보교환이 어렵지만 가능한 수준이다. 아동의 교육적 수행에 부정적 영향을 미치는 영구적인 또는 변동이 있는 청각장애를 의미한다"라고 하였다.

2 청각장애의 특성

청각장애는 청력의 손상으로 인하여 듣는 것에 어려움이 있어 언어발달에 문제가 발생하고, 이로 인해 의사소통의 어려움을 겪게 된다. 교육적 측면에서 보면, 감각기관의 이상은 다양한 정보를 습득하고 학습하는 데, 문제를 초래할 수밖에 없다. 대부분 잔존청력이 남아 있는 난청학생의 경우 통합교육을 받지만, 농아의 경우는 분리교육을 하는 것이 일반적이었다. 그러나 최근 보청기와 인공와우의 개발, 보조공학기기의 발달, 수화통역 원격지원 확대 등으로 학습환경이 개선되면서 더 많은 학생이 통합교육환경에서 교육을 받을 수 있게 되었다(이미숙 외, 2019). 따라서 효율적으로 통합교육을 실시하기 위하여 개별 청각장애유아의 특성을 파악하고, 이에 적합한 교육적 지원을 제공해 줌으로써 청각장애유아의 잠재능력을 최대한 계발하여 통합된 환경에 적응하고 나아가 사회적으로 통합될 수 있도록 도움을 주어야 할 것이다. 이를 위해 청각장애유아의 신체적, 인지적, 사회 · 정서적, 그리고 언어적 발달특성에 관하여 살펴보아야 할 것이다.

1) 신체발달

일반적인 귀는 복잡하고 정밀한 구조의 신체기관으로 외이, 중이, 내이로 이루어져 있다. 이들 각 기관은 세부적인 기관들로 이루어져 있으며, 각 세부기관들은 각기 다른 역할들을 수행하며 소리를 들을 수 있게 해 준다. 각 세부기관의 역할에 따라 소리가 전달되는 경로를 살펴보면, 제일 먼저 귓바퀴에서 소리를 모아 주면 귓바퀴를 통해 모아진 소리가 고막까지 이어지는 외이도를 통해 전달된다. 고막은 중이에 대한 방어벽일 뿐 아니라 귓속뼈를 진동시켜 달팽이관에 소리를 전달하는 역할을 하는데 매우 얇은 막으로 되어 있기 때문에 물리적인 충격에 의해 터지거나 찢어질 수 있다. 달팽이관 혹은 와우관은 속귀에 속하며 안에 림프액으로 차 있는데, 소리진동에 따라 림프액이 파동하게 되면서 청각세포가 소리를 감지하게 된다. 이러한 청각세포가 많을수록 소리를 더 잘 듣게 된다. 이를 도식으로 그려 보면 [그림 9-2]와 같다.

[그림 9-2] 소리가 전달되는 경로

귀의 구조와 기능

귀의 구조와 기능

그러나 이러한 세부기관들 중 어느 한 곳이라도 문제가 발생하면 듣는 것이 어려워진다. 따라서 어떠한 기관에서 어떤 역할을 수행하는지 명확히 알아야 할 필요성이 있다. 귀의 각 기관에서 하는 역할과 구조에 대한 정확한 내용은 QR코드를 스캔하여 확인하기 바란다.

청각장애의 행동특성은 청력손상의 유형, 정도, 발생 시기,

지능, 지원 정도, 교육경험 등에 따라 다양한 차이를나타내지만, 의사소통문제는 예외 없이 겪게 되고, 이로 인한 상호작용의 어려움을 나타낸다. 또한, 의사소통의 문제는 인지발달, 언어발달, 학업성취, 대인관계 등에도 중대한 영향을 미친다(국립특수교육원, 2018b; 임경옥 외, 2019). 청각장애인이 가장 많이 사용하는 청각보조기기로는 보청기와 인공와우 기기가 있으며, 최근 보조기기의 발달과 국가의 조기 지원으로 영유아기에 인공와우 수술을 받는 사례가 늘어나면서 분리되지 않고 통합교육을 받는 특수교육대상자의 수도 늘어날 것으로 기대하고 있다(국립특수교육원, 2018b; 이미숙 외, 2019).

인공와우 수술

인공와우 수술과정 및 수술 후 발생할 수 있는 문제점

QR코드는 인공와우의 수술부위와 외부기기, 내부기기의 형태 그리고 수술 후 나타날 수 있는 문제점에 대하여 설명한 것이다. 일반적으로 인공와우 삽입수술은 고도난청을 가진 사람이 소리를 잘 들을 수 있도록 와우에 전극을 삽입하여 소리가 청신경을 직접 자극함으로써 소리 청취가 가능해지는 인공이식 방법 중의 하나이다.

청각장애영유아의 인공와우 착용기간이 인지능력에 어떠한 변화를 가져오는지를 살펴본 허명진(2010)의 연구에 따르면, 인공와우를 착용한지 6개월 정도부터 청각적 기능이 발달하고, 청각적 수행능력이 급격하게 발달한 것으로 나타났다고 하였다. 이는 인공와우 착용 후 소리 형성 및 조절(매핑, mapping)과정이 안정되고 소리에 대한 지각이 조금씩 이루어지는 시점과 매우 관련이 있는 것으로 조기에 시행된 인공와우 수술이 영유아의 인지능력 발달에 긍정적인 영향을 미친다고 하였다.

2) 인지발달

청각장애유아의 지적 능력은 비장애유아들과 차이가 없는 것으로 나타났지만, 지능검사의 언어성 검사에서는 차이가 있는 것으로 나타났다. 이는 지능검사도구가 주로 언어능력을 사용하여 학업적성 또는 학업지능을 측정하기 때문에 언어적 표현력이나 신체운동능력에 장애가 있는 아동의 지적 능력이 상대적으로 낮게 나올 수밖에 없다. 그렇기 때문에 개별적인 지적 성장 잠재력을 공평하고 정확하게 평가했다고 보기는 어렵다. 또한 학업능력에서도 측정도구가 의사소통을 기반으로 학업이 성취되고, 주로 언어적 표현이 주를 이루기 때문에 청각장애유아에게 불리하게 작용하여 상대적으로 낮은 평가를 받게 된다. 따라서 실제적인 학업능력에 대한 부분도 지능검사와 마찬가지의 결과라고 보아야 무방할 것이다(권순우 외, 2019; 이미숙 외, 2019; 임경옥 외, 2019).

3) 사회 · 정서발달

유아기 사회 · 정서발달의 근간이 되는 것이 바로 부모와의 애착형성일 것이다. 부모와의 안정적인 애착형성은 이후 성인애착과도 매우 밀접한 관련이 있으며, 타인과의 관계를 형성하는 데도 아주 중요한 역할을 한다. 이렇게 중요한 애착관계는 의사소통을 기반으로 하는 상호작용을 토대로 하기 때문에 청각장애유아에게는 안정애착을 형성하는 데 불리한 상황일 수밖에 없다. 강대옥 외(2012)는 청각장애아동이 언어기술의 부족으로 인해 의사소통의 제한을 갖고 있으면, 기초적인 감정을 표현하는 데 사용되는 정서적인 단어를 잘 이해하지 못함으로써 자기이해 부족을 초래하고, 자신의 감정 뿐만 아니라 다른 사람의 감정을 인지하고 이해하는 데 어려움을 겪는다고 하였다. 또한, 청각장애아동은 보청기 착용과 같은 타인과 다른 외모, 언어습득의 지체 등으로 부정적인 피드백을 경험하게 되는데, 이는 자아개념 발달에 부정적인 영향을 미칠 수 있다고 하였다. 이뿐 아니라 언어습득의 지체로 사회적 규범을 학습하는 데 곤란을 겪고, 또래와의 상호작용 기회가 상대적으로 적어서 사회적 인지능력이 결여되는 것이라고 하였다. 즉, 청각장애유아는 언어지체로 인하여 자기표현이 어렵고, 정서적인 단어를 이해하기 어려워하며, 낮은 사회인지능력과 의사표현의 어려움을 가지고 있기 때문에 정서적 유대관계와 상호작용에 어려움을 겪는다고 하였다(권순우 외, 2019). 백수진과

안성우(2019)의 연구에 따르면, 청각장애유아의 정서조절은 부모의 영향을 지대하게 받으며, 특히 부모와의 낮은 상호작용 빈도와 부모의 높은 양육스트레스는 청각장애유아의 정서조절능력에 부정적인 영향을 미친다고 하면서 청각장애유아의 정서조절능력을 발달시키는 데 부모 역할의 중요성을 강조하였다.

4) 언어발달

청각장애유아가 경험하는 가장 큰 어려움은 사회에서 일반적으로 사용하는 언어로 의사소통하기 어렵다는 것이다. 언어표현능력이 생기기 이전에 청력손상이 발생한 경우에는 구어기술을 습득하는 데 더욱더 어려움이 많다(강대옥 외, 2012). 농이나 난청으로 태어난 청각장애유아도 비장애유아와 마찬가지로 옹알이단계를 거치지만, 듣기 기능의 결함으로 옹알이에 대한 청각적 피드백을 받을 수 없기 때문에 옹알이는 곧 사라지게 된다(권순우 외, 2019). 시각장애유아가 시력손상으로 인하여 일반문자를 사용하지 못하고, 점자라는 다른 언어체계를 사용하는 것처럼 청각장애유아도 청력손상으로 일반적인 언어체계를 사용하지 못하고 또 하나의 다른 언어체계를 사용하게 되는데, 이것이 바로 수어 혹은 수화이다(임경옥 외, 2019). 수화는 손의 형태와 위치, 운동으로 상징되는 여러 제스처를 결합시켜 표시하는 하나의 완전한 언어이며, 각 나라마다 독특한 수화가 개발되어 사용되고 있다(이미숙 외, 2019).

청각장애 완벽이해

청각장애 영유아지원

3 청각장애의 개별화교육지원

청각장애유아에게 보청기, 인공와우, 청능훈련, 발성 및 발어훈련, 독화, 수화, 종합적인 의사소통법, 이중언어 및 이중문화 접근법, 보완대체 의사소통법, 보조공학 등의 교육 및 관련 서비스 지원을 통하여 교육환경 및 일상생활에 잘 적응할 수 있도록 하고 있다. 이때 가장 중요한 것이 바로 조기에 청력 상태 및 언어발달 수준을 정확하게 진단하여 유아의 장애 및 발달특성에 적합한 지원을 제공해 주어야 한다는 것이다(국립특수교육원, 2016e). 이를 효과적으로 제공하기 위하여 유아교육현장의 통합학급 담임교사들은 정확한 교육적 사정을 통해 장애유아의 교육적 · 기능적 수행능력을 파악해야 한다. 이를 보다 간편하게 수행할 수 있도록 만들어진 것이 바로 일과기반 행동수행목록표이다. 일과기반 행동수행목록표는 관찰 가능하고 측정 가능한 형태의 문장으로, 모든 유아기 원아들의 하루 일과 내에서 유아가 수행해야 하는 일들을 중심으로 꼼꼼히 확인한 후 작성하기 때문에 주의 깊게 관찰만 잘 한다면, 대상 유아의 수행능력을 간단하게 파악할 수 있다. 즉, 유아교육기관의 하루 일과를 중심으로 작성하여 체크하기 때문에 장애 유무 및 장애유형과 정도에 관계없이 모든 유아에게 적용할 수 있으며, 의학 및 특수교육 관련 전문지식을 갖추고 있지 않더라도 충분히 사용할 수 있다는 장점을 가지고 있다. 그렇기 때문에 부모, 유아교사, 원장 등 누구라도 대상 유아에 대한 관심과 주의 깊은 관찰만 가능하다면, 간편하게 일과기반 행동수행목록표를 작성하여 사용할 수 있다.

1) 청각장애의 개별화교육계획안 작성

〈표 9-2〉는 청각장애유아의 하루 일과를 중심으로 작성한 일과기반 행동수행목록표이다. 일과기반 행동수행목록표는 각 유아기관별로 원의 특성과 상황에 맞게 하루 일과를 중심으로 작성하여 사용하면 되는데, 여기서 공통적으로 주의해

야 할 사항은 바로 관찰 가능하고 측정 가능한 형태의 문장으로 작성해야 한다는 것이다. 그 이유는 일과기반 행동수행목록표가 대상 유아의 수행능력을 확인하는 목적으로 만들어진 것이기 때문에 누가 보든, 즉, 시각적으로 확인이 가능하고 평가가 가능한 정도로 그 결과가 객관적이고 수긍이 되는 정도로 신뢰로워야 한다.

〈표 9-2〉 청각장애유아의 일과기반 행동수행목록표

일과	평가항목	수행도	관찰내용
등원/하원	스스로 신발을 벗는다.	○	아침에 등원하여 교사가 먼저 "안녕하세요"라고 이야기하면 고개만 숙인다.
	스스로 신발을 신는다.	○	
	자신의 자리에 신발을 정리한다.	○	
	복도를 걸어서 이동한다.	○	
	보호자와 얼굴을 보고 인사한다.(다녀오세요./다녀오셨어요.)	X	
	교사의 얼굴을 보고 인사한다.(선생님 안녕하세요./안녕히 계세요.)	X	
	겉옷과 가방을 벗어 자신의 자리에 둔다.	○	
	겉옷을 정리하여 사물함에 넣는다.	○	
	겉옷을 스스로 입는다.	○	
	가방을 스스로 멘다.	○	
	자신의 물건을 정리한다.	○	
실내 자유 선택 활동	놀이하고 싶은 영역에 가서 놀이 이름표를 붙인다.	○	
	놀잇감을 용도에 맞게 사용한다.	X	
	선택한 영역 안에서 놀이한다.	○	
	놀이 시 바르게 앉아서 활동한다.	○	
	놀잇감, 도구, 재료의 이름을 안다.	X	

일과	평가항목	수행도	관찰내용
대그룹 활동	정해진 자리에 모여 앉는다.	○	대그룹활동 시 바르게 앉아서 듣고는 있으나 활동에 참여하지 않고 교사가 먼저 다가가 참여하길 권유하면 소극적으로 참여함
	교사나 발표하는 친구를 쳐다보고 이야기를 듣는다.	○	
	자신의 이름에 반응한다("네"라고 대답하며 손을 든다).	X	
	발표하고 싶을 때 손을 든다.	X	
	바르게 서서 발표를 한다.	X	
	질문에 대답한다(일과경험, 주말경험, 날씨, 날짜 등).	X	
	노래와 율동(동작)을 따라서 표현한다.	X	
	자리를 이동하지 않고 바르게 앉는다.	○	
간식/점심	줄을 서서 자신의 순서를 기다린다.	○	
	배식 시 자신의 식사도구를 잘 챙긴다.	○	
	앉아야 할 자리를 찾아 자리에 앉는다.	○	
	친구들이 간식/식사를 다 받을 때까지 기다린다.	○	
	친구들과 함께 간식/식사노래를 부른다.	X	

일과	평가항목	수행도	관찰내용
실내 자유 선택 활동	도구를 바르게 잡는다(색연필, 사인펜, 크레파스, 가위 등).	X	친구가 놀이하는 활동이 재미있어 보이면 종종 무너뜨리는 것으로 관심을 끌려고 함 색칠하기는 혼자서도 작업이 가능하나 쓰기나 오리기는 교사의 도움 없이 하지 못함
	주어진 작업을 완성한다(색칠하기, 쓰기, 오리기 등).	△	
	친구에게 필요한 도움을 청한다(빌려줘, 도와줘, 비켜 줘).	X	
	친구를 방해하지 않는다.	X	
	친구와 놀잇감을 나눠서 놀이한다.	○	
	정리신호가 있으면 신호를 듣고 놀이를 멈추고 정리한다.	○	
	놀잇감이나 도구를 정해진 곳에 정리한다.	○	
화장실 사용	화장실 앞에 줄을 서서 기다린다.	○	화장실에서 지켜야 할 수칙을 알고 있으나 기본 생활습관이 잘 형성되어 있지 않아 깜빡할 때가 많고 꼼꼼히 세척하지 않을 때가 많아서 교사가 한 번 더 이야기하면 깨끗이 세척하려 노력함
	소변/대변을 보고 싶을 때 의사표현을 한다.	○	
	소변 후 물 내리기를 한다.	X	
	옷을 차례대로 입고 벗는다.	○	
	긴 팔 소매를 걷는다.	X	
	비누를 이용하여 거품을 내어 손을 문질러 깨끗이 씻는다.	○	
	흐르는 물에 다시 한번 깨끗이 헹군다.	○	
	수건/종이타월을 찾아 물기를 닦는다.	○	
	자신의 칫솔과 컵을 찾는다.	○	
	자신의 치약을 찾아 교사에게 도움을 요청한다.	○	

일과	평가항목	수행도	관찰내용
간식/점심	도구를 바르게 사용하여 식사한다.	○	노래를 부르거나 먼저 말하기에는 어려움이 있으나 교사가 다가가서 물어볼 땐 작은 목소리로 대답함 자신의 주변을 깨끗이 정리하는 것은 스스로 하지 못하나 교사가 먼저 이야기하면 주변을 닦음
	입과 옷에 흘린 음식을 확인하고 휴지로 닦는다.	X	
	간식/식사 시 바르게 앉아서 먹는다.	○	
	음식을 남기지 않고 깨끗이 먹는다.	○	
	선생님께 “잘 먹었습니다”라고 말한다.	X	
	식사 후 자신의 식사도구를 바르게 정리한다.	○	
	자신의 자리에 흘린 음식을 정리한다.	X	
실외 자유 선택 활동	자신의 옷을 찾아 입는다.	○	실외놀이에서 안전규칙을 지키지 못해 친구와 부딪힐 때가 많음 뛰면서 놀이할 때 앞에 누가 있는지 잘 살펴보지 않는다든가 흥분된 마음으로 무작정 될 때가 많아 다치는 경우가 잦음
	신발을 신기 전에 줄을 서서 자신의 차례를 기다린다.	○	
	왼쪽과 오른쪽을 구별하여 신발을 신는다.	○	
	신발을 단정하게 신는다(구겨 신지 않기, 찍찍이 붙이기).	○	
	정해진 짝을 찾아 손을 잡는다.	○	
	줄을 맞춰 이동한다.	○	
	계단의 손잡이를 잡고 이동한다.	○	
	주어진 공간에서 이탈하지 않는다.	○	
	여러 가지 놀이기구를 사용한다(놀이도구 포함).	○	
	순서를 지켜 놀이기구를 이용한다.	○	

일과	평가항목	수행도	관찰내용	일과	평가항목	수행도	관찰내용
화장실 사용	칫솔로 이를 골고루 문질러 닦는다.	○		실외 자유선택 활동	활동방법에 맞게 놀이(게임)에 참여한다.	X	
	컵을 사용하여 물로 입을 헹군다.	○			안전규칙을 지켜 놀이기구를 활용한다.	X	
	사용한 컵을 제자리에 정리한다.	○			친구와 부딪히지 않고 놀이한다.	X	
	칫솔을 씻어서 칫솔꽂이에 정리한다.	○			모이라는 소리를 듣고 모인다.	○	
	입 주위의 거품을 확인하고 닦는다.	X			놀이 후 자신의 신발을 제자리에 정리한다.	○	
	입과 손의 물기를 수건/종이타월로 닦는다.	○			놀이 후 자신의 옷을 제자리에 바르게 정리한다.	○	
	화장실 신발을 뒤로 벗어 놓고 나온다.	X			안전하게 이동하여 교실로 들어간다.	○	

2004년 개정된 미국 「장애인교육법(IDEA, 2004)」에서는 개별화교육계획 구성요소 중 현재수행수준(현행수준)과 관련하여, 기존 교육적 수행수준(educational performance)을 학업성취(academic achievement) 및 기능적 수행능력(functional performance)이라는 용어로 대체하였는데, 이는 개별화교육계획을 좀 더 확대하려는 의도를 반영한 것으로 일반 교육과정 내에서 아동의 교육적 요구 및 그 외의 다양한 요구를 충족시키기 위한 방안이라 볼 수 있다(이병인, 2007). 〈표 9-3〉에 제시한 현행수준요약서는 해당 유아교육기관의 상황과 특성을 반영하여 리커트 척도(likert scale) 형식의 정도를 나타낸 형태로 되어 있다. 이는 교사들이 다양한 자료를 근거로 논리적인 분석과정을 통하여 기술해야 하는 주관식(essay or subjective) 형태의 현행수준요약서보다는 교사들이 각 문항에 대하여 평가의 정도만 체크하면 되기 때문에 좀 더 객관적인 형태라고 할 수 있다. 그러나 객관식 형태는 이미 구성된 문항으로 인하여 제한된 정보만 얻을 수 있기 때문에 주관식 형태보다는 얻을 수 있는 정보가 한정되어 있다. 중요한 것은 어떤 형식의 문항이든 간에 문항을 구성할 때, 객관적인 자료를 근거로 구성하여야 한다는 것이다.

〈표 9-3〉 청각장애유아의 현행수준요약서

발달영역	현행수준					
	문항	평가척도				
신변처리	1. 외투를 혼자 입고 벗는다.	1	2	3	**4**	5
	2. 스스로 화장실을 이용한다.	1	2	3	4	**5**
	3. 자발적으로 음식 먹기를 시도한다.	1	2	3	4	**5**
	4. 정해진 자리에 앉아서 식사한다.	1	2	3	4	**5**
	5. 용도에 알맞게 식사도구를 사용한다.	1	2	3	**4**	5
	6. 음식을 골고루 먹는다.	1	2	3	**4**	5
소근육	1. 꼭지 퍼즐을 맞춘다.	1	2	3	**4**	5
	2. 스티커를 떼고 붙인다.	1	2	3	**4**	5
	3. 엄지와 검지를 사용하여 종이를 찢는다.	1	2	3	**4**	5
	4. 2단계 이상 종이접기를 하여 의미 있는 모양을 만든다.	1	2	**3**	4	5
	5. 손에 힘을 주어 도안의 80% 이상 색칠한다.	1	2	3	**4**	5
	6. 테두리를 지켜 색칠한다.	1	2	**3**	4	5
	7. 손에 힘을 주어 수평선, 수직선, 원 그리기를 모방한다.	1	2	**3**	4	5
	8. 기본 도형을 그린다.	1	2	**3**	4	5
	9. 한 손으로 종이를 잡고, 가위로 종이를 자른다.	1	2	**3**	4	5
	10. 가위를 벌린다.	1	2	3	**4**	5
대근육	1. 걸어서 이동하기	1	2	3	4	**5**
	2. 바닥이나 의자에 앉기	1	2	3	4	**5**
	3. 한 발로 오래 서기	1	2	3	**4**	5
	4. 달리기	1	2	3	4	**5**
	5. 제자리 뛰기	1	2	3	**4**	5
	6. 계단 오르내리기	1	2	3	4	**5**
	7. 던지기/받기	1	2	3	**4**	5
	8. 공 굴리기	1	2	3	**4**	5
	9. 자전거 타기	1	2	**3**	4	5
	10. 공 발로 차기	1	2	3	**4**	5
사회성	1. 전체 지시에 따라 자발적으로 장난감을 정리한다.	1	2	3	**4**	5
	2. 정해진 시간 동안 바른 착석 자세를 유지한다.	1	2	3	**4**	5
	3. 한 줄을 유지하여 또래와 함께 이동한다.	1	2	3	4	**5**
	4. 교사에게 인사한다.	1	2	**3**	4	5
	5. 또래에게 인사한다.	1	2	**3**	4	5
	6. 상대방과 눈을 맞춘다.	1	2	3	**4**	5

발달영역	현행수준					
	문항	평가척도				
사회성	7. 놀이 용도에 맞게 장난감을 조작한다.	1	2	3	4	5
	8. 또래와 물건을 공유한다.	1	2	3	4	5
	9. 율동 동작의 2동작 이상을 모방한다.	1	2	3	4	5
인지	1. 같은 그림끼리 짝을 짓는다.	1	2	3	4	5
	2. 눈, 코, 입, 머리, 배, 손, 발을 말해 주었을 때 손가락으로 가리킨다.	1	2	3	4	5
	3. 5가지 이상의 색의 명칭을 듣고 손가락으로 가리킨다.	1	2	3	4	5
	4. 크다/작다의 개념을 안다.	1	2	3		5
	5. 많다/적다의 개념을 안다.	1	2	3	4	5
	6. 5개의 이하 구체물을 세어 건네준다.	1	2	3	4	5
의사소통	1. 요구를 묻는 의문형 질문에 단답으로 대답한다.(예: 네, 아니, 싫어)	1	2	3	4	5
	2. 두 가지 중 하나를 선택한다.	1	2	3	4	5
	3. 두 낱말 이상을 조합하여 문장으로 말한다.	1	2	3	4	5

〈표 9-3〉의 현행수준요약서의 결과를 살펴보면, 인지와 의사소통영역에서 다른 발달영역보다 낮은 점수범위를 나타내고 있다는 것을 알 수 있다. 이 결과를 바탕으로 보면, 언어발달 시기에 청력의 장애가 발생했을 가능성이 있다는 것을 미루어 짐작할 수 있다. 인지영역을 보면, 같은 그림끼리 짝을 짓는 수행에서는 높은 점수를 나타내는 것으로 보아 시각을 이용한 학습에는 문제가 없으며, 자신의 신체기관을 묻는 문항에서도 높은 점수를 나타낸 것으로 보아 출생 시 잔존청력이 있었을 것으로 추정해 볼 수 있다. 그러나 추정을 통하여 개별화교육계획을 수립하는 것은 비과학적이며, 오류의 발생 가능성을 높일 수 있으므로 선별, 진단평가를 참조하거나 부모면담을 통하여 정확한 사실을 확인하는 것이 바람직하다. 또한, 수 · 과학영역의 내용을 묻는 질문에서는 낮은 점수가 나타난 것으로 보아 학업이 주로 언어적으로 전달된다는 특성을 고려하면, 이 시기에 적절한 중재가 이루어지지 않았을 것이라 생각해 볼 수 있다. 점수범위가 낮은 현행수준영역을 중심으로 개별화교육계획을 수립하고, 이때 연간목적을 두 영역(인지와 의사소통)에 초점을 맞춰 수립하는 것이 청각장애유아의 전인발달을 위해 바람직할 것이다.

〈표 9-4〉 청각장애유아의 개별화교육계획

<table>
<tr><th colspan="2" rowspan="2">발달영역</th><th rowspan="2">장기목적</th><th rowspan="2">단기목표</th><th rowspan="2">지도상황</th><th colspan="5">성취 여부</th></tr>
<tr><th>5월</th><th>6월</th><th>7월</th><th>9월</th><th>10월</th></tr>
<tr><td colspan="2">적응행동</td><td>등원하여 교사와 친구들에게 먼저 인사할 수 있다.</td><td>교사가 먼저 인사한 후에 “안녕하세요”와 함께 고개 숙여 인사하기</td><td>등원 시마다 교사가 먼저 인사를 하고 있음</td><td></td><td></td><td></td><td></td><td></td></tr>
<tr><td rowspan="4">운동성</td><td rowspan="2">대근육</td><td rowspan="2">규칙을 지켜 신체활동, 실외놀이에 참여할 수 있음</td><td>신나더라도 자신의 차례 지켜서 하기</td><td rowspan="2">규칙을 잘 지키면 가장 먼저 참여할 수 있도록 하고 있음</td><td></td><td></td><td></td><td></td><td></td></tr>
<tr><td>교사가 이야기한 규칙은 꼭 지키기</td><td></td><td></td><td></td><td></td><td></td></tr>
<tr><td rowspan="2">소근육</td><td rowspan="2">가위의 손잡이를 바르게 잡아 가위를 오므리고 벌릴 수 있다.</td><td>일직선 선에 따라 잘라 보기</td><td rowspan="2">가위를 바르게 잡는 방법을 교사가 보여 주고 연습하고 있음</td><td></td><td></td><td></td><td></td><td></td></tr>
<tr><td>세모, 네모 등 각이 있는 도형 잘라 보기</td><td></td><td></td><td></td><td></td><td></td></tr>
<tr><td colspan="2">인지</td><td>활동에 대한 이해를 하여 다음 활동을 수행할 수 있다.</td><td>활동에 대한 이해하기</td><td>활동이 이해됐는지 유아에게 물어보고 다시 한번 활동 안내하기</td><td></td><td></td><td></td><td></td><td></td></tr>
<tr><td colspan="2">의사소통</td><td>대집단활동 시 자신의 의견을 간단히 이야기할 수 있다.</td><td>대집단활동 시 교사의 물음에 네, 아니오를 친구들 앞에서 이야기하기</td><td>활동 시 여러 번 기회를 주어 반복하여 연습하고 있음</td><td></td><td></td><td></td><td></td><td></td></tr>
<tr><td colspan="2">사회성</td><td>불편한 것이 있으면 친구에게 “하지 마, 불편해, 비켜 줘” 등 말로 이야기할 수 있도록 표현할 수 있다.</td><td>필요한 것이 있을 때 친구에게 먼저 빌려달라고 이야기하기</td><td>교사가 아이에게 요구를 하여 아이가 친구에게 빌려달라고 하는 상황을 만들어서 지도하고 있음</td><td></td><td></td><td></td><td></td><td></td></tr>
<tr><td colspan="2">문제행동 지원방안</td><td>자신의 표현을 말로 이야기하려고 하지 않음</td><td>간단한 이야기는 자신이 스스로 의사표현을 할 수 있도록 (예: 배불러서 못 먹어요)</td><td>영상매체를 통해 자신이 표현하지 않으면 어떤 불편함이 있는지 이야기 나누며 지도하고 있음</td><td></td><td></td><td></td><td></td><td></td></tr>
<tr><td colspan="2">가족지원 방안</td><td>유아의 언어발달 촉진을 위해 주 양육자인 엄마(외국인)와 할머니(외국인)가 언어교육을 받을 수 있도록 안내하기</td><td>엄마와 할머니가 언어교육센터(주민센터 등)에 방문할 수 있도록 하기</td><td>일상생활에서 어렵더라도 한국어로만 이야기하기</td><td></td><td></td><td></td><td></td><td></td></tr>
</table>

〈표 9-4〉에 제시된 청각장애유아를 위한 개별화교육계획안은 하루 일과 내에서 수행할 수 있게끔 구성되어 있다. 장 · 단기목표가 모든 영역에 수립되어 있지만 하루 일과 활동 내에서 수행할 수 있게끔 수립되어 있어 적절하다고 판단된다. 영역별 목표의 내용을 살펴보면, 교사가 평상시 청각장애유아에게 관심을 가지고 주의 깊게 관찰한 결과를 반영하여 수립하였다는 것을 알 수 있다. 또한 월별로 평가할 수 있도록 함으로써 진전도 모니터링을 할 수 있도록 하였고, 이를 통하여 단기목표 달성 여부를 확인할 수 있도록 하여 개별 유아의 성장 및 발달 상태를 확인할 수 있도록 했을 뿐 아니라, 진전도 모니터링을 통하여 계획을 수정 · 보완할 수 있도록 수립하였기 때문에 유아평가와 운영평가 모두 가능하도록 구성하였다. 마지막 가족지원방안을 살펴보면, 가족의 특성을 정확하게 파악한 후 가족에게 가장 우선적으로 요구되는 부분을 지역사회연계를 통하여 제공하려 하였다는 것을 알 수 있다. 또한, 가정연계 방안으로 가정에서도 교육기관과 동일한 여건을 만들어 주기 위하여 한국어로만 이야기해 줄 것을 요청한 부분은 유아의 언어발달에 많은 도움을 줄 것이라 판단되기에 잘 수립된 계획안이라 볼 수 있다.

2) 청각장애의 개별화교육 실행

통합교사는 주의 깊은 관찰을 통해 학급의 유아들 모두가 함께 놀이 및 활동에 적극적으로 참여할 수 있도록 교육적 지원을 해야 한다. 이를 위해 유아들이 선호하는 놀이나 활동을 확장시켜 주기도 하고, 그에 필요한 교구나 장난감을 추가적으로 배치해 주기도 할 것이다. 또한, 한 명의 유아도 소외되지 않도록 하기 위해 교사가 직접 놀이나 활동에 함께 참여하여 소외된 유아를 참여할 수 있도록 유도하는 역할도 할 것이다. 하지만 이 모든 노력이 효용성 있게 적용되기 위해선 유아의 발달특성과 수준을 고려해야 하기 때문에 개별 유아의 특성과 수준을 파악하고, 이에 맞도록 교육과정을 수정해야 한다.

〈표 9-5〉는 개별 장애유아의 특성과 수준을 고려하여 참여를 지원하기 위한 조정방법을 제시한 것이다. 이 조정방법은 일반 교육과정이 진행되는 학급에서

장애유아를 위한 활동을 별도로 계획하고 실행하는 것이 아니라, 장애유아의 개별적인 수준에 적합하도록 수정하고, 촉진하는 것으로 학급에서 진행 중인 활동이나 자료, 수준, 지원의 양 등에 변화를 주어 최대한 장애유아의 참여를 유도하는 것이다(조윤경 외, 2012b).

〈표 9-5〉 교육과정 수정의 유형

수정유형	정의	전략 사용의 예
환경지원	참여, 집중, 학습을 촉진하기 위해 물리적·사회적·시간적 환경을 조절한다.	· 물리적 환경변화: 놀잇감 정리가 어려운 경우 시각자료 붙여 주기 · 사회적 환경변화: 또래와 가까워질 수 있도록 매력적인 자료를 이용한 협동적인 소집단활동 계획하기 · 시간적 환경변화: 간식 먹은 후 기다리지 못하고 다른 곳으로 가는 경우 1~2가지 영역을 이용하도록 하기
자료수정	장애아가 활동에 최대한 독립적으로 참여할 수 있도록 자료를 수정하여 제공한다.	· 적절한 높이의 자료 제시: 자전거 페달에 발이 닿지 않을 경우 페달에 나무 적목 고정시켜 주기 · 자료고정: 미술활동 시 종이가 미끄러지는 경우 테이프로 고정시켜 주기 · 놀이기술이나 반응을 위한 자료수정: 물감이 손에 묻는 것을 싫어하는 경우 스펀지 대신 잡을 수 있는 재료 붙여 주기 · 관심과 흥미를 위한 자료수정: 콜라주 활동에 관심과 흥미가 없는 경우 동기유발을 위해 반짝이 종이나 필름지 등의 재료 제시하기
활동의 단순화	활동을 작은 부분으로 나누거나 단계 수를 줄여 복잡한 활동을 단순화한다.	· 난이도 낮추기: 10단계의 종이접기가 어려운 경우 5단계로 줄여 주기 · 필요한 단계의 수를 변화시키거나 줄이기: 조형작업에 어려움이 있는 경우 전체 단계 중 일부 단계를 맡아서 활동하도록 하기 · 복잡한 과제를 부분으로 나누는 단순화: 손 씻고 닦기 어려운 경우 손 씻고 닦는 단계 나누고 마지막 단계는 혼자서 수행하도록 하기
장애아의 선호 활용	학습 기회를 활용하지 못하는 장애아에게 장애아가 선호하는 것을 확인하고 반영한다	· 선호하는 장난감 활용: 전이가 어려운 경우 선호하는 장난감을 전이 시 가지고 가도록 하기 · 선호하는 활동 활용: 대그룹 시간에 쉽게 오지 않는 경우 좋아하는 노래나 활동으로 시작하기 · 선호하는 사람 배치: 특정 영역에 참여하지 않을 경우 좋아하는 사람을 그 영역에 배치하기

수정유형	정의	전략 사용의 예
특수장비	장애아 참여수준을 높이는 특수장비나 기구를 활용한다	· 활동이나 놀이영역에 접근의 용이성을 위한 특수장비 활용: 학급에 비치된 책상이나 활동에 참여가 어려운 경우 높이 맞춘 의자 사용하기 · 참여율 증진을 돕는 특수장비 활용: 손힘이 약하여 가위 사용이 어려운 경우, 손잡이가 고리로 된 가위나 다른 조정 가위를 사용하기
성인지원	장애아의 참여와 학습을 지원하기 위해 성인이 활동과 일과에 개입한다.	· 시범 보이기: 놀이행동을 아무런 변화 없이 계속 반복할 경우 다른 방식으로 놀이하는 방법 시범 보여 주기 · 장애아의 놀이에 함께 참여: 이동 시 복도에서 뛰는 경우 장애아 근처에 있다가 뛰려고 하면 교사의 손을 잡도록 하거나 질문하기 · 지속적인 참여와 학습을 위한 칭찬과 격려: 정리를 회피하는 경우 정리시간 전에 장애아 가까이에서 이름을 부르며 정리 노래를 부르고 수행 시 칭찬해 주기
또래지원	또래를 활용하여 장애아가 목표를 달성하도록 돕는다.	· 시범 보이기: 활동방법을 모르는 경우, 또래가 짝이 되어 방법에 대한 시범 보이기 · 보조자 도우미 되기: 줄을 서는 것을 모를 때, 일과를 잘 알고 지시를 따를 수 있는 또래와 짝을 지어 주고 손잡고 줄을 서도록 하기 · 또래의 칭찬과 격려: 장난감을 가지고 노는 것이 어려워 포기하는 경우, 또래가 옆에서 격려해 주기(함께 놀이하는 공 필요)
보이지 않는 지원	활동 내에서 자연적으로 사건이 일어나도록 조직한다.	· 활동순서 조절하기: 처음 접하는 활동의 경우 ,장애아의 참여 가능성을 높이기 위해 순서를 뒤쪽으로 조절하기 · 활동을 계열화하여 조절하기: 대응하기 개념 학습을 위해 미술활동을 짝맞추기 활동으로 조절하기

출처: 조윤경, 김수진, 유연주, 윤란, 장지윤, 정해숙, 차현정 (2012b). 장애아보육 교사실무. (재)한국보육진흥원. p.99 인용.

(1) 청각장애유아의 언어지도

청각장애유아가 아주 어린 아기 때부터 보조기기를 착용했을 경우엔 보조기기를 자신의 일부로 생각하고 거부하지 않지만, 조금 커서 보조기기를 착용한 경우에는 귀가 눌리며 아프기 때문에 익숙하지 않은 보조기기를 빼려는 경향을 보이곤 한다. 이때, 부모나 교사는 아이가 좋아하는 물건을 손에 쥐어 주거나 다른 곳에 집중할 수 있도록 주의를 환기시켜 주는 것이 좋다. 기본적으로 청각장애유아와 이야기를 나눌 때는 서로에게 집중을 한 상태에서 얼굴을 마주 보며 이야기를 나누어야 한다(국립특수교육원, 2016e).

가정이나 유아교육기관에서 청각장애유아의 언어발달을 돕기 위해 청능(듣기) 재활을 실시할 수 있는데, 청능(듣기)은 감지-변별-확인-이해의 순으로 발달한다는 것을 토대로 활동지원을 해 주는 것이다. 먼저, 감지단계의 경우, 보조기기를 착용하고 있을 때, 주변의 소리를 인식하는지를 확인하는 단계로 주변에서 나는 소리를 유아가 들었을 때 들린다는 표시를 하도록 지원해 주는 것이다. 예를 들어, 청각장애유아의 이름을 불렀을 때, 소리가 들리면 손을 들어 보게 한다거나 들릴 때마다 유아가 좋아하는 모양의 스티커를 종이 위에 붙여 보게 하는 활동을 통해서 확인할 수 있다.

둘째, 변별은 들리는 소리가 같은지 혹은 다른지를 구분하는 활동으로 부르는 사람의 목소리를 구분할 수 있는지, 혹은 북 치는 소리를 들려주며, 북채로 쳤을 때 숟가락으로 쳤을 때를 구분할 수 있는지 확인하는 것이다. 서로 다른 색의 종이를 두 장 주고, 엄마가 부른다고 인식하면 빨간색을 들게 하고, 아빠가 부른다고 인식을 하면 파란색을 들게 함으로써 확인할 수 있다.

셋째, 확인단계는 제시된 소리의 특징을 알고 이를 학습하는 단계로 2가지의 소리자극에 대해 변별하는 것이 익숙해지면, 여러 가지 다양한 소리를 듣고 그것이 무슨 소리인지를 파악하는 것이다. 여러 동물 울음소리를 들려주고 동물그림 카드를 보여 주며 해당되는 동물그림을 들어 올리게 하는 활동으로 확인할 수 있다. 동물뿐 아니라 다양한 교통수단이나 악기 등을 이용할 수도 있다.

마지막으로, 이해단계는 말의 의미까지 파악할 수 있는 듣기의 마지막 단계이다. 유아에게 짧은 문장으로 질문을 하거나 요청을 해서 그에 적당한 답을 하거나 행동을 할 수 있게 하는 것이다. 예를 들어, 유아 앞에 여러 물건을 놓아 주고 그 중의 하나를 가져다 달라고 하거나, 이름이 무엇인지를 물은 후 이에 적절하게 행동하고 답하는 것을 들음으로써 확인할 수 있다(국립특수교육원, 2016e). 이렇게 청능재활이 마지막단계에 들어가면, 명료하면서도 문법적으로 이상이 없는 문장으로 표현하는 것을 목표로 언어지도를 시작할 수 있다.

청각장애유아에게 다양한 소리들을 작게, 크게 혹은 중간 정도 크기로 들려주었을 때 어떻게 반응하는지 확인함으로써 유아가 가장 잘 들을 수 있는 강도와 음역대를 알 수 있게 되는데, 이를 통하여 대상 유아에게 가장 잘 맞는 음역대의 소리로 언어지도를 실시하면 효과를 극대화시킬 수 있다. 또한 언어지도를 할 때 눈맞춤을 하는 것이 중요한데, 대화 중 유아가 어떠한 신호를 보내는지 파악할 수 있기 때문이다. 즉, 언어지도와 관련된 활동이 즐거운지 아닌지, 이 활동을 하고 싶은지 아닌지, 활동에 집중을 하고 있는지 아닌지, 혹시 불편한 곳이 있는지 등을 파악할 수 있다. 이러한 활동을 하면서 유아가 정확하지는 않더라도 유사하게나마 따라 하거나 하려는 의지를 보이면, 칭찬을 통하여 격려해 줌으로써 동기를 부여해 주는 것이 좋다. 동기가 부여되면 더 많은 말을 해 보려고 시도할 것이고, 말을 많이 시도할수록 교정의 기회 또한 부여될 것이기 때문에 점점 더 정확하게 발음할 가능성이 높아진다. 유아가 소리를 내어 표현할 때에는 귀 기울여 듣다가 반응을 해 주는 것이 매우 중요한데, 이를 통해 유아는 존중받고 있음을 느끼고 정서적 안정 뿐 아니라 의사소통에 대한 즐거움을 느끼게 되어 더 많은 이야기를 하려고 할 것이므로 언어발달이 촉진될 것이다.

언어지도를 할 때 중요하게 고려해야 할 점은 모든 아이가 말을 배울 때 주 양육자의 말을 따라 하고 모방한다는 것이다. 아이가 정확하게 발음하지 못하더라도 그것을 주의 깊게 보았다가 정확한 발음으로 반영(反影)해 주면, 아이들은 주 양육자가 반영해 준 정확한 말을 습득하게 된다. 예를 들면, 자동차놀이를 하며 "빠~"라고 했다면, 엄마가 주의 깊게 관찰하다가 "자동차가 빵~ 했구나. 빵빵!"이라고 해주면, 상황을 이해하고, 아이는 자동차놀이를 하며 자동차가 빵빵 소리를 낸다고 생각하며 자동차를 가지고 놀 때 "빵빵"이라고 말하게 된다. 또한 아이가 하는 행동을 말로 표현해 주거나, 아이의 수준에 맞는 언어를 사용하여 언어지도를 해주면 훨씬 더 효과적이다. 그리고 아이가 필요한 것이 있을 땐 부모가 먼저 챙겨 주기보다는 자신의 의사를 언어로 표현해 줄 때까지 기다려 줌으로써 언어 사용의 기회를 늘려 주는 것도 언어지도에서 고려해야 할 사항이다(국립특수교육원, 2016e).

(2) 수어와 농문화

2016년 2월 3일에 제정된 「한국수화언어법」에 따르면, 한국수어는 대한민국 농인의 공용어이며, 국어와 동등한 자격을 가진 농인의 고유한 언어라고 규정하고 있다. 수어는 농인 사회에서 사용되는 의사소통의 양식으로 농인들에 의해 창조되고 끊임없이 재창조되는 언어이다. 또한 자연적으로 발생한 손과 몸짓, 표정과 같은 비수지 신호를 사용하는 시각-운동언어 체계이다. 농인들 사이에서 통용되고 있는 전통적인 한국수어(Korean Sign Language: KSL)는 한국어의 의미구조나 문법을 따르지 않고, 독자적인 언어구조를 갖고 있으므로 수어를 하나의 언어로 인정하고 그 특성을 고려하여 지도해야 한다.

[그림 9-3] 한국수어 배워 보기

수어는 구어와는 다른 표현상의 독특한 특성을 가진 언어이다. 구어가 모음과 자음 같은 음소를 결합하여 단어를 만드는 것처럼 수어도 수위(단어가 산출되는 위치), 수형(손의 형상과 모양), 수향(단어가 산출될 때의 손가락과 손바닥의 방향), 수동(수형의 운동), 비수지 신호(입 모양, 신체, 머리, 눈의 움직임, 다양한 종류의 얼굴 표정)로 구성된 수어소를 결합하여 단어와 문장을 만든다. 농유아가 한국수어를 배워야 하는 이유는 최근 수화를 하나의 언어로 보는 관점에서 수어라는 용어를 사용하고 있으며, 수어교육은 농인으로서 긍정적인 정체성을 확립하는 데 도움을 주고 농문화의 한 일원으로 받아들여지는 데 큰 영향을 미치기 때문이다. 「한국수화언어법」에서는 '농인'을 '청각장애를 가진 사람으로서 농문화 속에서 한국수어를 일상어(제1언어)로 사용하는 사람'이라고 정의하고 있으며, '농문화'를 '농인으로서의 농정체성과 가치관을 기반으로 하는 생활양식의 총칭'이라고 정의하고 있는데, 이 농정체성이 발달할수록 자아개념이 긍정적이 되고, 자아 존중감이 높아진다는 연구결과가 있다. 농문화란 농사회의 구성원인 농인들이 수어라는 언어를 통해 문화가치를 창출하는 문화라고 할 수 있다. 우리나라 농문화는 농인들이 모여서 이루고 있는 집단으로 농학교, 농인교회, 농인단체를 그 예로 들 수 있다(국립특수교육원, 2016e).

한국수화언어법령

국가법령정보센터 제공
「한국수화언어법」

농아동의 교육에 있어서 수어가 구어의 발달에 영향을 주는 연구결과를 살펴보면, 첫째, 수어학습이 농·난청 아동의 언어학적·인지적 발달에 유익하다는 것이다. 수어를 어린 시기에 접할수록 농·난청 아동이 글자능력을 함양하는 데 탄탄한 언어학적 기반이 될 수 있기 때문에 수어와 구어를 함께 사용하는 이중언어 교육은 수어 및 구어발달에 서로 기여할 수 있다는 것이다.

둘째, 수어를 모국어로 사용하는 농아동의 언어발달경로는 비장애유아의 발달경로와 유사하다. 즉, 옹알이(7~12개월), 최초 단어 구사단계(12~14개월), 두 단어 단계 등 동일한 성장과정을 밟을 뿐 아니라 말을 배우면서 겪는 실수도 유사하다는 것이다.

셋째, 비장애유아의 음성언어 습득과정과 마찬가지로 수어습득의 결정적 시기가 존재한다는 것이다. 그러므로 구어나 수어 하나만을 강조하기보다는 각각의 언어와 문화를 인정하는 것이 효율적이라 볼 수 있다(국립특수교육원, 2016e).

(3) 청각장애 유아의 교수방법

청각장애유아는 청력손실로 인해 말과 언어능력의 전형적인 발달지체가 나타나고, 이로 인해 의사소통에 문제가 발생할 수 있다. 의사소통의 문제는 유아기 사회성발달에 영향을 미치게 되고, 이로 인해 사회적 상호작용에 어려움을 겪을 수 있다. 그렇기 때문에 청각장애유아를 지도할 때, 교사는 청각장애의 특성을 고려하여 좀 더 많은 관심을 가지고 지도해야 하며, 각별히 주의를 기울여야 한다. 유아교육현장에서 청각장애유아를 효과적으로 지도하기 위하여 고려할 사항들을 제시하였다(조윤경 외, 2012a).

첫째, 잔존청력의 발달을 지원하기 위하여 소리가 나는 교구나 장난감을 배치하는 등의 환경적 지원과 유아의 자리 배치는 양쪽 귀의 상태에 따라 잘 들리는 쪽으로 교사가 설 수 있게 자리를 배치해 준다.

둘째, 말하는 사람의 입 모양, 표정 등을 잘 볼 수 있도록 빛을 등지고 서지 않도록 주의하면서 서로 얼굴을 마주 보고 유아의 눈높이에서 말하도록 한다.

셋째, 말을 할 때에는 정확하게 입을 벌려 말을 하되 너무 과장되지 않게 하고 적당한 목소리 크기로 말을 하며, 유아의 주의를 끌기 위해 이름을 부르거나 어깨를 살짝 두드림과 같은 행동을 통해 유아가 쳐다볼 수 있도록 한다.

넷째, 부모 및 전문협력지원팀(청각사, 언어치료사, 청각장애전문가)과 지속적으로 상담하며 지원방법을 모색한다.

다섯째, 오감을 활용한 단서를 제공함으로써 청각장애유아의 언어 이해력을 높이는 데 도움을 주며, 구화 외에도 수화를 함께 사용함으로써 전반적인 의사소통 능력을 향상시켜 준다.

여섯째, 보청기 사용 및 관리방법에 대하여 부모로부터 정보를 제공받은 후 유아가 보청기를 사용할 때, 소리가 왜곡되어 들리지 않도록 유아의 자리 배치에 신경을 써 준다. 음원 가까이에, 그러나 소음으로부터는 멀리 떨어진 자리에 배치하는 것이 좋다.

지체장애

Chapter 10

신체적 장애의 대표적인 유형이 바로 지체장애이다(임경옥 외, 2019). 지체장애는 경도, 중등도, 중증, 최중도 등 장애 정도에 따라 서로 다른 신체 및 운동능력을 나타내며, 수반되는 다른 장애들로 인해 학업 및 기능적 수행이 어려울 수 있다. 이와 같이 선천적 · 후천적인 원인에 의해 발생되는 지체장애는 신경계 이상, 선천성 기형, 근골격계 이상, 감염, 질병, 사고 등 다양한 원인으로 인해 발생되기 때문에 생활습관이나 생활환경적 측면의 위험요인에 각별한 주의가 필요하다. 특히, 지체장애 중 뇌병변장애는 뇌의 병변 및 손상을 영구적으로 가지게 되지만, 진행성 질환은 아니기 때문에 사용 가능한 잔존기능을 최대한 발달시켜 사용할 수 있도록 지원해 주는 것이 무엇보다 중요하고 필요하다. 또한, 경직 등으로 인한 관절의 구축 및 변형(탈구 등)을 예방하고, 최소한의 보조기를 사용해 식사 및 보행 등 일상생활이 가능하도록 잠재적인 능력을 최대한 계발할 수 있도록 지원해 주어야 하기 때문에 가정 및 유아기관에서의 노력이 더욱 필요하다(국립특수교육원, 2016f; 이미숙 외, 2019). 따라서 개별 지체장애유아의 발달 및 특성을 파악하고, 그에 적합한 인적 · 물적, 환경적 지원을 제공해 주어야 잔존기능을 최대한 계발하여

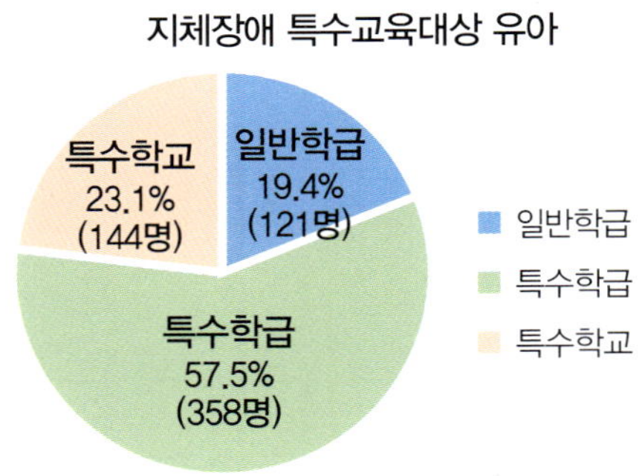

[그림 10-1] 지체장애 특수교육대상 유아의 배치 현황

교육기관 및 사회에서 분리되지 않고 통합된 삶을 영위할 수 있게 된다.

우리나라의 경우, 2021년 기준 유치원에서 통합교육을 받고 있는 특수교육대상 유아의 수는 7,197명(영아 미포함)으로 이중 지체장애로 분류되는 유아의 수는 623명으로 전체 특수교육대상 유아의 8.66%에 해당한다. 이들 중 일반학교의 특수학급 소속이 358명(57.5%)으로 가장 많았고, 특수학교 소속이 144명(23.1%), 그리고 일반학교의 일반학급 소속이 121명(19.4%)으로 실제 부분통합교육을 받고 있는 지체장애 특수교육대상 유아가 가장 많았다(교육부, 2021). [그림 10-1]은 2021년 통계 기준 지체장애 특수교육대상 유아의 배치 현황을 나타낸 것이다.

배치 현황을 보면 알 수 있듯이 지체장애라는 특성으로 인해 완전통합교육을 받는 유아의 수보다는 특수학급에서 별도의 치료지원과 교육을 받고 있는 유아의 수가 더 많지만, 그럼에도 불구하고 교육적 · 사회적 통합이라는 측면에서 보면 긍정적이라 볼 수 있다. 따라서 제10장에서는 지체장애에 대한 개념과 발달특성을 파악하고, 이에 적합한 개별화교육계획을 수립하여 적절히 실행할 수 있는 방안을 모색하기 위하여 실제 현장에서 수행되었던 개별화교육계획안을 제시하여 수정 · 보완할 수 있는 부분들을 파악해 봄으로써 최적의 실행방안을 논의해 보고자 한다.

1 지체장애의 정의

미국의 「장애인교육법(IDEA, 2004) [Part B. Sec. 300.8(c)(8)]」에 따르면, 지체장애는 "정형외과적 손상(orthopedic impairment)이라는 용어로 정의되며, 아동의 교육적 성취에 부정적인 영향을 미치는 심각한 정형외과적 손상을 의미한다.

여기에는 만곡족(발 모양의 기형), 사지결손 등의 선천적 이상에 의한 손상, 소아마비, 골(骨) 결핵 등의 질병에 의한 손상, 그 외에 다른 원인으로 인한 손상인 뇌성마비, 절단, 골절 및 화상에 의한 수축 등을 포함한다"라고 정의되고 있다(강대옥 외, 2012; U.S. Department of Education, 2021 https://sites.ed.gov/idea/regs/b/a/300.8/c 2021. 5. 7. 인출).

우리나라 「장애인 등에 대한 특수교육법」과 「장애인복지법」에서 규정하고 있는 지체장애에 대한 법적인 정의를 살펴보면, 「장애인 등에 대한 특수교육법」 시행령에서는 지체장애를 지닌 특수교육대상자에 대하여 '기능 · 형태상 장애를 가지고 있거나 몸통을 지탱하거나 팔다리의 움직임 등에 어려움을 겪는 신체적 조건이나 상태로 인해 교육적 성취에 어려움이 있는 사람'이라고 정의하고 있다(교육과학기술부, 2008b). 「장애인복지법」 시행령에서는 제2조 관련 〈별표 1〉에 따라 지체장애인을 '한 팔, 한 다리 또는 몸통의 기능에 영속적인 장애가 있는 사람, 한 손의 엄지손가락을 지골(指骨: 손가락뼈) 관절 이상의 부위에서 잃은 사람 또는 한 손의 둘째 손가락을 포함한 두 개 이상의 손가락을 모두 제1지골 관절 이상의 부위에서 잃은 사람, 한 다리를 가로발목뼈관절(Lisfranc joint: 발등뼈와 발목을 이어 주는 관절) 이상의 부위에서 잃은 사람, 두 발의 발가락을 모두 잃은 사람, 한 손의 엄지손가락 기능을 잃은 사람 또는 한 손의 둘째 손가락을 포함한 손가락 두 개 이상의 기능을 잃은 사람, 왜소증으로 키가 심하게 작거나 척추에 현저한 변형 또는 기형이 있는 사람, 지체에 위 각 목의 어느 하나에 해당하는 장애정도 이상의 장애가 있다고 인정되는 사람'으로 정의하고 있다. 또한, 「장애인복지법」 시행령에서 규정하고 있는 뇌병변장애인은 '뇌성마비, 외상성 뇌손상, 뇌졸중 등 뇌의 기질적 병변으로 인하여 발생한 신체적 장애로 보행이나 일상생활의 동작 등에 상당한 제약을 받는 사람'을 말하기 때문에 지체부자유자로 볼 수 있으므로 교육학적 관점에서 지체장애에 포함하여 교육적 지원을 제공할 수 있다.

뇌성마비는 영유아기에 발생하는 비율이 높은 뇌병변장애로서 뇌성마비의 원인은 매우 다양해서 하나 이상의 원인을 가진 다인성인 경우가 많으므로 정확하게 그 원인을 밝힐 수 없는 사례도 많다. 주로 출생 전 원인은 모체의 감염(풍진, 매독 및 기타 바이러스 등), 대사성 질환, 방사선 조사, 약물중독, 탯줄이나 태반 이상, 핵황달 등이 있고, 출생 시는 조산, 비정상 분만, 난산, 기도폐색, 호흡 마비 등이 있으며, 출생 후엔 감염(뇌염, 뇌막염), 고열성 질환, 뇌종양, 무산소증, 약물중독, 황달, 두부 외상에 의한 뇌신경장애 등이 있다.

2 지체장애의 특성

지체장애는 뇌의 손상 정도와 범위, 근육긴장 등 원인과 상태에 따라 그 범위가 매우 광범위하고, 수반된 장애 또한 개별 장애유아마다 모두 다를 뿐 아니라 유형도 많기 때문에 이를 아우르는 포괄적이고, 일반적인 특성을 제시하기는 쉽지 않다(강대옥 외, 2012; 김동일 외, 2019). 그렇기 때문에 영유아기에 주로 많이 발생하는 뇌성마비를 기준으로 살펴보는 것이 보다 효용성 있는 방책일 것이다.

1) 신체발달

지체장애의 신체적 특성은 영유아기에 많이 발생하는 뇌성마비의 유형에 따라 제시할 수 있는데, 경직형, 불수의운동형, 운동실조형, 저긴장형, 혼합형으로 나누어 살펴보고자 한다. 먼저, 경직형은 전체 뇌성마비의 약 70~80%를 차지할 정도로 빈번하게 발생하며, 팔다리가 뻣뻣하고 관절을 부드럽게 움직일 수 없는 것이 특징이다. 초기에는 경직이 심하지 않지만 출생 후 약 4개월부터 경직이 심해지는 경향이 있다. 불수의운동형은 약 20~25%를 차지하며 경직과 불수의운동을 반복하는 특징을 보인다. 예를 들면, 갑자기 움직이려고 하거나 흥분했을 때, 팔다리나 몸통이 뻣뻣해지거나 뒤로 휘는 모습을 보이다가 금방 힘이 빠지곤 하는 모습을 보인다. 운동실조형은 약 2~5%를 차지하며 몸을 움직이려고 할 때 떨리는 현상이 나타나며, 눈, 머리, 손, 발, 팔, 다리 등의 협응 운동능력이 심하게 상실된 상태로 영유아는 똑바로 앉아 있기가 어렵고, 걸을 때 다리를 벌리고 뒤뚱거리는 모습을 보인다. 저긴장형은 전반적인 뇌손상이 있는 경우로 상당히 드물게 발생하는데, 영유아가 움직임이 매우 적고 잘 울지도 않으며, 울음소리도 작아 순한 아이로 오인되기 쉽다. 혼합형은 앞에 설명한 유형 중 둘 이상의 유형이 동시에 나타나는 경우를 말하는데, 경직형 뇌성마비 유아가 몸통은 저긴장형을 나타내거나, 경직형과 불수의운동형을 동반하는 경우가 적지 않다. 수반되는 장애로는 지적장애, 시 · 청각장애, 뇌전증, 언어장애, 구강운동장애, 위장관장애, 폐질환, 성장부진, 학습장애, 주의력결핍 과잉행동장애 등이 동반될 수 있다(국립특수교육원, 2016f).

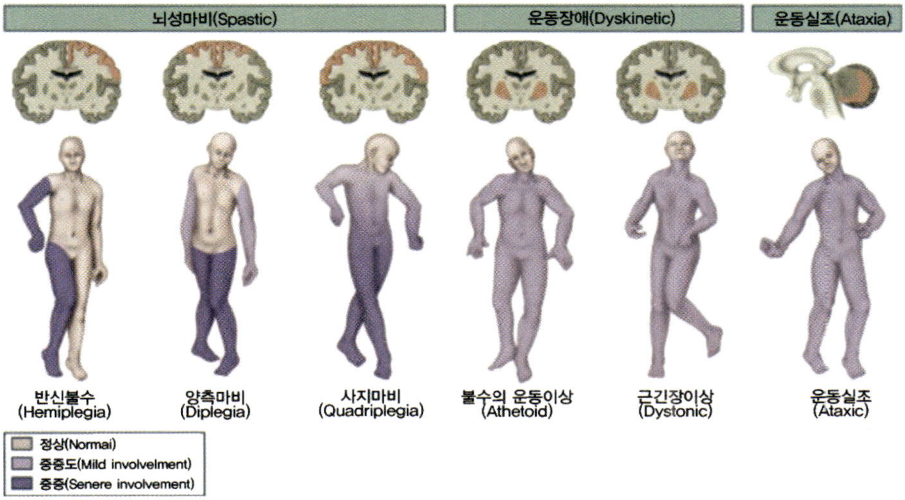

[그림 10-2] 뇌성마비 유형에 따른 운동장애 범위

출처: 뇌성마비 프로젝트 https://www.cerebralpalsyproject.org/types-of-cp.html 2021. 5. 9. 인출.

근육긴장도, 조절력, 불수의적 움직임과 정상범위를 벗어나는 손상으르 인하여 정상적인 수준에서의 운동발달이 곤란하고, 운동발달 속도 또한 느리거나 특정발달단계에 머물거나, 기능적인 움직임을 유지하기 어렵다. 또한, 몸통 균형을 유지하는 수의적 움직임의 방해로 인해 기고, 앉고, 서고, 걷는 활동에 제약이 따르고, 근육의 수축과 이완이 불수의적으로 일어나기 때문에 효율적인 운동기능을 발휘할 수 없어 일상생활 뿐 아니라 학업에 필요한 기능적인 움직임을 유지하는 데 어려움이 있다(권순우 외, 2019; 이미숙 외, 2019; 임경옥 외, 2019). 특히, 활동범위가 협소하여 유연성, 근력, 순발력, 민첩성, 평형성, 지구성과 같은 운동기능이나 호흡기능에 매우 열등함을 보인다(도명애 외, 2017).

[그림 10-2]는 뇌성마비로 인해 뇌의 결함부위에 따른 운동장애 범위를 보여주는 것이다. [그림 10-2]를 살펴보면, 뇌의 위쪽 손상에 의해 발생하는 경직성 뇌성마비의 경우는 근육의 경직을 나타내는 반신불수(Hemiplegia), 양측마비(Diplegia), 사지마비(Quadriplegia)가 포함되며, 뇌의 기저핵 영역에 결함으로 나타나는 가변적 불수의운동으로 비틀리거나 무도병의 형태가 나타나는 불수의운동형(Athetoid), 근긴장이상(Dystonic)이 포함된다. 마지막에 소뇌영역의 결함으로 발생하는 운동실조(Ataxic)는 조정, 균형 및 깊이 지각에 심각한 결함을 나타낸다.

2) 인지발달

뇌병변장애영유아의 약 50% 정도가 지적장애를 수반하고 있으며, 학습장애까지 포함하면 약 75%에 해당하기 때문에 매우 흔한 동반장애라 할 수 있다. 뇌성마비의 경우, 국소적인 또는 광범위한 손상을 받은 뇌의 비정상적인 발달로 인해 낮은 인지기능을 보이는 경우가 다수 있기는 하지만 모두 지적손상의 문제를 지니고 있는 것은 아니며, 심한 불수의운동형 뇌성마비 아이들 중에는 상당히 높은 인지기능을 갖고 있는 경우도 적지 않기 때문에 뇌병변장애 진단을 받았다고 해서 운동장애 정도를 기준으로 인지기능 문제의 유무를 판단해서는 안 된다. 다시 말하면, 일반적으로 뇌성마비 학생의 약 40~60%가 IQ 70 이하를 보이긴 하지만 비장애인에 비해 높은 지능을 지닌 비율도 상당수 있고, 낮은 인지기능을 가지고 있다 하더라도 학생의 신체적 제약 등의 이유로 이들의 능력을 과소평가해서는 안 된다. 지체장애학생의 경우, 인지적인 결함으로 인해 낮은 학업성취를 보일 수 있지만, 그보다도 질병으로 인한 잦은 결석과 병원치료, 그리고 신체적 · 운동적 제약으로 인한 환경 탐색의 기회 부족 등이 학업성취에 부정적인 영향을 미칠 수 있으므로 이를 지원하기 위한 적극적인 조치가 필요하다(국립특수교육원, 2016f; 권순우 외, 2019; 이미숙 외, 2019). 김삼섭(2012)은 뇌성마비 유아의 다중지능 발달특성과 관련된 연구에서 뇌성마비 유아는 음악지능과 신체지능에서 강점을 보이고, 논리지능과 자연탐구지능에서는 약점을 보이는 것으로 나타났다고 하였다. 또한 성별에 따른 차이에 대해서는 뇌성마비 남아가 신체지능 및 대인관계지능에서 여아보다 높은 것으로 나타났고, 음악지능, 언어지능, 개인이해지능 및 자연탐구지능은 여아가 더 높은 것으로 나타났다고 하였다. 다중지능의 발달특성어 따라서는 장애 정도가 가벼울수록 더 발달하는 경향을 보였는데, 이는 장애 정드가 심한 뇌성마비유아가 다른 사람들과의 상호작용 기회가 적을 뿐 아니라 기회가 주어진다 하더라도 사회적 적응에 불리한 상황에 처해 있기 때문에 장애 정도가 심할수록 다중지능 각 하위지능들의 발달도 더딜 수밖에 없다고 하였다.

3) 사회 · 정서발달

지체장애의 특성에 따라 다양한 의료적인 처치와 장기적인 물리치료를 받기 위해 입원이나 정형외과 수술과 장기적인 병원치료 등이 필요한 경우가 많다. 지체장애아동은 일반적으로 어머니, 가족, 주위 사람들의 순서로 인간관계를 점차 확대해 가고, 이들을 통해 사회성을 획득해 간다. 그러나 장애로 인하여 부모의 과보호와 병원 및 사설기관에서 치료시간을 많이 보내기 때문에 또래 일반아동과의 접촉이나 주변사회와의 상호작용 경험이 현저하게 제한되어 성격형성 뿐 아니라 교우관계, 사회성 발달에 문제가 발생하게 되고, 빈번하게 타인에게 의존하게 됨으로써 열등감, 과보호, 경험부족, 학습된 무기력 등을 경험하게 된다(권순우 외, 2019).

이로 인해 대상 유아들은 학습과 생활면에서 수동적 태도를 보이거나, 신체적 특성으로 인한 부정적 자아개념 및 자신의 신체상에 대한 부정적인 이미지와 타인이 자신에게 호감을 갖지 않을 거라는 생각으로 우울, 공격성, 위축, 고집, 자기방어적 성격 등과 같은 특성을 보이기도 한다. 즉, 신체적 장애에서 오는 열등감, 부모의 과잉보호나 주위의 태도 등으로 인해 의존적이거나 위축되는 모습을 보이기도 하고, 신체적으로 남에게 많이 의존하게 됨으로써 학습된 무기력

(learned helplessness)을 나타내기도 하며, 침을 흘리는 모습이나 보장구를 하고 있는 모습 등으로 인한 욕구불만이나 부적응으로 성격발달에 결함을 나타내기도 한다(도명애 외, 2017; 이미숙 외, 2019; 임경옥 외, 2019). 그러나 모든 뇌성마비 특수교육대상 유아가 낮은 자아존중감과 부정적인 사회적 · 정서적 반응을 보이는 것은 아니므로 편견을 가지지 않도록 주의해야 한다(이미숙 외, 2019).

4) 언어발달

뇌성마비 학생 중 약 25%는 발음 및 발성기관의 운동장애, 중추성 언어장애, 인지능력의 결함 등으로 인한 의사소통장애를 동반한다. 이들이 보이는 대표적인 언어장애는 말더듬인데, 발성기관의 문제로 기인하기보다는 중추신경계 손상으로 인한 비정상적인 근긴장도 때문에 발생하는 구강 운동조절 장애인 경우가 대부분이다. 이와 같이 뇌성마비 학생의 지연된 언어 및 의사소통 발달은 학생이 타인과 사회적 관계를 맺고, 중요한 정보와 감정을 서로 주고 받는데, 부정적인 영향을 미치게 된다(이미숙 외, 2019).

난화[1]상호이야기법(유아와 교사가 한 장의 종이에 난화 즉, 낙서처럼 아무렇게나 끼적이기를 그린 후 형상을 찾아 완성하여 서로 이야기를 만들어 가는 과정으로 구성)을 활용하여 뇌성마비 유아의 언어능력과 시지각 발달을 살펴본 개별사례연구(변윤연, 2011)에서, 만 5세 10개월 된 뇌성마비 유아의 언어발달은 난화상호이야기 프로그램을 진행하기 전보다 후에 수용 및 표현 언어능력이 향상되었으며, 눈과 손의 협응력과 따라 그리기에서 향상된 모습을 나타냈다고 하면서 치료지원으로써 미술치료의 가능성을 보여 주었다.

지체장애영유아사업

지체장애영유아 지원

1) 난화 그리기는 특정한 목적 없이 '긁적거린다'는 의미로 아이의 무의식 속 마음을 표현할 수 있도록 하는 기법이다. 아이가 직접 그린 난화로 스토리 만들기 놀이를 진행하면서 상호소통할 수 있다.

[그림 10-3] 난화 그리기

3 지체장애의 개별화교육지원

유아기는 위험한 상황을 파악하고, 상황에 맞는 대처능력을 습득하기 위해 지속적으로 지도가 필요한 시기이다. 특히, 뇌성마비장애유아는 신체를 움직이고 조절하는데, 어려움이 있기 때문에 더욱 지도에 주의를 기울여야 한다. 이를 위해 제일 먼저 뇌성마비장애유아가 생활하는 공간에 대한 안전성을 체크하여 주변의 위험한 요인들을 제거해야 하고, 위험한 상황에서 어떻게 대처하는지 교사와 양육자가 모범을 보임으로써 모방할 수 있도록 해 주어야 한다. 또한, 일상생활 속에서 사고, 학대, 유괴, 재난 등 다양한 위험 상황에 노출되었을 때, 주변 사람들에게 어떻게 도움을 요청해야 하는지를 지도해야 하는데, 이는 뇌성마비장애유아뿐 아니라 비장애유아들도 반드시 받아야 하는 교육이다. 유아교육기관에서의 의무 안전교육은 모든 유아가 안전사고로부터 자신을 보호하고, 더 나아가 부주의로부터 발생할 수 있는 안전사고를 예방하기 위하여 반드시 지도해야 할 내용으로 구성되어 있다. 따라서 뇌성마비장애유아도 개별 수준에 적합하게 수정 · 보완하여 지도할 수 있도록 해야 한다. 예를 들어, 뇌성마비장애유아의 경우, 발음이나 발성에 문제가 있을 수 있으므로 "아~"와 같이 쉽게 낼 수 있는 소리나 팔 혹은 등으로 쿵쿵 소리를 내거나, 호루라기, 호신용 경보기, 소리 나는 버튼 등을 활용하여 도움을 요청할 수 있도록 지도해야 한다. 위험한 상황에 대처하는 기술을 지도할 때에는 지속적이고 반복적으로 연습할 수 있도록 하고, 가능한 구체적인 상황을 제시하며, 실제상황과 유사하게 접근하는 것이 효과적이다. 또한 직접 경험할 수 없는 것이라면, 역할놀이를 하거나 관련 영상을 보여주는 등 대체할 수 있는 경험을 제공하는 것이 좋다(국립특수교육원, 2016f; 성미영 외, 2020).

1) 지체장애의 개별화교육계획안 작성

지체장애유아의 개별화교육계획안을 작성하기 위하여 유아교육기관에서 수행할 수 있는 간단한 진단평가 중의 하나가 바로 일과기반 행동수행목록표이다. 일과기반 행동수행목록표는 행동목록을 통한 일과수행 진단평가라고 하는데, 하루 일과의 흐름에 따라 장애유아의 수행수준을 파악하는 것을 말한다. 행동목록이라는 말이 암시하듯 관찰 및 측정 가능한 형태의 항목으로 구성되어 있다. 일과기반 행동수행목록표는 등원부터 하원까지 하루 일과 중 모든 상황에서 보이는 장애유아의 행동을 주의 깊게 관찰한 후 체크하도록 되어 있다. 평가항목은 기본적으로 요구되는 적응행동 및 신변처리 능력, 규칙 따르기, 요구 및 지시 따르기 뿐만 아니라 학급상황을 고려하여 관찰 항목을 세분화하여 작성해야 한다. 3월 적응기간 동안 평가하여 그 결과에 따라 개별화교육목표 선정에 활용할 수 있다(조윤경 외, 2012b). 일과기반 행동수행목록표는 모든 유아를 평가하기 위해 제작한 것이므로 지체장애유아를 위하여 별도록 작성할 필요 없이 공통된 일과기반 행동수행목록표를 작성하여 사용함으로써 연령에 맞는 학업 및 기능적 수행능력을 확인할 수 있고, 개별 유아의 평가 결과는 또래의 다른 유아들과 비교할 수 있기 때문에 규준평가로서의 역할을 수행하기도 한다. 가장 큰 장점은 개별 유아의 학업 및 기능적 수행능력을 특수교육 관련 전문지식이 없이도 평가할 수 있다는 것이다.

〈표 10-1〉 지체장애유아의 일과기반 행동수행목록표

행동목록	수행 정도	
	예	아니오
등원 후 교사와 눈을 맞추며 반갑게 인사할 수 있다.	✓	
신발을 스스로 벗을 수 있다.		✓
부모님과 울지 않고 헤어지며 인사할 수 있다.	✓	
교실로 들어온 후 친구들과 반갑게 인사할 수 있다.	✓	
내 사물함을 찾아 옷과 가방을 벗어 정리할 수 있다.		✓
교실에서 놀고 싶은 놀잇감을 찾아 놀이할 수 있다.	✓	
오전 간식을 먹기 전 놀잇감을 제자리에 정리할 수 있다.	✓	
스스로 소매를 걷고, 손을 씻을 수 있다.		✓
자리에 바르게 앉아서 혼자 간식을 먹을 수 있다.		✓
다 먹은 그릇을 제자리에 정리할 수 있다.	✓	
스스로 그림책을 만지거나 그림책을 볼 수 있다.	✓	
친구들의 놀이에 관심을 갖고 함께 참여할 수 있다.		✓
교사의 질문에 대답할 수 있다.	✓	
손이나 난간, 벽 등을 잡고 일어설 수 있다.		✓
자리에 바르게 앉아 스스로 점심을 먹을 수 있다.		✓
혼자서 양치질을 할 수 있다.		
낮잠매트가 준비되면 내 자리를 찾아 누울 수 있다.	✓	
내 사물함을 찾아 옷과 가방을 꺼내 입을 수 있다.		✓
하원 시 교사에게 인사할 수 있다.	✓	

〈표 10-1〉에 제시된 지체장애유아의 하루 일과를 통한 학업 및 기능적 수행능력을 평가하였다면 이를 토대로 현행수준요약서를 작성하여야 한다. 현행수준요약서는 의료전문가에 의해 받은 건강검진 결과와 발달평가 결과, 부모님께서 작성하는 영유아 정보조사서, 원내에서 이루어지는 관찰기록, 개별 유아의 활동산출물을 정리한 포트폴리오, 전문가 협력의뢰 결과서, 일과기반 행동수행목록표 등 다양한 방법으로 수집한 자료를 근거로 적응행동(신변처리, 자조행동 등), 운동성(대 · 소근육), 사회성, 인지, 의사소통, 문제행동의 6개 영역별로 나누어 강점과 지도가 필요한 점으로 나누어 기술한다(조윤경 외, 2012b). 예를 들어, 일과기반

행동수행목록표에서 '등하원 시 교사 및 친구들과 반갑게 인사할 수 있다'라는 항목에 '예'라고 체크가 되어 있다면, 이것은 지체장애유아가 기능적으로 수행할 수 있는 행동이므로 강점이 된다. 그러나 '신발을 스스로 벗을 수 있다'라는 항목에서 '아니오'라고 체크가 되어 있다면, 이것은 앞으로 대상 유아에게 지도해야 할 행동이 되는 것이다. 이처럼 다른 모든 수집된 자료도 이와 같은 방법으로 6개 영역으로 나누어 동일한 영역에 속한 항목들을 모아서 기술하고, 이를 강점과 지도해야 할 점으로 나누어 기술한다. 이와 같은 과정을 거쳐서 작성한 것이 〈표 10-2〉에 제시되어 있다.

〈표 10-2〉 지체장애유아의 현행수준요약서

<table>
<tr><td colspan="2">이름</td><td>이○○</td><td>성별</td><td>여</td><td>생년월일</td><td>2015.10.11.</td></tr>
<tr><td colspan="2" rowspan="2">IEP지원팀</td><td colspan="2">원장 장○○ (서명)</td><td colspan="3">일반교사 김○○ (서명)</td></tr>
<tr><td colspan="2">장애아 담당교사 이○○ (서명)</td><td colspan="3">학부모 박○○ (서명)</td></tr>
<tr><td colspan="2" rowspan="3">진단평가내용</td><td>검사일</td><td colspan="2">검사명</td><td colspan="2">진단평가 결과</td></tr>
<tr><td>2020.5.1.</td><td colspan="2">KEDI-WISC, 사회성숙도</td><td colspan="2"></td></tr>
<tr><td></td><td colspan="2"></td><td colspan="2"></td></tr>
<tr><td colspan="2" rowspan="2">발달영역</td><td colspan="5">현행수준</td></tr>
<tr><td colspan="2">강점</td><td colspan="3">지도가 필요한 점</td></tr>
<tr><td colspan="2">적응행동</td><td colspan="2">· 하루 일과를 인지하고 있음.</td><td colspan="3">· 옷 입기, 양치 및 옷을 스스로 입을 수 있도록 지도가 필요함.</td></tr>
<tr><td rowspan="2">운동성</td><td>대근육</td><td colspan="2">· 신체를 움직일 수 있음.</td><td colspan="3">· 신체를 조절하여 혼자서 움직일 수 있도록 도움.</td></tr>
<tr><td>소근육</td><td colspan="2">· 물체를 잡을 수 있음.</td><td colspan="3">· 눈과 손을 협응하여 소근육을 조절할 수 있도록 도움.</td></tr>
<tr><td colspan="2">인지</td><td colspan="2">· 주변의 놀잇감에 관심을 가짐.</td><td colspan="3">· 놀잇감으로 놀이할 수 있도록 도움.</td></tr>
<tr><td colspan="2">언어
(의사소통)</td><td colspan="2">· 자신의 생각과 느낌을 표현할 수 있음.</td><td colspan="3">· 정확한 발음으로 자신의 의사를 표현할 수 있도록 도움.</td></tr>
<tr><td colspan="2">사회성</td><td colspan="2">· 교사의 질문을 듣고 이해할 수 있음.</td><td colspan="3">· 다른 사람의 말에 말과 행동으로 반응할 수 있도록 도움.</td></tr>
</table>

행동특성	· 자신의 의사에 따라 신체를 움직이기 어려우며, 타인의 도움 없이 혼자 서거나 걸을 수 없음.
가족의 강점	· 장애에 대한 전반적인 지식이 높으며, 가정에서 지속적으로 신체적, 언어적 자극을 주고 있음.
시작 · 종결 시기	· 2020년 7월에 시작 ~ 2021년 6월 종결
· 평가방법: 교사 제작 평가지, 관찰, 포트폴리오, 그리기, 작업, 일화 관찰 등 · 평가시기: 담당교사가 수시 관찰법을 통해 성취 정도를 월별로 누가 기록하고, 이 자료를 토대로 학기별로 종합평가	

다양하게 수립된 객관적 자료를 토대로 작성된 지체장애유아의 현재수행수준 요약서에 따라 개별화교육계획안에 반드시 포함되어야 할 내용을 중심으로 작성한다. 먼저, 기본정보에 대한 내용을 첫 장에 기술해야 하는데, 장애유아의 이름, 생년월일 등 일반적인 유아의 특성을 작성한다. 다음으로 개별화교육지원팀의 구성원들에 대한 이름을 작성하고, 어떤 진단평가를 받았는지 검사명과 검사일시 등을 기술한다. 이제 본격적으로 현행수준요약서의 지도해야 할 점을 근거로 6개 영역별로 장 · 단기목표를 수립한다. 개별화교육계획안에 성취 여부를 작성하여 제시하면, 별도의 평가계획을 수립하지 않아도 계획 및 평가를 함께 수립할 수 있게 된다. 평가 시기는 장애 정도, 연령 및 발달특성에 따라 정하면 되는데, 주기적으로 평가하여 지체장애유아의 진전도를 모니터링함으로써 대상 유아의 성장 발달 상황을 정확하게 판단할 수 있을 뿐 아니라 이를 통해 운영평가도 시행할 수 있고, 다음 학기 개별화교육계획을 수립할 때, 이를 반영하여 수정 · 보완할 수 있는 근거로 사용할 수 있다. 마지막으로 개별 장애유아에게 필요한 특수교육 및 관련 서비스와 현재 받고 있는 치료지원에 대한 서비스를 기술하고, 문제행동 지원 방안, 가족지원방안, 서비스 지속시기와 교육기간, 평가기간 등의 날짜를 작성한다(조윤경 외, 2012b). 〈표 10-3〉은 지체장애유아를 위한 개별화교육계획안으로 유아교육기관에서 기관의 특성과 대상 유아의 특성을 고려하여 작성한 것을 제시한 것이다.

〈표 10-3〉 지체장애유아의 개별화교육계획

영역		장기목적	단기목표	지도상황	성취 여부				
					7월	8월	9월	10월	11월
적응행동		혼자서 양치를 할 수 있다.	교사의 도움을 받아 소매를 잡고 걷어 올릴 수 있다.	양치시간					
			칫솔을 잡고 양치질을 할 수 있다.						
			거품을 뱉을 수 있다.						
		식사시간에 혼자서 음식을 먹을 수 있다.	숟가락과 포크를 잡고 음식을 집을 수 있다.	점심시간					
			음식을 입안에 넣을 수 있다.						
			컵을 잡고 담겨 있는 물을 스스로 마실 수 있다.						
		스스로 옷을 입고 벗을 수 있다.	양손으로 옷을 잡고 벗을 수 있다.	일과 중					
			양손으로 옷을 입고 지퍼를 채울 수 있다.						
운동성	대근육	스스로 일어설 수 있다.	교사의 도움을 받아 벽이나 난관을 잡고 설 수 있다.	일과 중					
			교사의 손을 잡고 설 수 있다.						
		낮은 장애물을 스스로 넘을 수 있다.	교사의 도움을 받아 한 발씩 교차하며 낮은 장애물에 올라갈 수 있다.						
			교사의 도움을 받아 한 발씩 교차하며 낮은 장애물에 내려갈 수 있다.						
	소근육	색연필을 잡고 종이에 그려진 선을 따라 그어 볼 수 있다.	색연필을 잡을 수 있다.	미술놀이 시간					
			색연필을 잡고 종이에 선 긋기를 할 수 있다.						
		혼자서 가위를 잡고 종이를 오릴 수 있다.	혼자서 가위를 잡을 수 있다.						
			가위를 손가락에 끼우고 움직일 수 있다.						
			교사의 도움을 받아 가위로 종이를 오릴 수 있다.						
		혼자서 블록을 위로 쌓을 수 있다.	블록을 잡을 수 있다.	쌓기놀이 시간					
			교사의 도움을 받아 3개 이상의 블록을 위로 쌓을 수 있다.						
인지		놀잇감의 수를 셀 수 있다.	타인이 말하는 놀잇감을 손가락으로 가리킬 수 있다.	일과 중					
			3개 이상의 놀잇감을 한 개씩 세어 볼 수 있다.						

<table>
<tr><th rowspan="2">영역</th><th rowspan="2">장기목적</th><th rowspan="2">단기목표</th><th rowspan="2">지도상황</th><th colspan="5">성취 여부</th></tr>
<tr><th>7월</th><th>8월</th><th>9월</th><th>10월</th><th>11월</th></tr>
<tr><td>언어
(의사소통)</td><td>자신의 의사를 말로 표현할 수 있다.</td><td>자신이 원하는 것을 "주세요"라고 말할 수 있다.</td><td>일과 중</td><td></td><td></td><td></td><td></td><td></td></tr>
<tr><td rowspan="2">사회성</td><td rowspan="2">타인의 말에 말과 행동으로 반응할 수 있다.</td><td>타인이 부르면 몸을 돌려 쳐다볼 수 있다.</td><td rowspan="2">일과 중</td><td></td><td></td><td></td><td></td><td></td></tr>
<tr><td>교사의 질문에 "네, 아니요"로 대답할 수 있다.</td><td></td><td></td><td></td><td></td><td></td></tr>
<tr><td>행동지원
방안</td><td colspan="8">신체의 이동과 움직임 등에 제한을 보이는 유아가 스스로 말하기, 먹기, 걷기와 같은 운동 기능과 관련된 모든 영역에서 신체를 움직이며 스스로 해 볼 수 있는 환경을 제공하고 격려해 준다.</td></tr>
<tr><td>가족지원
방안</td><td colspan="8">어린이집과 연계된 신체 움직임을 도우며 안전한 주변환경을 제공하여 준다.</td></tr>
</table>

〈표 10-3〉에 제시된 개별화교육계획안은 유아교육기관 내에서 사용하는 것이기 때문에 유아의 일반적인 특성 부분을 작성하지 않은 것으로 보이며, 평가일시나 평가방법, 치료지원 서비스 및 관련 서비스 등에 대한 부분이 누락되어 있다. 그러나 지도상황이라는 부분을 제시하면서 언제 영역별 지도가 이루어지는지에 대한 정보를 제시하였다. 이처럼 개별화교육계획안은 반드시 들어가야 할 내용만 잘 제시되어 있다면, 원의 특성에 맞게 형식에 구애없이 자율적으로 작성할 수 있다.

2) 지체장애의 개별화교육 실행

지체장애유아의 경우에는 많은 경우 잘못된 자세로 인해 관절의 변형 및 호흡, 근육의 움직임 등에 영향을 받게 되므로 가능한 한 바른 자세를 경험하고 유지할 수 있도록 해 주는 것이 필요하다. 특히, 잘못된 자세를 유발하는 경직과 근긴장은 뇌성마비유아의 주된 문제이기 때문에 이에 대한 관리가 필요하다(국립특수교육원, 2016b). 지체장애유아 중 영유아기에 많이 발생하는 뇌성마비장애유아의 경우는 대뇌피질의 손상으로 인해 근긴장도가 높아서 잘 움직이는 것이 어렵고, 움직임이 느리다는 일반적 특징을 가지고 있다(권순우 외, 2019). 따라서 유아교육기관에서의 적응을 위해 필요한 이동이나 유아기에 거치게 되는 배변훈련에 대한 지도를 효과적으로 할 수 있는 방법에 대하여 제시하고자 한다.

(1) 바른 자세 조절 및 유지방법

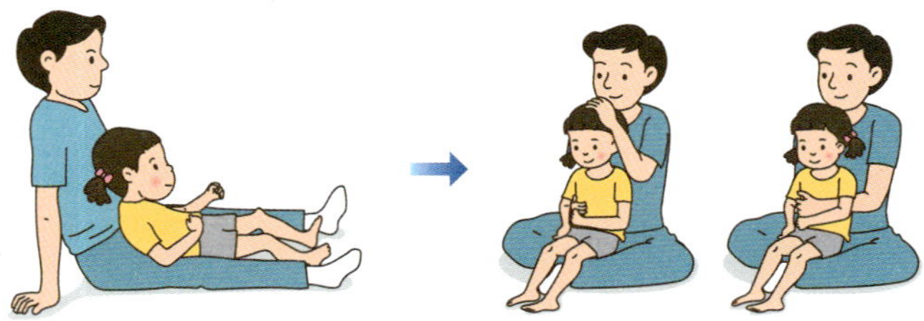

[그림 10-4] 뇌성마비 유아의 근긴장도를 풀어 주며 앉히는 방법

일반적으로 유아기에 접어들면 대 · 소근육의 발달이 이전보다 훨씬 정교해지고, 왕성해지면서 다양한 활동이 가능해진다. 그러나 뇌성마비장애유아의 경우에는 근긴장도가 높아서 작은 움직임에도 근육이 뻣뻣하게 굳으며 뒤로 뻗쳐지는 것 같은 모습을 보이곤 한다. 따라서 이러한 경직된 모습이 나타나지 않도록 조심스럽고 부드럽게 움직일 수 있도록 해야 한다. 특히, 경직이 심한 뇌성마비 유아는 몸을 움직일 때, 근긴장도가 높아져 근육이 뻣뻣하게 굳어지므로 유아를 안고 이동할 때는 부드럽게 안아 천천히 움직여야 한다(국립특수교육원, 2016f). 뇌성마비 유아가 하루 일과 동안 또래 유아들과 함께 앉아서 활동 및 놀이에 참여할 수 있도록 교사가 신체적 지원을 해 줄 수 있는데, [그림 10-4]와 같이 근긴장도가 높은 뇌성마비유아의 경우, 먼저, 교사의 무릎 위에 편하게 누울 수 있도록 해 줌으로써 긴장도를 완화시켜 준다. 이후 부드럽게 끌어안아 올려서 바르게 앉아 있는 형태로 자세를 잡아 줌으로써 다른 아이들이 노는 모습이나 활동하는 모습을 지켜볼 수 있도록 해주고, 이후 순차적으로 함께 참여할 수 있도록 유도해 줄 수 있다.

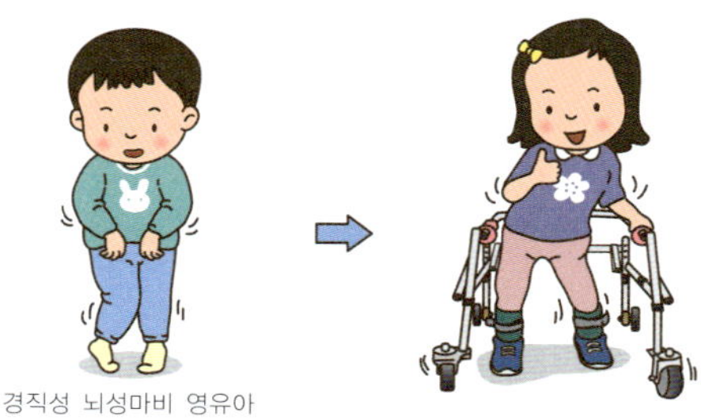

[그림 10-5] 뇌성마비 유아가 바르게 서고 스스로 이동할 수 있도록 보행보조기 지원

일반적으로 유아들은 다리를 11자 형태로 하고 서 있기 때문에 자신의 체중을 두 다리로 지탱하며, 균형을 잡고 서 있을 수 있다. 그러나 경직형 뇌성마비 유아의 경우에는 무릎을 붙이고, 다리는 살짝 벌린 채 뒤꿈치를 든 것처럼 불안정하게 [그림 10-5]의 왼쪽 그림처럼 서 있곤 하는데, 이런 자세는 자신의 체중을 감당하지 못해 넘어지거나 주저앉게 되면서 안전사고의 문제를 발생시킬 수 있다. 따라서 교사나 부모는 안정적으로 서 있을 수 있도록 일상생활에서 주기적으로 지도를 해야 한다. 유아가 안정적으로 서거나 걸을 수 있도록 상체를 펴 주고, 다리를 11자 형태로 벌려 주어 체중을 지지할 수 있도록 자세를 잡아 준 후 유아의 신장에 적합한 보행보조기를 사용하여 서거나 걸을 수 있도록 일상생활에서 반복적으로 지도해 준다.

(2) 대소변훈련

비장애유아의 경우, 만 2세경을 전후하여 대부분의 유아가 배변훈련을 시작하게 된다. 그러나 지체장애유아나 뇌성마비장애유아의 경우에는 배변훈련이 쉽지 않고, 다른 수반된 장애가 있을 경우엔 배변에 대한 표현도 어렵기 때문에 단계적으로 실시해야 하며, 비장애유아보다 더 많은 시간과 인내를 가지고 꾸준히 노력해야 한다. 배변훈련 시 환경이 달라지거나 불안, 흥분된 경우, 유아는 대소변 조절을 하는 것이 어렵기 때문에 불안이나 초조한 감정이 들지 않도록 익숙한 환경에서 심리적으로 안정된 상태일 때, 배변훈련을 할 수 있도록 해야 한다. 즉, 대소변 지도 시에는 재촉하거나 강요하기보다는 편안한 상태에서 격려와 칭찬을 하는 방법이 효과적이다. 또한 익숙해진 학급이나 가정에서 일정한 간격으로 변기에 앉게 하여 규칙적인 일과처럼 습관화시키는 것이 효과적이다. 한 가지 주의해야 할 사항은 유아가 용변을 마쳤는지를 확인하기 위해 유아를 자주 들어 올리는 행동을 하면, 유아가 불안하고 초조하게 느끼게 되고, 근육의 긴장도가 높아져 오히려 역효과가 나고 효과적인 배변훈련이 될 수 없다(국립특수교육원, 2016f).

지체장애유아나 뇌성마비장애유아의 경우에는 몸을 지탱하고 앉아 있는 것이 쉽지 않으므로 느긋하고 편안하게 대소변을 볼 수 있도록 통 속에 변기를 넣어 주어 유아가 스스로 상자나 지지대를 잡고 대소변을 볼 수 있도록 해 주면 안정감을 가지고 용변을 마칠 수 있다.

(3) 뇌병변장애유아의 교수방법

① 반응 충분히 기다려 주기: 운동장애를 가지고 있는 장애유아의 경우, 즉각적으로 반응하는 데 어려움이 있다. 예를 들면, 교사가 유아에게 원하는 놀잇감을 손으로 가리킬 것을 요구하면, 이에 대해 이해했더라도 반응을 나타내기까지 한참의 시간이 걸리는 경우가 많다. 특히, 운동장애를 가진 유아의 경우에는 충분한 시간을 가지고 스스로 반응하도록 기다려 주지 않으면 좌절하고 점점 반응하지 않게 될 수 있기 때문이다(조윤경 외, 2012a).

② 불수의적인 운동에 대해 이해하기: 운동기능 발달이 지체된 유아들 중에서는 본인이 원하지 않아도 근긴장도가 올라가면서 뻣뻣하게 굳고 뒤로 뻗쳐지는 자세나 행동이 나타날 수 있다는 것을 명심하고, 반사적 움직임의 경우 부드럽고 조심스럽게 자세를 적절하게 조절해줌으로써 굳어지는 것이 풀어질 수 있도록 한다(조윤경 외, 2012a).

③ 최대한 참여할 수 있도록 자세 잡아 주기: 장애유아가 하루 일과에 좀 더 원활하게 참여할 수 있도록 자세를 취해 주는 것이 좋은데, 어떤 자세를 취할 수 있는지 물리치료사나 작업치료사에게 문의하는 협력의뢰서를 보내거나 상담을 통하여 장애유아의 운동능력을 파악한 후 참여를 측정할 수 있는 자세를 취할 수 있도록 지원해 준다. 앉히거나 경사대에 누워서 놀이나 활동에 참여할 수 있도록 해 주고, 주변의 위험한 물건들은 미리 제거해 둔다(조윤경 외, 2012a).

④ 모든 활동에 일정 부분이라도 참여할 수 있도록 하기: 일반적으로 좋은 앉기 자세는 엉덩이와 무릎이 90도 각도를 유지하고, 발은 발 받침대에 편안하게 놓여 있어야 하며, 의자 안쪽에 엉덩이를 넣어서 앉아야 한다. 유아에 따라 어깨나 머리도 안정되게 위치할 수 있도록 기립테이블 같은 지지대가

필요한 경우가 있다. 따라서 아무리 심한 지체장애유아라도 다른 유아들이 활동에 참여하는 것을 관찰만 할 것이 아니라 가능한 부분적으로라도 함께 참여할 수 있도록 유도해야 한다(조윤경 외, 2012a).

뇌성마비재활치료방법

의학적 측면에서의 뇌성마비 정의 및 치료방법

Chapter 11

지적장애

발달장애 중 지적장애

의학적 측면에서
발달장애 중 지적장애
알아보기

발달장애는 일반적으로 만 18세 이전까지 상당한 수준의 발달지연을 나타내거나, 독특한 발달양상을 나타내는 장애로 대표적인 유형으로는 지적장애와 자폐성장애가 있다. 제11장에서는 발달장애 중 지적장애를 먼저 살펴보고자 하는데, 일반적으로 지적장애라고 하면 동일 연령 집단의 평균 IQ 이하의 지능을 가지고 있으면서, 적응행동에 어려움이 있는 사람을 말한다(조윤경 외, 2012a). 교육적인 측면에서 보면, 지능지수가 낮으며 적응행동에 문제가 있어서 특별한 교육이 필요한 사람을 말하는데, 복지 및 의료적 측면에서는 교육적 측면에 더하여 정신질환을 포함하기 때문에 치료적 지원까지 필요한 경우를 말한다. 이를 특수교육대상 유아에 적용하여 설명해 보면, 지능지수가 70 이하이면서, 자기 스스로 자신의 일을 처리할 수 있는 자조기술의 발달이 덜 되어 자신의 신변처리에 어려움을 겪는 유아로서 유아교육기관에서의 적응에 곤란을 겪기 때문에 특수교육 및 관련 서비스의 제공이 필요한 유아라고 말할 수 있다.

장애인복지법

위키백과 지적장애

장애인복지법

지적장애에 대한 위키백과의 정의

지적장애라는 용어는 최근에 장애인 인권을 존중하는 측면에서 장애 당사자의 의견을 반영하여 개명된 것이다. 지적장애에 대한 용어의 변천과정을 살펴보면, 초기에는 정신박약(精神薄弱, Mental deficiency)으로 불리다가 관련 법령이 개정되면서 정신지체(精神遲滯, Mental retardation)로 개명된 후 특수교육의 패러다임이 전환되면서 최근에 사용하는 용어인 지적장애라는 용어로 변화하게 되었다. 이는 장애인에 대한 무시라는 지적에 의해 개칭(改稱)된 것으로 장애인 관련 법규 내용의 명칭 또한 이러한 지적에 의해 개정되었다. 우리나라의 경우 「심신장애자복지법」 제정 당시 정신박약으로 되어 있었으나, 1989년 심신장애자의 자립 및 자활을 위해 제정되었던 「심신장애자복지법」이 심신장애자를 장애인으로 개칭하고, 「장애인복지법」으로 개정하면서 정신지체로 개명되었다. 이후 2007년 「장애인복지법 시행규칙」이 개정되면서 정신지체가 지적장애로 개명되었다(법제처 국가법령정보센터, 2021).

우리나라의 경우, 2021년 기준 유치원에서 통합교육을 받고 있는 특수교육대상 유아의 수는 7,197명(영아 미포함)으로, 이 중 지적장애로 분류되는 유아의 수는 1,144명으로 전체 특수교육대상 유아의 15.9%에 해당한다. 이들 중 특수학교 소속이 624명(54.6%)으로 가장 많았고, 일반학교 특수학급 소속이 412명(36%), 그리고 일반학교의 일반학급 소속이 108명(9.4%)으로 실제 분리교육을 받고 있는 지적장애 특수교육대상 유아가 가장 많았다(교육부, 2021). [그림 11-1]은 2021년 통계 기준 지적장애 특수교육대상 유아의 배치 현황을 나타낸 것이다.

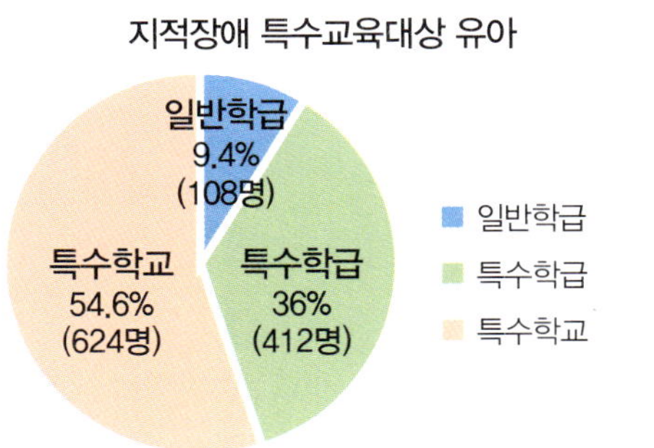

[그림 11-1] 지적장애 특수교육대상 유아 배치 현황

제11장에서는 지적장애의 정의 및 특성에 대하여 살펴본 후, 지적장애유아에게 적합한 개별화교육계획을 수립할 수 있도록 기존에 유아교육기관에서 수립한 계획안을 검토한 후 이를 보다 효율적으로 작성하여 실행할 수 있도록 일반적으로 지적장애에 적합한 방안을 모색해 보고자 한다.

1 지적장애의 정의

미국의 「장애인교육법[IDEA, 2004, Part B. Sec. 300.8(c)(6)]」에 따르면, 지적장애(Intellectual disability)는 '적응적 행동의 결손과 평균 이하의 지적 기능을 가지고 있어서 아동의 학업적 성취에 심각한 악영향을 미치는 것'으로, 지적장애라는 용어를 사용하기 이전에는 정신지체(mental retardation)라는 용어로 표기하였다(U.S. Department of Education, 2021).

출처: https://sites.ed.gov/idea/regs/b/a/300.8/c 2021. 5. 7. 인출

미국 정신의학협회의 「정신장애 진단 및 통계편람(DSM-Ⅴ)」에 따르면, 지적장애는 신경발달장애(Neurodevelopmental disorders)에 해당하는 장애로 진단기준은 인지능력(IQ)과 적응기능 전체 평가의 필요성을 강조하면서, 심각도는 IQ 점수보다 적응기능에 따라 결정한다. 지적장애(지적발달장애)는 발달시기에 시작되며, 개념, 사회, 실행영역에서 지적기능과 적응기능 모두에 결함이 있는 상태를 말한다. 임상적 평가와 개별적으로 실시된 표준화된 지능검사로 확인된 지적기능(추론, 문제해결, 계획, 추상적 사고, 판단, 학업, 경험학습)의 결함이 있고, 적응기능의 결함으로 독립성과 사회적 책임의식에 필요한 발달학적 · 사회문화적 표준

을 충족하지 못하기 때문에 지속적인 지원 없이는 적응 결함으로 인해 다양한 환경(가정, 학교, 일터, 공동체)에서 한 가지 이상의 일상생활(의사소통, 사회적 참여, 독립적 생활) 기능에 제한을 받는다(권준수, 김재진, 남궁기, 박원명, 신민섭, 유범희, 윤진상, 이상익, 이승환, 이영식, 이헌정, 임효덕, 2015).

우리나라 「장애인 등에 대한 특수교육법」과 「장애인복지법」에서 규정하고 있는 지적장애에 대한 법적인 정의를 살펴보면, 「장애인 등에 대한 특수교육법」 시행령에서는 지적장애를 지닌 특수교육대상자에 대하여 '지적 기능과 적응행동상의 어려움이 함께 존재하여 교육적 성취에 어려움이 있는 사람'이라고 정의하고 있다(교육과학기술부, 2008b). 「장애인복지법」 시행령에서는 제2조 관련 〈별표 1〉에 따라 지적장애인과 정신장애인으로 나누어 살펴볼 수 있는데, 지적장애인은 '정신 발육이 항구적으로 지체되어 지적 능력의 발달이 불충분하거나 불완전하고, 자신의 일을 처리하는 것과 사회생활에 적응하는 것이 상당히 곤란한 사람'으로, 정신장애인은 '지속적인 양극성 정동장애(여러 현실 상황에서 부적절한 정서 반응을 보이는 장애), 조현병, 조현정동장애 및 재발성 우울장애, 그리고 지속적인 치료에도 호전되지 않는 강박장애, 뇌의 신경학적 손상으로 인한 기질성 정신장애, 투렛장애 및 기면증에 따른 감정조절 · 행동 · 사고 기능 및 능력의 장애로 인하여 일상생활이나 사회생활에 상당한 제약을 받아 다른 사람의 도움이 필요한 사람'으로 정의하고 있다. 따라서 여기에 포함되는 특수교육대상 유아의 경우, 교육적 지원뿐 아니라 치료적 지원을 모두 필요로 한다고 볼 수 있다.

2 지적장애의 특성

지적장애에 대하여 잘못 이해하는 경우가 종종 있는데, 예를 들면, 지능지수가 낮으면 아무것도 못 한다고 생각한다거나 유전이 된다고 생각하는 것이다. 지능지수는 학업과 관련되는 것이고, 운동능력이나 정서, 감정, 창의력 등과 같은 다른 능력에는 영향을 받지 않으며, 유전과 관련된 지적장애는 명확하게 밝혀진 것이 약 20% 정도밖에 되지 않으므로 유전이라고 생각하는 것은 오해이다. 또한 지적장애와 정신이상을 혼동하는 경우가 있는데, 지적장애는 정신이상과 같은 의학적 치료가 필요한 사람이 아니라 특수교육과 훈련으로 발달과 교육이 가능한 사람이다. 그렇기 때문에 조기에 적절한 교육과 훈련을 받는다면 충분히 사회에서 비장애인들과 더불어 살아갈 수 있다(국립특수교육원, 2016b).

지적장애는 유아가 성장 · 발달하는 동안 나타나는 의사소통기술, 자조기술, 여가활동 같은 생활 속에 필요한 적응기술을 수행함에 있어서 장애로 인하여 유의하게 지적 기능이 비정상적으로 나타나는 것을 말한다. 표준화된 지능검사에서 지능지수가 표준보다 2표준편차(standard deviations: sd) 낮은 경우(예, 평균 지능지수가 100일 때 대략 70 정도의 지능지수)에 유의한 인지결손(cognitive deficits)이 있는 것으로 간주한다. 표준화된 적응기능 검사는 학부모와 교사에 의해 작성된 설문지를 통해 얻어지는 경우가 많다. 발달지연이 나타날 경우, 그에 적합한 중재를 통하여 해당영역의 문제가 보완될 가능성이 높지만, 지적장애의 경우는 주의집중, 시연, 반응을 억제하는 능력 같은 하위인지과정에 비해 효율적인 문제해결 전략, 일반화, 추론적 능력 같은 상위인지과정에서 전 생애에 걸쳐 어려움을 겪게 될 가능성이 높다(Wilmshurst, 2012).

지적장애의 원인에 대하여 현재까지 알려진 바에 의하면, 지적장애의 원인은 염색체 이상, 대사장애, 두뇌의 손상, 위험물질 및 약물오남용 등을 들 수 있다. 염색체 이상의 경우는 다운증후군, 클라인펠터증후군, 약체X염색체 증후군, 프라더윌리증후군 등이 있으며, 대사장애는 단백질, 탄수화물, 지방 등의 신진대사 물질의 대사과정에 문제가 생겨 지적장애가 발생하는 경우로 단백질대사질환인 페닐케토뇨증(Phenylketonuria: PKU)과 유당대사질환인 갈락토스혈증(Galactosemia)이 대표적이다. 또한 모체감염으로 인한 풍진, 매독 같은 감염병 질환이 있는 산모가 아이를 낳은 경우, 뇌염, 뇌막염 등의 질병이나 출산 시 혹은 출산 후에 발생하는 산소부족 등으로 뇌에 손상을 입어 지적장애가 발생하는 경우가 있다. 그 외에도 산모의 약물남용, 흡연, 영양실조, 방사선 노출, 조산아 출생 등으로도 지적장애가 발생할 수 있다(국립특수교육원, 2016b; 임경옥 외, 2019).

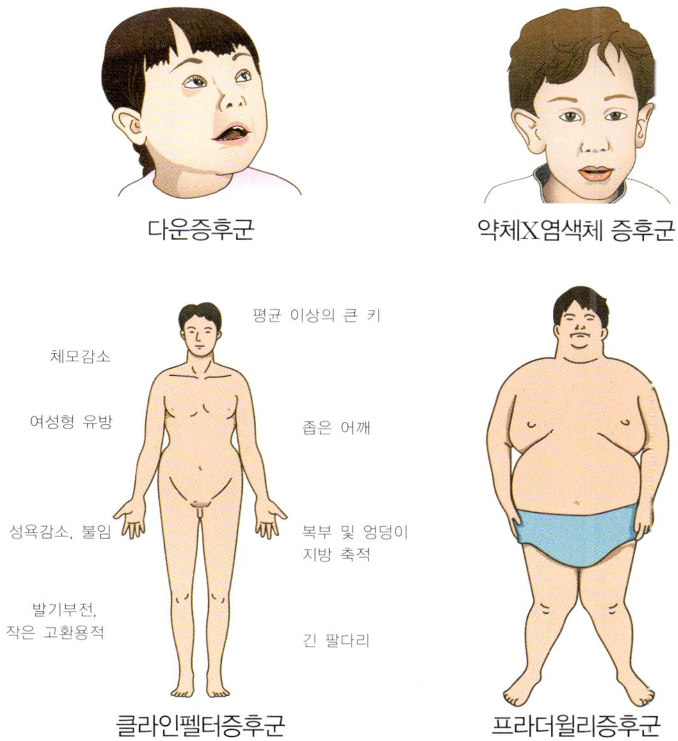

[그림 11-2] 지적장애별 특성

장애 원인과 정도에 따라 지적 능력과 적응능력의 차이가 천차만별이기 때문에 지적장애유아의 발달영역별 차이와 개인 간 또는 개인 내 차이를 고려한 일관된 특성을 제시하기란 쉽지 않다(국립특수교육원, 2016b; 권순우 외 2019). 그럼에도 불구하고 유아기 지적장애로 인해 나타날 수 있는 대표적인 특성들은 다음과 같다.

1) 신체발달

지적장애가 염색체 이상으로 발현된 경우에는 독특한 외관상의 특징을 나타낸다. 특히, 다운증후군(21번 염색체 이상), 클라인펠터증후군(23번 성염색체 이상), 약체X염색체 증후군(23번 성염색체 이상), 프라더윌리증후군(15번째 염색체 이상)은 또래 유아들과는 다른 두드러진 외관상의 특징을 나타낸다. 특히, 다운증후군(down syndrome)의 경우는 일반적으로 알려져 있듯이 임산부의 연령과 관련되어 있으며, 노산의 경우, 판별을 위하여 산전검사를 받도록 권장하고 있다. 보통 21번째 염색체(HSA 21)가 세 쌍인 염색체 이상이기 때문에 심각한 지적장애의 가장 흔한 유전적 질환이다. 지적장애 외에도 선천성 심장병, 알츠하이머, 백혈병, 저긴장 운동장애 및 다양한 신체 이상과 같은 많은 건강문제를 지니고 있어 신체적 발달지연과 안면기형, 지적장애를 동반하는 경우가 많다(Patterson, 2009).

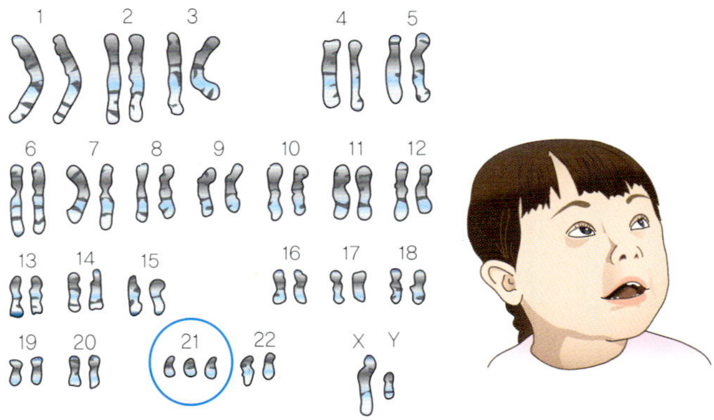

[그림 11-3] 다운증후군 유아의 염색체와 외관상 특징

다운증후군 유아는 [그림 11-3]에 제시한 바와 같이 염색체와 외관상의 두드러진 특징을 지니고 있다.

일반적으로 경도지적장애의 경우, 또래와 비교하여 키, 몸무게, 골격의 성숙이 평균 이하이며, 운동영역에서도 또래에 비해 저조한 성취수준을 보이는데, 특히 기술적이고 민첩한 동작을 요구하는 기기, 걷기, 뛰기, 공 던지기와 같은 큰 움직임이 필요한 대근육 운동영역에서 지체를 보이며, 물건에 자주 부딪히고 자주 넘어지는 모습을 보인다. 또한 퍼즐 맞추기, 작은 구멍에 물건 꽂기, 가위질하기와 같은 정확한 동작이나 반응이 필요한 소근육 운동발달에서도 또래에 비해 더딘 발달을 보이며, 선 따라 그리기와 같은 눈과 손의 협응이 필요한 소근육의 섬세한 과제를 어려워한다(국립특수교육원, 2012b; 임경옥 외, 2019).

2) 인지발달

지적장애유아는 또래의 유아들과 비교했을 때 정보를 기억하는 데 어려움이 있고, 특히 단기기억 부분에서 조금 더 어려워하는 모습을 보인다. 또한 주변의 소음이나 시각적 자극에 쉽게 영향을 받기 때문에 주의집중 시간이 짧고 금방 산만해지며, 활동에 참여하는 것을 어려워한다. 그러나 자신이 좋아하는 것에는 평상시보다 조금 더 주의 집중하는 모습을 보이며, 장기기억에서는 시연과 반복훈련을 하면, 또래 유아들과 통합교육을 수행하는 데 큰 문제는 없는 것으로 보이나 새로운 기술을 습득하는 데 있어서 또래들에 비해 느리기 때문에 좀 더 시간을 가지고 반복적으로 연습할 수 있도록 지원해 주어야 한다(국립특수교육원, 2012b; 이미숙 외, 2021).

기억력의 결함으로 인하여 과제수행이나 기술습득에 반복된 실패의 경험을 하게 되기 때문에 새로운 상황, 과제, 학습에 대한 두려움을 가지게 되고, 타인에게 의존하려는 경향을 나타내거나 학습된 무기력(learned helplessness)으로 인하여 아무것도 하지 않으려는 태도를 보이기도 한다. 또한 어떤 사건이 발생한 것에 대한 원인을 정확하게 파악하지 못하기 때문에 대처방안도 적절치 못하다(이미숙 외, 2019). 뿐만 아니라 밥 먹기, 화장실 가기, 옷 입기와 같은 일상생활에서 필요한 신변처리 활동을 배우거나 수행하는 데 어려움을 겪는다(국립특수교육원, 2012b; 이미숙 외, 2021).

3) 사회 · 정서발달

지적장애의 판단기준에는 낮은 지능지수 외에도 적응행동상의 문제가 포함된다. 이는 적응행동 안에 포함되는 사회적 관계형성을 위한 사회적 기술이나 원활한 의사소통능력이 현저하게 떨어지다 보니 또래관계를 형성하는 데 문제가 발생하는 것이다. 예를 들면, 친구를 만나면 먼저 인사하기와 같은 상황에서 적절한 행동이 무엇인지 잘 알지 못하는 것 같고, 놀이나 관심사가 또래의 친구들보다

어리고, 약간 복잡한 규칙이나 방법이 필요한 놀이에는 잘 참여하지 못하기 때문에 또래 친구들로부터 소외를 당하기도 한다. 또한 얼굴 표정, 말투 등의 사회적 단서나 비언어적 의사소통방법을 잘 이해하지 못하기 때문에 적절한 사회적 관계를 형성하는 데 어려움이 있다(국립특수교육원, 2012b; 이미숙 외, 2019).

4) 언어발달

지적장애유아의 대다수가 일반적인 언어발달단계에 따라 언어가 발달하지만, 첫 단어의 시작 시기가 늦고, 언어습득의 속도가 느린 편이다. 발음이 부정확해서 무슨 말을 하는지 잘 알아듣기가 어려울 수 있고, 어휘가 다양하지 않아 단순한 구문을 이용하여 말한다. 언어 지시를 잘 이해하지 못하여 다른 행동을 하거나, 마치 지시를 듣지 못한 것과 같은 행동을 보여 주기도 한다. 언어로 자신을 표현하는 것이 서툴러 말 대신 부적절한 행동을 먼저 보여 주기도 한다. 예를 들어, 친구가 먹고 있는 과자를 먹고 싶을 땐, 과자를 나눠 먹자고 말하기 전에 먼저 손으로 과자를 집어먹는 상황이 이러한 경우일 수 있다(국립특수교육원, 2012b).

지적장애유아의 수용 및 표현 어휘력의 향상을 위해 김옥진(2014)이 수행한 사례연구에 따르면, 자신감이 부족하고 또래 유아들보다 언어발달이 더딘 지적장애유아에게 놀이주제와 연계하여 일상생활과 밀접한 내용의 그림책을 활용한 역할놀이를 수행하였더니, 지적장애유아의 수용 및 표현 어휘력이 향상되었다고 하였다. 이는 놀이를 통한 감각적 경험활동이 다양한 어휘들을 이해하고, 일상생활 속에서 직접 적용되게 함으로써 지적장애유아의 수용 어휘력이 향상되었다고 하였다. 또한, 그림책을 활용하여 유아의 흥미를 유발시키고, 장난감을 사용하여 참여를 유도한 후 상황에 맞는 대화체 중심의 어휘를 사용하도록 하였더니, 점차 상황에 맞는 대화가 진행되면서 다른 사람에게 자신감 있게 생각과 느낌을 표현할 뿐만 아니라 친구들과도 조금씩 어울려 역할영역에서 놀이하는 계기가 되었다고 하였다.

지적장애 지원방안

지적장애영유아지원방안

3 지적장애의 개별화교육지원

지적장애유아는 인지기능의 장애로 인하여 느린 학습속도뿐 아니라 학습과정에도 어려움을 겪게 된다. 일반적으로 장애유아들은 개인차가 있긴 하지만 주의 집중, 기억력, 언어발달, 자기조절, 사회성발달, 학습동기 등의 영역에서 결함을 보이기 때문에 개별화교육계획을 수립할 때 이러한 점들을 고려해야 한다. 또한 또래의 비장애유아들이 일상경험을 통하여 자연스럽게 습득하게 되는 사항들을 지적장애유아는 관찰이나 모방을 통하여 배우는 모방학습, 우발학습의 능력도 부족하기 때문에 세부적인 교수전략을 수립하여 반복적으로 시연하고 연습할 수 있도록 해 주어야 한다는 점을 고려하여 개별화교육계획을 수립해야 한다(조윤경 외, 2012a). 동일한 유형의 지적장애유아라 하더라도 개별 유아의 장애 정도나 상황에 따라 개별 유아의 교육적 요구가 다르기 때문에 이에 적합한 개별화교육계획을 수립하기 위하여 먼저 일반적인 특징들을 고려한 계획을 수립해 놓고, 추가적으로 개별 유아의 요구를 반영하여 학기마다 개별화교육계획을 수정 · 보완하여 실행함으로써 개별화교육의 효용성을 높일 수 있다.

1) 지적장애의 개별화교육계획안 작성

2019년 누리과정이 개정되어 기존의 교사중심 교육과정에서 유아중심 교육과정으로 바뀌게 되면서 유아가 놀이를 중심으로 직접적인 경험을 통하여 스스로 배워 나갈 수 있도록 교육적 지원을 하는 방식으로 유아교육의 패러다임이 바뀌게 되었다. 이러한 변화에 따라 유아특수교육도 다양한 요구와 변화 속에서 특수교육대상 유아를 위한 교육과정 적용방법을 구축할 필요성이 제기되었다. 따라서 특수교육대상 유아는 질적으로 우수한 교육을 받을 권리가 있기 때문에 미국의 「장애인교육법(IDEA, 2004) [PartB subpartA section 300.39]」 특수교육에서도 규정한 '특별히 설계된 교육(specially designed instruction: SDI)'에 따라 실행할 수 있도록 적절한 지원방안이 모색될 필요가 있다. 여기서 특별히 설계된 교육이란 특수교육대상 유아의 개별적인 독특한 요구에 적합한 교육내용과 방법 등을 적절히 적용하는 것을 의미하며, 이는 개별적인 요구를 지원하면서 일반교육과정에 참여하는 것을 보장한다는 의미가 포함되어 있다(박현옥 외, 2020). 이에 따라 지적장애유아의 개별적 요구를 반영하면서도 일반교육과정에 참여를 제공하기 위하여 개별화교육계획을 수립해야 한다. 이를 위한 첫 단계가 바로 일과기반 행동수행목록표로서 하루 일과를 통해 할 수 있는 일과 할 수 없는 일을 확인하는 것이다. 〈표 11-1〉은 현재 유아교육기관에서 담임교사가 지적장애유아의 하루 일과를 주의 깊게 관찰한 후 수행할 수 있는 일과 없는 일을 간단히 체크하여 확인하도록 사용하고 있는 일과기반 행동수행목록표이다.

〈표 11-1〉 지적장애유아의 일과기반 행동수행목록표

성명	남○○	생년월일	2015년 6월 ○일				
평가표시(○: 스스로 수행, △: 도움을 받아 수행, ×: 지도가 필요)							
일과		평가일시					
		4/6	5/4	6/8			
등원	스스로 신발을 벗는다.	△	△	△			
	신발장에서 이름을 찾는다.	×	×	×			
	신발을 정리한다.	×	×	△			
	바로 교실로 향한다.	×	△	△			
	선생님께 인사를 한다.	×	×	×			
	보호자와 작별인사를 한다.	○	○	○			
	옷과 가방을 사물함에 정리한다.	×	×	×			
	보호자와 즐겁게 헤어진다.	○	△	△			
	친구와 인사할 수 있다.	×	×	×			
자유선택활동	원하는 놀이를 선택한다.	×	△	△			
	놀잇감을 용도에 맞게 사용한다.	×	×	×			
	친구와 어울려 논다.	×	×	×			
	영역 안에서 논다.	×	×	×			
	한 가지 놀이나 영역에서 일정시간 집중하여 논다.	×	×	×			

일과		평가일시				
		4/6	5/4	6/8		
자유 선택 활동	2~3개의 영역을 선택하여 논다.	×	×	×		
	친구를 방해하지 않는다.	△	△	△		
	다른 친구의 장난감을 뺏지 않는다.	×	×	×		
	친구에게 장난감을 나눠 준다.	×	×	×		
	필요한 도움을 요청한다.	△	△	△		
	정리할 때를 알고 정리한다.	×	×	×		
이동 하기	줄에 따라 모인다.	×	△	△		
	교사의 요구에 따라 줄을 선다.	△	△	△		
	줄을 서서 목적지로 이동한다.	×	×	×		
	줄에서 이탈하지 않는다.	×	×	×		
	친구를 밀지 않는다.	×	×	×		
	계단을 좌, 우 구분하여 오른다.	×	×	×		
	양발을 사용하여 계단을 도움 없이 오르고 내린다.	○	○	○		
	다른 장소로 혼자 가버리지 않는다.	×	×	×		
전체 활동	다음 활동을 예상하고 정해진 자리에 앉는다.	△	△	△		
	일정한 자세를 유지한다.	×	×	×		
	수업활동에 참여한다.	×	×	×		
	또래를 방해하지 않는다.	×	×	×		
	교사의 호명이나 질문에 적절히 질문한다.	×	×	×		
	자신의 의사표현을 한다.	×	×	×		
	동화나 동시, 담화 등을 이야기한다.	×	×	×		
	작업을 이해하여 스스로 수행한다.	×	×	×		
	작업에 필요한 도구를 바르게 사용한다.	×	×	×		
	노래를 따라 부른다.	×	×	×		
	교사의 동작을 따라 한다.	×	×	×		
	운동이나 게임을 도움 없이 수행한다.	×	×	×		
	자신의 순서를 기다린다.	×	×	×		
점심 식사	차례를 지키며 기다린다.	×	×	×		
	식판을 바르게 받으며 감사를 표시한다.	×	×	×		
	식판을 흘리지 않고 이동한다.	×	×	×		

	일과	평가일시				
		4/6	5/4	6/8		
점심 식사	바르게 앉아 먹는다.	×	×	×		
	수저를 바르게 사용한다.	×	×	×		
	골고루 먹는다.	×	×	×		
	음식을 흘리지 않고 먹는다.	×	×	×		
	차례를 지키며 식판을 정리한다.	×	×	×		
	물을 적당히 따를 수 있다.	×	×	×		
	식사 후 정해진 장소로 간다.	×	×	×		
간식 먹기	자리에 앉아서 기다린다.	×	×	×		
	접시와 컵을 흘리지 않고 자리로 가져간다.	×	×	×		
	"잘 먹겠습니다"라고 인사한다.	×	×	×		
	장난치지 않고 먹는다.	△	△	△		
	더 먹고 싶을 때 "더 주세요"라고 말한다.	×	×	×		
	친구의 것을 뺏어 먹지 않는다.	○	○	○		
	흘렸을 때 휴지를 가져와 정리한다.	×	×	×		
화장실 사용 하기	화장실에서 순서를 기다린다.	×	×	×		
	남녀 변기를 구별하여 줄을 선다.	×	×	×		
	옷을 차례대로 벗고 입는다.	×	×	×		
	단추나 지퍼를 열고 닫는다.	△	△	△		
	변기를 바르게 사용한다.	○	○	○		
	화장지를 사용하여 뒤처리를 한다.	×	×	×		
	물을 내린다.	○	○	○		
	수도꼭지의 사용을 안다.	×	×	×		
	비누를 묻혀 손을 씻는다.	×	×	×		
	수건으로 손을 닦는다.	×	×	×		
	"화장실에 가고 싶다"고 표현한다.	×	×	×		
	혼자서 화장실을 찾아간다.	×	×	×		
양치 하기	자기 칫솔을 찾는다.	△	△	△		
	치약의 양을 알맞게 짠다.	×	×	×		
	칫솔로 이를 위아래로 닦는다.	△	△	△		
	치약을 먹지 않는다.	△	△	△		

일과		평가일시				
		4/6	5/4	6/8		
양치하기	물컵에 물을 스스로 담고 물을 입에 넣고 헹군다.	×	×	×		
	물을 뱉는다.	△	△	△		
	칫솔을 씻는다.	×	×	×		
	씻은 칫솔을 입에 넣지 않는다.	×	×	×		
	입을 닦는다.	×	×	×		
	컵을 소독기 안에 넣는다.	△	○	○		
실외 활동	줄을 서서 이동한다.	×	×	×		
	정해진 구역에서만 활동한다.	×	×	×		
	시설물을 바르게 사용한다.	×	×	×		
	안전한 놀이를 한다.	×	×	×		
	신호에 따라 다시 모인다.	×	×	△		
귀가	보호자와 반갑게 인사한다.	×	×	×		
	사물함에서 옷과 가방을 스스로 꺼낸 후 입는다.	×	×	×		
	신발을 찾아서 신는다.	×	×	×		
	교사에게 스스로 인사한다.	×	×	×		

〈표 11-1〉의 각 일과시간별 항목을 보면, 아직 못하는 것이 많아서 지도해야 할 것이 많다는 것을 알 수 있다. 가장 대표적으로 부모와는 인사가 되는데, 교사와는 인사하기가 안 되고, 정리하는 것은 모든 시간대에서 안 되며, 자조기술이 필요한 영역도 아직까지 어려워한다는 것을 알 수 있다. 이를 토대로 학업 및 기능적 수행수준 평가를 수행해야 하는데, 일단 지도해야 할 점을 기술할 때, 가장 우선으로 배워야 할 것이 무엇인지 개별화교육지원팀의 의견을 반영하여 작성해야 한다. 왜냐하면 가정에서 우선적으로 지도해 주길 원하는 부분과 유아교육기관에서 공동생활에 필요한 부분이 다를 수 있기 때문에 논의하여 우선적으로 먼저 지도해야 할 항목들을 선정하는 것이 바람직하다. 〈표 11-2〉는 일과기반 행동수행목록표의 체크 사항을 고려하여 우선적으로 지도해야 할 부분과 강점을 제시한 표이다.

〈표 11-2〉 지적장애유아의 현행수준요약서

<table>
<tr><td colspan="2">이름</td><td>남○○</td><td>성별</td><td>여</td><td>생년월일</td><td>2015. 6. ○.</td></tr>
<tr><td colspan="2" rowspan="2">IEP지원팀</td><td colspan="2">원장 장○○ (서명)</td><td colspan="3">일반교사 송○○ (서명)</td></tr>
<tr><td colspan="2">장애아 담당교사 김○○ (서명)</td><td colspan="3">학부모 박○○ (서명)</td></tr>
<tr><td colspan="2" rowspan="3">진단평가내용</td><td colspan="2">검사일</td><td colspan="2">검사명</td><td>진단평가 결과</td></tr>
<tr><td colspan="2">2019. 9. 13.</td><td colspan="2">KEDI-WISC Ⅲ</td><td>지적장애 3급</td></tr>
<tr><td colspan="2">2019. 9. 14.</td><td colspan="2">교사관찰 및 학부모 면담</td><td></td></tr>
<tr><td colspan="2" rowspan="2">발달영역</td><td colspan="5">현행수준</td></tr>
<tr><td colspan="2">강점</td><td colspan="3">지도가 필요한 점</td></tr>
<tr><td colspan="2">적응행동</td><td colspan="2">· 적응능력이 좋음
· 교실 내에서 활동에 관심을 표현하기도 함
· 어린이집에 등원하는 것을 즐거워함</td><td colspan="3">· 교실 내에서의 규칙에 대해 인지하지 못하고 있음
· 교실이나 외부활동하며 이동 시에 줄 서기가 안 됨</td></tr>
<tr><td rowspan="2">운동성</td><td>대근육</td><td colspan="2">· 몸을 이용하여 놀이할 수 있음
· 달리기를 즐겨 하며 두발 뛰기가 가능함</td><td colspan="3">· 행동반경이 너무 커서 주변 친구들을 본의 아니게 건드림</td></tr>
<tr><td>소근육</td><td colspan="2">· 숟가락이나 젓가락질을 할 수 있음
· 스티커를 뗄 수 있음</td><td colspan="3">· 옷을 입고 내리는 것을 힘들어함</td></tr>
<tr><td colspan="2">인지</td><td colspan="2">· 모든 영역에서 인지능력이 현저히 낮음</td><td colspan="3">· 부모님께 인사하기 및 교실 내에서의 규칙에 대해 차근차근 알려 주기</td></tr>
<tr><td colspan="2">언어
(의사소통)</td><td colspan="2">· 말을 전혀 못 함
· 싫다는 표현을 함
· 간단한 지시에 응할 수 있음</td><td colspan="3">· 상황에 맞는 표현을 할 수 있도록 지도하기
· 자신이 요구하는 것을 언어로 표현할 수 있도록 지도하기</td></tr>
<tr><td colspan="2">사회성</td><td colspan="2">· 친구들과의 놀이에 관심을 갖고 있음</td><td colspan="3">· 놀이하는 것을 즐겨 하기는 하나 친구들과 어울려 놀이하지 못하여 함께 놀이가 힘듦
· 놀이활동을 좀 더 체계적으로 알려 줄 필요가 있음</td></tr>
<tr><td colspan="2">행동특성</td><td colspan="5">· 인지능력이 떨어지다 보니 본인 마음대로 행동하려는 경향이 있으며, 교실 내에서의 규칙에 대해 인지하지 못해 혼자서 다른 행동을 함
· 줄 서기에 있어서 자꾸 다른 곳으로 이동하려 하며 외부활동 시 다른 곳으로 뛰어가서 데리고 오기 일쑤임
· 규칙에 대해 인지할 수 있도록 행동에 있어서 좁혀진 반경으로 활동할 수 있도록 도울 수 있어야 함</td></tr>
<tr><td colspan="2">가족의 강점</td><td colspan="5">· 아이가 좋아질 것이라 예상하며 긍정적 반응을 보이고 있음
· 아동의 의사소통 능력을 향상시키기 위한 방법 제시</td></tr>
</table>

<table>
<tr><td rowspan="2">발달영역</td><td colspan="2">현행수준</td></tr>
<tr><td>강점</td><td>지도가 필요한 점</td></tr>
<tr><td>시작 · 종결 시기</td><td colspan="2"></td></tr>
<tr><td colspan="3">· 평가방법: 교사 제작 평가지, 관찰, 포트폴리오, 그리기, 작업, 일화 관찰 등
· 평가시기: 담당교사가 수시 관찰법을 통해 성취 정도를 월별로 누가 기록하고, 이 자료를 토대로 학기별로 종합평가</td></tr>
</table>

〈표 11-2〉의 지도할 부분을 보면, 일과기반 행동수행목록표에서 안 되는 부분들을 관찰 가능하거나 측정 가능한 형태의 문장으로 기술하지 않았고, 내용이 너무 광범위하게 기술되어 있어서 개별화교육계획을 수립할 때 어려움이 있을 수 있다. 예를 들면, 적응행동영역에서 '교실 내에서의 규칙에 대해 인지하지 못하고 있음'의 내용은 교실 내에서 지켜야 할 규칙이 상당히 많기 때문에 그중에서 어떤 것을 얘기하는지 너무 광범위하고, 측정이 가능하지 않을 수 있다. 따라서 범위를 좀 좁혀서 관찰이나 측정이 가능한 형태로 과제분석을 한 후 우선적으로 지도할 부분을 기술하면 더욱 좋을 것이다. 〈표 11-3〉은 현행수준요약서를 기반으로 지도해야 할 것을 어떻게 달성하도록 할 것인지에 대한 계획을 수립한 것이라고 생각하면 이해가 보다 쉬울 것이다. 지적장애유아라는 특성을 반영하여 장·단기목표 기간을 좀 더 넉넉하게 설정하면, 단계적으로 반복·연습할 시간이 보장되기 때문에 좋고, 단기목표는 장기목적을 달성하기 위해 세분화한 항목이므로 과제분석을 통하여 집중적으로 반복연습하여 목적을 달성할 수 있도록 기술하면 더욱 좋을 것이다. 또한, 모든 서류에 기술된 내용이 관찰 가능하고 측정 가능한 형태로 기술되어 있어야 목적 및 목표 달성 여부를 쉽게 파악할 수 있다. 〈표 11-3〉에 제시한 적응행동영역의 장기목적과 단기목표는 관찰 가능한 형태로 기술되어 있기 때문에 적당한 것으로 보이지만, 지적장애유아라는 점을 고려하여 조금 더 세밀한 과제분석이 필요해 보인다. 자신의 물건이 사물함에도 있고, 옷장에도 있고, 이불장 및 화장실에도 있기 때문에 한 학기 동안 그 모든 장소에 있는 것을 다 스스로 잘 정리하는 것이 어려울 수 있다는 점을 감안하여 작은 단위로 세분화하여 반복 실행함으로써 순차적으로 목표 달성을 할 수 있다.

〈표 11-3〉 지적장애유아의 개별화교육계획

<table>
<tr><td colspan="2">이름</td><td>남○○</td><td>생년월일</td><td colspan="2">2015년 6월생</td><td>장애유형</td><td colspan="2">지적장애 3급</td></tr>
<tr><th colspan="2" rowspan="2">영역</th><th rowspan="2">장기목적</th><th rowspan="2">단기목표</th><th colspan="5">성취 여부</th></tr>
<tr><th>7월</th><th>8월</th><th>9월</th><th>10월</th><th>11월</th></tr>
<tr><td colspan="2" rowspan="3">적응 행동</td><td rowspan="3">자기 물건을 바르게 정리할 수 있다.</td><td>자신의 물건이 있는 장소를 알 수 있다.</td><td></td><td></td><td></td><td></td><td></td></tr>
<tr><td>교사의 언어촉진을 받아 지시하는 장소에 물건을 정리할 수 있다.</td><td></td><td></td><td></td><td></td><td></td></tr>
<tr><td>스스로 제자리에 자신의 물건을 정리할 수 있다.</td><td></td><td></td><td></td><td></td><td></td></tr>
<tr><td rowspan="4">운동성</td><td rowspan="2">대근육</td><td rowspan="2">공을 던지고 받을 수 있다.</td><td>교사가 공을 던지면 받을 수 있다.</td><td></td><td></td><td></td><td></td><td></td></tr>
<tr><td>떨어진 공을 교사에게 던질 수 있다.</td><td></td><td></td><td></td><td></td><td></td></tr>
<tr><td rowspan="2">소근육</td><td rowspan="2">화장실 이용 후 스스로 옷을 입고 내릴 수 있다.</td><td>화장실에 가고 싶다는 표현을 할 수 있다.</td><td></td><td></td><td></td><td></td><td></td></tr>
<tr><td>화장실 이용 후 옷을 스스로 입을 수 있다.</td><td></td><td></td><td></td><td></td><td></td></tr>
<tr><td colspan="2" rowspan="3">인지</td><td rowspan="3">교실 내의 규칙을 이해할 수 있다.</td><td>친구들의 교실 이용 모습을 배울 수 있다.</td><td></td><td></td><td></td><td></td><td></td></tr>
<tr><td>물건을 사용한 후 제자리에 놓을 수 있다.</td><td></td><td></td><td></td><td></td><td></td></tr>
<tr><td>부모님께 인사하고 교실로 들어올 수 있다.</td><td></td><td></td><td></td><td></td><td></td></tr>
<tr><td colspan="2" rowspan="3">언어(의사소통)</td><td rowspan="3">상황에 맞는 단어로 자신의 감정을 표현할 수 있다.</td><td>그림카드를 보고 단어를 이야기할 수 있다.</td><td></td><td></td><td></td><td></td><td></td></tr>
<tr><td>교사의 질문에 대답할 수 있다.</td><td></td><td></td><td></td><td></td><td></td></tr>
<tr><td>교사의 이야기에 눈을 맞추고 응시할 수 있다.</td><td></td><td></td><td></td><td></td><td></td></tr>
<tr><td colspan="2" rowspan="3">사회성</td><td rowspan="3">또래와의 협동놀이를 할 수 있다.</td><td>또래에게 관심을 가지고 다가갈 수 있다.</td><td></td><td></td><td></td><td></td><td></td></tr>
<tr><td>교사가 시범을 보이면 행동을 모방하여 또래와 놀이할 수 있다.</td><td></td><td></td><td></td><td></td><td></td></tr>
<tr><td>스스로 또래와의 놀이에 참여할 수 있다.</td><td></td><td></td><td></td><td></td><td></td></tr>
<tr><td colspan="2">행동지원 방안</td><td colspan="7">말을 하지 못하고 인지능력이 부족한 유아이다 보니 하나하나 차근차근 설명하며 교사 스스로 모델링이 되어야 할 부분이 많다. 본인의 생각을 말로 표현하지 못하고 공격적인 행동으로 표현하다 보니 친구들과의 관계에서도 놀이를 방해하는 방해꾼으로 생각하고 있는 상황이었으나, 이러한 문제행동을 지원하는 방법을 세세하게 만들어 놓고 세부적으로 해결할 수 있는 것들을 체크하여 친구들과의 놀이가 원만하게 이루어질 수 있도록 사회성 및 의사소통에 초점을 맞추어 지원할 것이다.</td></tr>
<tr><td colspan="2">가족지원 방안</td><td colspan="7">아버지는 ○○의 상황을 인지하고 있었으나 어머니는 장애가 아닌 발달이 늦은 아이라고만 생각하고 있었다. 하지만 지적장애 3급 판정을 받고는 장애가 있다는 것을 인지한 어머니는 치료에 좀 더 신경을 쓰는 듯하였다. 부모로서 아이만 치료받게 지원하는 것이 아닌 장애아동을 치료하며 겪는 아픔을 달래기 위해 또래 장애아동을 둔 다른 학부모님과 자리를 마련하여 서로의 마음을 소통할 수 있는 시간을 가질 예정이다.</td></tr>
</table>

〈표 11-3〉에 제시된 행동 및 가족지원방안을 살펴보면, 교사가 지적장애유아의 활동을 주의 깊게 관찰하여 기술하였다는 것을 알 수 있다. 처음에는 어머님께서 아이가 장애라는 점을 인정하지 않으셨다가 객관적인 판정을 받은 후 보호자와의 상호작용이 원만하게 이루어져 장애아가 적절한 치료지원을 받을 수 있게 되었다. 또한 부모지원을 위하여 다른 장애아동 부모와의 자조모임을 가질 수 있도록 계획함으로써 서로의 아픔을 공유할 수 있는 기회를 제공해 주고자 가족지원방안을 수립한 것을 알 수 있다.

2) 지적장애유아의 개별화교육 실행

지적장애유아의 발달적 특성을 고려하여 유아교육기관에서 하루 일과를 중심으로 어떻게 필요한 적응행동을 습득할 수 있도록 지도할 것인지를 고려해야 한다. 따라서 개별화교육 실행에서는 누리과정 운영 안에서 지적장애유아의 특성을 고려하여 개별적인 요구를 충족할 수 있도록 하루 일과를 중심으르 어떻게 계획하고, 운영해야 할지를 살펴보고자 한다. 특히, 개별화교육계획안에서 나타난 특성들을 고려하여 등원과 놀이 시 지도방법을 중심으로 살펴보고자 한다.

(1) 지적장애유아의 교수방법

일반적인 지적장애유아의 특성을 고려하여 어떻게 지도하는 것이 지적장애유아의 학습에 도움이 되고 목표한 것을 수월하게 달성할 수 있도록 하는지를 고려하여 기본원칙을 아래와 같이 제시하였다. 지적장애유아의 경우는 장애의 정드와 적응행동의 가능 여부 및 정도에 따라 굉장히 다양한 특성을 나타내기 때문에 한 가지 방법을 최적의 지도방법이라고 제시할 수는 없지만, 그럼에도 불구하고 일반적인 특성을 고려하여 다음과 같이 기본원칙을 제시하였다.

① 지도 속도 늦추기: 교사는 학급에서 이루어지는 활동의 속드를 늦춰야 할 필요가 있다. 모든 활동을 늦출 필요는 없지만, 지적장애유아가 습득하는 데

어려움을 보이거나 동기가 유발되지 않을 경우에는 속도를 늦추거나 좀 더 쉬운 과제를 제공할 수 있어야 한다(조윤경 외, 2012a).

② 단계별로 나누어 가르치기: 과제를 작은 단계로 나누어 제공하는 것이 중요하므로 장애유아가 한 번에 하나씩 배울 수 있도록 과제분석을 통하여 실행할 행동을 세분화하여 지원해 준다. 과제분석을 통해 단계별로 나눠진 과제는 제일 처음에 가장 마지막단계를 시행하면서 지도하는 것이 효과적이다. 즉, 역방향으로 지도하는 방법이 효과적일 수 있다. 예를 들어, 신발 신기를 지도한다고 하였을 때 찍찍이를 붙이는 것을 가장 먼저 지도하는 것이 좋다. 그러고 나서 발을 신발에 집어넣기와 같이 역으로 시행하여 가장 처음의 단계를 마지막으로 지도한다. 모든 단계를 지도한 후 이 과제를 전체적으로 수행할 수 있을 때까지 반복적으로 수행하게 한다(조윤경 외, 2012a).

③ 학습기회 제공의 확대 및 반복 연습의 기회 제공: 가장 효율적이면서 단순한 지도방법 중의 하나로 좀 더 많은 시간 동안 단순히 주제어를 반복하거나, 활동을 반복하는 것을 통해 유아가 학습에 참여할 수 있는 기회를 효과적으로 증진시킬 수 있다(조윤경 외, 2012a).

(2) 등원 및 놀이를 위한 지도방안 모색

지적장애유아의 개별화교육계획을 기준으로 살펴보면, 전반적으로 모든 영역에서 습득해야 할 기술들이 많은 유아라는 것을 알 수 있다. 따라서 여기서는 하루일과를 중심으로 유아가 습득해야 할 것을 시간대별로 나누어 지도하는 방법을 살펴보고자 한다. 먼저, 등원 시 상황을 고려해 본다면, 등원 맞이는 가정에서 유아교육기관으로의 전이를 의미하며, 유아교육기관에 들어옴과 동시에 기관에 적합한 행동들을 수행해야 한다는 것을 의미한다. 따라서 기관에 적합한 행동을 수행해야 하므로 어떤 행동을 어떻게 지도할지를 생각해 보아야 한다. 유아가 기관에 들어오면, 교사 및 또래는 항상 일관된 태도로 서로 인사를 나누고 유아를 맞이해야 한다. 기관에 들어오기 위해 유아는 신발 정리라는 적응행동을 해야 하므로, 신발이라는 물건을 어떻게 정리해야 하는지 과제분석을 통하여 제시해 주고 매일 등원 시마다 반복연습할 수 있는 기회를 제공해 주어야 한다. 유아가 신발 정리라는 것을 수행하는 동안 교사의 눈은 유아를 쫓아가며 확인을 하면서 부모님과 전날 하원 후부터 등원 전까지 있었던 일이나 사건, 사고 등에 대하여 의사소통히야 한다. 또한 외관으로 보이는 모습과 행동 모두를 포함한 유아의 상태를 확인하고 의문이 생길 시 바로 부모님께 물어보아야 한다. 부모가 전달해 준 정보를 기반으로 유아의 행동특성을 이해하고, 지원해 주어야 한다. 주의할 사항은 부모와 헤어진 후 불안해하거나 다음 활동으로의 전이가 어려운 유아의 경우에는 일정이 변경되거나 새로운 활동을 하면, 당황하고 불안해할 수 있기 때문에 유아 스스로가 다음에 어떤 활동으로 전환되는지를 짐작할 수 있도록 지원해 주는 것이 필요하다. 이때 사용할 수 있는 방법이 학급 내 일과표를 활용하는 것으로 유아가 스시로 잘 볼 수 있도록 게시해 놓음으로써 일과 내에서 편안한 마음으로 적응해 나갈 수 있다. [그림 11-4]는 유아교육과정에 근거한 하루 일과 계획과 개별 요구를 반영해서 수정할 수 있는 개별계획안이다.

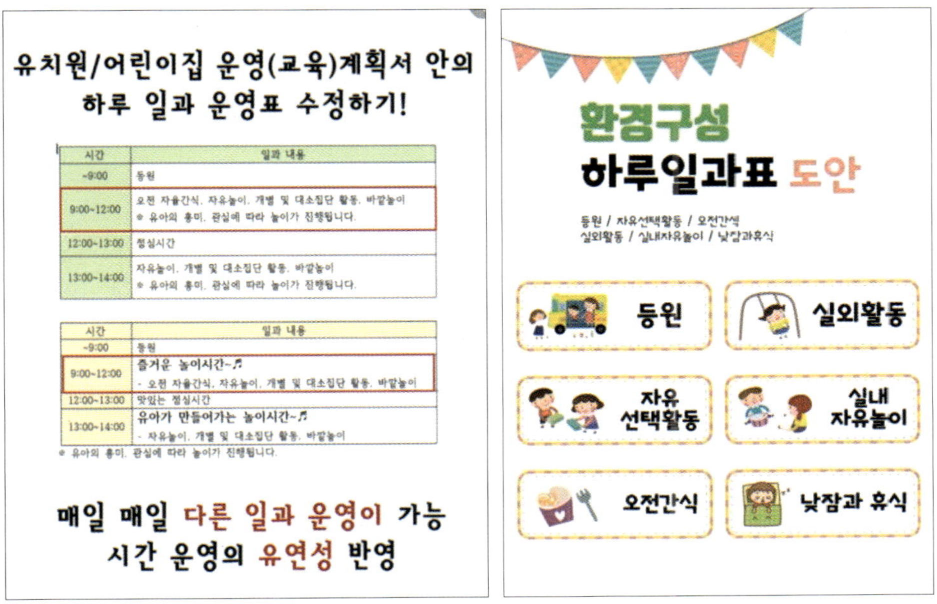

[그림 11-4] 개정 누리과정의 하루 일과 계획과 수정 일과 계획

Chapter
12

자폐성장애

자폐성장애는 지적장애와 함께 만 18세 이전 발달시기에 증상이 나타나는 발달장애 중 하나이다. 일반적으로 자폐성장애유아의 경우, 전반적인 발달지연을 나타내는 것으로 알려져 있으며, 특히 사회적 상호작용 및 언어발달에서의 지연이 도드라지고, 자기위안적인 상동행동이 나타나는 것으로 알려져 있다. 자폐성장애유아의 경우, 언어적인 의사소통이 어렵거나 매우 제한적이기 때문에 부모들은 언어발달의 지연을 가장 걱정하는 것으로 나타났다. 이와 관련해서 Maemonah 등(2021)이 자폐스펙트럼장애아동의 말하기 능력에 영향을 미치는 요인에 대하여 연구한 결과, 주의 집중(attention)과 연령(age)이 자폐스펙트럼장애아의 말하기 능력에 가장 많은 영향을 미치며, 말하기 능력에 영향을 미치는 주의 집중은 정서에 의해 영향을 받는다고 하였다. 따라서 말하기 능력을 향상시키기 위해서는 안정적인 정서 상태의 관리와 더 많은 관심이 필요하다고 하였다.

전 세계적으로 아동 1만 명 중 62명 정도가 자폐스펙트럼 증상을 가진 것으로 추산되고 있으며, 인도네시아에서만 연간 500명의 신규 자폐스펙트럼장애아가 추가되면서 대략 240만 명의 아이들이 자폐스펙트럼으로 고통 받고 있는 것으로 추산되고 있다(Maemonah, Hamidah, Notobroto, Sulystiono, & Widarti, 2021).

우리나라의 경우, 2021년 기준 유치원에서 통합교육을 받고 있는 특수교육대상 유아의 수는 7,197명(영아 미포함)으로 이 중 자폐성장애로 분류되는 유아의 수는 683명으로 전체 특수교육대상 유아의 9.5%에 해당한다. 이들 중 일반학교 특수학급 소속이 611명(89.5%)으로 가장 많았고, 일반학교의 일반학급 소속이 72명(10.5%), 특수학교에 분리된 유아는 없었다. 실제 부분통합교육을 받고 있는 자폐성장애 특수고육대상 유아가 가장 많았다(교육부, 2021). [그림 12-1]은 2021년 통계 기준 자폐성장애 특수교육대상 유아의 배치 현황을 나타낸 것이다. 자폐성장애유아는 통합교육이 가능할 뿐 아니라 장애 정도에 따라 완전통합교육도 가능하다는 것을 나타내는 것이다. 제12장에서는 자폐성장애의 정의, 특성을 살펴본 후 유치원에서 실제로 자폐성장애유아를 위해 사용했던 개별화교육계획의 수립과정을 살펴보고자 한다. 이를 기반으로 자폐성장애유아를 위한 일반적인 실행방안에는 어떤 것이 있는지를 살펴보고자 한다.

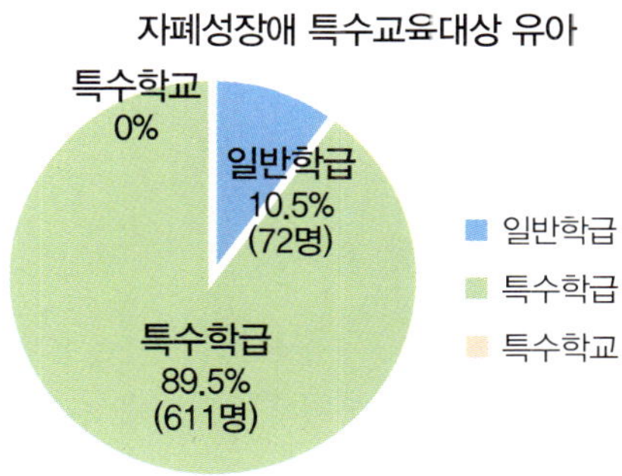

[그림 12-1] 자폐성장애 특수교육더상 유아의 배치 현황

1 자폐성장애의 정의

미국의 「장애인교육법(IDEA, 2004) [Part B. Sec. 300.8(c)(1)]」에 따르면, 자폐성장애는 (i) 일반적으로 3세 이전에 분명하게 나타나는 언어적 및 비언어적 의사소통과 사회적 상호작용에 현저하게 영향을 미치는 발달장애를 의미한다. 이로 인해 아동의 학업적 성취에 부정적인 영향을 미친다. 자폐성장애와 관련된 다른 특성은 반복적인 행동(상동행동)과 틀에 박힌 움직임, 환경변화나 일상의 변화에 대한 저항, 감각경험에 대한 특이한 반응이 있다. (ii) 본 규정의(c)(4)에서 정

의한 바와 같이 주된 정서적 장애를 가지고 있기 때문에 아동의 학업적 성취에 부정적인 영향을 받는 경우는 자폐성장애에 적용되지 않는다. (iii) 본 규정의(c)(1)(i)의 기준을 충족하는 경우, 3세 이후에 자폐증의 특성을 나타내는 아동은 자폐성장애를 가진 것으로 판별될 수 있다(U.S. Department of Education, 2021 https://sites.ed.gov/idea/regs/b/a/300.8/c 2021.5.7. 인출).

미국 정신의학협회의 「정신장애 진단 및 통계편람(DSM-Ⅴ)」에 따르면, 자폐성장애는 신경발달장애(Neurodevelopmental disorders)에 해당하는 장애로 진단기준은 다양한 영역에 걸쳐 나타나는 사회적 의사소통 및 사회적 상호작용의 지속적인 결함을 말한다. 현재 또는 과거력상 사회적-정서적 상호작용의 결함(예, 비정상적인 사회적 접근과 정상적인 대화의 실패, 흥미나 감정 공유의 감소, 사회적 상호작용의 시작 및 반응의 실패), 사회적 상호작용을 위한 비언어적 의사소통 행동의 결함(예, 언어적, 비언어적 의사소통의 불완전한 통합, 비정상적인 눈 맞춤과 몸짓 언어, 몸짓의 이해와 사용의 결함, 얼굴 표정과 비언어적 의사소통의 전반적 결핍), 또래관계의 발전 및 유지와 또래관계에 대한 이해의 결함(예, 다양한 사회적 상황에 적합한 적응적 행동의 어려움, 상상놀이를 공유하거나 친구 사귀기가 어려움, 동료들에 대한 관심 결여) 등을 나타낸다. 또한, 제한적이고 반복적인 행동이나 흥미, 활동, 즉, 상동증적이거나 반복적인 운동성 동작, 물건 사용, 말하기(예, 단순 운동 상동증, 장난감 정렬하기, 또는 물체 튕기기, 반향어, 특이한 문구 사용), 동일성에 대한 고집, 일상적인 것에 대한 융통성 없는 집착 또는 의례적인 언어나 비언어적 행동양상(예, 작은 변화에 대한 극심한 고통, 변화의 어려움, 완고한 사고방식, 의례적인 인사, 같은 길로만 다니기, 매일 같은 음식 먹기), 강도나 초점에 있어서 비정상적으로 극도로 제한되고 고정된 흥미(예: 특이한 물체에 대한 강한 애착 또는 집착, 과도하게 국한되거나 고집스러운 흥미), 감각정보에 대한 과잉 및 과소반응, 또는 환경의 감각영역에 대한 특이한 관심(예: 통증/온도에 대한 명백한 무관심, 특정 소리나 감촉에 대한 부정적 반응, 과도한 냄새 맡기 또는 물체 만지기, 빛이나 움직임에 대한 시각적 매료) 등이 현재 또는 과거력상 2가지 이상 나타나야 한다.

우리나라 「장애인 등에 대한 특수교육법」과 「장애인복지법」에서 규정하고 있는 자폐성장애에 대한 법적인 정의를 살펴보면, 「장애인 등에 대한 특수교육법」 시행령에서는 자폐성장애를 지닌 특수교육대상자에 대하여 '사회적 상호작용과 의사소통에 결함이 있고, 제한적이고 반복적인 관심과 활동을 보임으로써 교육적 성취 및 일상생활 적응에 도움이 필요한 사람'이라고 정의하고 있다(교육과학기술부, 2008b). 「장애인복지법」 시행령에서는 제2조 관련 〈별표 1〉에 따라 자폐성장애인을 '소아기 자폐증, 비전형적 자폐증에 따른 언어 · 신체표현 · 자기조절 · 사회적응 기능 및 능력의 장애로 인하여 일상생활이나 사회생활에 상당한 제약을 받아 다른 사람의 도움이 필요한 사람'으로 정의하고 있기 때문에 교육적 지원과 치료적 지원을 모두 받을 수 있다.

2 자폐성장애의 특성

자폐스펙트럼장애(Autism spectrum disorder: ASD)는 사회적 의사소통과 상호작용의 결핍, 제한적이고 반복적인 행동과 언어, 집착과 고집스러움 등의 특징을 가지고 있으며, 전반적인 발달지연을 나타내는 것이 특징이다(American Psychiatric Association, 2013). 자폐성장애는 보통 만 36개월 이전에 확인되며, 생후 5개월 정도부터 자폐성장애의 증상이 관찰될 수 있어 비교적 어린 시기에도 장애 위험성을 발견할 수 있지만, 최근 미국 정신의학협회의 「정신장애 진단 및 통계편람(DSM-Ⅴ)」에서는 자폐성장애의 발현시기를 타인과의 사회적 관계가 수립되는 시기인 유아기로 미루는 경향이 나타나고 있다(국립특수교육원, 2016b).

자폐성장애 이해

자폐성장애에 대한 올바른 이해

1) 신체발달

자폐성장애유아의 경우, 대근육과 소근육의 발달지연으로 운동능력과 협응력이 떨어지며, 신경학적 운동손상과 연속적이고 복합적인 운동을 수행하는 데 어려움을 보인다(최수영, 2015). 일상생활에서는 반복적이고, 상동적인 행동을 보이며, 물건을 실제 용도와는 다른 형태의 특이한 방식으로 사용할 뿐 아니라 과도한 집착을 보인다. 예를 들면, 화장실 변기의 물을 반복해서 내린다거나 특정 물건이나 행동에 집착하는 형태를 보인다(이미숙 외, 2019; 이소현, 박은혜, 2019). 〈표 12-1〉은 자폐성장애의 행동특성에 따른 구체적인 행동의 예를 보여 주고 있다.

〈표 12-1〉 자폐성장애의 행동특성에 따른 구체적인 행동의 예

진단기준상의 결함	구체적인 행동의 예
제한된 범위의 관심 영역에 지나치게 강도 높은 독특한 관심을 보임	· 특정 주제에만 지나친 관심을 보이고, 다른 주제에는 전혀 관심을 보이지 않음 · 특정 주제나 활동을 종료하는 데 어려움을 보임 · 다른 활동에 방해가 됨(예: 활동에 집착하느라 식사나 화장실 가는 일을 지체함) · 독특한 주제에 관심을 보임(예: 물뿌리개, 영화 등급, 우주물리학, 라디오 방송에서 읽어 주는 편지) · 특정 관심 영역에 대한 비상한 암기력
특정 비기능적인 일과나 의례적인 행동에 융통성 없이 집착함	· 정확한 순서에 따라 특정활동을 수행하기를 원함(예: 자동차에서 내려 문을 닫을 때 정해진 순서에 따라서 행동함) · 일과의 사소한 변경에 대하여 쉽게 흥분함(예: 학교에서 집으로 돌아가는 길을 다른 길로 변경할 때) · 모든 변화에 대하여 사전통보를 필요로 함 · 일과나 의례적인 행동이 지켜지지 않을 때 매우 불안해함
상동적이고 반복적인 운동성 습관을 보임	· 흥분했을 때 양손을 펴서 흔듦 · 손가락을 눈앞에 대고 흔들거나 꿈틀거림 · 손의 자세가 특이하거나 기타 손의 움직임을 보임 · 장시간 빙빙 돌거나 몸을 앞뒤로 흔듦 · 발뒤꿈치를 들고 걷거나 뜀
사물의 특정 부분에 대하여 지속적인 집착을 보임	· 사물을 비기능적으로 사용함(예: 인형의 눈을 손가락으로 두들김, 놀잇감 자동차 문을 계속 열었다 닫았다 함) · 사물의 감각적인 부분에 관심을 보임(예: 사물의 냄새를 맡거나 눈 가까이에 봄) · 움직이는 사물을 좋아함(예: 선풍기, 흐르는 물, 돌아가는 바퀴) · 독특한 사물에 집착함(예: 오렌지 껍질, 줄)

출처: 이소현, 박은혜 (2019). 특수아동교육 제3판. 학지사. p.230 인용.

2) 인지발달

자폐성장애의 원인은 출생 전, 중, 후에 야기되는 두뇌의 역기능이나 생화학적 역기능과 관련된 것으로 보고 있다. 현재 의학 분야의 관련 학자들은 자폐성장애가 두뇌발달 이상이나 두뇌 신경손상과 밀접하게 관련되어 있다는 데 동의하고 있다. 자폐성장애는 소뇌의 이상, 대뇌피질의 이상, 두뇌의 화학적인 작용과 관련된 요인, 특히 두뇌 신경전달물질의 이상이 원인으로 언급되고 있다(이유훈 외, 2003). 자폐성장애는 지적장애가 수반되지 않을 경우에는 인지발달에 있어서 비장애유아들과 큰 차이를 나타내지 않는 것으로 보고되고 있다. Long 등(2011)은 자폐성장애유아와 또래의 비장애유아의 인지기능을 비교하기 위하여 16~38개월 사이의 147명을 대상으로 베일리발달척도 3판(Bayley Scale of Infant Development-Third Edition)을 사용하여 유아들의 인지능력을 검사하였는데, 언어능력에서는 자폐성장애유아들이 비장애 또래 유아들보다 훨씬 지체된 것을 보였으나, 인지능력에서는 차이가 거의 나타나지 않았다고 하면서 자폐성장애유아의 인지능력이 과소평가되고 있는지도 모른다고 하였다(Long, Gurka, & Blackman, 2011). 자폐성장애는 장애정도와 수반된 장애에 따라 다른 특성을 보이기 때문에 비장애 또래 유아들과 비교하여 지능이 반드시 낮다고 단언할 수는 없다.

3) 사회 · 정서발달

인간에게는 행복, 놀라움, 슬픔, 분노, 두려움, 혐오감의 여섯 가지 기본 감정이 있으며, 성장하면서 당혹감, 수치심, 자부심, 죄책감, 시기심, 기쁨, 신뢰, 관심, 경멸, 기대와 같은 좀 더 복잡한 감정을 경험하게 된다. 이러한 감정들을 이해하고 표현하는 능력은 태어날 때부터 발달하기 시작해서 12개월경이면 타인의 표정을 통해 감정을 이해할 수 있게 되고, 유아기에 접어들면 자신의 감정을 언어로 표현할 수 있게 된다. 일반적으로 사회 · 정서발달은 긍정적 정서와 부정

Margaret J. Briggs-Gowan, Ph.D.

Alice Carter, Ph.D.

적 정서를 표현하고 관리하는 능력, 대인관계를 발전시키는 능력, 그리고 자신의 주변에 대해 학습하기 위해 환경을 탐색하는 능력 등을 포함한다(Pontoppidan, Niss, Pejtersen, Julian, & Vaever, 2017). 그러나 자폐성장애 유아의 경우는 감정, 표정, 목소리 톤 그리고 신체언어와 같은 기타 정서적 단서를 인식하는 데 어려움이 있으며, 자신의 감정을 표현하거나 조절하고, 다른 사람의 감정을 이해하고 이에 적절하게 반응하는 데 어려움을 겪는 것으로 나타났다. 자폐성장애유아는 비전형적인 사회 및 정서발달을 나타내는 경우가 많았는데, 이와 관련하여 Briggs-Gowan과 Carter(2008)는 영아기 사회 · 정서적 평가(Brief Infant-Toddler Social-Emotional Assessment: BITSEA)검사에서 12~36개월 사이에 비전형적인 사회 · 정서발달이 나타난 영유아는 이후 초등학교 시기에 심각한 정서 및 행동 문제를 보일 가능성이 높다고 예측하였다.

4) 언어발달

자폐스펙트럼장애를 가진 아동의 언어적 의사소통은 종종 반향어, 대명사의 뒤바뀜, 지나치게 문자 그대로, 새로운 표현, 비유적 언어, 질문의 반복, 반복에 의한 확인, 언어가 어휘와 문법 모두에서 너무 형식적이고 장황한 자폐적 언어 스타일 등의 확실한 특징을 보여 준다. 자폐스펙트럼장애아는 베르니케 영역(Wernicke's area)에 활성화가 증가한 반면, 브로카 영역(Broca's area)에 활성화는 감소했다는 것을 보여준다. 베르니케 영역은 활성화가 증가했지만, 두 영역의 기능적 연결성의 감소가 나타났기 때문에 자폐스펙트럼장애아에게는 언어기능이 덜 통합될 수 있다는 것을 뒷받침해 준다(Maemonah et al, 2021).

베르니케 영역은 뇌의 좌반구에 위치하는 특정부위로 청각피질과 시각피질로부터 전달받은 언어정보를 해석한다. 언어중추에서 브로카 영역(좌반구 전두엽에 존재하는 뇌의 특정부위로 언어 생성을 제어하고 말하는 기능을 담당)은 출력을 담당하고, 베르니케 영역은 입력을 담당한다. 즉, 베르니케 영역은 언어의 의미를 이해하는 역할을 한다. 이 영역이 손상되면 겉보기엔 유창하지만 의미를 알 수 없는 말을 하고, 타인의 말을 알아듣지 못하는 증상이 나타난다. 베르니케와 브로카 영역은 서로 연결되어 있다. 일반적으로 베르니케 영역의 뇌발달은 2세 전후에, 브로카 영역은 6세 무렵 발달이 완료되어 이 두 영역의 연결은 6~7세 사이에 진행되는 것으로 알려져 있다. 이 두 영역 간의 상호작용을 통해 언어의 의미를 이해하고, 생각을 언어로 표현하는 과정이 자연스럽게 일어난다.

하나이야기 1

자폐성장애
하나이야기 1

하나이야기 2

자폐성장애
하나이야기 2

베르니케영역

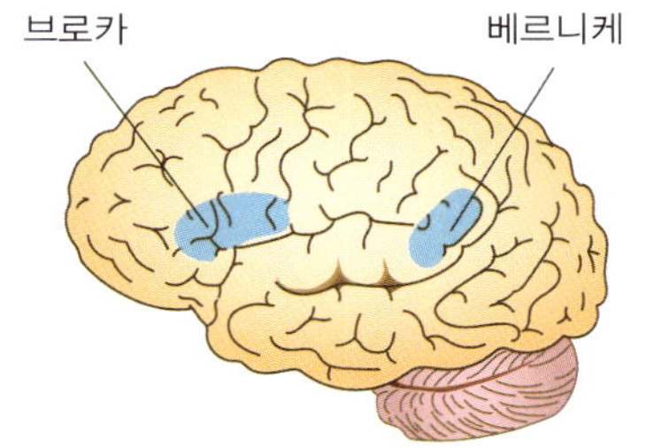

[그림 12-2] 베르니케와 브로카 영역

3 자폐성장애의 개별화교육지원

자폐성장애유아의 경우, 사회적 상호작용에서는 눈 맞춤을 거부하거나 사람이 다가오면 피하는 경향을 나타내며, 언어적으로는 반향어를 사용하거나 똑같은 음절이나 어구를 반복적으로 사용하는 등의 특성을 나타낸다. 또한 소리나 촉감에 과민한 반응을 보이거나 특정한 감촉을 거부하고, 듣지 못하는 것처럼 행동하기도 하며, 특정한 소리에 민감하게 반응하여 귀를 막고 소리를 지르는 행동을 나타내기도 한다. 이러한 특성을 가진 자폐성장애유아를 위한 개별화교육계획안의 실례를 중심으로 살펴보고자 한다.

1) 자폐성장애의 개별화교육계획안 작성

자폐성장애유아의 일반적인 특성을 반영하여 개별화교육계획을 수립하기 위해서는 해당 유아의 일과를 관찰하고, 이를 토대로 해당 유아가 할 수 있는 일과 할 수 없는 일을 간단하게 체크할 필요가 있다. 〈표 12-2〉는 자폐성장애유아의 하루 일과를 근거로 작성한 일과기반 행동목록표를 제시한 것이다.

〈표 12-2〉 자폐성장애유아의 일과기반 행동수행목록표

○○유치원 사랑반(특수학급) 유아 일과기반 행동수행목록표				
이름: 안○○	성별: 남	나이: 만 5세	날짜: 2020년 3월 20일 (금)요일	

평가기준 (지원의 정도) ** 평가표시 해당 번호에 ○표 혹은 빨간색으로 표시 **	번호	내용
	1	교사의 신체적 촉진(완전)을 받아 수행하는 경우
	2	교사의 신체적 촉진(부분)을 받아 수행하는 경우
	3	교사의 시범을 보이면 수행하는 경우
	4	교사의 언어적 촉진을 받아 수행하는 경우
	5	독립적으로 과제를 수행하는 경우

일과	평가시간	평가표시	평가시간	평가표시
1. 등원 (~9:00)				
교사에게 인사한다.	9:00	1 2 3 4 5		1 2 3 4 5
신발을 벗는다.	9:00	1 2 3 4 5		1 2 3 4 5
신발장에 신발을 넣는다.	9:00	1 2 3 4 5		1 2 3 4 5
곧바로 교실로 찾아간다.	9:00	1 2 3 4 5		1 2 3 4 5
겉옷을 벗는다.	9:00	1 2 3 4 5		1 2 3 4 5
가방에서 알림장을 꺼내고 정리한다.	9:00	1 2 3 4 5		1 2 3 4 5
알림장을 들고 교사에게로 온다.	9:00	1 2 3 4 5		1 2 3 4 5

일과	평가시간	평가표시	평가시간	평가표시
선생님과 친구에게 인사한다.	9:00	1 2 3 4 5		1 2 3 4 5
2. 이야기 나누기 / 일과계획 시간 (9:00~9:30)				
시작시간을 인식하고 정해진 자리에 모인다.	9: 10	1 2 3 4 5		1 2 3 4 5
자리에서 이탈하지 않고 앉아 있는다.	9: 10	1 2 3 4 5		1 2 3 4 5
말하고 있는 사람을 쳐다본다.	9: 20	1 2 3 4 5		1 2 3 4 5
자신의 이름에 반응한다.	9: 20	1 2 3 4 5		1 2 3 4 5
자신의 이름표를 안다.	9: 20	1 2 3 4 5		1 2 3 4 5
질문에 반응한다.	9: 20	1 2 3 4 5		1 2 3 4 5
손 들어 의사표현을 한다.	9: 20	1 2 3 4 5		1 2 3 4 5
손유희를 자발적으로 하거나 따라 한다.	9: 25	1 2 3 4 5		1 2 3 4 5
노래를 자발적으로 하거나 따라 한다.	9: 25	1 2 3 4 5		1 2 3 4 5
이름이 불려질 때까지 기다린다.	9: 25	1 2 3 4 5		1 2 3 4 5
요구했을 때 모방한다.	9: 25	1 2 3 4 5		1 2 3 4 5
3. 자유선택활동 (9:30~10:30 / 14:00~16:00)				
놀이하고 싶은 영역을 가서 선택한다.	10:00	1 2 3 4 5	14:00	1 2 3 4 5
놀잇감이나 활동을 선택한다.	10:00	1 2 3 4 5	14:00	1 2 3 4 5
놀이하는 아동들 옆에서 일정 시간 같이 있는다.	10:00	1 2 3 4 5	14:00	1 2 3 4 5
놀잇감을 뺏지 않는다.	10:00	1 2 3 4 5	14:00	1 2 3 4 5
놀이를 방해하지 않는다.	10:00	1 2 3 4 5	14:00	1 2 3 4 5
다른 아동과 놀이를 한다.	10:00	1 2 3 4 5	14:00	1 2 3 4 5
또래에게 장난감을 전달해 주거나 나누어 준다.	10:20	1 2 3 4 5	14:20	1 2 3 4 5
성인에게 장난감을 전달해 주거나 나누어 준다.	10:20	1 2 3 4 5	14:20	1 2 3 4 5
장난감이나 놀잇감을 적절히 사용한다.	10:20	1 2 3 4 5	14:20	1 2 3 4 5
몇 가지 장난감을 가지고 논다.	10:20	1 2 3 4 5	14:20	1 2 3 4 5
적절한 또는 해당 영역에서 장난감을 가지고 논다.	10:20	1 2 3 4 5	14:20	1 2 3 4 5
한 가지 놀이나 영역에서 일정 시간 집중하여 논다.	10:20	1 2 3 4 5	14:20	1 2 3 4 5
몇 놀이영역에서 돌아가며 논다.	10:20	1 2 3 4 5	14:20	1 2 3 4 5
활동이 끝난다는 표시나 지시에 따라 장난감을 치운다.	10:30	1 2 3 4 5	14:30	1 2 3 4 5
4. 대/소집단 활동 (10:30~11:00 / 13:00~14:00)				
자리에서 이탈하지 않고 있는다.	10:45	1 2 3 4 5	13:50	1 2 3 4 5
교사의 지시나 시범에 집중한다.	10:45	1 2 3 4 5	13:50	1 2 3 4 5
적절한 장소에서 활동을 한다.	10:45	1 2 3 4 5	13:50	1 2 3 4 5

일과	평가시간	평가표시	평가시간	평가표시
활동 자료를 제공받기 위해 줄을 서거나 순서를 기다린다.	10:45	1 2 3 4 5	13:50	1 2 3 4 5
활동에 필요한 물건을 찾는다.	10:45	1 2 3 4 5	13:50	1 2 3 4 5
이전에 제시되었던 활동을 기억하고 시행한다.	10:45	1 2 3 4 5	13:50	1 2 3 4 5
주어진 활동을 완성한다.	10:45	1 2 3 4 5	13:50	1 2 3 4 5
실수를 정정한다.	10:45	1 2 3 4 5	13:50	1 2 3 4 5
5. 바깥놀이 (11:00~12:00 / 16:00~17:00)				
줄을 선다.	11:00	1 2 3 4 5	오후 못함	1 2 3 4 5
줄을 서서 현관으로 이동한다.	11:00	1 2 3 4 5	오후 못함	1 2 3 4 5
자기 신발을 찾아서 신발을 신는다.	11:00	1 2 3 4 5	오후 못함	1 2 3 4 5
놀이기구 및 바깥놀이도구를 사용한다.	11:30	1 2 3 4 5	오후 못함	1 2 3 4 5
다른 아동과 교대로 놀이기구 및 도구를 사용한다.	11:00	1 2 3 4 5	오후 못함	1 2 3 4 5
다른 아동과 놀이를 같이 한다.	11:00	1 2 3 4 5	오후 못함	1 2 3 4 5
놀이활동에 참여한다.	11:00	1 2 3 4 5	오후 못함	1 2 3 4 5
6. 간식 / 식사시간 (9:30~ / 12:00~13:00 / 15:00~15:30)				
손을 씻는다.	9:35	1 2 3 4 5	12:05	1 2 3 4 5
줄을 서서 기다린다.	9:35	1 2 3 4 5	12:05	1 2 3 4 5
다른 아동이 준비될 때까지 기다린다.	9:40	1 2 3 4 5	12:10	1 2 3 4 5
자기 자리에 앉아서 먹는다.	9:45	1 2 3 4 5	12:15	1 2 3 4 5
숟가락을 사용한다.	9:45	1 2 3 4 5	12:15	1 2 3 4 5
젓가락을 사용한다.	9:45	1 2 3 4 5	12:15	1 2 3 4 5
주어진 음식을 고루 먹는다.	9:45	1 2 3 4 5	12:15	1 2 3 4 5
음식을 흘리지 않고 먹는다.	9:45	1 2 3 4 5	12:15	1 2 3 4 5
먹은 후 식기 등을 적절히 처리한다.	9:55	1 2 3 4 5	12:25	1 2 3 4 5
정수기를 이용하여 물을 먹는다.	9:55	1 2 3 4 5	12:25	1 2 3 4 5
식사 후 교실로 간다.	9:55	1 2 3 4 5	12:30	1 2 3 4 5
7. 양치 / 세수 (12:40~13:00)				
차례를 기다린다.	12:40	1 2 3 4 5		1 2 3 4 5
자신의 칫솔을 찾는다.	12:40	1 2 3 4 5		1 2 3 4 5
칫솔질을 한다.	12:40	1 2 3 4 5		1 2 3 4 5
치약을 먹지 않는다.	12:40	1 2 3 4 5		1 2 3 4 5
물컵에 스스로 물을 담는다.	12:40	1 2 3 4 5		1 2 3 4 5
물을 입에 넣고 헹군다.	12:50	1 2 3 4 5		1 2 3 4 5
물을 뱉는다.	12:40	1 2 3 4 5		1 2 3 4 5

일과	평가시간	평가표시	평가시간	평가표시
자기 칫솔을 물로 씻는다.	12:50	1 2 3 4 5		1 2 3 4 5
씻은 칫솔을 다시 입에 넣지 않는다.	12:50	1 2 3 4 5		1 2 3 4 5
컵과 칫솔을 정리한다.	12:50	1 2 3 4 5		1 2 3 4 5
수도꼭지를 튼다.	12:40	1 2 3 4 5		1 2 3 4 5
얼굴과 손을 씻는다.	12:50	1 2 3 4 5		1 2 3 4 5
다 씻은 후 수도를 잠근다.	12:50	1 2 3 4 5		1 2 3 4 5
수건으로 닦는다.	12:50	1 2 3 4 5		1 2 3 4 5
8. 화장실 사용 (수시)				
화장실 가기 위한 의사표현을 한다.	10:50	1 2 3 4 5	14:40	1 2 3 4 5
줄을 서서 기다린다.	10:50	1 2 3 4 5	14:40	1 2 3 4 5
옷을 내린다.	10:50	1 2 3 4 5	14:40	1 2 3 4 5
변기를 사용한다.	10:50	1 2 3 4 5	14:40	1 2 3 4 5
휴지로 닦는다.	10:50	1 2 3 4 5	14:40	1 2 3 4 5
옷을 올린다.	10:50	1 2 3 4 5	14:40	1 2 3 4 5
단추나 지퍼 등을 닫는다.	10:50	1 2 3 4 5	14:40	1 2 3 4 5
물을 내린다.	10:50	1 2 3 4 5	14:40	1 2 3 4 5
손을 씻는다.	10:50	1 2 3 4 5	14:40	1 2 3 4 5
수건으로 닦는다.	10:50	1 2 3 4 5	14:40	1 2 3 4 5
9. 귀가시간 (13:00 또는 17:00)				
가방을 멘다.	15:00	1 2 3 4 5		1 2 3 4 5
교사에게 인사한다.	15:00	1 2 3 4 5		1 2 3 4 5
현관으로 향한다.	15:00	1 2 3 4 5		1 2 3 4 5
신발을 신는다.	15:00	1 2 3 4 5		1 2 3 4 5
보호자에게 반가움을 표현한다.	15:00	1 2 3 4 5		1 2 3 4 5

〈표 12-2〉에 제시된 자폐성장애유아의 경우에는 자신의 물건을 정리하는 것이 어려우며 눈맞춤이 안 되고, 선생님이 질문을 하면 거의 반응을 하지 못한다는 것을 알 수 있다. 해당 유아의 경우는 일반적인 자폐성장애의 특성을 모두 나타내므로 그들 중 어떤 것을 영역별로 강점과 지도해야 할 점으로 정할지를 신중하게 고려해야 한다. 담임교사는 학급에서 다른 또래 유아들과 생활할 때, 가장 우선적으로 습득해야 할 부분들을 생각해 보고, 부모의 요구를 반영하여 현행수

준요약서를 작성해야 한다. 〈표 12-3〉은 이러한 부분들을 고려하여 현직교사가 작성한 현행수준요약서이다.

〈표 12-3〉 자폐성장애유아의 현행수준요약서

<table>
<tr><td colspan="2">이름</td><td>안○○</td><td>성별</td><td>남</td><td>생년월일</td><td>2014. 8. 21.
7세(만 5세)</td></tr>
<tr><td colspan="2" rowspan="2">IEP지원팀</td><td colspan="3">원장 우○○ (서명)</td><td colspan="2">일반교사 이○○ (서명)</td></tr>
<tr><td colspan="3">장애아 담당교사 김○○ (서명)</td><td colspan="2">학부모 박○○ (서명)</td></tr>
<tr><td colspan="2" rowspan="3">진단평가내용</td><td colspan="2">검사일</td><td>검사명</td><td colspan="2">진단평가 결과</td></tr>
<tr><td colspan="2">2020. 3. ○○.</td><td>장애진단(○○병원)</td><td colspan="2">자폐성장애(1급)</td></tr>
<tr><td colspan="2">2020. 3. ○○.</td><td>아동발달검사
K-CDI</td><td colspan="2">▶ 사회성: ○○ ▶ 자조행동: ○○
▶ 대근육: ○○ ▶ 소근육: ○○
▶ 표현언어: ○○ ▶ 수용언어: ○○
▶ 글자: ○○ ▶ 숫자: ○○
▶ 전체발달: ○○</td></tr>
<tr><td colspan="2" rowspan="2">발달영역</td><td colspan="5">현 행 수 준</td></tr>
<tr><td colspan="3">강점</td><td colspan="2">지도가 필요한 점</td></tr>
<tr><td colspan="2">적응행동
(기본생활습관)</td><td colspan="3">· 간식을 받아서 스스로 자리에 옴
· 좋아하는 간식은 “더 주세요” 요구
· 간식시간 동안 착석을 유지함
· 비누칠하며 손 씻기를 좋아함</td><td colspan="2">· 선호하지 않는 간식일 경우 접시를 밀어냄
· 마음에 드는 간식이 나왔을 때 간식이 눈에 보이면 간식시간 전이라도 무조건 먹으려고 하며 더 주지 않으면 울면서 자해행동을 함
· 간식시간 외에 이야기 나누기 시간 등 기분 좋을 때만 착석함
· 손 씻기를 좋아하지만 그만하라고 하면 울면서 자해행동을 함</td></tr>
<tr><td rowspan="2">운동성</td><td>대근육</td><td colspan="3">· 반 소파 및 침대에 수시로 뛰어 올라갈 정도로 대근육 활발함
· 카펫 위를 수시로 뛰어다님</td><td colspan="2">· 눈치를 보면서 빠르게 높은 곳을 올라갔다 내려오는데, 안전으로 인해 지도가 필요함. 교구장에 매달림
· 때와 장소에 맞게 활동하는 것을 지도
· 까치발로 다님</td></tr>
<tr><td>소근육</td><td colspan="3">· 하고 싶은 활동이면 구슬과 끈을 가지고 하루 종일 집중하여 뀀</td><td colspan="2">· 구슬과 끈을 가지고 집중하면서 꿰는데 다른 활동을 하기 위해 못하게 하면 울면서 집어던짐</td></tr>
</table>

<table>
<tr><td>인지</td><td>· 신발장이나 가방장 등 내 자리를 찾을 수 있음
· 내 이름을 찾을 수 있음
· 내 물건을 앎
· 양육자를 알고 있고 가끔씩 눈 맞춤이 가능함</td><td>· 1~10까지 아직 수의 개념은 어려움
· 다른 사람의 물건이라는 개념은 아직 어려움. 내가 마음이 들면 무조건 내 것이어야 함</td></tr>
<tr><td>언어
(의사소통)</td><td>· 소리 나는 책을 좋아함. 하루에 한 가지 책을 하루 종일 볼 수 있음
· "뛰지 않아요"라고 교사가 말하면 "네"라고 이야기함
· 손을 달라고 하면 손을 줌
· 말을 앵무새처럼 따라 함
· 노래를 잘 따라 부름</td><td>· 다른 활동을 하기 위해 책을 그만 보게 하면 소리 지르고 움
· "네"라고 이야기하지만 자신의 생각을 이야기하는 것은 아님. 그 행동을 반복해서 또 하고, 못하게 하면 소리 지르면서 머리를 박음</td></tr>
<tr><td>사회성</td><td>· 블록놀이 및 역할놀이를 좋아해서 집 모형에 자주 들어가 있고, 블록을 키만큼 쌓기도 함
· 친구들이 손을 잡아 주면 잡고 있음</td><td>· 집착하는 유아가 있음. 그 유아만 졸졸 따라다님. 그리고 교사가 보지 않으면 그 유아를 밀어버림. 못하게 하면 울고 자해행동을 함
· 친구들이 블록을 쌓으면 가서 무너드리고 좋아함</td></tr>
<tr><td>행동특성</td><td colspan="2">· 원하는 것이 되지 않으면 소리 지르며, 울고, 머리를 박으며 자해행동을 함
· 까치발을 하루 종일 들고 있어서 감각치료를 받고 있음
· 자주자주 손가락을 오므렸다가 폈다가 하는 행동을 함
· 하원시간쯤 되었을 때 초인종에 예민하게 반응함. 밖에 온 사람이 엄마가 아니면 소리 지르고, 울고 머리 박으며 자해행동을 땀을 흘릴 정도로 심하게 함</td></tr>
<tr><td>가족의 강점</td><td colspan="2">· 동생도 자폐 성향을 보여 부모님께서 아이를 재활하려는 의지가 강함
· 유치원에서 3시에 하원하여 매일 다른 치료실에 감
· 유치원에 대해 호의적이고 교사의 말을 듣고 유치원에서 과제해결을 위해 집에서의 활동을 부탁드리면 잘 따라 주심
· 아이와 스킨십을 많이 함</td></tr>
<tr><td>시작 · 종결 시기</td><td colspan="2">· 2020년 4월 1일~2020년 12월 31일</td></tr>
<tr><td colspan="3">· 평가방법: 교사 제작 평가지, 관찰, 포트폴리오, 그리기, 작업, 일화관찰 등
· 평가시기: 담당교사가 수시 관찰법을 통해 성취 정도를 월별로 누가 기록하고, 이 자료를 토대로 회기별로 종합평가</td></tr>
</table>

〈표 12-3〉에 제시된 현행수준요약서를 살펴보면, 지도해야 할 부분이 관찰 및 측정 가능한 형태로 기술되어 있고, 행동특성 부분을 살펴보면, 자폐성장애유아

에 대한 관찰을 주의 깊게 하였음을 알 수 있다. 또한 가족의 강점 부분에 기술된 내용을 살펴보면, 가족과의 상호작용이 잦아서 부모의 성향이나 치료스케줄 등을 자세히 파악하고 있음을 알 수 있다. 〈표 12-4〉는 현행수준요약서를 기준으로 장기목적과 단기목표를 수립한 개별화교육계획안이다.

〈표 12-4〉 자폐성장애유아의 개별화교육계획

발달영역		장기목적	단기목표	지도상황	성취 여부				
					월	월	월	월	월
적응행동		때와 상황에 맞게 착석이 필요한 경우 착석할 수 있다.	이야기 나누기 시간에 5분 이상 착석하기	1분~점점 늘려 가기					
			간식시간에 다 먹거나 먹기 싫은 간식이 나와도 친구들 먹을 때까지 자리에 앉아 기다리기	기다릴 수 있게 좋아하는 활동 제시					
			다 같이 모이는 활동시간에 선생님이 모이라고 이야기하면 착석하기	반복적인 모임 사인 음악 만들어 제시					
운동성	대근육	교실에서는 높은 곳에 올라가거나 뛰지 않고 걸어 다닐 수 있다.	교실에서 걸어 다니기	뛸 때마다 "걸어 다녀요" 이야기해 주기					
			교실 책상 및 높은 곳에 올라가지 않기	오를 때마다 "올라가지 않아요" 이야기하기					
	소근육	소근육 활동 교구를 집어던지지 않고 차분히 활동할 수 있다.	한 가지뿐 아니라 다양한 소근육활동 해 보기	흥미를 끌 수 있는 교구 제시					
			원하지 않는 소근육활동을 제시할 때 던지지 않기	던지지 않을 때 칭찬해 주기					
인지		1~10까지의 수의 개념을 이해할 수 있다.	1~10까지의 수세기 해 보기	수 카드 준비 매일 활동, 섞어서도 해 보기					
			10개 이하의 구체물을 수를 세어 수량 알기	10개 구체물 수시로 준비					
			10개 이하의 구체물을 가지고 수의 많고 적음을 알기	많고 적음 표현 연습					

<table>
<tr><th rowspan="2">발달영역</th><th rowspan="2">장기목적</th><th rowspan="2">단기목표</th><th rowspan="2">지도상황</th><th colspan="5">성취 여부</th></tr>
<tr><th>월</th><th>월</th><th>월</th><th>월</th><th>월</th></tr>
<tr><td rowspan="3">언어
(의사소통)</td><td rowspan="3">눈을 마주치며 나의 생각을 이야기할 수 있다.</td><td>이야기할 때 상대방과 눈 맞추기</td><td>"눈 보세요" 이야기하기</td><td></td><td></td><td></td><td></td><td></td></tr>
<tr><td>네, 아니요 등 간단한 대답으로 나의 생각을 표현해 보기</td><td>대답하면 생각과 맞는지 물어보기</td><td></td><td></td><td></td><td></td><td></td></tr>
<tr><td>필요할 때 "더 주세요" 같은 간단한 표현해 보기</td><td>표현할 때 보상하기</td><td></td><td></td><td></td><td></td><td></td></tr>
<tr><td rowspan="3">사회성</td><td rowspan="3">친구들과 함께 블록을 쌓으며 놀이할 수 있다.</td><td>친구들이 쌓은 블록 무너뜨리지 않기</td><td>무너뜨릴 때 "하지 않아요" 이야기하기 / 사과 연습</td><td></td><td></td><td></td><td></td><td></td></tr>
<tr><td>한 명 이상의 유아와 함께 블록 쌓아 보기</td><td>1명부터 연습해서 여러 명까지 함께 블록 쌓기</td><td></td><td></td><td></td><td></td><td></td></tr>
<tr><td>블록놀이 시 다른 친구가 와서 놀이할 때 친구 밀지 않고 함께 놀이하기</td><td>친구 밀 때 사과하기 / 친구가 다가올 때 밀지 않으면 칭찬해 주기</td><td></td><td></td><td></td><td></td><td></td></tr>
<tr><td>문제행동
지원방안</td><td colspan="8">· 발의 감각이 예민해서 까치발을 들고 다니는 것 같아 교실에서 바깥처럼 실내화를 신고 생활하며, 점차 좋아지면 실내화를 벗고 바닥에 발을 잘 디딜 수 있도록 지원한다.
· 손가락을 위로 올려 오므리려고 하면 다른 흥미 있는 물건을 손에 쥐어 주고, "안 돼!" 하고 이야기해 준다. 조금씩 좋아지면 언어적 촉진만 한다.
· 머리를 아무 데나 박는 행동은 너무 위험해서 일단 화가 나면 아이가 머리를 박아도 안전한 곳으로 이동할 수 있도록 푹신한 매트를 구입한다. 교실 모서리 부분에 모서리 보호대를 설치한다. 아이가 화가 나는 상황을 최대한 줄여야 하기 때문에 안 되는 상황에 대해 아이에게 반복적으로 이야기해 주어 이해할 수 있게 한다.</td></tr>
<tr><td>가족지원</td><td colspan="8">· 유치원에서 하는 장·단기목표가 연계되어질 수 있도록 매주 〈부모님과의 소통 안내장〉을 보내 주말 동안 아이의 활동이 연계되어질 수 있게 한다.
· 부모님의 요청사항 : 초등학교에서의 적응 ⇒ 특수교육지원센터와 연계하여 특수아동의 초등학교 적응 관련 책자 배부할 예정임
· 특수교육지원센터와 연계하여 만 5세(7세) 특수유아 학부모 모임 및 프로그램 운영 예정</td></tr>
</table>

〈표 12-4〉에 제시된 자폐성장애유아의 개별화교육계획을 살펴보면, 학급 내 규칙과 안전과 관련된 행동들을 우선적으로 지도할 부분에 포함시켰다는 것을 알 수 있다. 그리고 지도해야 할 점들이 너무 포괄적이거나 장시간을 요하는 정도가 아닌 한 학기 단위로 평가할 수 있을 정도로 계획이 수립되어 있음을 알 수 있다. 문제행동 지원방안을 보면, 교수전략을 단계적으로 빼 주는 형태로 점점 나아지면 언어적 촉진만을 사용하도록 하겠다고 되어 있는데, 이것은 자폐성장애유아의 특성을 정확히 분석하고 판단하고 있음을 보여주는 것이다. 가족지원 방안에서도 부모와의 협력관계를 잘 유지하고 있고, 필요한 정보를 제공하고 있음을 알 수 있다.

2) 자폐성장애의 개별화교육 실행

자폐성장애의 특성은 장애 정도와 수반된 다른 장애의 유무에 따라 굉장히 범위가 넓다. 그러나 일반적으로 나타나는 자폐성장애유아의 특성을 기준으로 적합한 지도방안을 모색해 봄으로써 현장에서의 실행력을 지원해 줄 수 있도록 하고자 한다.

첫째, 교사는 자폐성장애유아에게 적절한 교육적 지원을 제공하기 위하여 자폐성장애 유아가 좋아하거나 싫어하는 물건이나 활동을 파악하여야 한다. 이를 위하여 교사는 부모와 상담을 하고, 유아교육기관 내에서는 주의 깊은 관찰을 통하여 선호하는 것을 파악해야 한다. 자폐성장애유아의 경우, 부정적이든 긍정적이든 간에 물건이나 활동에 집착하는 경향이 있기 때문에 교사는 해당 유아의 두려움과 갈등을 이해하기 위하여 이러한 것들을 파악하고 있어야 한다.

둘째, 자폐성장애유아가 불안이나 발작적인 부적응행동을 보일 때, 교사는 이를 적절하게 누그러뜨릴 방법을 모색해야 한다. 이를 위하여 부모와 상담을 하거나 의료진 혹은 치료사와 같은 전문가의 의견을 반영하여 자폐성장애유아가 나타내는 부적응행동에 적합한 반응행동을 취하도록 해야 한다. 교사가 해당 유아에게 접근할 때, 유아에게 미리 알려 주지 않으면, 놀라기도 하고 오히려 부정적인 결과를 도출할 수 있기 때문에 이에 대해 충분히 표현한 뒤에 접근함으로써 해당 유아가 교사의 접근을 인지할 수 있도록 해야 한다.

셋째, 통합학급의 또래 유아들에게 자폐성장애에 대한 이해교육을 시킴으로써 자폐성장애유아를 이해하고, 서로 상호작용할 수 있도록 구체적인 방법을 지도한다.

넷째, 자폐성장애유아에게도 놀이상황에서 또래의 유아들과 어떻게 상호작용해야 하는지를 단계적으로 설정하여 과제분석을 실시한 후 이를 구체적인 방법으로 하나씩 집중 · 반복 훈련할 수 있도록 지도한다.

다섯째, 자폐성장애유아는 목소리를 듣고 반응하기보다는 시각적 단서에 좀 더 잘 반응하므로 그림이나 사진을 이용하는 것이 효과적이다. 사진이나 그림을 이용하여 하루 일과를 알 수 있도록 일과표를 잘 보이는 곳에 게시해 둠으로써 하루의 일과를 미리 예측할 수 있게 해 주기 때문에 변화를 두려워하는 자폐성장애유아의 불안이나 두려움을 감소시켜 준다. 또한 학급 내에서 해야 할 행동과 하지 말아야 할 행동들을 시각적 자료를 통하여 알려 줌으로써, 학급 내 규칙을 지킬 수 있도록 지도한다.

마지막으로, 자폐성장애유아들이 전형적으로 나타내는 반향어나 이해하기 힘든 언어나 음성을 반복하는 것을 조절할 수 있도록 도와주고, 상황에 맞는 의사표현을 할 수 있도록 지도해 주어야 한다. 이때 정확한 말의 형태를 사용하는 데 초점을 두기보다는 의사소통 기술 증진에 도움을 줄 수 있는 다양한 방법을 활용하여 실제로 필요한 상황에서 의사소통 기술을 사용할 수 있도록 도와준다. 이러한 지도방안 등을 활용하여 자폐성장애유아의 개별화교육을 효과적으로 실행할 수 있도록 한다(조윤경 외 2012a).

Chapter 13

개정 누리과정에서의 장애유아의 놀이지원 및 가족 지원

「2019 개정 누리과정」과 「2015 특수교육 교육과정」에서는 장애유아를 위한 교육과정을 일반교육과정인 누리과정을 중심으로 수행하도록 하고 있다. 이는 장애유아가 비장애유아에게 제공되는 어떠한 교육활동에서도 배제되지 않아야 하며, 장애가 없었다면 제공받았을 일반적인 경험으로부터 제한되지 않아야 한다는 생각에서 기인한 것이다(박현옥 외, 2020). 그렇기 때문에 담임교사는 장애유아를 위한 개별화교육계획을 누리교육과정을 제공하는 데 포함하여 함께 제시하는 것이 바람직할 것이다. 현재 개정 누리과정의 경우는 유아가 주도적으로 선택한 놀이를 중심으로 교육적 지원을 하도록 하고 있으며, 놀이를 통해 얻게 되는 경험들이 즐겁게 배우는 과정이 될 수 있도록 규제를 최소화하도록 하고 있다. 이를 통해 유아들은 배워야 할 것들을 자연스럽게 스스로 습득할 수 있는 기회를 가지게 될 것이다. 이것은 교사의 주도를 최소화하고, 유아의 주도성과 자율성을 최대화함으로써 가능한 일이며, 이러한 교육방법은 모든 유아에게 적용되어야 하므로 장애유아에게도 당연히 동일한 교육과정을 동일한 방법으로 제공해야 하는 것이 마땅할 것이다.

그렇다면 「2019 개정 누리과정」에서 추구하는 놀이란 무엇인지, 우리가 알고 있는 놀이가 진정한 놀이인지를 확인해 보아야 할 것이다. 제13장에서는 백문이 불여일견(百聞而不如一見)이므로 어떻게 놀이를 진행해야 진짜 놀이인지를 살펴보고, 이를 기반으로 장애유아의 놀이를 어떻게 지원할 수 있는지를 살펴보고자 한다. 또한, 장애유아에게 가장 중요한 역할을 수행하는 가족을 위해 어떠한 지원을 할 수 있는지도 살펴보고자 한다.

놀이의 힘 1부

놀이의 힘 2부

놀이의 힘 1부
놀이는 본능이다

놀이의 힘 2부
진짜놀이 가짜놀이

1 개정 누리과정 기반 장애유아 놀이지원의 이해 및 실제

개정 누리과정에서 중요하게 다루는 것이 바로 놀이의 교육적 지원방법이며, 유아가 주도적으로 놀이를 시작하고, 함께 놀이에 참여하는 것을 보면서 통합학급교사 및 유아특수교사는 특수교육대상 유아를 어떻게 놀이에 참여시킬지에 대한 고민을 하게 될 것이다. 통합학급교사와 유아특수교사들이 장애유아가 놀이 활동에 잘 참여할 수 있도록 지원하면, 장애유아는 일과와 놀이 및 활동에 참여하게 되고, 동시에 또래 및 인적, 물적, 환경과의 상호작용이 증진되어 결과적으로 발달과 학습이 촉진되게 된다. 놀이참여지원은 일반적으로 환경적(물리적, 사회적, 시간적 환경) 수정과 교수적 수정(활동, 교재)의 두 가지로 나뉘는데, 환경적 수정은 활동영역 구성 및 시간표 등을 변경함으로써 유아교육기관의 물리적, 사회적, 시간적 환경을 수정하는 방법이며, 교수적 수정은 활동구성이나 난이도 및 교재 등 교수활동과 관련된 수정을 함으로써 개별적인 교육적 요구를 지원하는 것이다(박현옥 외, 2020).

i누리포털 놀이지원방법

i누리포털–현장중심 장애 및 비장애유아의 놀이지원방법

「2019 개정 누리과정」에서 제시하고 있는 유아중심, 놀이중심이라는 교육과정의 방향을 잘 찾아가려면 무엇보다 중요한 것이 바로 장애유아가 관심 있어 하는 놀이가 무엇인지 파악하는 일이 될 것이다. 이를 위하여 통합학급교사와 유아특수교사는 상호 협력하여 장애유아의 행동을 주의 깊게 관찰하고, 장애유아가 관심 있어 하는 것을 찾아 지원해 주도록 해야 할 것이다. 실제 유아교육현장에서 효과적으로 이를 적용하기 위하여 이와 관련된 유아교육현장에서의 실제 사례를 살펴봄으로써 어떻게 개정 누리과정을 기반으로, 어떤 방식으로 특수교육대상 유아를 주도적으로 놀이할 수 있게 하고, 또래 유아들과 함께 놀이에 참여할 수 있게 하는지를 알 수 있다. i누리포털에서는 유아교육현장에 필요한 적용 사례들이 다수 제공되고 있으므로 참고하길 바란다.

2019년 7월 19일 유아 · 놀이중심의 「2019 개정 누리과정」이 확정 · 발표되면서, 국가수준의 공통교육과정인 「2019 개정 누리과정」을 통해 유아들에게 충분히 놀 권리를 보장해 주고자 하였으며, 놀이에 몰입하고, 놀이를 주도적으로 이끌어 갈 수 있도록 함으로써 자율성과 주도성, 창의성을 향상시키고자 하였다. 이를 통해 유아들이 전인발달을 이루고, 행복함을 느끼게 하는 것이 「2019 개정 누리과정」의 목적이다. 이러한 목적을 효과적으로 이행할 수 있도록 교육부, 보건복지부, 육아정책연구소는 온라인상에 i누리포털을 개설하여 유아교육현장에서 「2019 개정 누리과정」을 효과적으로 실행할 수 있도록 지원해 주고 있다. i누리 포털에서는 배움누리, 나눔누리, 도움누리, 소통누리, 학부모누리라는 제목별 카테고리를 통해 고시문해설, 현장지원자료, 연수자료, 놀이, 환경구성, 유아관찰 및 기록, 부모참여, 학습공동체 등 다양한 실행자료를 제공함으로써 유아교육현장에서의 교사실행력을 증진시킬 수 있도록 지원하고 있다.

2 장애유아 중재를 위한 가족중심의 실제

가족은 유아의 성장 발달에 있어서 매우 중요한 역할을 수행하는 집단으로 사회의 기본 단위이자 한 사회를 존속시키고 유지하는 기능을 한다. 모든 유아는 가족의 사랑과 보호를 받으면서 성장하고, 가정에서 여러 가지 생활규범을 배우고 익히며, 사회생활에 적응할 수 있는 능력을 기르게 된다(정옥분, 2015). 특히, 장애유아에게 가족이란 비장애유아의 가족보다 더 특별한 의미를 가진다고 볼 수 있다. 유아는 이 시기에 달성해야 할 과업을 완수하기 위해 가족이라는 사랑과 보호의 울타리 안에서 사회의 온전한 구성원으로 성장하기 위해 생활규범들을 배우고 익히게 되는데, 이 시기에 장애라는 특성으로 인하여 배우고 익히는 것에 어려움을 느끼는 유아들의 경우에는 가족들의 더 많은 관심과 보호 그리고 지도와 인내가 필요하게 된다. 가족만큼 장애유아의 발달특성에 대하여 잘 아는 사람도 없을 것이고, 이들을 자신보다 더 사랑하고 보호해 줄 인적자원도 없을 것이기에 가족은 장애유아의 삶에서 가장 중요한 역할을 하게 된다. 그렇기 때문에 가족을 중심으로 개별 장애유아의 개별화교육계획을 수립하고, 효과적으로 수행하기 위하여 가정과 연계함으로써 개별 장애유아에게 가장 최적의 지원을 제공할 수 있을 뿐 아니라 효과적으로 수행할 수 있게 될 것이다.

Dunst(2002)는 장애유아의 개별화교육을 수립하고 실행하는데, 가족이 중심되어 중요한 의사결정에 참여하는 것이 장애유아의 성장 · 발달에 긍정적이라고 하였다. 그는 가족중심의 실제가 효과적으로 실행되기 위해서 개별화교육지원팀은 가족과 가족구성원의 존엄성을 인정하고, 존중하는 마음으로 대하는 것을 원칙으로 그들에게 필요한 최적의 정보를 제공해야 한다고 하였다. 또한, 우선적으로 지원해야 할 가족의 문제를 선정하여 개별 가족들에게 적합한 지원을 제공해 줌으로써 가족의 역량을 증진시킬 수 있도록 해 주어야 한다고 하였다. 더불어 가족의 강점을 파악하여 이를 활용할 수 있도록 도와줌으로써 가족의 역량을 강화시켜

Professor Cart Dunst

주어야 한다고 하였다. 즉, 가족이 장애유아의 성장 · 발달에 가장 중요한 역할을 수행할 수 있도록 지원해 주고, 장애유아의 잠재된 능력을 최대한 계발시켜 사회 구성원으로 통합되어 삶을 살아갈 수 있도록 지원하는 모든 의사결정에 가족 및 가족구성원이 적극적이고 능동적으로 참여할 수 있도록 지원을 제공해 주어야 한다.

이와 같은 맥락으로 이소현(2016)은 유아의 최상의 발달과 교육성과를 위하여 가족과 협력하고, 가족의 역량을 강화시켜 주는 것을 목표로 가족지원을 해야 한다고 하였다. 또한, 개별 가족의 어려움과 지원의 필요를 파악하여 적절히 지원을 제공함으로써 가족의 양육 역량을 강화하고, 삶의 질을 향상시키는 과정은 장애유아교육에 있어서 매우 중요한 의미를 지닌다고 하였다. 가족지원은 궁극적으로 장애유아 부모의 역량 강화를 통해 장애유아의 삶에 긍정적인 영향을 미치는 것이라고 하였다.

중앙장애아동발달장애인

중앙장애아동발달 장애인지원센터–장애아 가족양육지원사업

가족지원에 대한 인식이 높아지면서 2021년 중앙장애아동 · 발달장애인지원센터에서는 「장애아동복지지원법」 제24조에 근거하여 장애아가족 양육지원 사업을 수행하고 있다.

중앙장애아동 · 발달장애인지원센터에서 제공하는 사업 중 장애아가족 양육지원사업은 장애아동 가족의 일상적인 양육부담을 경감하고, 보호자의 사회활동을 돕기 위하여 돌봄 및 일시적 휴식지원 서비스를 제공하는 사업이다. 이는 「장애아동복지지원법」 제24조(돌봄 및 일시적 휴식지원 서비스지원)제1항에 근거하여 장애아돌보미를 가정으로 직접 파견하여 돌봄 서비스를 제공하거나 휴식지원 프로그램(장애아가족문화 및 교육 프로그램, 가족캠프 등)을 제공하는 것이다. 돌봄 서비스 대상은 만 18세 미만의 「장애인복지법」상 등록된 장애의 정도가 심한 장애아와 함께 생계 및 주거를 같이하는 가정으로 아동 1인당 연 840시간 이내로 제공하는 서비스이다. 이를 초과할 시 본인부담금이 발생한다. 이용방법은 주민등록상 주소지 관할 읍 · 면 · 동 또는 시 · 군 · 구에 신청하면 된다.

Horn 등(2011)은 가족중심의 실제란 가족을 존중하는 태도로 가족을 대하며, 가족의 관심사와 우선순위에 맞추어 개별화하고, 융통성 있게 반응함으로써 가

Eva Marie Horn

족이 충분한 정보를 가지고 결정할 수 있도록 정보를 공유하는 것이라고 하였다. 그리고 프로그램의 실제나 중재선택에 있어서 가족의 선택을 항상 존중하는 것은 물론이고, 가족과 개별화교육지원팀의 전문가들과의 관계에 있어서 부모-전문가의 협력과 동반자 관계를 유지하도록 함으로써 가족이 아동을 양육하는 데 필요한 자원과 지원을 획득할 수 있도록 한다. 이러한 방법을 통하여 가족의 역량 강화를 촉진할 수 있다고 하였다. 개별화교육지원팀은 부모가 장애유아를 위하 다양한 역할 즉, 교사, 지지자(advocate), 기록관리자(record keeper), 사기충전(morale booster)의 역할을 수행할 수 있도록 지원해야 하며, 부모를 개별화교육지원팀의 공동책임자로서 존중해야 한다고 하였다. 또한 가족중심의 실제에서 중요한 목표는 '아동이 최대한 자신의 잠재력을 계발할 수 있도록 지원하는 것이고, 부모가 자녀의 양육에 지속적으로 참여할 수 있도록 지원하는 것'이라고 강조하였다.

Carol M. Trivette

Trivette와 Dunst(1998)는 가족중심의 실제가 관계형(relational)과 참여형(participatory) 요소로 구성된다고 하면서, 관계형 도움 주기의 실제 첫 번째는 전문가가 부모 및 가족과 라포를 형성하기 위해 사용하는 행동으로 가족을 다정하게 챙기며, 상호작용하는 것이라고 하였다. 이를 위해 가족의 이야기에 귀를 기울이며, 명확하게 의사소통하고, 적극적이며 반성적인 경청기술을 사용하는 것이 관계형 도움 주기의 실제라고 하였다.

관계형 도움 주기의 실제 두 번째는 전문가가 가족에 대한 긍정적인 태도를 보이는 것으로 개인 및 가족의 강점에 초점을 맞추고, 개인적·문화적 신념을 존중하며, 긍정적인 방식으로 가족에 관해 의사소통하고, 바라는 목표를 성취하는 데 있어서 가족이 가진 능력과 잠재력을 인정하는 전문가의 행동을 말한다고 하였다.

또 다른 요소인 참여형 도움 주기의 실제 첫 번째는 가족이 원하는 목표를 성취하기 위해 선택하고 행동할 수 있도록 전문가가 돕는 행동으로 참여형 도움을 주는 전문가는 가족이 우선순위를 파악하고, 이에 집중하도록 돕는다. 가족이 선택사항을 평가하고 정보에 근거한 결정을 하도록 지원하면서 바라는 목표를 성취하기 위해 가족이 적극적으로 참여하도록 장려하고, 목표 성취를 위하여 가족의 강점을 이용하여 새로운 기술을 익히도록 돕는 것을 말한다.

참여형 도움 주기의 실제 두 번째는 가족의 독특한 그리고 수시로 변하는 상황에 전문가가 반응적으로 행동하는 것으로 가족이 원하는 목표에 광범위한 지원과 자원이 포함될 경우 가족이 이에 대한 해결책을 고려하도록 돕는 것, 가족의 결정을 지원하고 존중하는 것, 가족과 개별적으로 일하는 것, 가족의 관심과 우선순위에 부합하는 도움을 제공하는 것, 기대하는 목표를 성취하기 위하여 가족이 계획된 접근을 하도록 지원하는 것 등이 있다(Horn et al., 2011).

1) 지식과 정보 제공

교육지원

국립특수교육원 장애자녀 부모지원 종합시스템 5. 교육지원

장애유아를 키우기 위해서 가족에게 제공되어야 할 것 중에 하나가 바로 장애에 대한 다양한 지식과 정보일 것이다. 주 양육자가 장애유아에 대한 풍부한 지식과 정보를 갖추고 있다면, 장애유아의 성장과 발달을 도울 수 있을 것이고, 문제가 발생했을 때 당황하지 않고 적절하게 해결하게 될 것이다. 그리고 충분한 지식과 정보를 가지고 있다면, 장애유아를 위한 크고 작은 의사결정 상황에서 가장 최선의 현명한 결정을 내릴 수 있게 될 것이다. 무엇보다 지식과 정보를 가진 부모는 아이와 가족의 권리를 스스로 옹호할 수 있는 능력과 역량을 강화시키는 데 도움이 될 것이다.

발달을 사회문화적 관점에서 이해해야 한다고 했던 Bronfenbrenner(1977, 1979)의 생태학적 체계이론을 장애자녀를 둔 가족에게 적용하여 살펴보면, 장애유아 자녀를 둔 가족을 둘러싼 미시체계, 중간체계, 외체계, 거시체계 등 각 체계에 따라 요구되는 지식과 정보가 다르다는 것을 알 수 있다. 예를 들면, 장애유아 자녀에 대한 미시체계(개인차원)에서 요구되는 정보는 장애유형 및 정도, 그리고 그로 인한 영향, 발달상태, 필요한 양육기술, 장애자녀의 개인적 선호와 강점 등이 있

을 것이고, 중간체계(가족차원)는 내 가족의 형태, 가족이 가진 인적 및 물적 자원, 가족구성원 간의 의사소통, 의사결정과정, 가족의 강점과 약점 등이 필요할 것이다. 또한 외체계(지역사회차원)에서는 교육기관, 보육시설, 의료기관, 치료시설, 복지시설 등 이용기관 및 시설, 지자체의 장애인 지원정책 및 제도, 장애인 권리옹호기관 및 단체에 대한 정보가 있을 것이고, 거시체계(국가차원)에서는 장애인에 대한 국가정책, 법률 및 지원제도 등이 필요할 것이다. 추가적으로 시간체계(패러다임의 변화)는 시대에 따라 장애패러다임의 변화에 따른 장애인 권리 및 복지정책에 대한 정보가 필요할 것이다. [그림 13-1]은 생태학적 관점을 적용한 가족지원에 대한 체계를 도식화한 것이다.

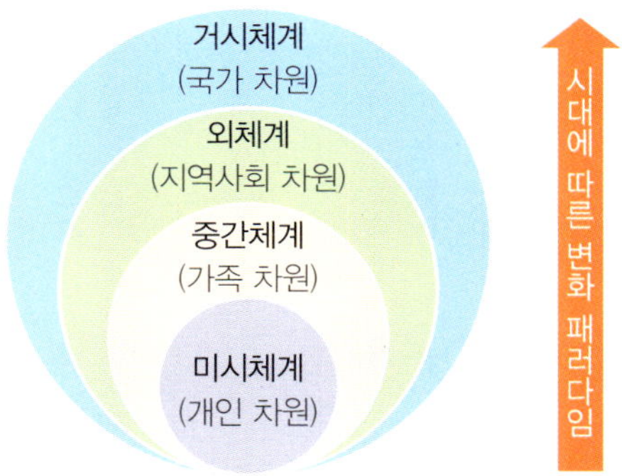

[그림 13-1] 생태학적 관점을 적용한 가족지원체계 모형

요약해 보자면, 부모 및 주 양육자에게 필요한 것은 아이가 가지고 있는 장애에 대한 이해와 자녀의 성장 · 발달을 돕고, 문제를 해결하며, 의사결정을 돕고, 권리옹호 역량을 키워 주는 지식과 정보이다. 이 네 가지 요소는 따로 분리되어 있는 것이 아니라 서로 상호작용을 하며 영향을 미친다. 장애에 대한 올바른 이해가 어떤 특정한 문제를 해결하고 의사결정을 현명하게 내리는 데 영향을 미칠 수 있다. 부모가 장애유아의 교육적 권리를 법으로 보장받을 수 있고, 통합교육이 의무화 되어 있기 때문에 집 주변의 일반 유치원이나 어린이집에 입소를 원한다면 입소신청을 할 수 있다는 것을 모를 경우, 만약 입소를 거부하는 유아교육기관이 있다 하더라도 이러한 부당한 대우에 대하여 권리를 주장할 수 없게 될 것이다.

아는 만큼 권리를 행사할 수 있게 된다는 점을 고려해 볼 때, 개별 가족들에게 유용한 다양한 정보를 제공해 주어야 할 필요가 있다(국립특수교육원, 2016g).

교육부 국립특수교육원에서는 장애영유아 자녀를 둔 부모들을 지원하기 위하여 '온맘 사이트'에서 '부모지원 콘텐츠'를 제공되고 있다. 이 중에서 온라인 콘텐츠형식으로 제공되는 '장애영유아 자녀 부모지원' 콘텐츠는 동영상으로 제공되기 때문에 이해하기 쉬운 형태로 제공되고 있다. 특히 '가족지원' 동영상 콘텐츠는 가족의 장애 받아들이기, 장애영유아를 위해 준비해야 할 것들, 일상의 고민 & 조언 등 장애영유아 가족들에게 도움이 되는 내용들로 구성되어 있다. 또한 '교육지원' 동영상 콘텐츠에서는 가정에 있던 영유아가 교육기관에 입소할 때, 어떤 과정을 거치고, 어떤 서비스를 받을 수 있는지를 알려 주는 유아교육기관 취학준비와 유아교육기관에서의 교육활동, 초등학교 취학준비, 또래와 함께 생활하기, 보조공학기기의 활용 등에 대한 내용으로 구성하여 실제 부모가 장애영유아 자녀의 교육적 지원을 어떻게 수행하면 되는지에 대하여 안내 및 지원하고 있다.

2) 장애유아 가족의 스트레스의 원인

장애유아 가족의 경우에 자녀를 양육하면서 많은 스트레스 상황에 놓이게 된다. 특히, 인지적으로 문제가 있는 유아의 경우, 부모의 역할을 가중시키게 되는데, 비장애유아라면 일상적인 경험을 통해 자연스럽게 습득하게 되는 것까지 모두 인내심을 가지고, 집중 · 반복하여 연습을 시켜야 습득이 가능하기 때문이다. 신변처리기술들과 관련된 목욕하기, 대소변훈련, 약 복용지도, 옷 및 신발 착용방법 등 반복된 일상으로 인해 부모는 스트레스를 받을 수 있다. 또한, 장애자녀를 양육하고, 이들이 비장애유아들과 함께 더불어 생활할 수 있도록 지원하는 과정에서 자신의 노력만큼 자녀의 성장 · 발달이 따라 주지 않을 때, 크게 실망하고 스트레스를 받으며 우울한 감정을 가지게 된다. 그런 와중에 자녀에게서 장애로 인한 행동문제가 나타난다면, 가족들은 더욱 힘들어하고 스트레스를 받게 될 것이다. 그러나 장애자녀를 양육한다는 것은 인생에서 장거리 마라톤을 해야 하는 것

가족지원

국립특수교육원 장애자녀 부모지원 종합시스템 10. 가족지원

처럼 오랜 기간 인내와 조절이 필요한 일이다. 따라서 부모 자신이 심리적으로 안정감을 느낄 수 있는 대처방안을 찾는 것이 매우 중요하다(국립특수교육원, 2016g). 종교적 위안을 받을 수도 있고 주변에 도움을 요청할 수도 있으며, 자신이 얼마나 열심히 잘 해오고 있는지 스스로 칭찬하는 방법을 사용할 수도 있다. 유아교육기관에서는 이런 부모의 스트레스를 관리해 주기 위해 동일한 여건의 부모들의 모임(자조모임)을 주선해 줌으로써 서로 의지하고 고충을 교류하고 정보를 교환할 수 있도록 하거나, 지역교육청의 특수교육지원센터에서 진행하는 부모상담 및 힐링 프로그램을 안내해 줌으로써 스트레스 대처방안을 지원해 줄 수 있다.

참고문헌

강대옥, 강병일, 김기주, 김남진, 김창평 (2012). 특수교육학개론. 학지사.

강은영, 박윤정, 서효정 (2020). 경기도 특수교육지원센터 교사를 통해 살펴본 특수교육대상자 진단 · 평가 및 선정 · 배치 실태와 질적 제고 방안. 특수아동교육연구, 22(1), 215-246.

강은영, 박윤정, 서효정, 박경옥 (2018). 개별화교육계획(IEP) 수립 및 실행의 질적 향상 방안: IEP 유형 제안 및 질적 지표 활용 필요성 탐색. 특수교육학연구, 53(1), 137-163.

강혜원, 홍성호, 장정윤, 이영선 (2015). 상황이야기 중재가 정서 · 행동장애 위험 유아의 사회적 상호작용과 문제행동에 미치는 효과. 유아특수교육연구, 15(2), 181-205.

교육과학기술부 (2008a). 특수교육연차보고서-2008년 정기국회 보고자료.

교육과학기술부 (2008b). 「장애인 등에 대한 특수교육법령」 해설자료. 교육과학기술부 특수교육지원과.

교육부 (2013). 제4차 특수교육발전 5개년 계획. 교육부 특수교육정책과.

교육부 (2016). 2015 개정 특수교육 교육과정 길라잡이.

교육부 (2018). 제5차 특수교육발전 5개년 계획. 교육부 특수교육정책과.

교육부 (2019a). 특수교육연차보고서-2019년 정기국회 보고자료.

교육부 (2020.01.11. 작성). i-누리포털 2019 개정 누리과정 고시문 리플릿. https://i-nuri.go.kr/main/board/index.do?menu_idx=104&manage_idx=25&how_show=each 2022. 03. 12. 인출.

교육부 (2020a). 2020년 특수교육통계. 교육부 국립특수교육원.

교육부 (2020b). 교육부 고시 2015-81호 [별책 2](교육부 고시 2020-237호 일부개정 포함) 유치원 교육과정, 공통 교육과정 및 선택 중심 교육과정.

교육부 (2021). 2021년 특수교육통계. 교육부 국립특수교육원.

교육부, 국제연합교육과학문화기구, 유네스코한국위원회, 한국연구재단 (2021). 한국의 SDG4 이행과 교육 회복 국제포럼 자료집. 유네스코한국위원회.

교육부, 보건복지부 (2019a). 「2019 개정 누리과정 해설서」.

교육부, 보건복지부 (2019b). 「2019 개정 누리과정 놀이이해자료」.

교육부, 보건복지부 (2019c). 「2019 개정 누리과정 놀이실행자료」.

교육인적자원부 (2007a). 특수교육연차보고서-2007년 정기국회 보고자료.

교육인적자원부 (2007b). 특수교육발전 종합계획(08-12) 수립을 위한 기본 연구.

국립특수교육원 (1999). 개별화 교육계획 작성 · 운영지침.

국립특수교육원 (2010). 특수교육백서.

국립특수교육원 (2012a). 장애유아 통합 교수 · 학습자료 활용을 위한 일반교사용 지침서.

국립특수교육원 (2012b). 유 · 초등학생 장애이해 교육.

국립특수교육원 (2016a). 제5차 특수교육발전 5개년 계획 기초연구.

국립특수교육원 (2016b). 장애영유아 양육 길라잡이 제1권 발달장애 양육지식 및 정보.

국립특수교육원 (2016c). 장애영유아 양육 길라잡이 제2권 발달장애 양육기술.

국립특수교육원 (2016d). 장애영유아 양육 길라잡이 제3권 시각장애.

국립특수교육원 (2016e). 장애영유아 양육 길라잡이 제4권 청각장애.

국립특수교육원 (2016f). 장애영유아 양육 길라잡이 제5권 지체장애(뇌병변).

국립특수교육원 (2016g). 장애영유아 양육 길라잡이 제6권 공통(가족지원).

국립특수교육원 (2018a). 2018 장애유형별 평생교육 프로그램 일상생활 영역 평상교육 프로그램 시각장애.

국립특수교육원 (2018b). 2018 장애유형별 평생교육 프로그램 일상생활 영역 평상교육 프로그램 청각장애.

국립특수교육원 (2018c). 2018 장애유형별 평생교육 프로그램 일상생활 영역 평생교육 프로그램 지체 · 뇌병변장애.

국립특수교육원 (2019a). 2019년도 특수교육운영계획.

국립특수교육원 (2019b). 학교과정별 통합교육 지원교사 역할모델 개발.

국립특수교육원 (2019c). 연령별 장애영아 교육활동자료집.

국민건강보험 (2017). 조용히 찾아오는 「녹내장」, 조기검진이 가장 큰 예방법. 빅데이터운영실, 국민건강보험 일산병원. 2017년 12월 29일자(금) 조간.

국민건강보험 (2022). 조기발견이 어려운 「녹내장」질환 60대 환자가 가장 많아. 빅데이터전략본부 통계관리부, 일산병원. 2022년 3월 8일자(화) 조간.

권소영, 이지효, 강수연 (2018). 개별차원의 긍정적 행동지원이 통합된 장애위험 유아의 행동에 미치는 영향. 유아특수교육연구, 18(3), 85-108.

권소영, 이지효, 강수연 (2019). 긍정적 행동지원이 발달지체 유아의 어린이집 일과참여행동에 미치는 영향. 유아특수교육연구, 19(4), 165-191.

권순우, 김영익, 정은, 팽재숙 (2019). 예비(특수)교사를 위한 알기 쉬운 통합교육의 실천 특수교육학개론. 창지사.

권준수, 김재진, 남궁기, 박원명, 신민섭, 유범희, 윤진상, 이상익, 이승환, 이영식, 이헌정, 임효덕 (2015). DSM-5 정신질환의 진단 및 통계편람 제5판 번역판. 학지사.

금미숙, 곽승철, 김희연, 박계신, 이경면, 이한영, 정은영, 최민숙 (2009). 장애영유아 교육과정 편성 · 운영 자료. 교육과학기술부.

김경숙, 김미숙, 김성애, 김수진, 박숙영, 백유순, 이성봉, 조광순, 조윤경, 최민숙, 허계형 (2002). 유아특수교육개론. 학지사.

김관주, 정훈영 (2016). 발달지체 영유아를 위한 서비스 지원체계 개선 방안에 대한 질적연구. 정서 · 행동장애연구, 32(3), 29-52.

김남진, 김정은, 최희승 (2017). 장애아 진단 및 평가. 양서원.

김동일, 고은영, 고혜정, 김우리, 박춘성, 손지영, 신재현, 연준모, 이기정, 이재호, 정광조, 지은, 최종근, 홍성두 (2019). 특수교육의 이해. 학지사.

김동일, 고은영, 이기정, 최종근, 홍성두 (2017). 특수교육 · 심리진단과 평가. 학지사.

김미숙 (2010). 한국특수교육의 과거와 현재에 대한 반성적 사고를 통한 미래 방향에 관한 연구. 유라시아연구, 7(2), 193-209.

김병하 (1986). 로제타 셔우드 홀(Rosetta Sherwood Hall) 여사에 의한 한국 특수교육의 성립사고. 특수교육학회지, 7, 5-27.

김병하 (2005). 특수교육진흥법의 제정과 개정과정: 그 역사적 함의와 쟁점. 특수교육저널: 이론과 실천, 6(1), 449-472.

김병하 (2008). 인물중심 한국특수교육의 역사적 고찰. 특수교육저널: 이론과 실천, 9(3), 167-198.

김보경 (2015). 장애위험 영유아를 위한 의뢰 전 중재에 대한 어린이집 일반교사의 인식 및 실태연구. 단국대학교 특수교육대학원 석사학위논문.

김삼섭 (2012). 뇌성마비 유아의 다중지능 발달 특성. 지체 · 중복 · 건강장애연구, 55(4), 45-67.

김성애 (2006). 유아특수교육 교육과정 내용 및 운영방향. 교원교육, 22(2), 1-19.

김양희, 김남순 (2014). 미국과 한국의 IEP 변화과정 고찰 및 지적장애학생 IEP 운영의 발전방안. 특수교육학연구, 48(4), 55-79.

김옥진 (2014). 그림책을 활용한 역할놀이가 지적장애유아의 어휘력 향상에 미치는 효과. 영남대학교 교육대학원 석사학위논문.

김원경, 신진숙, 박현옥, 김용욱, 김미숙, 윤광보, 김경화, 김정현, 강창욱, 박정식, 김정연, 곽승철, 한홍식, 박미혜, 변찬석, 홍종관 (2017). 최신 특수교육학개론 3판. 양성원.

김원경, 한현민 (2007). 2007 특수교육법의 쟁점과 과제. 특수교육저널: 이론과 실천, 8(4), 95-140.

김윤옥 (1997). 특수아동 완전통합교육을 위한 미국의 동향과 한국적 과제. 특수교육연구, 4, 45-72.

김은정, 하형주 (2007). 발달장애아의 신체활동을 통한 조기특수교육의 필요성에 대한 고찰. 한국스포츠학회지, 4(2), 39-49.

김정륜 (2020). 어린이집 보육교직원의 장애아 선별과 교육진단에 대한 실태 및 인식. 광운대학교 교육대학원 석사학위논문.

김정민 (2019). 장애위험 유아 대상 행동중재의 효과성 연구: 단일대상연구를 중심으로. 어린이미디어연구, 18(1), 47-68.

김종문, 김병련, 김성애, 유장순, 윤혜림, 전준, 정광조 (2009). 통합학급 및 특수학급 교육과정 편성 · 운영 자료. 교육과학기술부.

김지영 (2012). 코메니우스와 몬테소리의 교육 사상 비교. 실천유아교육, 17(2), 55-74.

김형식, 우주형, 권오용, 유경민, 권순지, 박규영 (2019). 유엔 장애인 권리협약 해설-복지에서 인권으로-. 어가.

남현아, 이효신 (2015). 공립 유치원 특수학습 교육계획과 개별화교육계획의 연계. 특수교육재활과학연구, 54(2), 181-203.

노진아, 이윤숙, 강미애, 박동환, 이유리 (2011). 유아특수교육에서의 질적연구동향: 2000년부터 2010년까지의 국내학술지 논문을 중심으로. 특수교육, 10(1), 305-328.

도명애, 서석진, 최성욱, 김성화, 박순길, 윤치연, 양경애, 조규영 (2016). 특수아동의 이해. 창지사.

동원대학교 산학협력단, 한국직업능력개발원 (2018). NCS 학습모듈 장애아 발달지원. 교육부 · 한국직업능력개발원.

류재연 (2012). 장애인 당사자의 특수교육 관련 법률 제 · 개정 참여에 대한 의미 연구. 특수교육저널: 이론과 실천, 13(4), 207-231.

마유림 (2020). 공립유치원 초임 유아특수교사의 개별화교육계획(IEP) 수립 과정에 대한 질적연구. 단국대학교 특수교육대학원 석사학위논문.

박찬우, 배성현 (2020). 개별화교육계획(IEP) 구성요소에 대한 지표개발: 전문가 델파이를 중심으로. 한국특수교육학회 학술대회 자료집, 266-286.

박창현, 김근지, 이은혜, 배율미 (2019). 연구보고 2019-14, 장애 영유아 양육실태 및 요구조사. 육아정책연구소.

박체희 (2019). 장애위험유아의 장애진단 의뢰과정 실태 및 유아교사의 인식. 부산대학교 교육대학원 석사학위논문.

박현옥, 노진아, 박혜준, 박찬우, 최현정 (2020). 2019 개정 누리과정 적용 방안. 국립특수교육원.

배성현, 박찬우 (2019). 개별화교육계획 운영 실제와 지원요구에 대한 개별화교육지원팀 구성원의 경험과 인식. 특수교육학연구, 54(2), 63-93.

백수진, 안성우 (2019). 부모-자녀 상호작용과 부모 양육스트레스가 청각장애유아의 정서조절에 미치는 영향. 특수아동교육연구, 21(3), 291-319.

법제처 국가법령정보센터 http://www.law.go.kr/LSW/main.html 2020. 10. 5. 인출.

법제처 국가법령정보센터 https://www.law.go.kr/%EB%B2%95%EB%A0%B9/%EC%9E%A5%EC%95%A0%EC%9D%B8%EB%93%B1%EC%97%90%EB%8C%80%ED%95%9C%ED%8A%B9%EC%88%98%EA%B5%90%EC%9C%A1%EB%B2%95%EC%8B%9C%ED%96%89%EB%A0%B9 2021. 11. 5. 인출

변윤연 (2011). 뇌성마비 유아의 언어능력과 시지각 발달을 위한 미술치료 사례연구. 미술치료연구, 18(6), 1187-1203.

보건복지부 고시 제2019-117호. 장애정도 판정기준.

보건복지부 (2014). 취약보육 Ⅲ 장애아 보육프로그램 1. 보건복지부 인구정책실 보육정책관 보육기반과.

보건복지부 (2019). 유엔장애인권리협약 제2 · 3차 병합 국가보고서. 보건복지부 장애인권익지원과.

보건복지부 (2020a). 제4차 어린이집 표준보육과정 해설서. 경성문화사.

보건복지부 (2020b). 2020년도 건강검진사업안내. 보건복지부 건강정책국 건강증진과.

보건복지부, 한국장애인개발원 (2020). 2020 장애인식개선 교육안내. 한국장애인개발원.

서성희, 박병기 (2020). 만 3~5세 유아의 초기적응 양상-초기적응과 연령별, 성별, 적응영역 간의 관계를 중심으로-. 아동교육, 29(2), 139-159.

서효정, 박윤정, 강은영, 박경옥 (2019). 개별화교육계획(IEP) 구성요소에 대한 작성실태 및 내용요소 분석. 지적장애연구, 21(1), 21-44.

성미영, 유주연, 이세라피나, 임여정, 정현심 (2020). 보육학개론. 학지사.

송미정 (2020a). 놀이중재프로그램을 활용한 발달지체 유아에 대한 실험연구의 동향 및 질적 지표분석. 특수교육재활과학연구, 59(2), 1-22.

송미정 (2020b). 발달지체 유아를 대상으로 한 심리운동 중재 실험연구의 중재방법 및 질적 지표분석. 특수교육재활과학연구, 59(3), 95-116.

송치숙, 박종배 (2019). 분리와 통합의 측면에서 본 근대 이후 한국 유아교육과 보육의 역사. 교육사학연구, 29(1), 31-52.

여광응 (2003). 우리나라 특수교육기관의 설립과정 분석과 발전방향 모색. 특수교육학연구, 37(4),

55-76.

우정화, 이병인 (2018). 긍정적 행동지원이 장애위험유아의 주의산만 행동과 방해 행동에 미치는 영향. 행동분석 · 지원연구, 5(2), 45-81.

원종례 · 김경희 (2010). 장애 영유아 통합교육 관련 중재연구 동향분석-2000~2009년까지의 국내 실험연구를 중심으로. 유아특수교육연구, 10(3), 169-192.

유네스코한국위원회 (2016). 교육 2030 인천선언과 실행계획. 유네스코한국위원회 교육팀.

유동철, 장중탁 (2004). 장애 패러다임 변화에 따른 장애운동의 역사고찰. 동의법정, 21, 251-266.

유수옥 (2008). 영유아교육기관에서의 장애이해교육. 아산재단 연구총서. 집문당.

유은경 (2017). 장애위험 유아를 위한 교육지원에 관한 공립유치원 교사의 인식과 요구. 단국대학교 특수교육대학원 석사학위논문.

은백린, 정희정, 김건하, 김성구, 김성우, 김영기, 김영아, 김준식, 김진경, 김청택, 성인경, 신손문, 오경자, 유희준, 임성준, 이지훈, 정해익, 최지은 (2014). 한국영유아 발달선별검사 사용지침서(Korean Developmental Screening Test for Infants & Children: K-DST) 제1판-. 질병관리본부 만성질환관리과, 대한소아과학회.

은백린, 정희정, 권정희, 김건하, 김성구, 김영아, 김청택, 김준식, 김진경, 성인경, 신손문, 유희정, 최지은 (2017). 한국 영유아 발달선별검사(K-DST) 개정판. 질병관리본부 만성질환예방과.

이대식 (2017). 개별화교육계획(IEP)의 현장 적합성 강화방안. 교육논총, 37(3), 315-343.

이동영, 이상철 (2010). 장애아동 관련 국제협약과 국내법 분석을 통한 발전방안 연구: 국제장애인권리협약과 국내 장애아동 관련법 분석을 중심으로. 사회보장연구, 26(2), 223-252.

이미숙, 구신실, 노진아, 박경옥, 서선진 (2019). 예비교사를 위한 특수교육학개론 2판. 학지사.

이병인 (2007). 2004년 미국의 장애인교육법(IDEA) 개정안 주요 내용 고찰. 유아특수교육연구, 7(2), 21-46.

이소현 (2016). 2016 정책연구과제 유치원 통합교육 가이드북 개발연구. 인천광역시교육청.

이소현 (2020). 유아특수교육 2판. 학지사.

이소현, 박은혜 (2006). 특수아동교육 2판. 학지사.

이소현, 박은혜 (2019). 특수아동교육 3판. 학지사.

이소현, 윤선아, 이수정, 박병숙 (2019). 특수교육대상 유아 통합교육 현황 및 지원요구: 통합 유치원 운영모델 개발을 위한 기초연구. 유아특수교육연구, 19(1), 1-36.

이소현, 이수정, 박병숙, 윤선아 (2018). 통합교육운영모델. 교육부 국립특수교육원.

이승미 (2020). 장애유아 통합교육에서 놀이중심 교육과정 실천에 대한 교사들의 이야기. 동의대학교 교육대학원 석사학위논문.

이신동, 김경희 (2006). 통합교육의 최근 이슈와 동향. 통합교육연구, 1(1), 63-81.

이유훈 (1998). 개별화 교육 프로그램의 발전과정에 대한 역사적 고찰. 특수교육학연구, 33(1), 145-167.

이유훈 (2014). 특수교육 패러다임의 이동과 대응방안. 특수교육교과교육연구, 7(2), 1-31.

이유훈, 권택환, 김희규, 유장순, 최세민 (2003). 유 · 초등학생 장애이해교육. 국립특수교육원.

이인숙, 정길순, 노진아 (2020). 통합유치원에서 교육과정 수정에 대한 유아특수교사의 인식과 지원

요구. 지적장애연구, 22(3), 55-77.

이지효, 김영팔, 황영범, 고재욱 (2018). 장애위험 영유아 조기중재의 효과와 행정지원방안 연구. 유아교육 · 보육복지연구, 22(3), 173-209.

이황원 (2019). 자폐성장애아동의 개별화교육프로그램에 관한 미국판례 연구: Endrew 사건. 특수아동교육연구, 21(1), 1-20.

임경옥, 박경화, 조현정 (2019). 특수교육학개론. 학지사.

임규혁, 임웅 (2009). 교육심리학 2판. 학지사.

임안수 (2003). 한미 양국의 통합교육의 법적 비교. 특수교육저널: 이론과 실천, 12(4), 21-39.

장수연 (2012). 유아의 장애수용증진 프로그램 개발 및 효과검증. 고려대학교 일반대학원 박사학위 논문.

장윤용, 이병인, 조현근 (2019). DEC 추천 실제의 상호 간 팀 협력 모델에 기초한 치료사의 협력태도: 어린이집 협력의뢰서를 중심으로. 유아특수교육연구, 19(2), 205-224.

정대영 (2016). 특수아동교육 -0세부터 8세까지-. 창지사.

정대영, 정인숙, 하창완 (2019). 통합된 발달지체 유아의 사회적 상호작용 중재에 대한 연구 동향 분석: 국내 단일 연구대상 연구. 학습자중심교과교육연구, 19(21), 1167-1186.

정민호, 정해동, 김유리, 권정민, 김기룡, 황윤의, 최기상 (2016). 제5차 특수교육발전 5개년 계획 기초연구. 국립특수교육원.

정옥분 (2008). 유아교육연구방법. 학지사.

정옥분 (2015). 개정판 영유아발달의 이해. 학지사.

정은아, 김민정 (2020). 그림책을 활용한 시각장애 유아 대상 프로그램 개발. 유아교육학논집, 24(1), 95-118.

정인숙, 조광순, 조윤경, 홍성두 (2008a). 장애영유아 선별 및 진단, 평가 지침서 개발 I. 국립특수교육원.

정인숙, 조광순, 조윤경, 홍성두 (2008b). 장애영유아 선별 및 진단, 평가 지침서 개발 II. 국립특수교육원.

정주영, 박민휘, 박소영, 성선영, 송나나, 이권재, 이지현, 정유진, 조현선, 허정원 (2019). 개별화교육계획 운영 가이드북. 국립특수교육원.

정희섭 (2017). 장애의 다중 패러다임에 근거한 통합교육 관련 법률의 성격. 특수교육저널: 이론과 실천, 18(1), 135-160.

정희정, 은백린, 김성우, 유희정, 엄소용, 김준식, 이영목, 임병찬, 고성은, 권정이, 나동욱, 이지선, 박수빈, 유한익, 노동현, 홍민하 (2016a). 발달 정밀 평가 안내[발달전문가용]. 질병관리청 만성질환예방과.

정희정, 은백린, 김성우, 유희정, 엄소용, 김준식, 이영목, 임병찬, 고성은, 권정이, 나동욱, 이지선, 박수빈, 유한익, 노동현, 홍민하 (2016b). 발달 정밀 평가 안내[영유아 건강검진의사용]. 질병관리청 만성질환예방과.

조광순, 전병운, 박혜준, 강미라, 이준석 (2005). 유아특수교육기관의 개별화교육프로그램 개발과 운영을 위한 진단평가의 현황. 특수교육학연구, 39(4), 87-125.

조선화 (2003). 장애 영 · 유아를 위한 개별화교육계획 작성 시 AEPS의 유용성 연구. 우석대학교 교육대학원 석사학위논문.

조영숙 (2018). 장애유아 통합교육. 학지사.

조원일 (2011). 장애모델의 다중 패러다임에 의거한 한 · 일 장애인복지법의 비교연구. 특수아동교육연구, 13(2), 25-44.

조윤경, 김수진, 유연주, 윤란, 장지윤, 정해숙, 차현정 (2012a). 장애아보육 운영 매뉴얼 I 장애아보육 운영 실제. (재)한국보육진흥원.

조윤경, 김수진, 유연주, 윤란, 장지윤, 정해숙, 차현정 (2012b). 장애아보육 운영 매뉴얼 II 장애아보육 교사실무. (재)한국보육진흥원.

조윤경, 김정만, 김진희, 신재훈, 정은영 (2012). 장애유아 통합교육 교수 · 학습자료를 활용한 일반교사용 지침서 개발. 국립특수교육원.

조윤경, 이소현 (2002). 장애유아의 사회적 촉진을 위한 중재가 통합학급 유아들의 장애유아 수용도에 미치는 영향. 유아교육연구, 22(2), 173-193.

조인영, 이연우 (2019). 통학교육환경에서 발달지체 유아를 대상으로 실시한 중재연구 동향분석: 2009~2019년 국내학술지를 중심으로. 인간발달연구, 26(4), 93-113.

조형석, 이숙정 (2020). 강화된 경험중심 심리운동 중재가 시각장애 유아의 수업참여행동 및 사회적 행동과 지각 · 운동능력에 미치는 영향. 특수아동교육연구, 22(4), 193-221.

차재경, 김진호 (2016). 장애위험 영 · 유아를 위한 국내 발달선별 검사도구 분석. 한국특수교육학회 학술대회, 290-301.

채희태 (2006). 독일 특수교육체제에 따른 통합교육의 의미탐색-미국과의 비교를 중심으로. 특수교육학연구, 41(3), 251-274.

최수영 (2015). 자폐스펙트럼 장애 아동의 장애물 높이에 따른 보행특성. 고려대학교 대학원 석사학위논문.

최윤희 (2017). 놀이활동에서의 장애위험 유아 행동지도 사례연구. 광운대학교 교육대학원 석사학위논문.

최은미, 박미혜 (2019). 마음읽기 중재가 청각장애 아동의 대화기술 향상에 미치는 효과. 한국청각 · 언어장애교육연구, 10(2), 51-67.

최현정, 노진아, 정길순 (2020). 통합유치원에서 개별차원의 긍정적 행동지원이 발달지체 유아의 수업 중 산만한 행동과 활동참여 행동에 미치는 영향. 유아특수교육연구, 20(2), 81-105.

한국직업능력개발원 (2014). NCS학습모듈 장애아 발달지원. 교육부.

한국직업상담협회, 한국직업능력개발원 (2014). NCS학습모듈 장애아 발달지원. 교육부.

한상훈 (2017). 패러다임과 법의 변화. 저스티스, 158(1), 240-265.

한성희, 박혜준 (2004). 감각 장애 아동을 위한 진단 · 평가도구 개발 및 진단가용 웹기반 전문가 시스템 구축: 시기능 진단 · 평가도구의 타당도와 신뢰도. 특수교육학연구, 38(4), 433-458.

허명진 (2010). 인공와우 착용기간에 따른 영유아의 청각적 인지능력 변화. 특수아동교육연구, 12(1), 67-80.

홍길회, 박재옥 (2018). 아동관찰 및 행동연구. 동문사.

홍준표 (2009). *응용행동분석*. 학지사.

Allen, K. E., Benning, P. M., & Drummond, W. T. (1972). Integration of normal and handicapped children in a behavior modification preschool: A case study. In G. Semb (Ed). *Behavior analysis and education*(pp. 127–144). Lawrence, KS: University of Kansas.

American Psychiatric Association (2013). *Diagnostic and statistical manual of mental disorders(DSM-5)*. Arlington, VA: American Psychiatric Pub.

Baer, D. M., Wolf, M. M., & Risley T. R. (1968). Some current dimensions of applied behavior analysis. *Journal of Applied Behavior Analysis, 1*(1), 91–97.

Bagnato, S. J., McLean, M., Macy, M., & Neisworth, J. T. (2011). Identifying instructional targets for early childhood via authentic assessment: Alignment of professional standards and evidence-based practices. *Journal of Early Intervention, 33*(4), 243–253

Bagnato, S. J., Neisworth, J. T., & Pretti-Frontczak, K. (2010). *LINKing authentic assessment and early childhood intervention: Best measures for best practices*(2nd ed.). Baltimore, MD: Brookes.

Bailey, D. B., McWilliam, R. A., Buysse, B., & Wesley, P. W. (1998). Inclusion in the context of competing values in early childhood education. *Early Childhood Research Quarterly, 13*(1), 27–47.

Bailey, T. R., & Weingarten, Z. (2019). *Strategies for setting high-quality academic individualized education program goals*. Washington, DC: National Center on Intensive intervention, Office of Special Education Programs, U.S. Department of Education.

Bambara, L. M. & Kem, L. (2005). *Individualized supports for students with problem behavior: designing positive behavior plans*. NY: Guilford Publications.

Bandura, A. (1963). *Social learning and personality development*. New York: Holt, Rinehart & Winston.

Bandura, A. (1977). *Social Learning Theory*. Oxford, England: Prentice-Hall.

Barton, E. E., & Smith, B. J. (2015). *Preschool inclusion: A toolbox for school districts*. Baltimore, MD: Paul Brookes Publishing.

Bauer, A. M., Johnson, L. J., Ulrich, M., Denno, D. M., & Carr, V. W. (1998). A history of working with and for children. In L. Johnson, M. LaMontagne, F. Elgas, & A. Bauer (Eds.), *Early childhood education: Blending theory, blending practice*. Baltimore, MD: Brooks.

Betts, J. & Lata, D. (2009). *Inclusion of children with disabilities: The early childhood imperative*. In: UneScO policy brief on early childhood. Available at, https://childcarecanada.org/documents/research-policy-practice/09/07/inclusion-children-disabilities-early-childhood-imperative

Bijou, S. W. & Baer, D. M. (1961). *Child development I: A systematic and empirical theory*. NY: Appleton.

Bloom, B. S. (1964). *Stability and change in human characteristics*. NY: Wiley.

Bowe, F. G. (1995). Birth to five: early childhood special education. Delmar Publishers Inc.

Bowe, F. G. (1995). Population estimates: Birth-to-5 children with disabilities. *Journal of Special Education, 28*(4), 461-471.

Bricker, D. & Bricker, W. (1971). *Toddler research and intervention project report-year 1. IMRID behavioral science monograph, No, 20*. Nashville, TN: Institute on Mental Retardation and Intellectual Development.

Bricker, D. (1978). A rationale for the integration of handicapped and non−handicapped preschool children. In M. Guralnick (Ed.), *Early intervention and the integration of handicapped and non-handicapped children* (pp. 3−26). Baltimore: University Park Press.

Bricker, D. (1995). The challenge of inclusion. *Journal of Early Intervention, 19*(3), 179−194.

Bricker, D., Bruder, M., & Bailey, E. (1982). Developmental integration of preschool children. *Analysis and Intervention in Developmental Disabilities, 2*(2−3), 207−222.

Bricker, D. D., Pretti−Frontczak, K., & McComas, N. (2004). 장애영유아를 위한 교육방법: 활동중심중재법 *[An activity-based approach toearly intervention 2nd Edition]*.(허계형, 이영철 역). 교육과학사. (원저 1998년).

Bricker, D., Xie, H., Bohjanen, S. (2018). A history of EI/ECSE in the United States: A personal perspective. *Journal of Early Intervention, 40*, 121–137.

Briggs−Gowan, M. J., & Carter, A. S. (2008). Social−emotional screening status in early childhood predicts elementary school outcomes. *Pediatrics, 121*(5), 957−962.

Bronfenbrenner, U. (1977). Toward an experimental ecology of human development. *American Psychologist, 32*(7), 513−531.

Bronfenbrenner, U. (1979). *The ecology of human development*. Cambridge, MA: Harvard University Press.

Burman, D. D., Bitan, T., & Booth, J. R. (2008). Sex differences in neural processing of language among children. *Neuropsychologia, 46*(5), 1349-1362.

Burrell, G. & Morgan, G. (1979). *Sociological paradigms and organizational analysis*. London: Heinemann Education Books.

Buysse, V. & Bailey, D. B. (1993). Behavioral and developmental outcomes in young children with disabilities in integrated and segregated settings: A review of comparative studies. *Journal of Special Education, 26*(4), 434−461.

Buysse, V. & Wesley, P. (2006). *Evidence-based practice in the early childhood field*. Washington, DC: Zero to Three.

Buzhardt, J., Greenwood, C. R., Walker, D., Anderson, R., Howard, W. J., & Carta, J. J. (2011). Effects of webbased support on early Head Start home visitors' use of evidence−based intervention decision making and growth in children's expressive communication. *NHSA Dialog, 14*(3), 121−146.

Carr, E. G., Dunlap, G., Horner, R. H., Koegel, R. L. Turnbull, A. P., Sailor, W., Anderson, J. L., Albin, R. W., Koegel, L. K., & Fox, L. (2002). Positive behavior support: Evolution of an applied science. *Journal of Positive Behavior intervention, 4*(1), 4-16.

Casto, G. & Mastroprieri, M. A. (1986). The efficacy of early intervention programs: A meta-analysis. *Exceptional Children, 52*(5), 417-424.

Christ, T. J. & Nelson, P. M. (2014). Developing and evaluating screening systems: Practical and psychometric considerations. In R. J. Kettler, T. A. Glover, C. A. Albers, & K. A. Feeney-Kettler (Eds.), *Universal screening in educational settings: Evidence-based decision making for schools. School psychology book series*(pp. 79-110). Washington, DC: American Psychological Association.

Clinton, B. (1993, March 3). *Remarks by President Clinton announcing the initiative to streamline*, government. Retrieved from https://govinfo.library.unt.edu/npr/library/speeches/030393.html 2020. 11. 13. 인출.

Cook, B. & Odom, S. L. (2013). Evidence-based practices and implementation science in special education. *Exceptional Children, 79*(2), 135-144.

Cook, R. E., Tessier, A., & Klein, M. D. (2000). *Adapting early childhood curricula for children in inclusive settings*. New Jersey: Prentice-Hall, Inc.

Cooper, C. S. & McEvoy, M. A. (1996). Group friendship activities: An easy way to develop social skills of young children. *Teaching Exceptional Children, 28*(3), 67-69.

Council on Children With Disabilities, Section on Developmental Behavioral Pediatrics, Bright Futures Steering Committee, & Medical Home Initiatives for Children With Special Needs Project Advisory Committee (2006). Identifying infants and young children with developmental disorders in the medical home: An algorithm for developmental surveillance and screening. *Pediatrics, 118*(1), 405-420. https://pediatrics.aappublications.org/content/118/1/405.

Darragh, J. C. (2010). *Introduction to early childhood education*. Upper Saddle River, NJ: Pearson.

Deno, S. L. (1997). Whither thou goest ... perspectives on progress monitoring. In J. W. Lloyd, E. J. Kame'enui, & D. Chard (Eds.), *Issues in educating students with disabilities* (pp. 77-99). Mahwah, NJ: Erlbaum.

DeWeerd, J. & Cole, A. (1976). Handicapped children's early education program. *Exceptional Children, 43*(3), 155-157.

Diamond, K. E. (1993). Preschool children's concepts of disability in their peers. *Early Education and Development, 4*(2), 124-129.

Diamond, K. E., Hestenes, L. L., Carpenter, E. S., & Innes, F. K. (1997). Relationships between enrollment in an inclusive class and preschool children's ideas about people with disabilities. *Topics in Early Childhood Special Education, 17*(4), 520-536.

Diamond, K. E. & Kensinger, K. R. (2002). Vignettes from Sesame street: Preschooler's ideas about children with Down syndrome and physical disability. *Early Education and Develop-*

ment, *13*(4), 409–422.

Dunlap, G., Hemmeter, M. L., Kaiser, A. P., & Wolery, M. (2012). Editorial: Introduction to PL 99–457 anniversary issues. *Topics in Early Childhood Special Education*, *31*(4), 196–198.

Dunlap, L. L. (2009). 발달지체아 교육[*Introduction to Early Childhood Special Education, An: Birth to Age Five*](신진숙 역). 양성원. (원저 2009년).

Dunst, C. J. (2002). Family–centered practices: birth through high school. *The Journal of Special Education*, *36*(3), 139–147.

Dyson, L. L. (2005). Kindergarten children's understanding of and attitudes toward people with disabilities. *TECESE*, *25*(2), 95–105.

Esposito, B. G. & Reed, T. M. (1986). The effects of contact with handicapped persons on young children's attitudes. *Exceptional Children*, *53*(3), 224–229.

Favazza, P. C., Phillipsen, L., & Kumar, P. (2000). Measuring and promoting acceptance of young children with disabilities. *Exceptional Children*, *66*(4), 491–508.

Ferguson, D. (1995). The real challenge of inclusion. *Phi Delta Kappan*, *77*(4), 281–287.

Fixsen, D. L., Blase, K. A., Naoom, S. F., & Wallace, F. (2009). Core implementation components. *Research on Social Work Practice*, *19*(5), 531–540.

Friend, M. & Bursuck, W. (1996). *Including students with special needs: A practical guide for classroom teachers*. Boston: Allyn & Bacon.

Fuchs, L. S. & Deno, S. L. (1991). Paradigmatic distinctions between instructionally relevant measurement models. *Exceptional Children*, *57*(6), 488–500.

Gargiulo, R. M. & Kilgo, T. (2000). *Young children with special needs*. Albany, NY: Delmar Publishers.

Gesell, A. (1925). *The mental growth of the preschool child*. NY: Macmillan.

Gesell, A., & Armatruda, C. S. (1947). *Developmental diagnosis*. NY: Paul B. Holder.

Gibbs, C., Ludwing, J., & Miller, D. L. (2011). Does Head Start do any tasting good? NBER working paper. Cambrige, MA: National Bureau of Economic Research. Retrieved from http://www.nber.org/papers/w17452.pdf.

Gilmore, J. H., Lin, W., Prastawa, M. W., Looney, C. B., Vetsa, Y. S. K., Knickmeyer, R. C., Evans, D. D., Smith, J. K., Hamer, R. M., & Lieberman, J. A. (2007). Regional gray matter growth, sexual dimorphism, and cerebral asymmetry in the neonatal brain. *Journal of Neuroscience*, *27*(6), 1255–1260.

Goldstein, H. & Cisar, C. (1992). Promoting interaction during sociodramatic play: Teaching scripts to typical preschoolers and classmates with disabilities. *Journal of Applied Behavior Analysis*, *25*(2), 265–280.

Greenwood, C. R., Buzhardt, J., Walker, D., Howard, W. J., & Anderson, R. (2011). Program–level influences on the measurement of early communication for infants and toddlers in early Head Start. *Journal of Early Intervention*, *33*(2), 110–134.

Grusec, J. (1992). Social learning theory and developmental psychology: the legacies of Robert Sears and Albert Bandura. *Developmental Psychology, 28*(5), 776–786.

Guralnick, M. J. (1976). The value of integrating handicapped and nonhandicapped preschool children. *American Journal of Orthopsychiatry, 46*(2), 236–245.

Guralnick, M. J. (1978). *Early intervention and the integration of handicapped and nonhandicapped children.* Baltimore. University Park Press.

Guralnick, M. J. (1990). Social competence and early intervention. *Journal of Early Intervention, 14*(1), 3–14.

Guralnick, M. J. & Neville, B. (1997). Designing early intervention programs to support children's social competence. In M. Guralnick (Ed.), *The effectiveness of early intervention* (pp. 579–610). Baltimore, MD: Paul H. Brookes.

Hanline, M. F. (1993). Inclusion of preschoolers with profound disabilities: An analysis of children's interactions. *Journal of the Association for Persons with Severe Handicaps, 18*(1), 28–35.

Harmon, S., Street, M., Bateman, D., & Yell, M. L. (2020). Developing present levels of academic achievement and functional performance statements for IEPs. *Teaching Exceptional Children, 52*(5), 320–332.

Hayiou–Thomas, M. E. (2008). Genetic and environmental influences on early speech, language and literacy development. *J Commun Disord, 41*(5), 397–408.

Hebbeler, K., Smith, B. J., & Black, T. (1991). Federal early childhood special education policy: A model for the improvement of services for children with disabilities. *Exceptional Children, 58*(2), 104–112.

Heward, W. L. (2006). 최신 특수교육 제8판[*Exceptional Children 8th Edition*](김진호, 박재국, 방영애, 안성우, 유은정, 윤치연, 이효신 공역). 시그마프레스. (원저 2006년).

Horn, E. M., Ostrosky, M. M., & Jones, H. (2011). 가족기반의 실제[*Family-based practices(Young exceptional children, Monography series)*](김진희, 김건희 공역). 학지사. (원저 2011년).

Hornby, G. (2015). Inclusive special education: development of a new theory for education of children with special educational needs and disabilities. *British Journal of Special Education, 42*(3), 234–256.

Hundert, J. (1995). *Enhancing social competence in young students: school-based approaches.* Texas: PRO–ED.

Jackson, L. & Panyan, M. V. (2002). *Positive behavior support in the classroom: principles and practices.* Baltimore: Paul H. Brookes.

Johnson, D. W. & Johnson, R. T. (1984). Classroom learning structure and attitudes toward handicapped students in mainstream setting. In R. L. Jones (Ed.), *Attitudes and attitude change in special education* (pp. 118–142). Reston, VA: The Council for Exceptional Children.

Jones, J. W. & Davis, J. E. (1968). PL 89–313 extends the benefits of the Elementary and Secondary Education Act to children in state programs. *Exceptional Children, 34*(7), 555–559.

Kauffman, J. M. & Hallahan, D. P. (2005). *The illusion of full inclusion: a comprehensive critique of a current special education bandwagon*(2nd Edition). Austin, TX: PRO–ED.

Kishi, G. S. & Meyer, L. H. (1994). What children report and remember: Six–year follow–up of the effects of social contact between peers with and without severe disabilities. *Journal of the Association for Persons with Severe Handicaps, 19*, 277–289.

Klein, M. D., Cook, R. E., & Richardson–Gibbs, A. M. (2018). 장애유아 통합교육 전략*[Strategies for including children with special needs in early childhood settings.]*.(유수옥, 문연심, 김호연, 송미선, 김혜경, 심성경, 박주희 공역). 창지사. (원저 2001년).

Kode, K. (2002). *Elizabeth Farrell and the history of special education*. Arlington, VA:Council for Exceptional Children. Retrieved from http://www.tc.columbia.edu/centers/cec/details.asp?id=History.

Koegel, L. K., Koegel, R. L., Ashbaugh, K., & Bradshaw, J. (2014). The importance of early identification and intervention for children with or at risk for autism spectrum disorders. *International Journal of Speech Language Pathology, 16*(1), 50–56.

Kuenzi, J. & Stoll, A. (2014). *The education sciences reform act.* Retrieved from http://fas.org/sgp/crs/misc/R43398.pdf.

Lamorey, S. & Bricker, D. D. (1993). Integrated programs: Effects on young children and their parents. In C. Peck, S. Odom, & D. Bricker (Eds.), *Integrating young children with disabilities into community-based programs: From research to implementation* (pp. 249–269). Baltimore: Brookes.

Lazar, I. & Darlington, R. (1982). Lasting effects of early education. A report from the consortium for longitudinal studies. *Monograph of the Society for Research in Child Development, 47*(2/3), 1–151.

Lewis, A. & Lewis, V. (1987). The attitudes of young children towards peers with severe learning difficulties. *The British Journal of Developmental Psychology, 5*, 287–292.

Liao, H. F., Hwang, A–W., Kang, L–J., Liao, Y–T., Granlund, M., & Simenonson, R. J. (2017). Development of the FUNDES–Child and its implications for the education of Taiwanese children. In S. Castro & O. Palikara (Eds.), *An emerging approach for educationa and care: implementing a Worldwide Classification of Functioning and Disability* (pp. 85–111). London: Routledge.

Long, C., Gurka, M. J., & Blackman, J. (2011). Cognitive skills of young children with and without autism spectrum disorder using the BSID–Ⅲ. *Autism Research and Tretment, Volume 2011*, Article ID 759289, 7pages. doi:10.1155/2011/759289

Loreman, T. (1999). Integration: Coming from the outside. *Interaction, 13*(1), 21–23.

Loreman, T. & Deppeler, J. M. (2002). Working towards full inclusion in education. *Access: The National Issues Journal for People with a Disability, 3*(6), 5–8.

Loreman, T., Deppeler, J. M., & Harvey, D. (2005). *Inclusive education: A practical guide to supporting diversity in the classroom*. Sydney: Allen & Unwin.

Love, J. M., Kisker, E. E., Ross, C., Raikes, H., Constantine, J., Boller, K., Brooks-Gunn, J., Chazan-Cohen, R., Tarullo, L. B., Brady-Smith, C., Fuligni, A. S., Schochet, P. Z., Paulsell, D., & Vogel, C. (2005). The effectiveness of early Head Start for 3 year-old children and their parents: Lessons for policy and programs. *Developmental Psychology, 41*(6), 885-901.

MacMillan, D. L., Gresham, F. M., & Forness, S. R. (1996). Full inclusion An empirical perspective. *Behavioral Disorders, 21*(2), 145-159.

Macy, M. (2007). Theory and theory-driven practices of activity based intervention. *Journal of Early and Intensive Behavior Intervention, 4*(3), 561-585.

Maemonah, S., Hamidah, H., Notobroto, H. B., Sulystiono, D., & Widarti, L. (2021). Factors affecting the ability to speak in children with autism spectrum disorders. *Journal of Public Health Research, 10*, 2236.

McConnell, S. R. (2011). Distinguishing two approaches to assessment of infants and young toddlers. In S. McConnell (Chair), *Recent advances in developmental assessment of infants and young children: Evidence from two approaches*. Paper presented at the Society for Research in Child Development, Minneapolis, MN.

McLean, M., Edelman, L., & Salcedo, P. (2011). *User's guide to the DRDP access for preschool special education 4th*(Ed.). Sacramento, CA: California Department of Education, Special Education Division.

McLean, M., Wolery, M., & Bailey, D. B. (2003). *Assessing infants and preschoolers with special needs*(3rd ed.). NY: Prentice Hall.

Meyer, L. H. & Park, H. (1999). Contemporary, most promising practices for people with disabilities. In J. R. Scotti & L. H. Meyer (Eds.), *Behavioral intervention: principles, models, and practices*(pp. 25-45). Baltimore: Paul H. Brookes.

Nirje, B. (1976). The normalization principle. In P. B. Kugel & A. Shearer (Eds.), *Changing patterns in residential services for the mentally relarded*(rev.ed.). Washington, DC: President's Committee on Mental Retardation.

Odom, S. L. (2000). Preschool Inclusion: What we know and where we go from here. *TECSE, 20*(1), 20-27.

Odom, S. L. (2016). The role of theory in early childhood special education and early intervention. In B. Reichow, B. A. Boyd, E. E. Barton and S. L. Odom (Eds.), *Handbook of Early Childhood Special Education*(pp. 21-36.). Springer International Publishing Switzerland.

Odom, S. L., Brown, W. H., Schwartz, I. S., Zercher, C., & Sandall, S. R. (2002). Classromm ecology and child participation. In S. L. Odom (Ed.), *Widening the circle: Including children with disabilities in preschool programs*(pp. 25-45). New York: Teachers College Press.

Odom, S. L., Buysse, V., & Soukakou, E. (2011). Inclusion for young children wit disabilities: A quarter century of research perspectives. *Journal of Early Intervention, 33*(4), 344–356.

Odom, S. L. & Diamond, K. E. (1998). Inclusion of young children with special needs in early childhood education: The research base. *Early Childhood Research Quarterly, 13*(1), 3–25.

Odom, S. L. & McEvoy, M. A. (1998). Integration of young children with handicaps and normally developing children. In S. L. Odom, and M. B. Karnes (Eds.), *Early intervention for infants and young children with handicaps*(pp. 241–267). Maryland: P. H. Brooks.

Odom, S. L., Vitztum, J., Wolery, R., Lieber, J., Sandall, S., Hanson, M. J., Beckman, P., Schwartz, I., & Horn, E.(2004). Preschool inclusion in the United States: a review of research from an ecological systems perspective. *Journal of Research in Special Educational Needs, 4*(1), 17–49.

Okagaki, L., Diamond, K. E., Kontos, S. J., & Hestenes, L. L. (1998). Correlates of young children's interactions with classmates with disabilities. *Early Childhood Research Quarterly, 13*, 67–86.

Oliver, M. (1990). *The Politics of Disablement*. Macmillan Education Ltd.

Oliver, M. (2006). 장애화의 정치[*The Politics of Disablement*].(윤삼호 역). 대구DPI(대구장애인연맹). (원저 1990년).

Organization for Economic Cooperation and Development (2013). *Synergies for better learning*. Paris: OECD Publishing.

Patterson, D. (2009). Molecular genetic analysis of Down syndrome. *Human Genetics, 126*(1), 195–214.

Peck, C. A. & Cooke, T. P. (1983). Benefits of mainstreaming at the early childhood level: How much can we expect? *Analysis and Intervention in Developmental Disabilities, 3*, 1–22.

Peck, C. A., Carlson, P., & Helmstetter, E. (1992). Parent and teacher perceptions of outcomes for typically developing children enrolled in integrated early childhood programs: a statewide study. *Journal of Early Intervention, 16*(1), 53–63.

Peterson, N. L. (1987). *Early intervention for handicapped and at-ris children: An introduction to early childhood special education*. Denver, CO: Love Publishing.

Piaget, J. (1950). *The psychology of intelligence*. NY: Harcourt, Brace Jovanovich.

Piaget, J. (1960). *The psychology of intelligence*. Paterson, NJ: Lilllefield Adams.

Pontoppidan, M., Niss, N. K., Pejtersen, J. H., Julian, M. M., & Vaever, M. S. (2017). Parent report measures of infant and toddler social–emotional development: A systematic review. *Family Practice, 34*(2), 127–137.

Puma, M., Bell, S., Cook, R., Heid, C., Shpiro, G., Broene, P., Jenkins, F., Fletcher, P., Quinn, L., Fredman, J., Ciarico, J., Rohacek, M., Adams, G., & Spier, E. (2010). *Head Start impact study: Final report*. Washington, DC: U.S. Department of Health and Human Services, Administration for Children and Families. Retrieved from http://www.acf.hhs.

gov/sites/default/files/opre/hs_impact_study_final.pdf.

Reichow, B., Boyd, B. A., Barton, E. E., & Odom, S. L. (2016). *Handbook of early childhood special education*. Springer International Publishing Switzerland.

Roberts, C. M. & Smith, P. R. (1999). Attitudes and behaviour of children toward peers with disabilities. International Journal of Disability, *Development and Education*, *46*(1), 35–50.

Roberts, C., Pratt, C., & Leach, D. (1991). Classroom and playground interaction of students with and without disabilities. *Exceptional Children*, *57*(3), 212–225.

Roy Littlejohn Associates. (1982). *An analysis of the impact of the handicapped children's early education program*. Washington, DC: Author.

Salend, S. J. (2011). *Creating inclusive classrooms: effective and reflective practices*(2nd Edition). Boston, MA: Pearson.

Sameroff, A. J., & Chandler, M. J. (1975). Reproductive risk and the continuum of caretaking casualty. In F. D. Horowitz, M. Hetherington, S. Scarr–Salapatek, & G. Sigel (Eds.), *Review of child development research* (Vol. 4, pp. 187–244). Chicago: The University of Chicago Press.

Sandall, S., Hemmeter, M. L., Smith, B., & McLean, M. (2005). *DEC recommended practices in early intervention/early childhood special education: A comprehensive guide*. Longmont, CO: Sopris Weest Publishing.

Shonkoff, J. P., & Meisels, S. J. (2000). *Handbook of early childhood intervention 2nd*(Ed.). Cambridge University Press.

Simonsen, B. & Myers, D. (2015). *Classwide positive behavior interventions and supports: A guide to proactive classroom management*. NY: Guilford Press.

Skeels, H. M., & Dye, H. B. (1939). A study of the effects of differential programs. *Pedictrics, 69*(5), 635-641.

Slee, R. (2011). *The Irregular School: Exclusion, Schooling and Inclusive Education*. Abingdon: Routledge.

Smith, B. & Rous, B. (2011). Historical perspectives. In C. Groark, S. Eidelman, & S. Maude (Eds.), *Early childhood intervention: Programs and policies for special needs children*(Policies and procedures, Vol. 1). Santa Barbara, CA: Preager Publishing.

Smith, B. J. (1988). Early intervention public policy: Past, present, and future. In J. Jordan, J. Gallagher, P. Hutinger, & M. Karnes (Eds.). *Early childhood special education: Birth-three. Reston*. VA: Council for Exceptional Children.

Snyder, P. (2011). Implementing randomized control trials in preschool settings that include young children with disabilities: Considering the context of Strain and Bovey. *Topics in Early Childhood Special Education, 31*(3), 162-165.

Stiggins, R. (2002). Assessment crisis, the absence of assessment for learning. *Phi Delta Kappan*, *83*(10), 276–296.

Stoneman, Z. (1993). Attitudes toward young children with disabilities: Cognition, affect and behavioral intent. In C. Peck, S. Odom & D. Bricker (Eds.), *Integrating young children with disabilities in community programs: from research to implementation*(pp. 223–248). Baltimore: Paul H. Brllkes.

Taylor, R. L. (2007). 교육적 · 심리적 절차에 따른 특수아동의 사정[*Assessment Of Exceptional Students: Educational and Psychological Procedures. 6th Edition*].(여광응, 이영철, 문병상, 이정조, 추연구, 김정선, 박현옥 공역). 서울: 양서원. (원저 2003년).

Thompson, S. D. & Merino, S. (2018). Visual impairments in young children: fundamentals of and strategies for enhancing development. *Young Exceptional Children*, *21*(3), 157–169.

Trepanier–Street, M. L., & Romatowski, J. A. (1996). Young children's attitudes toward the disabled: A classroom intervention using children's literature. *Early Childhood Education Journal*, *24*(1), 45–49.

Trivette, C. M. & Dunst, C. J. (1998 December). *Family-centered helpgiving practices*. Paper presented at the 14th Annual Division for Early Childhood International Conference on Children With Special Needs, Chicago.

U.S. Department of Education (1987). *Annual report to congress on the implementation of education of the handicapped act*. Washington. DC: Author.

U.S. Department of Education (2012). *Annual report to congress on the implementation of the individuals with disabilities act*. Washington. DC: Author.

U.S. Department of Education (2021) https://sites.ed.gov/idea/regs/b/a/300.8/c 2021. 5. 2. 인출.

Vale, M. d. C., Pereira–da–Silva, L., Pimentel, M. J., Marques, T. N., Rodrigues, H., Cunha, G., Machado, M. d. C., Sanches–Ferreira, M., & Simeonsson, R. J. (2017). Classifying Functioning of Children and Adolescents with Intellectual Disability: The Utility of the International Classification of Functioning, Disability and Health for Children and Youth. *Journal of Policy and Practice in Intellectural Disabilities*, *14*(4), 285 – 292.

Vash, C. (2001). Disability attitudes for all latitudes. *Journal of Rehabilitation*, *67*, 38–42.

Walker, D., Carta, J. J., Greenwood, C. R., & Buzhardt, J. (2008). The use of individual growth and developmental indicators for progress monitoring and intervention decision–making in early education. *Exceptionality*, *16*, 33–47.

Watertown Historical Society. (2020). Watertown, WI: Author. Retrieved from http://www.watertownhistory.org. 2020. 11. 13. 인출.

Watson, J. (1928). *Psychological care of infant and child*. NY: Norton Publishing.

Weintraub, F. & Abeson, A. (1976). New education policies fo the handicapped: The quiet revolution. In F. Weintraub, A. Abeson, J. Ballard, & M. LaVor (EDS.), *Public policy and the education of exceptional children*. Reston, VA: Council for Exceptional Children.

Westinghouse Learning Corporation, & Ohio University (1969). *The impact of Head Start: An evaluation of the effects of Head Start on children's cognitive and affective development*(Vols. 1 and 2). Report to the Office of Economic Opportunity. Athens, OH.

WHO & The World Bank (2011). *World report on disability*. World Health Organization Geneva.

Wilmshurst, L. (2012). *Clinical and educational child psychology: an ecological-transactional approach to understanding child problems and interventions*. Willey-Blackwell.

Winzer, M. A. (1996). *Children with exceptionalities in canadian classrooms* (4th ed.). Boston, MA: Allyn & Bacon.

World Health Organization Geneva (2001). International Classification of Functioning, Disability, and Health: ICF. Retrieved from https://apps.who.int/iris/bitstream/handle/10665/42407/9241545429.pdf 2020. 11. 13. 인출.

World Health Organization Geneva (2007). *International Classification of Functioning, Disability, and Health for Children and Youth: ICF-CY*. Retrieved from https://www.who.int/news/item/23-10-2007-who-publishes-new-standard-for-documenting-the-health-of-children-and-youth 2020. 12. 12. 인출.

World Health Organization Geneva (2021). *Merging ICF-CY into ICF and List of official ICF updates*. Retrieved from https://www.who.int/standards/classifications/international-classification-of-functioning-disability-and-health 2021. 1. 9. 인출.

World Health Organization Geneva (2021). Blindness and visual impairment. https://www.who.int/news-room/fact-sheets/detail/blindness-and-visual-impairment 2021. 4. 12. 인출.

World Health Organization Geneva (2021) https://www.who.int/news-room/fact-sheets/detail/deafness-and-hearing-loss 2021. 5. 2. 인출.

Zigler, E. F. & Styfco, S. J. (2004). *The Head Start debates*. Baltimore, MD: Paul H. Brookes.

Zill, N., Sorongon, A., Kim, K., Clark, C., & Woolverton, M. (2006). *FACES 2003 research brief: children's outcomes and program quality in Head Start. A report prepared for the U. S. Department of Health and Human Servies*. Retrieved from http://www.acf.hhs.gov/

참고하면 좋을 사이트

https://cidainfo.com/ko/ 뉴욕의 cida

(출처: http://www.ablenews.co.kr/News/NewsContent.aspx?CategoryCode=0006&NewsCode=000620150316081539162199#z) 세계보건기구(who) 국제장애분류기준

국립특수교육원 https://www.nise.go.kr/main.do?s=nise

저자소개

장수연

- 고려대학교 일반대학원 아동학 전공(가정학 석사)
- 고려대학교 일반대학원 아동학 전공(이학 박사)
- 전) 덕암어린이집 보육교사(2008~2010)
- 전) 고려대학교 교육대학원 유아교육과 겸임교수(2012~2013)
- 전) 고려대학교 구로병원어린이집 원장(2016~2020)
- 전) 고려대학교 교육대학원 가정학과 겸임교수(2019~2020)
- 현) 한국인간발달학회 이사(2020~현재)
- 현) 숭의여자대학교 아동보육학과 조교수(2021~현재)
- 박사학위 논문) 유아의 장애수용증진프로그램 개발 및 효과검증

모두를 위한 교육

유아통합교육의 이해와 실제

– 개별화교육계획안 수립을 중심으로 –

초 판 1쇄 인쇄 2022년 8월 12일
초 판 1쇄 발행 2022년 8월 19일

지 은 이 | 장수연
펴 낸 이 | 김기섭
편 집 인 | 이혜란 · 최창숙 · 이현남
펴 낸 곳 | 창지사 www.changjisa.com
08589 서울시 금천구 가산디지털 1로 83 파트너스타워 1차 9층
전화 (02)719-2211~3
팩스 (02)701-9386
등 록 | 1977년 4월 28일 · 제1-421호

ISBN 978-89-426-1541-4 (93370)

값 25,000원